普通高等教育规划教材

Daolu yu Qiaoliang Gongcheng Gailun
道路与桥梁工程概论

（第二版）

苏志忠　编　著
赵永平　主　审

人民交通出版社股份有限公司
China Communications Press Co.,Ltd.

内 容 提 要

本书为普通高等教育规划教材。主要内容包括：绪论，线路平面线形设计，纵断面设计，横断面设计，选线与定线，公路交叉设计，高速公路简介，生态型道路工程设计理念；路基，路基路面排水，挡土墙，土质路基施工及质量控制，路面工程，路面施工及质量控制；桥梁的基本组成和分类，桥梁的设计荷载，桥梁总体设计要点。

本书可作为交通土建类本科教材，也可作为高职高专交通工程、交通运输、工程机械、工程测量、城市规划、给排水、房地产经营管理、建筑工程、地下工程和水利工程等专业的限选课教材，亦可供从事道路与桥梁工程建设的工程技术人员参考。

* 本书配有教学课件，读者可于人民交通出版社股份有限公司免费下载。

图书在版编目（CIP）数据

道路与桥梁工程概论／苏志忠编著．—北京：人民交通出版社股份有限公司,2017.1
普通高等教育规划教材
ISBN 978-7-114-13584-2

Ⅰ.①道… Ⅱ.①苏… Ⅲ.①道路工程—高等学校—教材②桥梁工程—高等学校—教材　Ⅳ.①U41②U44

中国版本图书馆 CIP 数据核字(2017)第 003017 号

普通高等教育规划教材
书　　名：	道路与桥梁工程概论（第二版）
著 作 者：	苏志忠
责任编辑：	袁　方
出版发行：	人民交通出版社股份有限公司
地　　址：	(100011)北京市朝阳区安定门外外馆斜街3号
网　　址：	http://www.ccpress.com.cn
销售电话：	(010)59757973
总 经 销：	人民交通出版社股份有限公司
经　　销：	各地新华书店
印　　刷：	北京虎彩文化传播有限公司
开　　本：	787×1092　1/16
印　　张：	17.75
字　　数：	424 千
版　　次：	2009 年 4 月　第 1 版 2017 年 1 月　第 2 版
印　　次：	2024 年 7 月　第 7 次印刷　总第 12 次印刷
书　　号：	ISBN 978-7-114-13584-2
定　　价：	49.00 元

(有印刷、装订质量问题的图书由本公司负责调换)

前 言

当前,我国高等教育改革不断深化,迎来了一个前所未有的、重要的、良好的发展机遇:党中央、国务院提出要把我国由教育大国发展成为教育强国!这是为实现中国梦而采取的极其重大的战略步骤。高等教育正面临着巨大的挑战,由于中国经济总量已跃升到世界第二位,国家间的竞争更趋激烈,竞争的焦点已更多地体现在高素质人才的竞争上,因此,高等教育所面临的是全球化条件下的综合竞争。与此同时,虽然我国的公路建设事业20年来有了很大的改善,尤其是高速公路的建设取得了举世瞩目的成就,但与发达国家相比较还有较大的差距。从交通运输部2013—2030国家公路网发展规划中可以看出:公路基础设施的建设仍是今后一项重要而艰巨的任务。这就为土木工程专业人才提供了一个巨大的就业市场。为了适应越来越多的非路桥专业学生学习路桥专业知识的迫切需要,我们根据多年从事路桥专业教学、施工及监理的经验,精心编撰了本教材,系统而扼要地阐述了道路路线平、纵、横断面和选线、定线设计的原理和方法,路基路面和桥梁工程的分类构造、设计方法、施工技术和工程质量控制与检测,并对道路和桥梁的发展史也作了较系统的阐述。

本教材编写的基本思路是:

(1)紧密结合与路桥专业相关、相近专业的学生学习路桥专业知识的愿望,作为专业基础课程,其教学内容要逐步向土木工程专业过渡,在保持各专业服务公路交通特色的原则下,适应宽口径复合型人才培养的需要。

(2)注重学生基本素质、基本技能的培养,为学生知识、能力、素质的综合协调发展创造条件。

(3)目前,由于各地区、高校之间的发展不平衡,教材的编写充分考虑了各校人才培养规格及教学需求多样性的要求,尽可能为各校教学的开展提供一个既系统、全面,又便于教学取舍的教材,根据各校的具体情况,可以采用48~64学时讲授。

(4)本教材努力体现教学面向现代化、面向未来的要求,努力提高学生的创新思维能力,使所编教材达到先进性与实用性兼备。

(5)配合现代化教学手段的发展,积极配套相应的教学辅件(如多媒体课件),以方便教学。

本教材修订的特点是:

(1)内容新:全部采用了近年来最新颁布的公路和桥梁工程方面有关设计、施工、工程试验、检测规范和技术标准,如《公路工程技术标准》(JTG B01—2014);及时反映了道路桥梁最新设计及建设成就。并力图反映当前道路设计领域新理论、新技术、新方法;对道路景观设计、交通土建与环境保护的协调予以加强。

(2)增加了"生态型道路工程设计理念",论述了道路工程建设必须与发展"两型社会"相适应,必须体现对自然的最小破坏、对环境的最小污染、对人的最大关怀,为设计目标的人、车、路及其周边环境和谐、协调、共存共生的综合设计理念。

(3)针对目前我国的本科教育重理论、轻实践的现实,本教材突出了工程实例、试验、检测等内容,为"应用型本科""职业本科""高职本科""高职专科"的非路桥专业学生拓宽专业知识面,优化知识结构,培养一专多能、向土木工程专业过渡提供了一个集中、全面、高效率的读本。为生产第一线培养工程技术人才,有助于提高学生的实践技能和动手能力,拓宽就业渠道。

本教材可作为交通、土建类本科和高职本科、高职专科的有关专业(交通工程、交通运输、工程机械、工程测量、城市规划、给排水、房地产经营管理、建筑工程、地下工程和水利工程等)的专业限选课教材,亦可供从事道路与桥梁工程建设的工程技术人员参考。

本教材由淮阴工学院苏志忠教授编著,黑龙江工程学院赵永平教授主审。

由于水平所限,不妥之处在所难免,敬请读者批评指正,在此深表感谢!

编 者
2015 年 7 月

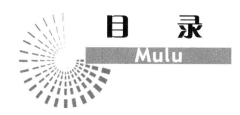
目 录

第一篇 道路路线

第一章 绪论 ··· 1
- 第一节 交通运输概述 ··· 1
- 第二节 国内外公路发展概况 ··· 4
- 第三节 公路的分类、分级与技术标准 ··· 8
- 第四节 公路勘测设计的依据、程序和内容 ··· 13
- 思考题与习题 ··· 19

第二章 路线平面线形设计 ··· 21
- 第一节 概述 ··· 21
- 第二节 平面圆曲线半径、超高及加宽 ··· 21
- 第三节 缓和段 ··· 25
- 第四节 行车视距 ··· 29
- 第五节 平面线形的设计与调整 ··· 33
- 第六节 平面设计成果 ··· 37
- 思考题与习题 ··· 40

第三章 纵断面设计 ··· 41
- 第一节 概述 ··· 41
- 第二节 汽车行驶对纵坡设计的要求 ··· 42
- 第三节 竖曲线 ··· 47
- 第四节 平面和纵断面线形组合设计 ··· 50
- 第五节 纵断面设计方法及成果 ··· 51
- 思考题与习题 ··· 56

第四章 横断面设计 ··· 57
- 第一节 公路横断面的组成 ··· 57
- 第二节 路基横断面设计方法及成果 ··· 62
- 第三节 路基土石方计算与调配 ··· 68
- 思考题与习题 ··· 73

第五章 选线与定线 ··· 75
- 第一节 选线的原则、方法与步骤 ··· 75

第二节　平原区选线 ·· 77
　　第三节　微丘、重丘区路线方案比选及示例 ·· 79
　　第四节　定线 ·· 83
　　思考题与习题 ·· 89

第六章　公路交叉设计 ·· 90
　　第一节　公路平面交叉 ·· 90
　　第二节　公路立体交叉 ·· 97
　　思考题与习题 ··· 104

第七章　高速公路简介 ··· 105
　　第一节　高速公路的特点及平、纵、横设计要点 ·· 105
　　第二节　高速公路的沿线设施 ·· 107
　　第三节　高速公路交通控制的基本方式 ·· 114
　　思考题与习题 ··· 116

第八章　生态型道路工程设计理念 ·· 117
　　第一节　绪论 ··· 117
　　第二节　道路景观与环保的意义和构成 ·· 118
　　思考题与习题 ··· 123

第二篇　路　基　路　面

第一章　概述 ··· 124
　　第一节　对路基和路面的基本要求 ·· 124
　　第二节　路基和路面结构的组成与层次划分 ·· 126
　　第三节　路基土的工程性质 ·· 128
　　第四节　路面分类与分级 ·· 129
　　第五节　公路的自然区划 ·· 132
　　思考题与习题 ··· 133

第二章　路基 ··· 134
　　第一节　路基破坏现象及原因 ·· 134
　　第二节　路基湿度状况和干湿类型判别 ·· 136
　　第三节　土基的抗变形能力(刚度)和稳定性 ·· 139
　　第四节　土基填料的选择与压实 ·· 140
　　第五节　路基边坡 ··· 144
　　思考题与习题 ··· 148

第三章　路基路面排水 ··· 149
　　第一节　概述 ··· 149
　　第二节　路基常用的地面排水设施 ·· 150
　　第三节　路基常用的地下排水设施 ·· 154
　　思考题与习题 ··· 157

第四章　挡土墙 ··· 158
　　第一节　挡土墙的分类与构造 ·· 158
　　第二节　重力式挡土墙的构造与布置 ·· 159

第三节　土压力的基本概念 …………………………………………………… 165
　　思考题与习题 …………………………………………………………………… 166
第五章　土质路基施工及质量控制 …………………………………………………… 167
　　第一节　路基填筑 ………………………………………………………………… 167
　　第二节　路堑开挖 ………………………………………………………………… 170
　　第三节　路基压实 ………………………………………………………………… 172
　　思考题与习题 …………………………………………………………………… 175
第六章　路面工程 …………………………………………………………………………… 177
　　第一节　概述 ……………………………………………………………………… 177
　　第二节　常用的路面基层、底基层和垫层材料 ………………………………… 181
　　第三节　柔性路面 ………………………………………………………………… 189
　　第四节　刚性路面 ………………………………………………………………… 197
　　思考题与习题 …………………………………………………………………… 208
第七章　路面施工及质量控制 ………………………………………………………… 210
　　第一节　沥青路面施工 …………………………………………………………… 210
　　第二节　沥青类路面对常用材料的要求 ………………………………………… 212
　　第三节　沥青路面各种施工方法、程序和要点 ………………………………… 215
　　思考题与习题 …………………………………………………………………… 220

第三篇　桥梁工程

第一章　概述 ……………………………………………………………………………… 221
　　第一节　桥梁在交通运输领域的地位和作用 …………………………………… 221
　　第二节　桥梁工程的发展趋势 …………………………………………………… 239
　　思考题与习题 …………………………………………………………………… 243
第二章　桥梁的基本组成和分类 ……………………………………………………… 244
　　第一节　桥梁的基本组成 ………………………………………………………… 244
　　第二节　桥梁的主要类型 ………………………………………………………… 245
　　思考题与习题 …………………………………………………………………… 256
第三章　桥梁的设计荷载 ………………………………………………………………… 257
　　第一节　规范中有关设计荷载的规定 …………………………………………… 257
　　第二节　荷载组合 ………………………………………………………………… 262
　　思考题与习题 …………………………………………………………………… 264
第四章　桥梁总体设计要点 ……………………………………………………………… 265
　　第一节　桥梁总体设计的基本要求 ……………………………………………… 265
　　第二节　桥梁纵、横断面设计和平面布置 ……………………………………… 269
　　第三节　桥梁设计的方案比较 …………………………………………………… 273
　　思考题与习题 …………………………………………………………………… 274

参考文献 …………………………………………………………………………………… 275

第一篇 道路路线

第一章 绪 论

第一节 交通运输概述

交通运输是国民经济的大动脉,是高速发展国民经济的物质基础。一个完整的交通运输体系由公路、铁路、航空、管道、水路等运输方式构成。它们各具特点,承担各自的运输任务,又互相联系和互相补充,形成综合的运输能力。

公路运输:在综合运输体系中,公路运输可承担其他运输方式的客货集散与联系,承担铁路、水运、空运固定路线之外的延伸运输任务;可以深入到城镇、乡村、山区、港口、机场等的各个角落,能独立实现"门到门"的直达运输。例如,为了减少装卸次数,缩短运输总时间,在运输鲜、活、易腐物品时,可以避免多种交通环节的转运而用公路直达运输。

铁路运输:优点是运输能力大,速度较快,运输成本和能耗都较低,通用性能好,受自然条件的影响也比较小,宜于承担中长距离客货运输和大宗物资的运输;缺点是一次性投资大、建设周期长、客货只能运输到固定路线的固定场、站,一般不能直达目的地。

航空运输:优点是在快速运送旅客、运载紧急物资、救援、抢险方面具有明显的优越性,宜于承担大、中城市间长距离客运以及边远地区高档和急需物资的运输;缺点是运输成本高、能耗大、客货只能运输到固定航线的机场,不能直达目的地。

管道运输:用于原油、成品油、天然气、煤炭(加水或添加剂)等流体物质的运输,特别是对于储藏量大、使用周期长的流体物质的运输,采用管道运输往往能够取得投资较少、运量大、运输成本低、运输能力稳定的良好效益;如我国已建成的西气东输工程,从新疆的克拉玛依油田到达上海,长达数千公里,预计使用期50年,很好地发挥了管道运输的优越性。

水路运输:优点是运价低廉、运输能力强、经济效益好,是国际贸易主要采用的运输方式;缺点是速度较慢,需相应的自然条件(如江河、海洋等)。

比较上述各种运输方式的特点,归纳出公路运输的特点如下:

1. 优点

(1)机动性强、灵活性大。货物装卸可以实现"门到门"直达运输,在小于100~200km短途运输中,可以做到经济可靠、迅速及时。

(2)普及面广、适应性强。能满足政治、经济、国防各方面的需要,战时输送部队与军事装备,出现灾情时能疏散居民及运送救援物资,平时则促进经济繁荣。

(3)速度快、短途运价低。现代汽车的时速仅次于飞机。每公里造价比铁路低,公路运输投资少、周转快、收益大。建设新厂矿和修筑新铁路前必须先修公路,我国新疆、青海、西藏等地广人少或铁路较少地区,主要靠公路运输。

(4)运量大。虽然单车载客载货量较小,但车辆数量多,公路运输客货总运量和总周转量所占的比重日益增大。美国客运周转量已占各种运输方式总运量的80%左右。

2. 缺点

(1)运输成本较高。由于单车载客载货量较小,加之世界石油价格的不断上涨及收费道路的快速增长,运输成本不断提高。

(2)空气污染大。随着我国汽车工业的快速发展,各种车辆数量激增,大量的车辆尾气排放造成严重的空气污染及一系列的环境问题。

(3)交通拥堵,车与人争地。在大、中城市,几乎都存在交通拥挤、道路堵塞的情况,造成公民出行、上下班、货物运输的延误;一些大城市和地区由于大量的汽车停放,造成土地资源的匮乏,房价飞涨,车与人争地,甚至已经成为与经济发展难以调和的矛盾,成为较严重的社会问题。

(4)安全系数低。在中国,截至2015年年底,机动车保有量已达2.79亿辆,近5年汽车占机动车比率从47.06%提高到61.82%,平均每百户有31辆私家车。据公安部统计,1986年到2015年间,全国公路通车里程、机动车和驾驶人数量分别增长了3.75倍、33倍、26倍,2010年交通事故造成的死亡人数为65225人,2011为62387人,2013年为约70000人,2015年为90000人。造成的经济损失已占到了全国其他重大事故的第一位。目前,我国高速公路通车里程、汽车增速、机动车驾驶员数量均居世界第一;与此同时,我国道路交通事故死亡人数、重特大事故起数呈现出"双下降"态势,特别是重特大事故由1996年的80起下降到2015年的12起,降幅逾八成。这一方面说明中国的汽车保有量迅速增长,另一方面也说明中国的交通规则和管理的成熟和日益严格。

随着经济发展、社会进步和人民生活水平的不断提高,公路运输的地位和作用不断加强,交通正成为人类生活的必要条件、促进经济发展的循环系统、国家安全的重要保障、社会进步的重要标志,也成为我国经济可持续发展的科技需求。同时,人民生活水平的提高和日益增长的消费需求要求公路运输业为人民的出行提供更加快速、安全、舒适的优质服务。随着我国高速公路建设的迅猛发展,一方面缓解了拥挤的交通状况,另一方面也提高了公路运输的安全系数。我国公路运输的客货运周转量在综合运输中所占的比例正不断提高,特别是物流业的激增,货运以年增长13.5%的速度增加,客运增长量约为8%。

一、公路的功能

公路具有交通功能、形成国土结构、公共空间,同时有防灾和繁荣经济等方面的功能(图1-1-1)。

公路是交通的基础,是社会、经济活动所产生的人流、物流的运输载体,担负着城市内部和城际之间交通中转、集散的功能。

在改善投资环境的形势下,要求有一个安全、通畅、方便和舒适的道路交通运输体系;在发生火灾、水灾、地震和空袭等自然灾害或紧急情况时,能提供疏散和避险的通道与空间。

公路是国土结构的骨架,城市道路则是城市建设的基础,城市各类建筑依据道路的走向布置而反映城市的风貌,所以城市道路是划分街坊、形成城市结构的骨架。

公路作为公共空间不仅提供交通体系的空间,且能保证日照、通风,提供绿化、管线布置的场地,为地面排水提供条件。各种构筑物的使用效益,有赖于公路先行来实现。

在公路建设过程中,各项基础设施得以同步进行,随着公路的建成可使土地使用与开发得以迅速发展,经济市场得以繁荣,所以健全的公路系统能促进经济发展,方便生活。

公路是经济建设的先行设施,正如民间谚语所说:"要致富,先修路;小路小富,大路大富,快路快富。"它对商品流通、发展经济、巩固国防、建设边疆、开发山区和旅游事业的发展等方面都有巨大的作用。

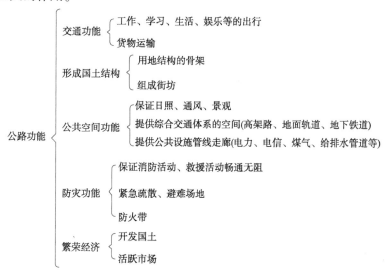

图 1-1-1　道路的功能

二、公路的工程特点

公路(含城市道路)是在天然地表面上按照线形设计要求开挖或堆填而成的工程结构物,其中路基和路面作为不可分割的整体,共同承受着汽车荷载的重复作用和自然条件的长期影响。由于公路沿线地形起伏,地质、地貌、气象特征多变,再加上沿线城镇经济发达程度与交通繁忙程度各不相同,因此工程技术人员必须掌握广博的知识,善于处理各种环境因素,从而设计出理想的线形和路基与路面工程。公路是一种线形工程,其长度可延续数百公里甚至上千公里,因而工程数量十分可观。例如微丘区的三级公路,每公里土石方数量约 $8000\sim16000m^3$;山岭、重丘区的三级公路每公里可达 $20000\sim60000m^3$;对于高速公路,数量将更为可观。路面工程在公路造价中所占比重很大,一般都要达到 30% 以上。

城市道路有时要修建大量的立体交叉桥、人行道、人行天桥和地下通道;在大小江河、海湾还需建造桥梁和过江隧道;特大城市、大城市还修建了中长距离的高架路、快速路和环城高速公路以及地下铁道。所以城市道路桥梁造价所占比重很大,一般都要达到 50% 以上。因此精心设计、精心施工,使公路工程能长期具备良好的使用性能,对节约投资、提高运输效益,具有十分重要的意义。

现代化公路运输,不仅要求公路能全天候通行车辆,而且要求车辆能以一定的速度,安全、舒适而经济地在道路上运行,这就要求公路具有良好的使用性能,提供良好的行驶条件和服务水平。为了保证公路最大限度地满足车辆运行的要求,提高车速,增强安全性和舒适性,降低运输成本和延长道路使用年限,要求公路具有平顺的线形,坚固的结构,平整、坚实、少尘的路面。

此外,《公路工程技术标准》(JTG B01—2014)(以下简称《标准》)第 1.0.6 条规定:公路

建设必须执行国家环境保护和资源节约的法律法规,并应符合下列规定:

(1)公路环境保护应贯彻"保护优先、以防为主、以治为辅、综合治理"的原则。

(2)公路建设应根据自然条件进行绿化、美化路容,保护环境。

(3)高速公路,一、二级公路和有特殊要求的公路建设项目,应作环境影响评价和水土保持方案评价。

(4)生态环境脆弱地区,或因公路建设可能造成环境近期难以恢复的地带,应作环境保护设计。

(5)公路改扩建项目,应充分利用公路废旧材料,节约工程建设资源。

第二节 国内外公路发展概况

一、国外公路发展概况

世界各经济发达国家自20世纪50年代开始,公路交通向现代化迅猛发展,由于工业实行专业化改组,农村产业结构和商品构成的变化,货物运输从以原材料为主变为以制品为主,运输方式变为以公路运输为主。由于人民生活水平的提高、旅游事业的发展,私人小客车和公路公共客运也迅速大量发展,每人公里的运输成本及油耗均低于铁路。在国防建设方面,现代化的国防装备要求现代化公路与汽车运输保证其畅通和后勤补给。因此公路交通迅速发展,其所承担的客货运的运量及周转量已居于各种运输方式的首位。到1983年,日本的公路运输承担了90%的国内总货运量,45.9%的总货运周转量,60.8%的总客运量,66.3%的总客运周转量。国际公路汽车运输的迅速发展与其科学技术的进步分不开。第二次世界大战后,由于军事工业转向民用,各种汽车的性能大为提高,车型、吨位实现了系列化、多样化,以适应各种客、货运输的需要。货运汽车实现大吨位,专用化及拖挂运输后,大大提高了汽车运输的效益和地位,汽车生产量和保有量大幅度增大。在1950~1996年46年间,全世界汽车保有量从5500万辆增至67000万辆,增长了11倍多。美国的汽车由4900万辆增至20629万辆,增长了4.21倍。英国的汽车由240万辆增至2479万辆,增长10倍;日本的汽车增长最快,从23万辆增至7082万辆,增长308倍。由于汽车增加,使得交通量激增。

在公路建设方面,国外大力发展高速公路,改善提高各级公路的各项技术经济指标,形成高质量的公路网。除增加公路建设投资,达到其他运输方式投资的2~10倍外,还采用各种先进技术以降低造价,提高公路建设的效率,特别是高等级公路及大跨径桥梁的设计施工技术、建筑材料及机械化均有很大发展。计算机辅助设计和辅助施工更进一步提高了公路建设效益和效率。在汽车运输管理方面,采用电子计算机及现代化通信手段进行调度管理,还有现代化的站场设施、服务设施、汽车监理、保修和检测系统等形成先进的公路客货运调度管理系统。

在交通管理方面,除对一般公路建设完善的信号标志、防护设施以及保证夜间安全行车等线路设施外,对高速公路采用现代化的交通控制系统。全线设有中央控制室,实行自动控制;采用光电信息采集、信号显示及电视监控,由电子计算机控制,并采用路侧通信、音声合成的先进技术,对运行中的车辆发布信息,以使交通事故率减少。美国汽车运输的平均经济运距达到500~600km,平均装载吨位在13t以上,车年行程25万km,平均运营车速80~90km/h,柴油车能耗仅$3L/(10^2 t \cdot km)$,拖挂列车仅$1.7L/(10^2 t \cdot km)$,每辆运营车占用职工人数2.61人,保修工0.29人,美国客运每人公里成本已低于铁路,仅为铁路的60%。

国外经济发达国家车、路、运、管方面的先进设施和技术组成了现代化道路客货运输系统。

二、我国公路建设发展概况

(一)综合运输格局

我国客货运输市场份额,据2015年年底的统计,年末全国拥有公路营运汽车1473.12万辆,比上年末减少4.2%。拥有载客汽车83.93万辆、2148.58万客位,比上年末分别减少0.8%和1.9%。其中,大型客车30.49万辆、1324.31万客位,分别减少0.6%和0.1%;拥有载货汽车1389.19万辆、10366.50万吨位,比上年末分别减少4.4%和增长0.7%。其中普通货车1011.87万辆、4982.50万吨位,分别减少7.3%和4.9%;专用货车48.40万辆、503.09万吨位,分别增长6.2%和2.5%。究其原因,主要是由于铁路运输的大规模提速,高速铁路的快速发展以及私家车的迅猛发展,导致我国公路客货运输市场份额的下降。

(二)公路发展简况

1901年我国开始进口汽车,通行汽车的道路在原有大车道的基础上开始发展起来。1906年在广西友谊关修建了第一条通行汽车的公路;1913年又修建了长沙至湘潭50km长的低级路。到1949年新中国成立时,全国勉强通车的公路只有8.07万公里,而且质量差、标准低,大多分布在沿海及中部地区,而广大山区、农村和边疆交通闭塞,行路艰难。

中华人民共和国成立以后,为了迅速恢复和发展国民经济,巩固国防,国家在经济基础非常薄弱的情况下,对公路建设做出了很大努力,举世闻名的川藏、青藏公路建于1954年。特别是改革开放的近30多年来,国家把交通作为国民经济发展的战略重点之一,为公路交通快速发展提供了机遇。总的建设方针是统筹规划、条块结合、分层负责、联合建设;筹资渠道是国家投资、地方筹资、社会融资、引进外资。公路建设发展迅速,公路交通面貌发生了很大变化,已初步形成了一个以北京为中心沟通全国各地的国道网,以各城市为中心的公路通车里程也大大增加,到2015年年底,我国公路网通车总里程已达450万公里,其中高速公路10.8万公里,居世界第1位。农村公路390万公里。我国用改革开放以来30多年的时间走过了发达国家一个世纪走完的路程。我国公路建设实现了跨越式发展,取得了举世瞩目的成就。

道路发展最突出的成就是高速公路的飞速崛起,高速公路是交通运输现代化的重要标志之一。1988年10月,我国建成了第一条高速公路,沈阳～大连高速公路,全长375km,实现了零的突破。此后,高速公路的建设便一发而不可收,得到了迅猛的发展。高速公路的建设带动了沿线经济的发展,快速运输日益显示出巨大的经济效益和社会效益,形成了快速发展的"高速公路产业带"。高速公路不仅技术标准高、线形顺畅、路面平整、沿线设施齐全,而且全立交、全封闭、双向隔离行驶、无混合交通干扰,为公路运输的快速、安全、高效、便捷和舒适提供了技术保证。

(三)公路现状评价(2015年年底统计数据)

到2015年末,全国公路总里程457.73万公里,比上年末增加11.34万公里。公路密度47.68公里/百平方公里,提高1.18公里/百平方公里。公路养护里程446.56万公里,占公路总里程97.6%。全国等级公路里程404.63万公里,比上年末增加14.55万公里。等级公路占公路总里程88.4%,提高1.0个百分点。其中,二级及以上公路里程57.49万公里,增加2.92万公里,占公路总里程12.6%,提高0.3%。各行政等级公路里程分别为:国道18.53万公里(其中普通国道10.58万公里)、省道32.97万公里、县道55.43万公里、乡道

111.32万公里、专用公路8.17万公里,比上年末分别增加0.61万公里、0.69万公里、0.23万公里、0.81万公里和0.14万公里。

全国高速公路里程12.35万公里,比上年末增加1.16万公里。其中,国家高速公路7.96万公里,增加0.65万公里。全国高速公路车道里程54.84万公里,增加5.28万公里。

(四)公路发展规划

从20世纪90年代初,国家陆续制定了几项重点规划:第一个是国道主干线系统——"五纵七横",它对公路建设的影响是历史性的。由于政策和投资的支持,这个系统的建设进展非常迅速:原计划到2015完成该项建设计划,而实际上到2007年年底,便已完成了该计划的90%;到2010年"五纵七横"国道主干线和公路主枢纽系统提前5年全部建成通车,构筑以高速公路为主体的公路运输主骨架。

"两纵两横三个重要路段"和"五纵七横"国道主干线系统,总长约3.5万公里,均由高等级公路组成,是全国公路网的主骨架。这个公路网将连接人口200万以上的所有城市和93%的50万人口以上的大城市,覆盖6亿人口,使省会城市、重要城市、贸易口岸、交通枢纽之间具有快速的联系道路,负担全国公路总运量的30%以上。在400~500km之内可当日往返,800~1000km之内当日到达。

"五纵"国道主干线(见封二彩图)

黑龙江同江至海南三亚:长约5200km;

北京至福州:长约2500km;

北京至珠海:长约2400km;

二连浩特至河口:长约3600km;

重庆至湛江:长约1400km。

"七横"国道主干线(见封二彩图)

绥芬河至满洲里:长约1300km;

丹东至拉萨:长约4600km;

青岛至银川:长约4400km;

连云港至霍尔果斯:长约4400km;

上海至成都:长约2500km;

上海至瑞丽:长约2500km;

衡阳至昆明:长约2000km。

为贯彻中央提出的西部大开发战略的要求,交通运输部提出了四纵四横8条省际公路规划,功能目标是加强西部和中东部的联系,西北、西南的联系,提高西部通江达海的能力,改善与周边国家的交通运输条件。

考虑到中、东部地区的需求,特别是东部沿海一些发达地区,"五纵七横"的分布远远不能满足省域经济和交通发展需要,包括中等城市快速对外交通的需要,又提出了一个加密性质的规划,现阶段定义为"国家重点公路建设规划",作为一个过渡性的方案。该规划包括13条纵线和15条横线,规模有71000km。作为公路线路规划的补充,还提出了国家公路主枢纽规划,全国有45个。根据规划,我国至2020年公路网络总量要达到300万公里,其中高速公路接近8万公里。这个规划进行得非常顺利,到2015年底,已建成全国等级公路里程404.63万公里,国家高速公路7.96万公里,提前5年完成了建设任务。

三、城市道路现状和发展目标

1. 城市道路发展的现状

自新中国成立以来,我国大规模地对原有城市进行了建设和改造。指定、调整和完善了道路网规划,进行了大规模的城市道路改建、拓宽和绿化,修建了大量的立体交叉、人行天桥和地下通道,在大小江河、海湾建造了大批桥梁和过江隧道。特大城市、大城市还修建了中长距离的高架路、快速路和环城高速公路以及地下铁道。道路网普遍采用了点、线控制的交通管理系统,部分城市和地区还引进了先进的面控系统。城市道路随着城市人口的发展和经济繁荣而迅速发展。目前我国市级城市有662个(见表1-1-1),县级城市1446个,地区级城市201个,镇17770个。发展速度从年均增长0.1%提高到年均增长1%。

我国城市分类一览表　　　　　表1-1-1

人口(万人)	<20	20~50	>50~100	>100~200	≥200	合计
个数	352	217	55	15	23	662

2. 治理与规划城市道路交通的对策,以及城市道路发展的目标

为适应今后汽车工业的更大发展,缓解与改善城市道路交通,今后治理与规划的对策是继续深化多层次的城市规划与交通规划,注意工程建设与管理政策双管齐下。城市道路发展目标应与城市经济发展相适应,与人口增长和车辆增长相适应,建成布局得当、结构合理、设施完备的城市道路系统。

3. 城市道路发展工作的序列

城市道路发展工作的序列是规划、建设、养护并注意技术进步:

(1)道路规划:规划应具有科学性、超前性、合理性。大城市应按交通需要完善路网结构。大中城市应进行非机动车交通规划,完善城市主干道系统。

(2)建成城市快速道路网络系统:对于特大型城市,要实现市区内的出行时间不超过60分钟的战略目标,必须构建一个高效的快速道路网络系统,形成城市各组团间的快速出行通道,引导长距离的过境交通,调整路网内交通流量的平衡关系,使交通的流动更加有序,更加有效。

(3)大城市应建设公交枢纽来解决地面公交和多种轨道交通方式(国铁、地铁、城市轻轨、磁悬浮铁路)的衔接换乘问题,提高城市公共交通系统的运输效率和服务水平。

(4)建立科学合理的静态交通系统,通过积极的引导和制约汽车的出行量和出行空间,达到平衡需求与供给矛盾的目的。

(5)重视交通安全。经济社会快速发展,带来了人流、物流、车流和车辆驾驶员的高速增长,我国已进入道路交通事故高发期,交通安全形势十分严峻。要高度重视道路交通安全工作,为预防和减少道路交通事故,要把道路交通安全作为经济社会协调发展的重要内容,人、车、路协调发展,道路交通安全状况步入良性循环轨道;要进行综合治理,实现管理理念、对象、范围、方法、措施从传统向现代转变。

4. 城市道路发展的原则

当前我国城市道路的发展应遵循下列5个原则:

(1)城市道路规划应以国民经济建设发展计划为依据,按城市总体布局,合理安排建设计划和投资比例,与城市经济和其他设施协调发展。

(2)贯彻近远期相结合的原则,城市道路建设的五年计划和年度计划应与远期规划相结合,从路网体系、道路宽度、道路结构等方面为城市道路的远景发展创造条件。

(3)贯彻配套建设的原则,在城市建设和新城区建设及旧城改造中,在商品经济指导下,对城市道路建设实行综合开发、配套建设,以道路带动城市基础设施建设和城市发展。

(4)发挥整体功能的原则,从建设、养护维修、路政管理三个环节上加强管理,制止乱占乱挖,改善道路环境,加强道路绿化,保证城市道路各种功能的充分发挥。

(5)道路工程是一项耗资巨大、占用土地多、对环境影响大的工程。因此,无论是城市道路还是公路,都要按照党中央的大政方针,为建立资源节约型、环境友好型社会而努力。

5. 城市道路建设存在的问题

当前我国城市道路普遍存在的问题:

我国城市道路建设的发展是很快的,成绩显著,"城市化"水平不断提高。但与发达国家相比,距现代化城市交通的要求还有较大的差距;各城市仍然存在城市道路建设速度落后于城市车辆增加的速度;城市交通基础设施相对薄弱;交通拥挤、堵塞、停车难和乘车难问题严重;混合交通的机动车、非机动车、行人干扰大,行车速度慢、事故较多,车流量大、人流集中;交通管理水平不高等。随着我国城镇化速度的加快亦会加速汽车的产销,加大汽车行业成长空间;城市道路规划与建设,街道、小区停车场地的规划与建设任务日益繁重。因此,加大城市道路建设的投资力度、加快建设速度是我国城市建设的主要任务。

第三节 公路的分类、分级与技术标准

公路是供各种车辆和行人等通行的工程设施。按其使用范围分为公路、城市道路、厂矿道路、林区道路及乡村道路等。

(1)公路:指连接城市、乡村,主要供汽车行驶的具备一定技术条件和设施的道路。

(2)城市道路:在城市范围内,供车辆及行人通行的具备一定技术条件和设施的道路,城市指直辖市、市、镇,以及未设镇的县城。

(3)厂矿道路:主要供工厂、矿山运输车辆通行的道路。

(4)林区道路:建在林区,主要供各种林业运输工具通行的道路。

(5)乡村道路:建在乡村、农场,主要供行人及各种农业运输工具通行的道路。

道路工程是以道路为对象而进行的规划、勘测、设计、施工等技术活动的全过程及其所从事的工程实体。

本教材主要介绍公路和城市道路工程。

一、公路

(一)公路的分类

在公路网中起骨架作用的公路称为干线公路,干线公路分为:

(1)国道——在国家公路网中,具有全国性的政治、经济、国防意义,并经确定为国家干线的公路,简称国道。如 G102、G222、G301 等。

(2)省道——在省公路网中,具有全省性的政治、经济、国防意义,并经确定为省级干线的公路,简称省道。如 S105、107 等。

(3)县道——具有全县性的政治、经济意义,并经确定为县级的公路。如 X101、

X121等。

(4)乡道——主要为乡村生产、生活服务并经确定为乡级的公路。

(5)支线公路——指在公路网中起连接作用的公路。

国道网编号方法：

首都放射线：编号为1，如G102、G107等；

南北纵线：编号为2，如G201、G222等；

东西横线：编号为3，如G301、G306等。

(二)公路的分级

公路根据使用任务、功能和适应的交通量，按照《标准》第3.1.1分为高速公路、一级公路、二级公路、三级公路、四级公路五个等级。

(1)高速公路为专供汽车分向、分车道行驶并全部控制出入的多车道干线公路。高速公路的年平均日设计交通量宜在15000辆小客车以上。

(2)一级公路为供汽车分方向、分车道行驶，可根据需要控制出入的多车道公路。一级公路的年平均日设计交通量宜在15000辆小客车以上。

(3)二级公路为供汽车行驶的双车道公路。二级公路的年平均日设计交通量宜为5000~15000辆小客车。

(4)三级公路为供汽车、非汽车交通混合行驶的双车道公路。三级公路的年平均日设计交通量宜为2000~6000辆小客车。

(5)四级公路为供汽车、非汽车交通混合行驶的双车道或单车道公路。双车道四级公路年平均日设计交通量宜在2000辆小客车以下；单车道四级公路年平均日设计交通量宜在400辆小客车以下。

(三)公路技术等级的选用

《标准》第3.1.2规定，公路技术等级的选用应遵循下列原则：

(1)公路技术等级选用，应根据路网规划、公路功能，并结合交通量论证确定。

(2)主要干线公路应选用高速公路。

(3)次要干线公路应选用二级及二级以上公路。

(4)主要集散公路宜选用一、二级公路。

(5)次要集散公路宜选用二、三级公路。

(6)支线公路宜选用三、四级公路。

一条公路，可根据交通量等情况分段采用不同的车道数或不同的公路等级。

各级公路预测设计年限：国道、省道上的高速公路为20年；国道、省道的一级公路和二级公路为15年；县道、乡道的三级公路为15年；四级公路一般为10年，或可根据实行情况适当调整。

根据我国情况，一级公路隐含两种性能，但均按供汽车行驶定义，当作为集散公路时，纵横向干扰较大，为保证供汽车行驶可设慢车道供非机动车行驶；而作为干线公路时，为保证其运行速度、运行安全和服务水平，应根据需要采取控制出入的措施。二级公路为供汽车行驶，为保证车辆行驶速度和运行安全，在慢车多时可设慢车道供非机动车行驶。三、四级公路定义为供汽车、非汽车交通混合行驶，是指主要设计指标按供汽车行驶考虑，但同时也允许拖拉机等慢速车和非机动车使用行车道，混合交通特征明显，运行速度在40km/h以下。

不同等级公路的技术标准也不相同。为使公路能均衡连续，一条公路的等级或地形分段不应频繁变更,同一标准路段的长度不能过短,高速公路的长度一般不小于5km,一级公路、二级公路一般不小于10km。等级或标准的变更处,应选在交通量发生变化处,如交叉口,或在视野开阔、驾驶员能明显判断路况、行车速度易变换处,如桥梁、村镇、地形变化等处附近。同一公路相邻设计路段的公路等级的差不应超过一级。道路的等级应根据路网规划、道路的功能、使用任务和要求以及远景交通量大小,综合论证后确定。公路的分级,如表1-1-2所示。

公路分级　　　　　　　　　　　　　　表1-1-2

等级	高速公路			一级公路			二级公路		三级公路		四级公路	
设计年限(年)	20			15			15		10		10	
设计速度(km/h)	120	100	80	100	80	60	80	60	40	30	30	20
AADT(辆/日)	15000 以上			15000 以上			5000~15000		2000~6000		双车道 2000 以下 单车道 400 以下	
出入口控制	完全控制			部分控制			部分控制或不控制		—		—	

(四)公路的技术标准

公路是为汽车运输或其他交通服务的工程结构物。交通运输部 2014 年颁布的新《标准》,是国家颁布的法定技术准则;反映了我国公路建设的方针、政策和技术要求,是公路设计、新建、改扩建和养护的依据。因此,在公路设计、施工和养护中,必须严格遵守。同时,在符合《标准》要求和不过分增加工程造价的前提下,根据技术经济原则尽可能采用较高的技术指标,以充分提高公路的使用质量和效益。我国《标准》规定的各级公路主要技术指标见表1-1-3。

我国《标准》规定的各级公路主要技术指标　　　　　　表1-1-3

公路等级		高速公路、一级公路								
设计速度(km/h)		120			100			80		60
车道数		8	6	4	8	6	4	6	4	4
行车道宽度(m)		2×15.00	2×11.25	2×7.50	2×15.00	2×11.25	2×7.50	2×11.25	2×7.50	2×7.00
路基宽度(m)	一般值	45.00	34.50	28.00	44.50	33.50	26.00	32.00	24.50	23.00
	最小值	42.00		26.00	41.00		24.50		21.50	20.00
平曲线最小半径(m)	极限值	650			400			250		125
	一般值	1000			700			400		200
停车视距(m)		210			160			110		75
最大纵坡(%)		3			4			5		6
车辆荷载		公路—Ⅰ级								

公路等级		二级公路、三级公路、四级公路					
设计速度(km/h)		80	60	40	30	20	
车道数		2	2	2	2	2 或 1	
行车道宽度(m)		2×7.00	2×7.00	2×7.00	2×6.50	2×6.00(单车道时为3.5)	
路基宽度(m)	一般值	12.00	10.00	8.50	7.50	6.50 (双车道)	4.50 (单车道)
	最小值	10.00	8.50	—	—		

续上表

公路等级		二级公路、三级公路、四级公路				
平曲线最小半径（m）	极限值	250	125	60	30	15
	一般值	400	200	100	65	30
会车视距(m)		220	150	80	60	40
最大纵坡(%)		5	6	7	8	9
车辆荷载		公路—Ⅱ级				

（五）公路的基本组成

公路是一种承受行车荷载的线形带状结构物，它主要由路基、路面、桥涵、隧道、排水系统、防护工程和交通服务设施所组成。

1. 公路路基

公路路基是在天然地面上填筑成路堤（填方路段）或挖成路堑（挖方路段）的带状结构物，主要承受路面传递的行车荷载，是支撑路面的基础。设计时必须保证路基具有足够的强度、变形性能和足够的稳定性，并防止水分及其他自然因素对路基本身的侵蚀和损害。

2. 公路路面

公路路面是用各种材料或混合料，分单层或多层铺筑在路基顶面供车辆行驶的层状结构物。设计时必须保证路面具有足够的强度、刚度、平整度和粗糙度，以满足车辆在其表面能安全、迅速、舒适地行驶。

3. 桥涵

桥涵是桥梁和涵洞的统称。桥梁是为公路跨越河流、山谷或人工建筑物而建筑的构造物；涵洞是为了排水流或满足农田灌溉需要而设置的横穿路基的小型排水构造物。

4. 隧道

隧道是公路根据设计需要为穿越山岭、地下或水底而建造的构造物。

5. 公路排水系统

公路排水系统是为了排除地面水和地下水而设置的，由各种拦截、汇集、输送及排放等排水设施所组成的构造物。除桥梁、涵洞外，排水系统主要有路基边沟、截水沟、排水沟、暗沟、渗沟、渗井、排水隔离层、暗管、跌水与急流槽、渡槽等路基排水构造物。

6. 防护工程

防护工程是为了加固路基边坡，确保路基稳定而修建的结构物。按其作用不同，可分为坡面防护、冲刷防护和支挡构造物等三大类。路基边坡坡面防护，一般有植物防护、坡面处治及护坡与护面墙等；冲刷防护除上述防护外，为调节水流流速及流向，防护路基免受水流冲刷，在沿河路基可设置顺坝、丁坝、格坝等导流结构物；支挡构造物一般是指填（砌）石边坡、挡土墙、护脚及护面墙等。

7. 交通服务设施

交通服务设施，一般是指公路沿线设置的交通安全、养护管理、服务、环境保护等设施。一般有交通标志、标线、护栏、护墙、护柱、中央分隔带、声屏障墙、隔离墙、照明设备、停车场、加油站、汽车修理站、养护管理房屋和绿化美化设施等。

二、城市道路的分类与分级

城市道路按其在城市道路系统中的地位、交通功能分为下述4类：

1. 快速路

城市快速路中设有中央分隔带,具有四条以上的车道,全部或部分采用立体交叉与控制出入,供车辆以较高的速度行驶的道路。

快速路完全为交通功能服务,是解决城市长距离快速交通运输的动脉。在快速路两侧不宜设置吸引大量人流的公共建筑物的进出口。两侧一般建筑物的进出口应加以控制。

2. 主干路

在城市道路网中起骨架作用的道路。以交通功能为主(小城市的主干路可兼沿线服务功能)。自行车交通量大时,宜采用机动车与非机动车分隔的形式。主干路上平面交叉口间距以 800~1200m 为宜,以减少交叉口交通对主干路交通的干扰。主干路解决大、中城市各区之间的交通联系,以及与城市对外交通枢纽之间的联系。例如,北京的东西长安街是全市性东西向主干路,全线展宽到 50~80m,市中心路段为双向 10 条车道,设置隔离墩,实行快慢车分流。又如,上海中山东路是一条宽为 10 车道的客货运输主干路。

3. 次干路

次干路是联系主干路之间的辅助性干道,与主干路连接组成道路网,起到广泛连接城市各部分和集散交通的作用。次干路沿街多数为公共建筑和住宅建筑,兼有服务功能。

4. 支路

支路是次干路与街坊路的连接线,解决地区交通,以服务功能为主。沿街以居住建筑为主。

城市道路除快速路外,每类道路按照城市规模分为Ⅰ、Ⅱ、Ⅲ级。根据我国国务院城市管理条例规定,城市按照其市区和郊区的非农业人口总数划分为如下 3 级(见表 1-1-4):

(1)大城市:人口 50 万以上的城市,采用各类道路中的Ⅰ级标准。

(2)中城市:人口 20 万以上,不足 50 万的城市,采用各类道路中的Ⅱ级标准。

(3)小城市:人口不足 20 万的城市,采用各类道路中的Ⅲ级标准。

城市道路的分类分级 表 1-1-4

项目 类别	级别	设计年限 (年)	设计速度 (km/h)		双向机动车 车道数(条)	机动车车道 宽度(m)	分隔带 设置	横断面采用 形式
快速路		20	80	60	4、8	3.75~4	必须设	双、四幅路
主干路	Ⅰ	20	60	50	4、6	3.75	应设	双、三、四
	Ⅱ		50	40	≥4	3.75	应设	双、三
	Ⅲ		40	30	4	3.5~3.75	宜设	双、三
次干路	Ⅰ	15	50	40	4	3.75	应设	双、三
	Ⅱ		40	30	4	3.5~3.75	设	单、双
	Ⅲ		30	20	2~4	3.5	设	单、双
支路	Ⅰ	10	40	30	2~4	3.5~3.75	不设	单幅路
	Ⅱ		30	20	2	3.5	不设	单幅路
	Ⅲ		20		2	3.5	不设	单幅路

大城市人口多,出行次数多,再加上流动人口数量大,因而客、货运输量比中、小城市大得多,机动车交通量也较大,所以采用的标准应高些。由于我国各城市所处的位置不同,地形、气候条件等存在着较大的差异,同等级的城市也不一定采取同一等级的设计标准,应根据实际情况选用,可经过技术经济比较适当提高或降低标准。

5.城市道路设计年限

城市道路设计年限,指为确定道路宽度而采用的估算交通量的增长年限。城市道路的分类分级表详见表1-1-4。

第四节 公路勘测设计的依据、程序和内容

一、设计依据

路线设计是按勘测设计程序、已批准的计划任务书和《标准》等进行的。无论是新建公路或是改扩建公路,都应有充分的技术经济依据,其中最基本的设计依据是设计车辆、交通量和设计速度。

1.设计车辆

行驶在公路上的车辆主要有机动车和非机动车两类;其中机动车有摩托车、小客车、公共汽车、载货汽车、拖拉机和大型集装箱车等;非机动车有自行车、电动自行车(目前我国电动自行车因其快速、省力、环保而发展迅速,城市中电动自行车的保有量已超过人力自行车,但对电动自行车的管理仍然按照非机动车管理)、三轮车、板车和兽力车等(板车和兽力车在城市中已基本被淘汰)。根据公路的使用任务和性质,高速公路、一级公路为机动车服务;二、三、四级公路为混合车型(含非机动车)服务。

车辆的外廓尺寸是公路几何设计的重要依据,如路幅组成、弯道加宽、纵坡、视距、交叉口设计等都与车辆的外廓尺寸密切相关。《标准》对各种车辆进行归类,将其尺寸标准化称为设计车辆。我国《标准》将设计车辆分为小客车、大型客车、铰接客车、载货汽车和铰接列车5类。各类设计车辆的基本尺寸,见表1-1-5和图1-1-2。

设计车辆外廓尺寸表　　　　表1-1-5

项目 车辆类型	总长 (m)	总宽 (m)	总高 (m)	前悬 (m)	轴距 (m)	后悬 (m)
小客车	6	1.8	2	0.8	3.8	1.4
大型客车	13.7	2.55	4	2.6	6.5+1.5	3.1
铰接客车	18	2.5	4	1.7	5.8+6.7	3.8
载货汽车	12	2.5	4	1.5	6.5	4
铰接列车	18.1	2.55	4	1.5	3.3+11	2.3

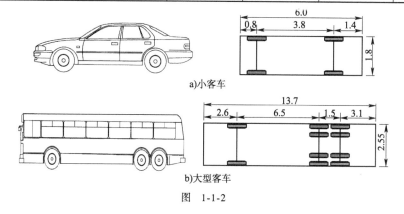

a)小客车

b)大型客车

图 1-1-2

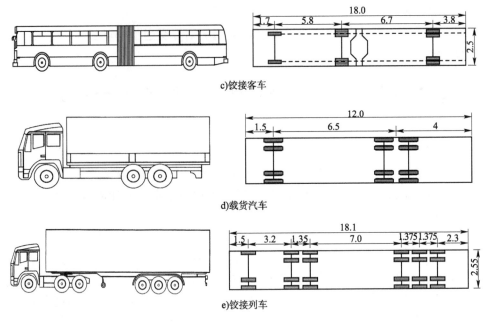

图 1-1-2 设计车辆的基本尺寸(尺寸单位:m)

2. 设计速度

设计速度是指在气候和交通量正常的情况下,汽车运行只受公路自身条件(几何要素、路面、附属设施等)影响时,具有中等驾驶技术的人员能够安全、舒适驾驶车辆的速度。

设计速度是决定公路几何线形的基本要素。曲线半径、超高、视距、合成坡度、路幅宽度和竖曲线设计等都直接或间接与设计速度有关,所以它是体现公路等级的一项重要指标。

设计速度与运行速度有密切的关系,但它们是不同的两个概念。运行速度是指汽车在公路上的实际行驶速度,它受气候、地形、交通密度以及公路本身条件的影响,同时与驾驶员的技术也有很大的关系。在设计速度低的路段上,当行车条件(交通密度、气候、地形等)比较好时,行车速度常接近或超过设计速度。设计速度愈低,出现这种现象的概率愈大。

考虑到这一特点,同一等级的公路按不同的条件采用不同的设计速度是合适的。同时,超过设计速度的情况是危险的,所以在地形良好、线形顺适、视野开阔、容易产生超速行驶(超过设计速度)的路段,要特别注意曲线半径、超高、纵坡等方面的合理配置。

《标准》规定,设计速度的选用,应根据公路的功能与技术等级,结合地形、工程经济、预期的运行速度和沿线土地利用性质等因素综合论证确定。高速公路、一级公路由于在设计、施工、运营管理上与一般公路不同,其设计速度不与地形条件直接挂钩,而将设计速度分别定为120km/h、100km/h、80km/h 和100km/h、80km/h、60km/h 三级,供设计时结合交通需求的变化,考虑技术经济的合理性,更好地与地形、景观相配合,做出合理的设计。我国《标准》第3.5.1 条规定的各级公路设计速度见表 1-1-2、表 1-1-3。

3. 交通量

交通量是确定公路等级的主要依据。公路的交通量是指单位时间内(每小时或每昼夜)通过公路上某一横断面处的往返车辆总数。交通量与社会经济发展速度、气候、物产、文化生活水平等多方面因素有关,且随着时间、地点的不同而随机变化。其具体数值通过交通调查和交通预测确定。

1)设计交通量预测

《标准》第3.3.1条规定,新建和改扩建公路项目的设计交通量预测,应符合下列规定:

(1)高速公路和一级公路设计交通量预测年限为20年;二、三级公路设计交通量预测年限为15年;四级公路可根据实际情况确定。

(2)设计交通量预测年限的起算年,为该项目可行性研究报告中的计划通车年。

2)交通量换算

在确定设计交通量时,应将在公路上行驶的各种车辆,按规定折算为标准车型。我国公路设计时是以小客车为标准车型。设计时应将公路行驶的各种车辆(含非机动车辆)按规定折合成小客车的年平均日交通量。各种汽车的折算是为了有统一尺度才能比较交通量的大小。《标准》第3.3.2条规定,交通量换算采用小客车为标准车型,各汽车代表车型及车辆折算系数规定见表1-1-6。

各汽车代表车型及车辆折算系数 表1-1-6

汽车代表车型	车辆折算系数	说　明
小客车	1.0	座位≤19座的客车和载质量≤2t的货车
中型车	1.5	座位>19座的客车和2t<载质量≤7t的货车
大型车	2.5	7t<载质量≤20t的货车
载货汽车铰接列车	4.0	载质量>20t的货车

拖拉机和非机动车等交通量换算应符合下列规定:

(1)畜力车、人力车、自行车等非机动车按路侧干扰因素计算。

(2)公路上行驶的拖拉机每辆折算为4辆小客车。

(3)公路通行能力分析所要求的车辆折算系数,应针对路段、交叉口等形式按不同的地形条件和交通需求,采用相应的折算系数。

3)交通量计算

(1)年平均日交通量

公路交通量的普遍计量单位是年平均日交通量(简称AADT),即一年365天交通量观测结果的平均值,其表达式为:

$$N = \frac{1}{365}\sum_{i=1}^{365} Q_i \qquad (1-1-1)$$

式中:N——平均日交通量,辆/日;

Q_i——年内的日交通量,辆/日。

(2)设计交通量

设计交通量是指达到预测年限时的年平均日交通量,它是确定公路等级的主要依据。设计交通量根据公路使用的功能、任务和性质,目前一般按年平均增长率计算确定。

$$N_d = N_0(1-\gamma)^{t-1} \qquad (1-1-2)$$

式中:N_d——达到预测年限时的年平均日交通量,辆/日;

N_0——起始年平均日交通量,辆/日;

γ——年平均增长率,%;

t——预测年限。

(3)设计小时交通量

设计小时交通量是以小时为时段的交通量(简称DDHV),用于确定公路等级、车道数和车道宽度或评价公路运行状态和服务水平的重要参数。我们知道,一年中的每月、每日、每小时交通量的变化是相当大的,如果用一年中最大的高峰小时交通量作为设计依据,必然造成浪费,但如果采用日平均小时交通量则不能满足实际需要,甚至造成交通阻塞。因此,必须选择适当的小时交通量作为设计小时交通量。研究认为,取一年中的排序第30位最大小时交通量为设计小时交通量最合适,即将一年中测得的8760小时交通量按大小顺序排列,取序号为第30位的小时交通量作为设计小时交通量。即:采用第30位小时交通量作为设计依据,每年只有29个小时的交通量超过设计小时交通量,保证率达99.67%。目前许多国家包括我国均采用第30位小时交通量作为设计依据。按下式计算:

$$N_h = N_d \cdot K \cdot D \tag{1-1-3}$$

式中:N_h——设计小时交通量,辆/h;

N_d——达到预测年限时的年平均日交通量,辆/日;

K——设计小时交通量系数,即第30位小时交通量与年平均日交通量的比例,一般平原区K取13%,山区K取15%;

D——方向不均匀系数,一般可取$D = 0.5 \sim 0.6$。

《标准》第3.3.3条规定,公路设计小时交通量宜采用年第30位小时交通量,也可根据项目特点与需求,在当地年第20~40位小时交通量之间取值。

4. 通行能力

通行能力是道路规划、设计及交通管理的基本依据,其具体数值随道路等级、线形、路况、交通管理与交通状况的不同而有显著的变化。此外,道路通行能力还受交叉路口通行能力的制约。

1)通行能力的基本概念

道路通行能力是指在一定的道路路况和交通条件下,道路上某一路段单位时间内通过某一断面的最大车辆数或行人数量。车辆中有混合交通时,则采用等效通行能力的当量汽车单位,英文缩写为pcu(passenger car unit),故"规范"中通行能力单位为pcu/h或pcu/d。

道路通行能力与交通量概念不同:交通量是指某时段内实际通过的车辆数。一般交通量均小于道路的通行能力。在交通量小得多的情况下,驾驶员可以自由行驶,可以变更车速、转移车道,还可以超车;交通量等于或接近于道路通行能力时,车辆行驶的自由度就明显降低,一般只能以同一速度列队循序行进;当交通量稍微超过通行能力时,车辆就会出现拥挤、甚至堵塞。所以,道路通行能力是一定条件下通过车辆的极限值。不同的道路条件和交通条件下,有不同的通行能力。通常在交通拥挤、经常受阻的路段上,应力求改善道路或交通条件,以期提高通行能力。

2)机动车通行能力的类别

(1)基本通行能力:是指在道路、交通、环境和气候均处于理想条件下,由技术性能相同的一种标准车辆,以最小的车头间隔连续行驶,在单位时间内通过一条车道或道路路段某一断面的最大车辆数,这是一种理想状态下的通行能力,也称理论通行能力。

(2)可能通行能力:是在通常道路交通条件下,单位时间内通过道路一条车道或某一断面的最大可能车辆数。国外计算可能通行能力是以基本通行能力为基础,考虑到实际的道路交通状况,确定修正系数求得。我国目前计算通行能力的方法是在可能通行能力基础上进行修正。

(3)设计通行能力:是指道路交通的运行状态保持在某一设计的服务水平时,道路上某一路段的通行能力。

5. 服务水平

所谓服务水平,主要以道路上的运行速度和交通量与可能通行能力之比综合反映道路的服务质量。《标准》第3.4.1条将公路服务水平分为六级,各级公路设计服务水平不低于表1-1-7的规定。

各级公路设计服务水平 表1-1-7

公路等级	高速公路	一级公路	二级公路	三级公路	四级公路
服务水平	三级	三级	四级	四级	—

注:①一级公路用作集散公路时,设计服务水平可降低一级。
②长隧道及特长隧道路段、非机动车及行人密集路段、互通式立体交叉的分合流区段以及交织区段,设计服务水平可降低一级。

(1)一级服务水平,即交通流处于完全自由流状态。交通量小,速度高,行车密度小,驾驶员能自由地按照自己的意愿选择所需速度,行驶车辆不受或基本不受交通流中其他车辆的影响。在交通流内驾驶的自由度很大,为驾驶员、乘客或行人提供的舒适度和方便性非常优越。较小的交通事故或行车障碍的影响容易消除,在事故路段不会产生停滞排队现象,很快就能恢复到一级服务水平。

(2)二级服务水平,即交通流状态处于相对自由流状态,驾驶员基本上可按照自己的意愿选择行驶速度,但是开始要注意到交通流内有其他使用者,驾驶员身心舒适水平很高,较小的交通事故或行车障碍的影响容易消除,在事故路段的运行服务情况比一级服务水平差些。

(3)三级服务水平,即交通流状态处于稳定流的上半段,车辆间的相互影响变大,选择速度受到其他车辆的影响,变换车道时驾驶员要格外小心,较小的交通事故仍能消除,但事故发生路段的服务质量大大降低,严重的阻塞后续车辆形成排队车流,驾驶员心情紧张。

(4)四级服务水平,即交通流状态处于稳定流范围下限,但是车辆运行明显受到交通流内其他车辆的相互影响,速度驾驶的自由度明显受到交通量限制,稍有增加就会导致服务水平的显著降低,驾驶员身心舒适水平降低,即使较小的交通事故也难以消除,会形成很长的排队车流。

(5)五级服务水平,即为交通流拥堵流的上半段,其下是达到最大通行能力时的运行状态。对于交通流的任何干扰,例如车流从匝道驶入或车辆变换车道,都会在交通流中产生一个干扰波,交通流不能消除它,任何交通事故都会形成长长的排队车流,车流行驶灵活性极端受限,驾驶员身心舒适水平很差。

(6)六级服务水平,即拥堵流的下半段,是通常意义上的强制流或阻塞流,这一服务水平下,交通设施的交通需求超过其允许的通过量,车流排队行驶,队列中的车辆出现停停走走现象,运行状态极不稳定,可能在不同交通流状态间发生突变。

6. 公路建筑限界

为保证车辆、行人通行的安全,公路上一定宽度和一定高度范围内不允许有任何障碍物。这个空间限界称为公路建筑限界,如图1-1-3所示。

公路建筑限界是一个空间概念,不同等级的公路其公路建筑限界的大小不同。在公路建筑限界内不允许设置公路标志牌、护栏、照明等各种设施,甚至粗树枝及矮林也不得伸入限界内,以确保行车空间的通畅。

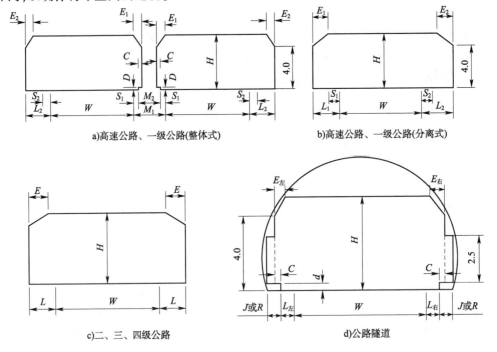

图1-1-3 各级公路的建筑限界(尺寸单位:m)

说明:图中各字母表示建筑限界的相对位置和尺寸,使用时请按照《标准》第3.6.1条规定采用。

二、设计程序和内容

1. 工程可行性研究

工程可行性研究是公路基本建设前期工作的一项重要内容,是建设项目决策和编制设计(计划)任务书的依据。工程可行性研究的目的是对建设项目的必要性、技术的可行性、经济的合理性、实施可能性以及宏观和微观经济效益,做出科学的评估,并拟出多种比较方案,作为决策的依据。

公路工程可行性研究,一般应包括以下内容:

(1)概述:主要论述任务依据和历史背景、研究范围、研究的主要结论、主要存在的问题和建议。

(2)现有公路技术状况及问题:主要阐述现有公路技术现状和适应程度,拟建项目在交通网中的作用、存在的主要问题。

(3)运输量和交通量发展预测:主要阐述项目所在地的经济特性、经济增长与客货运输增长的关系,交通调查情况和交通量发展预测。

(4)公路建设规模及标准:主要论证公路等级和桥梁的结构规模、征地范围、技术标准等重要指标。

(5)建设条件与方案选择:主要阐述地理位置、自然条件对工程方案、施工条件和工程造价的影响;社会环境及地方经济对建设项目的影响;工程方案的比选与推荐意见。

(6)投资估算及资金筹措:根据主要工程数量、建设用地、拆迁数量做出投资估算,并说明资金来源和筹集办法。

(7)实施方案:提出设计和施工的安排、工期和投资安排、工程管理和技术管理等方面的意见。

(8)经济评价:主要是做出直接经济效益计算、经济投资费用计算、经济与社会效益分析等。

对上述内容进行研究后写出工程可行性研究报告,作为工程项目的决策依据。工程可行性研究报告批准后,一般不得随意修改和变更。

2. 设计任务书

公路勘测与设计工作是根据批准的设计任务书进行的;设计任务书由提出计划的主管部门下达或由下级单位编制后按规定上报审批。设计任务书包括以下基本内容:

(1)建设依据和意义;

(2)公路的建设规模和修建性质;

(3)路线基本走向和主要控制点;

(4)工程技术标准和主要技术指标;

(5)按几个阶段设计,各阶段完成的时间;

(6)建设期限和投资估算,分期修建的应提出每期的建设规模和投资估算;

(7)施工力量的原则安排;

(8)路线示意图、工程数量、"三材"数量及投资估算表等。

设计任务书批准后,如对建设规模、工程技术标准、路线基本走向等主要内容有变更时,应经原批准机关同意。

3. 勘测设计阶段

公路工程基本建设项目的勘测设计阶段可分为"一阶段设计""两阶段设计"和"三阶段设计"等3种。通常情况,勘测设计采用两阶段设计,即初步设计和施工图设计。对技术简单、方案明确的小型建设项目,可采用一个阶段设计,即一阶段施工图设计。当技术复杂而又缺乏经验的建设项目或建设项目中的个别路段、特殊大桥、互通式立体交叉、隧道等,必要时可采用三阶段设计,即初步设计、技术设计和施工图设计。

一阶段设计应根据批准的设计施工预算,作为公路施工的依据。

二阶段设计应根据批准的设计任务书(或测设合同)的要求,经过初步测量,编制初步设计文件和设计概算;再根据批准的初步设计,进行定线测量,编制施工图设计文件和施工预算,作为公路施工的依据。

三阶段设计是在初步设计文件和设计概算批准后,通过补充测量;然后编制技术设计文件和修正概算;最后根据批准的技术设计文件经过定线测量(或补充定测),编制施工图设计文件和施工预算,作为公路施工的依据。

在采用一阶段设计、两阶段设计或三阶段设计时,不论是新建公路还是改建公路,在公路勘测设计之前,均必须进行视察和工程可行性研究工作。视察和工程可行性研究虽不独立作为一个设计阶段,但它们是勘测设计工作之前都必须进行的一个重要步骤。

 思考题与习题

1. 现代交通运输方式有哪些特点?与这些运输方式比较,公路运输有哪些特点?

2. 《公路工程技术标准》(JTG B01—2014)的主要技术指标有哪些?
3. 公路的主要组成部分有哪些?公路设计主要包括哪些内容?
4. 简述公路设计的基本要求。
5. 公路勘测设计的依据有哪些?何谓设计速度?
6. 简述"两阶段设计"步骤。

第二章 路线平面线形设计

第一节 概　　述

公路线形,主要是指道路中心线的空间线形。为研究方便和直观起见,对该空间线形进行三面投影可得:路中线在水平面上的投影称作路线的平面图;沿路中线用铅垂面竖直剖切并展开后,投影到立面图上称作路线的纵断面图;中线上任一点的法向切面称作路线的横断面图。公路线形的设计,实际上就是确定平面、纵断面及横断面线形的尺寸和形状,也就是通常所指的平面设计、纵断面设计和横断面设计。三者之间既相互联系又相互制约,因此在路线设计时,必须综合考虑。

公路的平面线形,由于其位置受社会经济、自然地理和技术条件等因素的制约,公路从起点到终点在平面上不可能是一条直线,而是由许多直线段和曲线段(包括圆曲线和缓和曲线)组合而成。对平面线形而言,一般可分解为直线、圆曲线及缓和曲线。因此我们对线形的研究,实际上是对直线、圆曲线和缓和曲线三要素的研究,同时对此三要素进行恰当组合,切合实际地在实地上综合应用,以保证汽车在公路上能安全、顺适的运行。怎样把直线和缓和曲线连接起来?如何保证汽车在平面上能安全、迅速、舒适以及经济地行驶?平面线形各几何元素的合理配置与设计速度的关系是怎样的?这些原理和方法即为本章所研究的主要内容。

第二节　平面圆曲线半径、超高及加宽

各级公路和城市道路不论转角大小,均应设置平面曲线,而圆曲线是平面线形中的主要组成部分。在平面线形中有单曲线、复曲线、虚交点曲线和回头曲线等,一般都包括圆曲线。圆曲线由于具有与地形适应性强、可循性好、线形美观和易于测设等优点,而使用十分普遍。各级公路当圆曲线半径小于不设超高最小半径时,应在曲线上设置由路面向内侧倾斜的单向坡(超高)。超高横坡度按公路等级、设计速度、圆曲线半径、路面类型、自然条件和车辆组成等情况确定。圆曲线内当半径小于或等于250m时,应在圆曲线路面内侧进行加宽。

一、圆曲线半径

1.汽车在圆曲线上的受力特点

(1)汽车转弯行驶时的受力特点与力的平衡

汽车在公路曲线上行驶时,除受重力外,还受到离心力的影响。由于离心力的产生,使汽车在平曲线上行驶时会发生两种不稳定的危险:汽车可能会向外滑移和向外倾覆。由图1-2-1可以看出,离心力的作用点在汽车重心,方向水平,并与圆心方向相反。计算公式为:

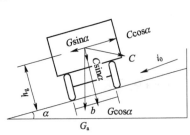

图 1-2-1　横向力解析图

$$F = \frac{Gv^2}{gR} \quad (1\text{-}2\text{-}1)$$

式中：F——离心力，N；
　　　R——圆曲线半径，m；
　　　v——汽车的行驶速度，m/s；
　　　G——汽车重力。

将作用在汽车上的离心力 F 和汽车重力 G 分解为平行于路面的横向力 X 和垂直于路面的竖向力 Y，则有：

$$X = F\cos\alpha \pm G\sin\alpha$$
$$Y = G\cos\alpha \pm F\sin\alpha$$

因为 $\cos\alpha \approx 1$；$\sin\alpha \approx \tan\alpha = i$（$i$ 为路面横坡度）。由此可得：

$$X = F \pm Gi = \frac{G}{g} \cdot \frac{v^2}{R} \pm Gi \quad (1\text{-}2\text{-}2)$$

式中：" + "——汽车在圆曲线外侧车道上行驶；
　　　" - "——汽车在圆曲线内侧车道上行驶。

横向力和竖向力是反映汽车行驶稳定性的两个重要因素，其中横向力为不稳定因素，竖向力为稳定因素。但横向力与竖向力的大小均与重力的大小有关。为了准确衡量汽车在圆曲线上行驶是否稳定、安全与舒适，采用横向力与竖向力的比值，称为横向力系数，它近似地可看作单位车重上所受到的横向力大小，以 μ 表示，即：

$$\mu = \frac{X}{Y} \approx \frac{X}{G} \quad (1\text{-}2\text{-}3)$$

将式(1-2-2)代入式(1-2-3)，则得：

$$\mu = \frac{X}{Y} = \frac{v^2}{R} \pm i \quad (1\text{-}2\text{-}4)$$

（2）计算公式及其影响因素

由汽车行驶在圆曲线上的受力特点理论，根据汽车行驶在曲线上力的平衡方程可知，圆曲线半径计算公式为：

$$R = \frac{v^2}{127(\mu + i)} \quad (1\text{-}2\text{-}5)$$

式中：v——各级公路的设计速度，km/h；
　　　μ——横向力系数；
　　　i——路拱横向坡度，以小数计。

2. 圆曲线最小半径

圆曲线作为平曲线或平曲线的组成部分，其主要技术指标就是圆曲线半径。半径是圆曲线的重要元素，半径一旦确定，则圆的大小和曲率就完全确定了。圆曲线半径值的确定应根据汽车行驶的稳定性（滑移、倾扭）而定；汽车在弯道上行驶的稳定性，主要是指横向抗滑稳定。在车速和路型一定的条件下，圆曲线半径愈大，横向摩阻系数就愈小，汽车就愈稳定。因此，为保证汽车行驶的稳定，圆曲线半径不宜过小。圆曲线最小半径包括极限最小半径、一般最小半径和不设超高的最小半径。

（1）极限最小半径是指圆曲线半径采用的最小极限值，当地形困难或条件受限制时，方可采用。

（2）一般最小半径是指在通常情况下采用的最小半径，它介于极限最小半径与不设超高的最小半径之间，其超高值随半径增大而按比例减小。

（3）不设超高的最小半径是指公路曲线半径较大、离心力较小时，路面摩擦力足以保证汽车行驶安全稳定所采用的最小半径。

《标准》第4.0.17条规定了各种设计速度相对应的圆曲线最小半径，如表1-2-1所示。

圆曲线最小半径　　　　　　　表1-2-1

设计速度（km/h）		120	100	80	60	40	30	20
最大超高	10%	570	360	220	115	—	—	—
	8%	650	400	250	125	60	30	15
	6%	710	440	270	135	60	35	15
	4%	810	500	300	150	65	40	20
不设超高最小半径（m）	路拱≤2.0%	5500	4000	2500	1500	600	350	150
	路拱>2.0%	7500	5250	3350	1900	800	450	200

注："—"为不考虑采用最大超高的情况。

《标准》第4.0.18条规定，公路圆曲线半径小于第4.0.17条（表1-2-2）"不设超高最小半径"时，应设置圆曲线超高。最大超高应符合下列规定：

①一般地区，圆曲线最大超高应采用8%；
②积雪冰冻地区，最大超高值应采用6%；
③以通行中小型客车为主的高速公路和一级公路，最大超高可采用10%；
④城镇区域公路，最大超高值可采取4%。

各级公路圆曲线部分最大超高值　　　　　　　表1-2-2

公路等级	高速公路	一级公路	二级公路	三级公路	四级公路
一般地区（%）	10 或 8		8		
积雪冰冻地区（%）	6				

二、全超高

1. 超高及其作用

当汽车在弯道上行驶时，要受到离心力的作用，横向力是引起汽车不稳定行驶的主要因素。所以在平曲线设计时，常将弯道外侧边道抬高，构成与内侧车道同坡度的单向坡，这种设置称为平曲线超高。其作用是为了使汽车在圆曲线上行驶时能获得一个指向内侧的横向分力，用以克服离心力，减小横向力，从而保证汽车行驶的稳定性及乘客的舒适性。

2. 超高横坡度的确定

超高横坡度的大小与公路等级、圆曲线半径大小及公路所处的环境、自然条件、路面类型、车辆组成等因素有关。

超高横坡度可按下式计算，即：

$$i_b = \frac{v^2}{127R} - \mu \quad (1\text{-}2\text{-}6)$$

当超高横坡度的计算值小于路拱坡度时，应设置等于路拱坡度的超高。

三、全加宽

1. 加宽及其作用

从图 1-2-2 可知:汽车在曲线上行驶时,4 个车轮子的轨迹半径不同,其中前轴外轮轨迹半径最大,后轴内轮的轨迹半径最小,因而需要比直线上占用更大的宽度;另外,汽车在曲线上行驶时,其行驶轨迹并不完全与理论行驶轨迹相吻合,而是有一定的摆动偏移,故需要路面加宽来弥补,以保证安全。这种在曲线上适当拓宽路面的形式称为平曲线加宽。

2. 加宽的有关规定与要求

路面加宽值与平曲线半径、车型尺寸及会车时的行车速度有关。

(1)《标准》规定,当 $R\leqslant 250$m 时,应设置加宽,双车道路面的全加宽值见表1-2-3。单车道路面的全加宽值按表1-2-3 值的1/2 取用;三车道以上的路面,其加宽值应另行计算。单车道行驶,如图1-2-3 所示。

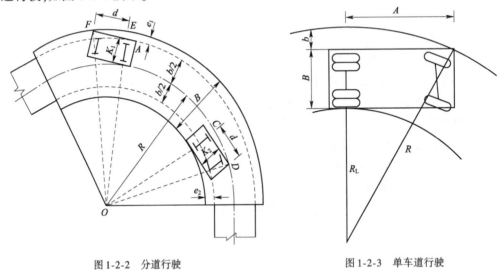

图 1-2-2 分道行驶　　　　　　图 1-2-3 单车道行驶

平曲线加宽值　　　　　　表 1-2-3

加宽类别	汽车前轴加悬架(m)	圆曲线半径(m) 加宽值							
		250~200	<200~150	<150~100	<100~70	<70~50	<50~30	<30~25	<25~20	20~15
1	5	0.4	0.6	0.8	1.0	1.2	1.4	1.8	2.2	2.5
2	8	0.6	0.7	0.9	1.2	1.5	2.0	—	—	—
3	5.2+8.8	0.8	1.0	1.5	2.0	2.5	—	—	—	—

(2)高速、一、二级公路及设计速度为40km/h 的三级公路采用 3 类加宽值。对不经常通行集装箱运输半挂车的公路,可采用 2 类加宽值。四级公路和设计速度30km/h 的三级公路可采用 1 类加宽值。

(3)加宽指路面加宽。路面加宽时路基也同时加宽。

(4)圆曲线的加宽应设置在圆曲线的内侧。

(5)分道行驶的公路,当圆曲线半径较小时,其内侧的加宽值应大于外侧车道的加宽值。设计时应按内外车道不同半径通过计算分别确定其加宽值。

第三节 缓 和 段

一、缓和曲线

缓和曲线是设置在直线与圆曲线之间或圆曲线与圆曲线之间曲率均匀、连续变化的曲线,是一种过渡线形,是道路平面线形要素之一。它的主要特征是曲率均匀变化。《标准》第4.0.19条规定,直线与小于不设超高的最小半径的圆曲线相衔接处,应设置缓和曲线。缓和曲线采用回旋线,应符合下列规定:

①缓和曲线参数及其长度,应根据线形设计及对安全、视觉、景观等的要求,选用较大的数值。

②四级公路直线与小于不设超高的最小半径的圆曲线相衔接处,可不设置缓和曲线,用超高、加宽缓和段径相连接。

即除四级公路可不设缓和曲线外,其他各级公路,当平曲线半径小于不设超高的最小半径时,均应设置缓和曲线。设置缓和曲线的段落称为缓和段。缓和段包括超高缓和段与加宽缓和段。本节主要讨论缓和曲线的作用、性质、参数、缓和曲线长度、设计方法、缓和段的设置及缓和段上超高值与加宽值计算。

1. 缓和曲线的作用

(1) 曲率连续变化,便于车辆遵循

汽车从直线进入圆曲线,或从大半径圆曲线驶入小半径圆曲线时,插入缓和曲线,可使汽车前轮转向角逐渐从 $0°\sim\alpha$ 转向,从而有利于驾驶员操纵转向盘,保证安全行驶。

(2) 离心加速度逐渐变化,乘客感觉舒适与稳定

离心力的大小与汽车行驶的曲率半径大小成反比。在直线段中,离心力为零;在圆曲线上,离心力最大。当插入缓和曲线时,因为缓和曲线的曲率是逐渐变化的,可以消除离心力的突变,从而保证乘客乘车舒适与稳定。

(3) 满足超高、加宽缓和段的过渡,利于平稳行车

当圆曲线上有超高与加宽时,由直线段上无超高及加宽过渡到圆曲线的全超高及全加宽时,必须有一个缓和段。由于设置了缓和曲线,通过缓和曲线便可以完成超高及加宽的逐渐过渡。

(4) 与圆曲线配合得当,增加线形美观

圆曲线与直线直接连接,在连接处曲率会产生突变,在视觉上也会有不平顺的感觉。设置缓和曲线后,可使线形连续圆滑,不但增加线形的美观,同时具有良好的视觉效果和心理效果。在图1-2-4中,由于直线段曲率为零,而圆曲线曲率为 $1/R$,因此在直线与圆曲线相交处曲率有突变。在图1-2-5中,由于设置了缓和曲线,从ZH点到HY点,曲率从零逐渐增加到 $1/R$,没有发生突变,因而使线形连续圆滑,行车平稳,乘客感觉舒适。

2. 缓和曲线的性质

《标准》第4.0.19条规定:缓和曲线采用回旋线。当汽车逐渐由直线驶入圆曲线时,为简便可作两个假定:一是汽车作匀速行驶;二是驾驶员操纵转向盘做匀速转动,即汽车前轮的转向角由直线上的0°均匀地增加到圆曲线上 α 值,如图1-2-6和图1-2-7所示。

通过建立汽车转弯时的轨迹方程,可建立一个数学模型,即以回旋线作为公路上由直线

进入圆曲线的缓和曲线是合理的,有充分的理论依据。

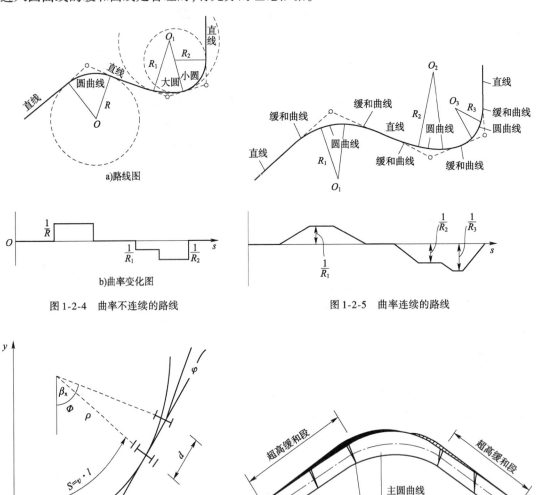

图 1-2-4 曲率不连续的路线

图 1-2-5 曲率连续的路线

图 1-2-6 汽车行驶轨迹

图 1-2-7 曲线上的超高

二、超高缓和段

1. 超高缓和段的过渡形式

从直线上的路拱双向坡断面,过渡到圆曲线上具有超高横坡度的单向坡断面,要有一个逐渐变化的区段,这一变化区段称为超高缓和段。如图 1-2-7 所示。

超高缓和段的形成过程,根据不同的旋转基线可有两种情况(无中间带和有中间带公路)共 6 种形式。

(1) 无中央分隔带的公路

①绕路面未加宽时的内侧边缘旋转,简称内边轴旋转,如图 1-2-8a)所示;

②绕路面中心线旋转,简称中轴旋转,如图 1-2-8b)所示;

③绕路面外侧边缘旋转,简称外边轴旋转,如图 1-2-8c)所示。

(2) 有中央分隔带的公路

①绕中央分隔带两侧边缘分别旋转,如图1-2-8d)所示;
②绕中央分隔带中心旋转,如图1-2-8e)所示;
③绕各自的行车道中心旋转,如图1-2-8f)所示。

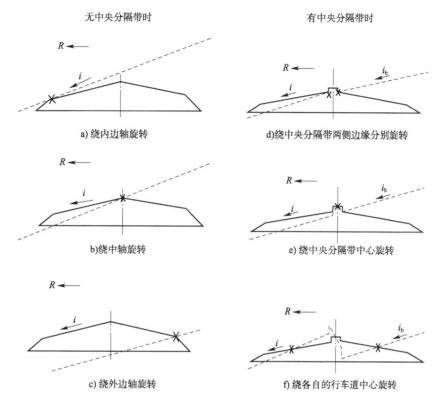

图1-2-8 超高缓和段的形成过程

2. 超高缓和段的构成

在超高缓和段中,由双向坡逐渐向超高横坡过渡时,其逐步变化的过渡方式也不同,即超高缓和段的构成也不同。

(1)无中央分隔带的公路

①绕内边轴旋转。绕内边轴旋转(图1-2-8)是将路面未加宽时的内侧边缘线保留在原来位置不动。这种旋转形式首先在超高缓和段以前,将两侧路肩的横坡度 i_0 分别同时绕外侧路面未加宽时的边缘线旋转,使 i_0 逐渐变为路面的双向横坡度 i_1,这一段旋转过程的长度为 L_0,一般取 1~2m,但不计入超高缓和段长度内(因为路面尚未旋转),这时内外侧的路肩与路面均为双向横坡度 i_1。然后将外侧路面(连同外侧路肩)的 i_1 绕中轴旋转同时向前推进,直至使外侧 i_1 逐渐变为内侧路面的 i_1,这时外侧的路面和路肩均与内侧路面的 i_1 相同,成为 i_1 的单向横坡度,在这旋转阶段中,所需长度为 L_1。最后将内外侧的路面和路肩的单向横坡度 i_1 整体绕路面未加宽时的内侧边缘线旋转同时向前推进,直至使单向横坡度 i_1 逐渐变为全超高横坡度 i_b 为止,在这旋转阶段中,所需长度为 L_2,所以绕内边轴旋转的超高缓和段全长 $L_c = L_1 + L_2$。

②绕中轴旋转。绕中轴旋转(图1-2-9)是将路面未加宽时的内侧边缘线保留在原来位置不动。这种旋转形式首先在超高缓和侧面以前,将两侧路肩的横坡度 i_0 分别同时绕

外侧路面未加宽时的边缘线旋转,使i_0逐渐变为路面的双向横坡度i_1,这一段旋转过程的长度为L_0,一般取1~2m,但不计入超高缓和段长度内(因为路面尚未旋转),这时内外侧的路肩与路面均为双向横坡度i_1。然后将外侧路面(连同外侧路肩)的i_1绕中轴旋转同时向前推进,直至使外侧i_1逐渐变为内侧路面的i_1,这时外侧的路面和路肩均与内侧路面的i_1相同,成为i_1的单向横坡度,在这旋转阶段中,所需长度为L_1。最后将内外侧的路面和路肩的单向横坡度i_1整体绕路面中轴旋转同时向前推进,直至使单向横坡度i_1逐渐变为全超高横坡度i_b为止。在这旋转阶段中,所需长度为L_2,所以绕内边轴旋转的超高缓和段全长$L_c = L_1 + L_2$。

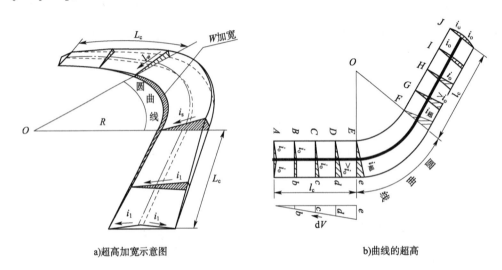

a)超高加宽示意图　　　　　　　　b)曲线的超高

图1-2-9　平曲线上路面的超高加宽示意图

③绕外边轴旋转。绕外边轴旋转(图1-2-10)是将路面未加宽时的内侧边缘线保留在原来位置不动。这种旋转形式首先在超高缓和段以前,将两侧路肩的横坡度i_0分别同时绕外侧路面未加宽时的边缘线旋转,使i_0逐渐变为路面的双向横坡度i_1,这一段旋转过程的长度为L_0,一般取1~2m,但不计入超高缓和段长度内(因为路面尚未旋转),这时内外侧的路肩与路面都均为双向横坡度i_1。然后将外侧路面(连同外侧路肩)的i_1绕未加宽时的路面外侧边缘旋转同时向前推进,在此同时,在侧车道和路肩随中心线的降低而相应降坡,使外侧路面和路肩的i_1逐渐变成同内侧路面和路肩的单向坡,成为i_1的单向横坡度,在这旋转阶段中,所需长度为L_1。最后将内外侧的路面和路肩的单向横坡度i_1整体绕路面未加宽时的外侧边缘线旋转同时向前推进,直至使单向横坡度i_1逐渐变为全超高横坡度i_b为止。在这旋转阶段中,所需长度为L_2,所以绕内边轴旋转的超高缓和段全长$L_c = L_1 + L_2$。

(2)有中央分隔带的公路

①绕中央分隔带中心旋转——曲线外侧会产生较大填方,工程量大,一般在凹曲线处采用;

②绕中央分隔带边缘旋转——横向调运易实现填挖平衡,工程量较小,易于在直坡路段采用;

③绕各自的行车道中心旋转——横向调运易实现填挖平衡,工程量最小,一般在凸曲线处采用。

图1-2-11所示,为绕中轴旋转的超高缓和过渡段。

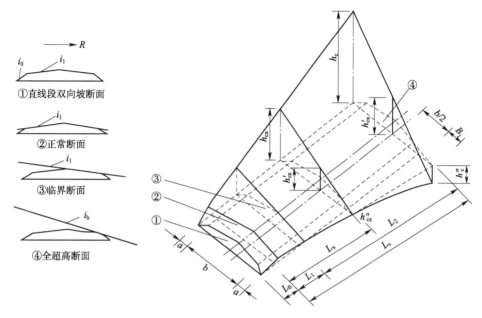

图 1-2-10　绕外边轴旋转的超高过渡方式

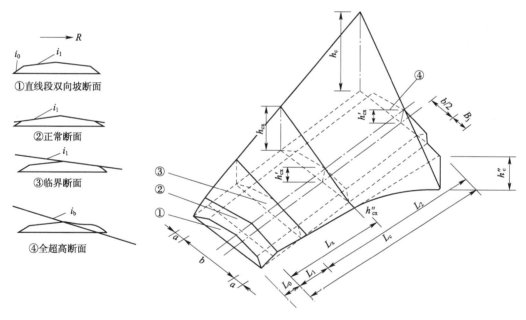

图 1-2-11　绕中轴旋转的超高缓和过渡段

第四节　行车视距

为了保证行车安全,驾驶员应能看到前方一定距离内的公路路面,以便及时发现障碍物或对向来车,使汽车在一定的车速下及时制动或绕行,汽车在这段时间内沿路面所行驶的最短距离称为行车视距。行车视距关系到汽车行驶的安全与行车速度,是公路主要技术指标之一。因此,无论在公路的平面上或纵断面上,都应保证必要的行车视距。在平面设计中,行车视距包括停车视距、会车视距和超车视距。

在双向混合的公路上,往往两辆对向行驶的车辆可能会相互碰撞,从双向采取措施进行制动直至停止时两辆汽车同时所行驶的距离为会车视距。根据计算,会车视距约为两倍的停车视距。

在双向行驶的道路上,若公路上的车辆相对比较密集时,后车会超越前车,从开始驶离原车道至可见逆行车并能超车后安全驶回原车道所需的安全距离,即为超车视距。在本节中,主要讲述的是平面视距,对于纵面视距,将在纵断面设计中讲述。

一、停车视距

汽车在单车道或有分隔带的多车道公路上行驶时,遇到障碍物或路面破坏处,驾驶员只有采取制动的方法,才能使汽车在障碍物前完全停车,以保证安全。因此,离路面1.2m高的驾驶员视线看到障碍物,从开始采取制动措施到完全停车,这一必须保证的最短视距,称为停车视距。停车视距由三部分组成,见图1-2-12。

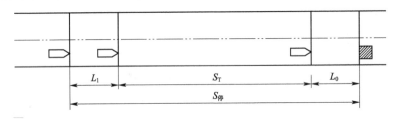

图1-2-12 停车视距

$$S_{停} = L_1 + S_T + L_0 \tag{1-2-7}$$

式中:$S_{停}$——汽车的停车视距,m;
L_1——汽车驾驶员的反应距离,m;
S_T——汽车的制动距离,m;
L_0——安全距离,m。

汽车驾驶员反应时间是从发现障碍物开始,经判断是否采取制动措施,到决定制动至制动开始生效所需的时间,称为反应时间。在这一反应时间内汽车所行驶的距离为反应距离。反应距离可按下式计算:

$$L_1 = \frac{v}{3.6}t \tag{1-2-8}$$

式中:L_1——反应距离,m;
v——设计速度,km/h;
t——反应时间,一般取1~2s。

汽车从制动生效到汽车完全停止,这段时间内所行驶的距离为制动距离。制动距离的大小与汽车的制动性能、车速有关,同时,也与汽车的质量、驾驶员的技术高低等有关,因此,还需考虑汽车制动方面的使用系数。其计算公式为:

$$S_T = \frac{Kv^2}{254(\varphi \pm i)} \tag{1-2-9}$$

式中:S_T——汽车的制动距离,m;
v——设计速度,km/h;
φ——纵向摩阻系数,水泥混凝土路面:干燥0.7,潮湿0.5;沥青混凝土路面:干燥0.6,潮湿0.4;

i——公路纵坡,以小数计;

K——制动使用系数,一般取 1.2~1.4。

安全距离一般可取 5~10m,以保证汽车在障碍物前停车而不发生冲撞。

停车视距的计算公式为:

$$S_{停} = \frac{v}{3.6}t + \frac{Kv^2}{254(\varphi \pm i)} + L_0 \qquad (1\text{-}2\text{-}10)$$

式中,符号意义同前。

高速公路、一级公路应满足停车视距的要求;其他各级公路(无中央分隔带)一般应满足会车视距的要求,会车视距的长度不应小于停车视距的两倍。《标准》第 4.0.15 条规定高速公路、一级公路的停车视距,应不小于表 1-2-4 的规定。

高速公路、一级公路停车视距　　　　　　　表 1-2-4

设计速度(km/h)	120	100	80	60	40	30	20
停车视距(m)	210	160	110	75	40	30	20

二、三、四级公路的停车视距、会车视距与超车视距应不小于表 1-2-5 的规定。

二、三、四级公路停车、会车与超车视距　　表 1-2-5

设计速度(km/h)	80	60	40	30	20
停车视距(m)	110	75	40	30	20
会车视距(m)	220	150	80	60	40
超车视距(m)	550	350	200	150	100

二、会车视距

两辆对向行驶的汽车能在同一条车道上及时制动所必需的距离称为会车视距,它也由反应距离、制动距离和安全距离三部分组成,如图 1-2-12 所示。《标准》规定:会车视距的长度不应小于停车视距的 2 倍。如图 1-2-13a)所示。

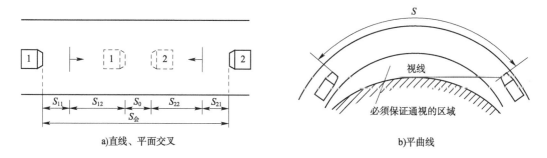

图 1-2-13　会车视距

三、超车视距

在对向混合行驶的双车道公路,各种车辆的行驶速度不同,快速行驶的车辆追上慢速行驶的车辆并超车,需占用对向一定长度的车道。为保证车辆行驶的安全,驾驶员必须看见前面足够长度的车流空隙,以便顺利完成超车,并在超车过程中不影响被超车的行驶状态及其他车流,如图 1-2-14 所示。

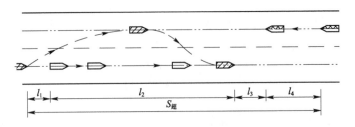

图 1-2-14　超车视距

超车视距由 4 部分组成:

$$S_{超} = l_1 + l_2 + l_3 + l_4 \tag{1-2-11}$$

式中:l_1——加速行驶距离,可按 $l_1 = \dfrac{v_0}{3.6}t + \dfrac{1}{2}at_1^2$ 计算,m;

v_0——被超汽车的速度,km/h;

t_1——加速时间,s;

a——平均加速度,m/s²;

l_2——超车车辆在对向车道行驶的距离,m,可按 $l_2 = \dfrac{v}{3.6}t_2$ 计算;

v——超车汽车的速度,km/h;

t_2——对向车道行驶时间,s;

l_3——超车完以后超车汽车与对向车之间的安全距离,一般取 15~100m;

l_4——超车汽车从开始超车至超车完成后对向汽车的行驶距离,按式 $l_4 = \dfrac{v}{3.6}(t_1 + t_2)$

计算。

当地形困难时,超车视距也可按下式计算:

$$S_{超} = \dfrac{2}{3}l_2 + l_3 + l_4 \tag{1-2-12}$$

式中,符号意义同前。

四、存在视距问题的情况

存在视距的情况主要是表现在平面上和纵断面上的一些情况:
(1)平面上:平曲线(暗弯),平面交叉处,如图 1-2-13b)所示。
(2)纵断面上:凸曲线,凹曲线(下穿式立体交叉),如图 1-2-15a)、b)所示。

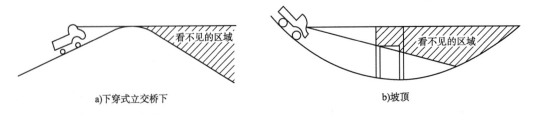

a)下穿式立交桥下　　　　　　　　　b)坡顶

图 1-2-15　纵断面视距

五、各级公路对视距的要求

(1)《标准》规定,高速公路、一级公路应满足停车视距。

(2)二、三、四级公路的视距应满足会车视距的要求,其长度应不小于停车视距的两倍。工程特殊困难或受其他条件限制的地段,可采用停车视距,但必须采取分道行驶措施。

(3)二、三、四级公路还应在适当间隔内设置满足超车视距"一般值"的超车路段。当地形及其他原因不得已时,超车视距长度可适当缩减,最短不应小于所列的低限值。在二、三级公路中,宜在3min的行驶时间里,提供一次满足超车视距的超车路段。一般情况下,不小于总长度的10%~30%,并均匀布置。最小必要超车视距与全超车视距,如图1-2-16所示。

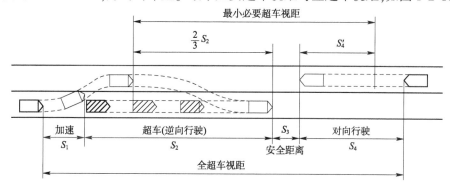

图1-2-16 最小必要超车视距与全超车视距示意图

(4)互通式立交桥、服务区、停车区、客运汽车停靠站等各类出、入口,应满足识别视距要求。

(5)双车道公路,应间隔设置满足超车视距的路段。

(6)高速公路、一级公路以及大型车比例较高的二、三级公路,应采用货车停车视距对相关路段进行检验。货车的停车视距、识别视距应符合《标准》附录B的规定。

(7)积雪冰冻路段的停车视距,宜适当增长。

第五节 平面线形的设计与调整

平面线形包括直线、圆曲线、缓和曲线。

一、直线的运用

直线是两点间距离最短的线形,一般情况下,这种线形测设、施工简单,视线良好,运行距离短,可降低汽车的运营成本,因而在公路设计中被广泛运用。

但由于直线线形的灵活性差,受地形、环境等条件限制,并且直线线形很容易导致驾驶员的思想麻痹,经常性超车、超速,从而易发生交通事故。所以《标准》第4.0.16条规定:直线的最大与最小长度应有所限制。在设计中不能片面强调采用直线线形,直线的长度不宜过长。直线的长度(极限最大长度)一般很难从理论上进行论述,但在实际应用时可根据地形、安全及景观,按以下几个方面考虑。

1. 适宜采用直线的路段

(1)不受地形、地物限制的平坦地区和山间的开阔地段;

(2)城镇及其近郊或规划方正的农耕区等以直线条为主体的地区;
(3)长大桥梁、隧道等结构物地段;
(4)路线交叉点前后;
(5)双车道公路供超车的路段。

2. 采用长直线线形的注意事项

当采用长直线线形时,应注意:

(1)纵坡不宜过大,一般应小于3%;
(2)同大半径凹形竖曲线组合为宜;
(3)两侧地形过于空旷时,宜采取植不同树种或设置一定建筑物等措施;
(4)长直线或长下坡尽头的平曲线,除曲线半径、超高、视距等必须符合规定要求外,还必须采用设置标志、增加路面抗滑能力等安全措施;
(5)对较高车速的公路($v \geqslant 60$km/h),其直线长度宜控制在70s左右时间的行程距离。

3. 最小直线长度的限制

直线长度不宜过长,但也不宜过短,特别是在同向的平曲线间不应设置短直线,以免产生视觉上的错觉而危及行车安全。当设计速度$v \geqslant 60$km/h时,同向曲线间的直线长度(以 m 计)应以不小于该公路设计速度(以 km/h 计)的6s行车为宜;反向曲线间的直线长度(以 m 计)以不小于设计速度的2s行车为宜。当设计速度$v \leqslant 40$km/h时,可参照上述规定执行。

二、圆曲线的运用

圆曲线与直线线形一样也是公路的基本线形,在路线设计中若能配合地形选用恰当的圆曲线半径,则能取得良好的线形效果,所以,在选用圆曲线半径时,应尽量选用较大半径并应考虑以下几方面因素:

(1)一般情况下,以采用极限半径的4~8倍为宜,当条件受限制时也应采用大于或等于一般最小半径,只有当地形特殊困难时才采用极限最小半径;
(2)圆曲线半径过大也无实际意义,故一般不宜大于10000m;
(3)各级公路不论α大小如何,均应设置平曲线;
(4)圆曲线应同前后相邻的平面线形相协调,不宜差距过大,使之构成连续、均衡的曲线线形;
(5)应与纵断面线形相协调,必须避免小半径平曲线与竖曲线相重合。

三、缓和曲线的运用

缓和曲线是平面线形中的一种主要线形。对缓和曲线的运用,具体有以下几方面要求:

(1)《标准》规定以回旋线在线形设计中作为缓和曲线。
(2)在确定回旋线参数时,应在下述范围内选定:

$$R/3 \leqslant A \leqslant R \tag{1-2-13}$$

式中:A——缓和曲线参数;

R——与缓和曲线相连接的圆曲线半径,m。

(3)当R接近于100m时,取A等于R;当R小于100m时,则取A大于或等于R。当R较大或接近于3000m时,取A等于$R/3$;当R大于3000m时,则取A小于$R/3$。

1. 基本型

按直线→回旋线→圆曲线→回旋线→直线的顺序组合起来的形式称基本型,如图1-2-17所示。基本型的两个回旋线参数应符合上述(1)、(2)条的规定。两个回旋线的参数可根据地形条件设计成对称的或非对称的曲线。

回旋线、圆曲线在长度组合时尽可能满足回旋线:圆曲线:回旋线 = 1:1:1。

2. S形

两个反向圆曲线用回旋线连接组合的线形为S形,如图1-2-18所示。

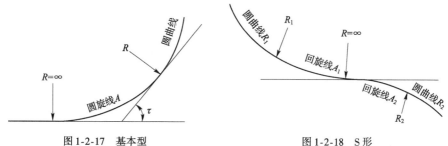

图1-2-17 基本型　　　　图1-2-18 S形

S形相邻两个回旋线参数 A_1 与 A_2 宜相等。当采用不同参数时,A_1 与 A_2 之比应小于2.0,有条件时以小于1.5为宜。

S形的两个反向回旋线以径向衔接为宜,当地形条件限制必须插入短直线或当两圆曲线的回旋线相互重合时,短直线或重合段长度应符合下式规定:

$$l \leq \frac{A_1 + A_2}{40} \tag{1-2-14}$$

式中:l——反向回旋线间或重合段长度,m;

A_1、A_2——回旋线参数。

两相邻反向圆曲线的半径之比不宜过大,以 $R_2/R_1 = 1 \sim 1/3$ 为宜。如图1-2-18所示。

3. 卵形

用一个回旋线连接两个同向圆曲线的组合的平面线形称之为卵形,如图1-2-19所示。卵形回旋线的参数应符合下式规定的范围:

$$R_2/2 \leq A \leq R_2$$

式中:A——回旋线参数;

R_2——小圆的圆曲线半径,m。

两相邻圆曲线半径之比,以 $R_2/R_1 = 0.2 \sim 0.8$ 为宜。

两圆曲线的间距,以 $D/R_2 = 0.003 \sim 0.03$ 为宜。D 为两圆曲线间的最小间距(m)。

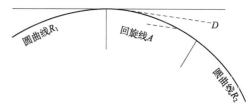

图1-2-19 卵形

4. 凸形

两个同向回旋线间无圆曲线而径相衔接的平面线形称之为凸形,如图1-2-20所示。

凸形回旋线参数及其连接点的曲率半径,应分别符合容许最小回旋线参数和圆曲线一般最小半径的规定。一般情况下,只有在受地形、地物限制时,才采用凸形。

5. 复合型

两个以上同向回旋线间在曲率相等处相互连接的形式为复合型,如图1-2-21所示。复合型的两个回旋线参数之比以小于1:1.5为宜。

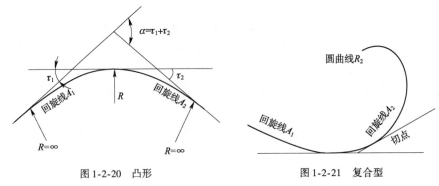

图 1-2-20 凸形　　　　图 1-2-21 复合型

复合型仅在受地形或其他特殊原因限制时(互通式立体交叉除外)使用。

四、平面线形几何要素及里程桩号计算

1. 由直线和圆曲线组成的平面线形的桩号计算

平面线形的桩号(里程),代表道路路中线的里程。由工程测量学得知：

道路导向线的转折点称为"交角点",简称为"交点"。为方便图示及书写计算,用汉语拼音的第一个大写字母表示,即"JD"。一条道路从左到右第一个交角点称为 JD_1,第二个交角点称为 JD_2,…以此类推。

两条导向线的右侧交角称为道路的"偏角",用"α"表示。道路向左转折时称为"左偏角",用"α_z"表示,道路向右转折时称为"右偏角",用"α_y"表示。

直线与圆曲线相交处称为"直圆点",用"ZY"表示;圆曲线的中点称为"曲中点",用"QZ"表示;圆曲线与直线相交处称为"圆直点",用"YZ"表示;直圆点、曲中点、圆直点称为圆曲线的曲线要素桩。

圆曲线的几何元素及关系,如图 1-2-22 所示。ZY 点到 JD 的距离称为切线长,用"T"表示;圆曲线的长度用"L"表示;圆曲线的半径用"R"表示;JD 到圆曲线中点的距离称为外距,用"E"表示。

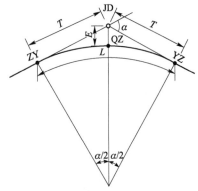

图 1-2-22 圆曲线的几何元素

(1)圆曲线要素计算,见公式(1-2-15)。

$$\left. \begin{array}{l} T = R\tan\dfrac{\alpha}{2} \\ L = \dfrac{\pi}{8}180°\alpha R \\ E = R\left(\sec\dfrac{\alpha}{2} - 1\right) \\ J = 2T - L \end{array} \right\} \quad (1\text{-}2\text{-}15)$$

(2)圆曲线主点里程桩号计算,见公式(1-2-16)。

$$\left. \begin{array}{l} ZY = JD - T \\ QZ = ZY + L/2 \\ YZ = ZY + L \quad 或 \quad YZ = QZ + L/2 \end{array} \right\} \quad (1\text{-}2\text{-}16)$$

2.由直线、缓和曲线和圆曲线组成的平面线形的桩号计算

直线与缓和曲线相交处称为"直缓点",用"ZH"表示;缓和曲线与圆曲线相交处称为"缓圆点",用"HY"表示;整个曲线中点称为"曲中点",用"QZ"表示;圆曲线与缓和曲线相交处称为"圆缓点",用"YH"表示;缓和曲线与直线相交处称为"缓直点",用"HZ"表示。

缓和曲线的几何元素及关系,如图1-2-23所示。ZH 点到 JD 的距离称为切线长,用"T"表示;缓和曲线的长度用"L_s"表示;整个曲线的长度用"L"表示;圆曲线的半径用"R"表示;JD 到圆曲线中点的距离称为外距,用"E"表示;设置缓和曲线后,曲线向圆心移动的距离称为内移值,用"p"表示。

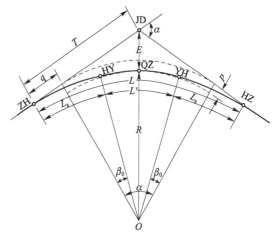

图 1-2-23 设有缓和曲线的"基本型"平曲线

(1)缓和曲线要素计算,见公式(1-2-17)。

$$\left. \begin{array}{l} 切线长: T = (R+p)\tan\dfrac{\alpha}{2} + q \quad (m) \\[4pt] 曲线长: L = (\alpha - 2\beta_0)\dfrac{\pi}{180°}R + 2L_s \quad (m) \\[4pt] \qquad\quad = \dfrac{\pi}{180°}\alpha R + L_s \quad (m) \\[4pt] 外距: E = (R+p)\sec\dfrac{\alpha}{2} - R \quad (m) \\[4pt] 校正值: J = 2T - L \end{array} \right\} \quad (1\text{-}2\text{-}17)$$

(2)缓和曲线主点里程桩号计算,见公式(1-2-18)。

$$\left. \begin{array}{l} ZH = JD - T \\ HY = ZH + L_s \\ QZ = ZH + \dfrac{L}{2} \\ YH = HZ - L_s \\ HZ = ZH + L \end{array} \right\} \quad (1\text{-}2\text{-}18)$$

第六节 平面设计成果

路线平面设计后应提供各种图纸和表格。其中主要的图纸有:路线平面设计图、路线总体布置图、路线交叉设计图、公路用地图、纸上移线图等;主要的表格有:直线、曲线及转角表,路线交点坐标表(或含在直线、曲线及转角表中)、逐桩坐标表、路线固定表、总里程及断链表等。各种图纸和表格的样式可参照交通运输部所颁布的《设计文件图表示例》。这里仅就主要表格"直线、曲线及转角表"与"路线平面设计图"作一介绍。

一、直线、曲线及转角表

"直线、曲线及转角表"为平面设计的主要成果,它反映了路线的平面位置和路线平面线形的各项指标。路线平面设计只有根据这一成果才能进行后面的一系列设计,如路线平面设计图、逐桩坐标表。它同时为路线纵断面设计、横断面设计提供设计依据。本表的样式一般如表 1-2-6 所示。

××公路××段直线、曲线及转角表　　　　表 1-2-6

交点号 JD	交点桩号	转角值 α		曲线要素值(m)							曲线位置		
		左转角 $α_z$	右转角 $α_y$	半径 R	缓和曲线参数 A	缓和曲线长度 l	切线长度 T	曲线长度 L	外距 E	校正值 J	第一缓和曲线或超高缓和长度加宽缓和长度起点 ZH	第一缓和曲线终点或圆曲线起点 HY (ZY)	曲线中点 QZ
1	2	3	4	5	6	7	8	9	10	11	12	13	14

曲线位置		直线长度及方向			测量断链			
第二缓和曲线或圆曲线终点 YH(YZ)	第二缓和曲线或超高缓和长度、加宽缓和长度起点 HZ	直线长度	交点间距(m)	计算方位角或计算方向角	桩号	增长(m)	减短(m)	备注
15	16	17	18	19	20	21	22	23

二、路线平面图

路线平面图是公路设计文件的重要组成部分。通过路线平面图,可以反映出公路的平面位置和所经过地区的地形、地物等,还可以反映出路线所经地段的各种结构物如挡土墙、边坡、排水结构、桥涵等的具体位置以及和地形、地物的关系。它是设计人员对路线设计意图的总体体现。路线平面图无论对提供有关部门审批、专家评议、设计初审、设计会审、工程施工以及指导后续工作,如施工图设计、施工放样等起着重要的作用。路线平面图的绘制要求及步骤如下:

1. 路线平面图比例尺及测图范围

公路路线平面图是指包括路中线在内的有一定宽度的带状地形图。若一般为工程可行性、初步设计阶段的方案研究与比选,可采用 1:5000 或 1:10000;但作为初步设计、施工图设计等设计文件组成部分则应采用更大的比例尺,一般采用 1:500～1:2000;在地形复杂地段或重要设计路段,如大型交叉、大中桥等,则应采用 1:500～1:1000 的地形图。

带状地形图的测图范围,一般视具体情况确定,常用路中心线两侧 100～200m。对于 1:5000 的地形图,则测图范围应适当放大,一般不小于 250m。若为比较线,则需包括比较线的范围。

2. 路线平面图的内容及测绘步骤

(1) 路线平面图的内容

①公路沿线的地形、地物情况;

②公路中心线交点和转点位置及里程桩标注、公路沿线的各类控制桩位置及有关数据;

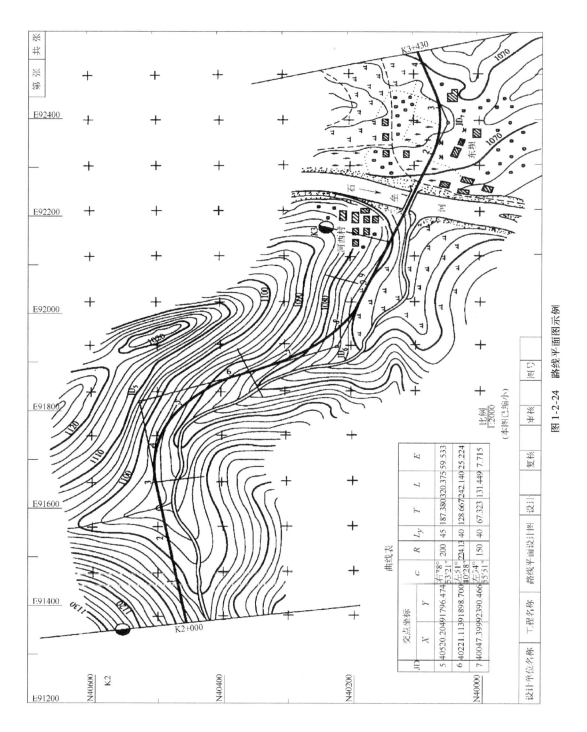

图 1-2-24 路线平面图示例

③路线所经地段的地名,重要地理位置情况标注;
④各类结构物的设计成果的标注;
⑤若图纸中有平曲线,应包括曲线要素表和导线、交点坐标表;
⑥图签和有关说明。

(2)测绘步骤

①按要求选定比例尺;
②依直线、曲线及转角表及中线资料绘制公路中线图;
③在公路中线图上标出公路起终点里程桩、百米桩、公里桩、曲线要素桩、桥涵桩及位置;
④测绘沿线带状地形图并现场勾绘出等高线;
⑤根据设计情况在图纸上标出各类结构物的平面位置并在图上列出直线、曲线及转角表等有关内容。

路线平面图示例,如图1-2-24所示。

思考题与习题

1.《标准》中R_{min}、$R_{一般}$、$R_{免超}$是如何确定的?

2.《规范》中i_b、B_j是如何确定的?

3.什么是超高缓和段?为什么要加宽?如何确定加宽值?

4.什么是停车视距?停车视距由哪几部分组成?

5.为什么要设置缓和曲线?如何确定缓和曲线最小长度?

6.如何确定平曲线长度?

7.什么是超高渐变率?如何确定超高渐变率?如何确定超高缓和段长度?

8.如何运用各种平面线形?如何合理地连接各种平面线形?

9.平面设计成果主要有哪几个方面?

10.某曲线半径$R=100$m,偏角仪$=90°$,超高横坡度$i_b=0.06$,$b=7.0$m,$a=0.75$m,$i_1=2\%$,路肩横坡度$i_0=3\%$,超高缓和段长度$L_c=30$m,JD桩号为K0+900,全加宽值$B_j=0.9$m,试分别以内侧边轴超高方式与中轴超高方式计算K0+780及K0+800两桩号的超高值。

第三章 纵断面设计

第一节 概 述

通过公路中线的竖向剖面展开图称为路线纵断面图。由于地形、地物、地质、水文等自然因素的影响以及满足经济性(工程量)的要求,公路路线在纵断面上不可能从起点至终点是一条水平线,而是一条有起伏的空间线。纵断面设计的主要任务就是根据汽车的动力性能、公路等级和性质、当地的自然地理条件以及工程经济等,来研究这条空间线形的纵坡大小及其长度,它是公路设计的重要内容之一,而且将直接影响到行车的安全和快捷、工程造价、运营费用和乘客的舒适程度。

图1-3-1所示为公路路线纵断面示意图。在纵断面图上,通过路中线的原地面上各桩点的高程,称为地面高程,路中线上相邻地面高程的起伏折线的连线,称为地面线。设计公路的路中线上相邻设计高程的连线,称为设计线。设计线上各桩点的高程,称为设计高程。在同一横断面上设计高程与地面高程之差,称为施工高度或填挖高度。当设计线在地面线以上时,路基构成填方路堤;当设计线在地面线以下时,路基构成挖方路堑。施工高度的大小直接反映了路堤的高度和路堑的深度。

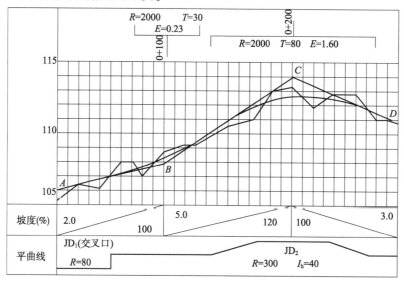

图1-3-1 公路路线纵断面示意图

公路纵断面设计线由直线和竖曲线两种线形要素所组成。它是根据汽车的动力性能、地形条件、路基临界高度以及运输与工程经济等方面的要求,通过技术、经济以及视觉效果等多方面的比较后定出来的,反映了公路路线的起伏变化情况。直线有上坡和下坡,是用高差、水平长度及纵坡度表示的。纵坡度 i 表征匀坡路段坡度的大小,用高差 h 与水平长度 l 之比量度,即 $i=h/l(\%)$。在直线的纵坡转折处为了平顺过渡,须设置一定长度的竖曲线来进行缓和。

第二节 汽车行驶对纵坡设计的要求

公路平、纵、横设计是以满足汽车行驶要求为前提的。因此,在公路纵坡设计时,首先要研究汽车的动力性能以及汽车对公路的具体要求,综合考虑人、车、路和环境等方面的各种因素,通过合理设计来达到汽车行驶的安全、快捷、经济、舒适和美观的要求。

一、汽车的动力性能与公路纵坡的关系

不同类型的车辆具有不同的动力性能和制动特性,其上坡时的爬坡能力和下坡时的制动效能也各不相同。按照公路上行驶的车辆类型及其所具有的动力性能来确定汽车在规定速度下的爬坡能力和下坡的安全性,是确定公路最大纵坡的常用方法。

汽车在上坡行驶中,受到的阻力有空气阻力、滚动阻力、坡度阻力、惯性阻力。若公路纵坡较缓,汽车的行驶阻力的代数和小于或等于汽车所用挡位的牵引力,汽车就能用该挡位以等速或加速走完该段纵坡的全长;汽车所用的挡位愈高,行驶速度愈快,爬坡能力就愈差。因此,公路纵坡设计总是力求纵坡较缓为好,特别是等级较高的公路更是如此。

当公路的纵坡较陡,汽车上坡时的行驶阻力的代数和大于汽车所用挡位的牵引力时,在坡段较短的情况下,只要在上坡之前加大汽车油门,提高汽车的初速度,利用动力冲坡的惯性原理,在车速降到临界速度之前即使不换挡也能冲过此段纵坡,但如果道路纵坡既陡又长,汽车利用动力冲坡无法冲过坡顶,此时就必须在车速下降到某一程度(如临界车速)时,换到较低的挡位来获得较大的动力因数,从而增大牵引力,汽车才能继续走完全程。但挡位愈低,汽车的行驶速度愈慢。

汽车使用低档的行程时间越长或换挡次数频繁,会增长行程时间,增加汽车燃料消耗和机件磨损。此外,从汽车的动力特性可知,道路纵坡对车速的影响极大,因为纵坡越陡,需要的动力因素越大,从而导致采用的挡位越低,行驶速度越慢。为了使汽车能保持较高的车速行驶,少用低档和减少换挡次数,对道路纵坡提出如下要求:

(1)纵坡度力求平缓;

(2)陡坡宜短,长陡坡的纵坡度应加以严格限制;

(3)纵坡度变化不宜太多,尤其应避免急剧的起伏变化,力求纵坡均匀。

二、纵坡设计的一般规定与要求

1. 纵坡设计的一般要求

为使纵坡设计达到经济合理的目的,在设计之前必须全面掌握勘测资料,并结合选(定)线时的纵坡考虑意图,经综合分析、比较后定出设计纵坡。纵坡设计应满足以下几点要求。

(1)纵坡设计必须满足《标准》中的各项规定。

(2)为保证汽车能以一定的车速安全顺畅地行驶,纵坡应具有一定的平顺性,起伏不宜过大及过于频繁。平原地形的纵坡应均匀、平缓;丘陵地形的纵坡应避免过分迁就地形而起伏过大;山区的沿河线,应采用平缓的纵坡,坡长不宜超过规定的限值,纵坡不宜大于6%;山区的越岭线尽量避免采用极限纵坡值,缓和坡段应自然地配合地形设置,在连续采用极限长度的陡坡之间,不宜插入最短的缓和坡段,以争取较均匀的纵坡。垭口附近的纵坡应尽量放

缓一些。连续上坡或下坡路段,应避免设置反坡。

(3)纵坡设计时,应对沿线的地形、地质、水文、气候等自然条件综合考虑,根据不同的具体情况妥善处理,以保证公路的畅通和稳定。

(4)地下水位较高的平原微丘区和潮湿地带的路段,应满足最小填土高度的要求,以保证路基稳定。

(5)纵坡设计在一般情况下应考虑填挖平衡,并尽量利用挖方作为就近路段填方,减少借方和废方,以降低工程造价。

(6)纵坡设计时,应照顾当地民间运输工具、农业机械、农田水利等方面的特殊要求。

2. 最大纵坡与最小纵坡

(1)最大纵坡

最大纵坡是指各级公路容许采用的最大坡度值,它是公路纵断面设计的重要控制指标。在山岭地区,纵坡的大小将直接影响路线的长度、使用质量、运输成本和工程造价。因此,纵坡大小的取值必须要通过全面分析,综合考虑后合理确定。

(2)确定最大纵坡应考虑的因素

①汽车的动力特性:要根据公路上主要行驶车辆的牵引性能,在一定的行驶速度条件下确定。

②设计速度:设计速度愈高,要求的行车速度愈快。但从汽车的动力特性可知其爬坡能力愈低,因此不同设计速度的公路有不同的最大纵坡值。

③自然因素:公路所经地区的地形、气候、海拔高度等自然因素,对汽车的行驶条件和爬坡能力也有很大的影响。

(3)最大纵坡的确定

最大纵坡的确定主要取决于汽车的动力性能、设计速度和自然因素,但另一方面还必须保证行车安全。从实际调查中可知,汽车在陡坡路段下坡时,由于频繁制动,易使制动器发热而失效,导致事故频发。因此,确定最大纵坡不能只考虑汽车的爬坡性能,还要从行驶的快速、安全及经济等方面综合分析,同时兼顾汽车拖挂车、民间运输工具的特殊要求等。实践证明,四级公路为了达到其相应的行车速度,一般情况下最大纵坡不宜超过8%,只有在工程特殊困难的山岭地区,经技术论证合理时,最大纵坡可增加1%;但在海拔2000m以上或积雪冰冻地区,为考虑安全,最大纵坡不应大于8%。《标准》第4.0.20条规定各级公路的最大纵坡如表1-3-1所示并应符合下列规定。

各级公路最大纵坡　　　　表1-3-1

设计速度(km/h)	120	100	80	60	40	30	20
最大纵坡(%)	3	4	5	6	7	8	9

①设计速度为120km/h、100km/h、80km/h的高速公路受地形条件或其他特殊情况限制时,经技术经济论证,最大纵坡可增加1%。

②公路改扩建中,设计速度为40km/h、30km/h、20km/h的利用原有公路的路段,经技术经济论证,最大纵坡可增加1%。

③二级及二级以下公路的越岭线连续上坡(或下坡)路段,相对高差为200~500m时,平均纵坡不应大于5.5%;相对高差大于500m时,平均纵坡不应大于5%。任意连续3km路段的平均纵坡不应大于5.5%。

④高速公路、一级公路应论证采用合理的平均纵坡,对存在连续长、陡纵坡的路段应进

行安全性评价。

⑤位于市镇附近非机动车交通量比例较大的路段,纵坡可根据具体情况适当放缓;平原、微丘区一般宜不大于2%~3%;山岭、重丘区一般宜不大于4%~5%。

⑥小桥涵处的纵坡可按表1-3-1的限值设计,但大、中桥上的纵坡不宜大于4%,桥头引道纵坡不大于5%,引道紧接桥头部分的线形应与桥上线形相配合,其长度不宜小于3s的设计速度行程长度;位于市镇附近非机动车交通量较大的路段,桥上及纵坡均不得大于3%;

⑦隧道内的纵坡不应大于3%,并不小于0.3%;独立的明洞和长度小于100m的隧道其纵坡不受此限;紧接隧道洞口的路线纵坡应与隧道内纵坡相同。

(4)高原地区纵坡折减

在海拔3000m以上的高原地区,因空气密度下降而使汽车发动机的功率和汽车的牵引力降低,导致汽车爬坡能力下降;此外,在高原地区,汽车水箱中的水容易开锅而破坏冷却系统。故《标准》规定在海拔3000m以上的高原地区,各级公路的最大纵坡值应按表1-3-2的规定予以折减。最大纵坡折减后若小于4%,则仍采用4%。

高原纵坡折减值　　　　　　　　　　　表1-3-2

海拔高度(m)	3000~4000	>4000~5000	5000以上
折减值(%)	1	2	3

(5)最小纵坡

一般来说,为使公路上汽车行驶快速和安全,纵坡设计得小一些总是有利的。但在挖方路段,设置边沟的低填路段和横向排水不畅路段,为保证排水的要求,防止积水渗入路基而影响其稳定性,一般在这些路段应避免采用水平纵坡,以免因为排水而将边沟挖得过深。故《标准》规定,在各级公路的长路堑路段,以及其他横向排水不畅的路段,应采用不小于0.3%的纵坡。当必须设计平坡(0)或<0.3%纵坡时,其边沟应作纵向排水设计。

干旱地区以及横向排水良好的路段,其最小纵坡可不受上述限制。

3. 坡长限制与缓和坡段

(1)坡长限制

坡长限制包括最小坡长和最大坡长两个方面的内容。

①最小坡长限制。

最小坡长的限制是从汽车行驶平顺性、乘客的舒适性、纵面视距和相邻两竖曲线的布置等方面考虑的。如果坡长过短,转坡过多,使纵坡线形呈锯齿形状,对路容也不美观。此外,当相邻坡段的纵坡相差较大,而坡长又较短时,汽车运行中换挡频繁也增加了驾驶员的操作劳动强度。因此,纵坡的坡长应有一定的最短长度。

我国综合考虑了设计速度和地形条件等情况,《标准》第4.0.22条规定的最小坡长,如表1-3-3所示。

最小坡长(直坡)　　　　　　　　　　　表1-3-3

设计速度(km/h)		120	100	80	60	40	30	20
最小坡长(m)	一般值	400	350	250	200	160	130	80
	最小值	300	250	200	150	120	100	60

此外,《标准》第4.0.22条还规定,公路纵坡变更处应设置竖曲线。竖曲线最小半径和

最小长度不应小于表1-3-4的规定:

竖曲线最小半径和最小长度 表1-3-4

设计速度(km/h)	120	100	80	60	40	30	20
凸形竖曲线最小半径(m)	11000	6500	3000	1400	450	250	100
凹形竖曲线最小半径(m)	4000	3000	2000	1000	450	250	100
竖曲线最小长度(m)	100	85	70	50	35	25	20

②最大坡长限制。

最大坡长限制是指比较大的纵坡对正常行车的影响。根据汽车的动力性能可知,公路纵坡的大小及其坡长对汽车的行驶影响很大,特别是长距离的陡坡对汽车行驶非常不利。实际调查资料表明,当纵坡的坡段太长,汽车因克服行驶阻力而使行驶速度显著降低,在提高汽车功率时又易使水箱开锅,导致汽车爬坡无力,甚至熄火;下坡时长时间连续制动易使制动器发热而失效,造成交通事故。所以《标准》第4.0.21条规定,各级公路不同纵坡时的最大坡长可按表1-3-5选用。

不同纵坡的最大坡长(m) 表1-3-5

	设计速度(km/h)	120	100	80	60	40	30	20
纵坡坡度(%)	3	900	1000	1100	1200	—	—	—
	4	700	800	900	1000	1100	1100	1200
	5	—	600	700	800	900	900	1000
	6	—	—	500	600	700	700	800
	7	—	—	—	—	500	500	600
	8	—	—	—	—	300	300	400
	9	—	—	—	—	—	200	300
	10	—	—	—	—	—	—	200

在实际纵坡设计中,当某一坡度的坡长还未达到其规定的限制坡长时,可变化坡度(应为连续上坡或连续下坡),但其长度应按坡长限制的规定进行折算。例如:某山岭区公路(设计速度$v=30$km/h)的第一坡段纵坡为8.0%,长度为180m,即占坡长限制值的3/5,若相邻坡段的纵坡为7.0%,则其坡长不应超过$500 \times 2/5 = 200$m。也就是说8.0%的纵坡设计了长度为180m以后,还可接着设计坡度为7.0%的200m坡长,此时坡长限制值已用完。

(2)缓和坡段

缓和坡段的作用主要是为了改善汽车在连续陡坡上行驶的紧张状况,避免汽车长时间低速行驶或汽车下坡产生不安全因素。因此,当陡坡的长度达到限制坡长时,应安排一段缓坡,用以恢复在陡坡上行驶所降低的速度。汽车在缓坡上行驶的长度,从理论上应满足汽车加速或减速行驶过程的需要。

《标准》规定,当公路连续上坡(或下坡)时,以利提高车速和行驶安全,应在不大于表1-3-5所规定的纵坡长度范围内设置缓和坡段。缓和坡段的纵坡应不大于3%,其长度应符合表1-3-5纵坡长度的规定。

4.平均纵坡

平均纵坡是指一定长度路段的高差与水平距离之比,以百分率(%)表示。它是衡量纵断面线形设计质量的一个重要限制性指标。

在山区越岭线纵坡设计中,有时虽然公路纵坡的设计完全符合最大纵坡、坡长限制和缓和坡段的规定,但也不一定能保证使用质量。当极限长度的陡纵坡与缓和坡段交替频繁使用,同样会使汽车在这样的坡段上长时间地低速行驶,引起不良后果,甚至造成事故。这说明汽车短时间内在陡坡路段上坡或下坡,问题尚不严重,但如果长时间地连续在陡坡夹缓和坡段的路段上行驶,就相当危险。因此有必要从行车顺利和安全考虑来控制设计纵坡的平均值。

5. 合成坡度

合成坡度是指在设有超高的平曲线上,路线纵坡与超高横坡或路面横坡组合而成的最大坡度。其方向为流水方向,又称流水线坡度。合成坡度的计算公式为:

$$i_{合} = \sqrt{i_{纵}^2 + i_{横}^2} \tag{1-3-1}$$

式中:$i_{合}$——合成坡度,%;

$i_{纵}$——路线纵坡度,%;

$i_{横}$——超高横坡度或路面横坡度,%。

汽车在有合成坡度的路段行驶时,如果合成坡度过大,由于离心力的作用,可能引起汽车向合成坡度方向的倾斜和侧向滑移,给汽车行驶带来危险。因此,应将合成坡度控制在一定的范围之内。《标准》规定各级公路的最大容许合成坡度值,如表1-3-6所示。

公路最大容许合成坡度 表1-3-6

公路等级	高速公路				二、三、四级公路				
设计速度(km/h)	120	100	80	60	80	60	40	30	20
合成坡度(%)	10	10	10.5	10.5	9	9.5	10	10	10

当陡坡与小半径平曲线相重叠时,在条件许可的情况下,以采用较小的合成坡度为宜。特别是在下述情况下,其合成坡度必须小于8%。

(1)冬季路面有积雪、结冰的地区;

(2)自然横坡较陡峻的傍山路段;

(3)非汽车交通比率高的路段。

各级公路的最小合成坡度不宜小于0.5%。在超高过渡的变化处,合成坡度不应设计为0。当合成坡度小于0.5%时,则应采取综合排水措施,以保证路面排水畅通。

6. 爬坡车道

爬坡车道是指在陡坡路段正线行车道右侧设置的专供载货汽车行驶的专用车道。

在确定高速公路和一级公路的最大纵坡时,一般是以小客车行驶速度为标准的。当公路纵坡较大时载货汽车因爬坡时需克服较大的坡度阻力,只有降低车速才能通过。当载货汽车所占比例较大时,小客车的行驶速度受到影响,超车频率增加导致爬坡路段的通行能力下降,甚至产生堵塞交通的现象。为了不使爬坡速度低的载货汽车影响爬坡速度高的小客车行驶,就需要在陡坡路段的上坡方向增设爬坡车道,把载货汽车从正线车流中分离出去,来保证道路的通行能力。

《标准》第4.0.8条规定,高速公路、一级公路以及二级公路的连续上坡路段,当通行能力、运行安全受到影响时,应设置爬坡车道。爬坡车道宽度不应小于3.5m。六车道以上的高速公路,可不设爬坡车道。

对于六车道以下的高速公路、一级公路,当纵坡对载货汽车上坡运行速度影响较大时,在纵坡大于4%,纵坡长度受限制的路段,应对载货汽车上坡行驶速度的降低值和设计通行能力进行验算;符合下列情况之一者,宜在上坡方向行车道的右侧设置爬坡车道,其宽度一般为3.5m。

(1)沿上坡方向载货汽车的行驶速度降低到表1-3-7的容许最低速度以下时,宜设置爬坡车道。

上坡方向容许最低速度   表1-3-7

设计速度(km/h)	120	100	80	60	40
容许最低速度(km/h)	60	55	50	40	25

(2)上坡路段的设计通行能力小于设计小时交通量时,宜设置爬坡车道。

(3)纵坡设计中,对需设置爬坡车道的路段,应与减小主线纵坡不设爬坡车道的方案进行比较;对隧道、大桥、高架构造物及深挖方路段等特殊工程,当因设置爬坡车道使工程费用增加很大时,爬坡车道可暂不设置,视交通量增长对行车速度的影响程度在改建公路时再考虑是否设置爬坡车道;对双向六车道以上的高速公路,行车影响干扰的程度已不大,可不另行设置;对小客车较多的旅游公路或交通量很大、重载汽车比率较大的其他等级公路,也可参照上述条件,从工程建设目的、服务水平、工程投资规模综合分析后确定是否设置爬坡车道。

7. 紧急停车带

《标准》第4.0.6条规定,高速公路和作为干线的一级公路右侧硬路肩宽度小于2.5m时,应设置紧急停车带。紧急停车带宽度应为3.5m,有效长度不应小于40m,间距不宜大于500m。当高速公路和作为干线的一级公路右侧硬路肩宽度达到2.5m以上时,应作为应急车道来设计,此时便无须再设置紧急停车带。

8. 加(减)速车道

《标准》第4.0.7条规定,互通式立体交叉、服务区、停车区、客运汽车停靠站、管理设施等的出入口处,高速公路、一级公路应设置加(减)速车道,二级公路应设置过渡段。

9. 避险车道

《标准》第4.0.9条规定,连续长、陡下坡路段,应结合交通安全评价论证设置避险车道。

爬坡车道、紧急停车带、加(减)速车道、避险车道、错车道的设计将在第四章"路基设计"中详述。

第三节 竖 曲 线

纵断面上相邻两条纵坡线相交的转折处,为了行车平顺须用一段曲线来缓和,称为竖曲线。

竖曲线的形状,可采用圆曲线或二次抛物线,但在设计和计算上抛物线更为方便,故一般采用二次抛物线的形式。

在纵坡设计时,由于纵断面上只反映水平距离和竖直高度,因此竖曲线的切线长与弧长是其在水平面上的投影,切线支距是竖直的高程差,相邻两条纵坡线相交角用转坡角(或变坡角)表示。当竖曲线转坡点在曲线上方时为凸形竖曲线,反之为凹形竖曲线,如图1-3-2所示。

一、竖曲线要素计算公式

如图 1-3-3 所示,设转坡处相邻两纵坡度分别为 i_1 和 i_2,转坡角以 ω 表示,则转坡角 ω 为 i_1 与 i_2 的代数差,即 $\omega = i_1 - i_2$。

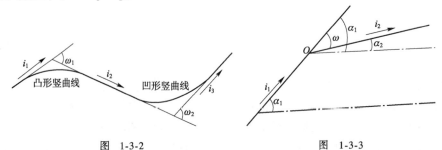

图 1-3-2　　　　　　　　图 1-3-3

当 ω 为正值时,则为凸形竖曲线;当 ω 为负值时,则为凹形竖曲线。

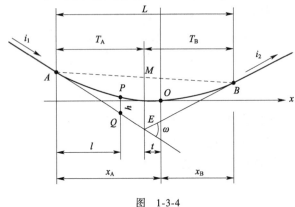

图 1-3-4

1. 竖曲线基本方程

二次抛物线作为竖曲线的基本形是我国目前常用的一种形式。二次抛物线的基本方程为 $x^2 = 2Ry$。

由图 1-3-4 可知,若原点设在 O 点,则二次抛物线的参数(即原点的曲率半径)$P = R$,则:

$$x^2 = 2Ry \quad 即 \quad y = \frac{x^2}{2R} \quad (1\text{-}3\text{-}2)$$

式中:R——二次抛物线的参数(原点的曲线率半径),通常称为竖曲线半径,m。

2. 竖曲线要素计算公式

(1)切线上任意一点与竖曲线间的竖向距离 $h(PQ)$

$$PQ = y_p - y_q = \frac{1}{2R}(x_A - l)^2 - (y_A - li_1) = \frac{1}{2R}(x_A^2 - 2x_A \cdot l + l^2) - \frac{x_A^2}{2R} - l\frac{x_A}{2R}$$

所以

$$h = PQ = \frac{l^2}{2R} \quad (1\text{-}3\text{-}3)$$

式中:h——切线上任意点至竖曲线上的竖向距离,m;

　　l——竖曲线上任意点 P 至切点 A 或 B 的水平距离,m。

(2)曲线长 L

$$AB = x_B - x_A = Ri_2 - Ri_1 = R(i_2 - i_1)$$

所以

$$L = R(i_2 - i_1) = R\omega \quad (1\text{-}3\text{-}4)$$

(3)切线长 T

$$T = T_B = T_A = \frac{L}{2} = \frac{1}{2}R \cdot \omega \quad (1\text{-}3\text{-}5)$$

(4)外距 E

$$E = \frac{T_A^2}{2R} = \frac{T_B^2}{2R}$$

所以

$$E = \frac{T^2}{2R} \tag{1-3-6}$$

综上所述,竖曲线的要素计算公式为:

$$\left.\begin{array}{l} L = R\omega \\ T = \dfrac{L}{2} = \dfrac{1}{2}R \cdot \omega \\ E = \dfrac{T^2}{2R} \\ h = \dfrac{l^2}{2R} \end{array}\right\} \tag{1-3-7}$$

二、竖曲线设计与计算

1. 竖曲线设计

竖曲线设计,首先要合理地确定竖曲线半径和长度。表1-3-4所列为竖曲线最小半径,当条件许可时应尽量采用大于表列之最小半径,只有当地形受到限制或有其他特殊困难时,方可采用表内所列之最小半径。对设计速度较高的公路,为了使公路的线形获得理想的视觉效果,还宜从视觉观点确定最小半径值,如表1-3-8所示。

视觉所需要的最小竖曲线半径值　　　　　　表1-3-8

设计速度 (km/h)	竖曲线半径(m)		设计速度 (km/h)	竖曲线半径(m)	
	凸形	凹形		凸形	凹形
120	20000	12000	60	9000	6000
100	16000	10000	40	3000	2000
80	12000	8000			

竖曲线半径选择主要考虑以下因素:

(1)同向竖曲线间,特别是同向凹形竖曲线之间,当竖曲线半径小于10000m,如果直线坡段不长,应合并为单曲线或复曲线,以避免出现断背曲线。

(2)反向竖曲线之间,为使汽车的增重与减重之间有一过渡段,应尽量在中间设置一段直线坡段,以利汽车行驶的过渡。直线坡段的长度一般以不小于3.0s的行程时间为宜。当插入直线段有困难时,也可直接连接。

(3)在不过分增加土石方数量情况下,为使行车舒适,应尽量采用较大半径。

(4)根据竖曲线范围内的纵断面地面线起伏情况和高程控制要求,尽量考虑土石方填挖平衡,确定合适的外距值,按外距控制选择半径。

(5)夜间行车交通量较大的路段,选择半径时应适当加大,使汽车前照灯有较长的照射距离。

2. 竖曲线计算

竖曲线计算的目的是确定设计纵坡上指定桩号的路基设计高程。其要点是:首先根据转坡点处的地面线与相邻设计直线坡段情况,按上述竖曲线设计中的有关规定和要求,合理地选定竖曲线半径。其次,根据转坡点相邻纵坡度 i_1、i_2 和已确定的半径值,计算出竖曲线的基本要素 ω、L、T、E 及竖曲线起、终点桩号。第三,分别计算出指定桩号的切线设计高程,指定桩号至竖曲线起(或终)点间的平距 l 和指定桩号的竖距 h。则指定桩号的路基设计高程为:

(1)凸形竖曲线:

$$路基设计高程 = 切线设计高程 - h(竖距)$$

(2)凹形竖曲线:

$$路基设计高程 = 切线设计高程 + h(竖距)$$

【例 1-3-1】 某山岭区二级公路,转坡点设在 K6+140 桩号处,其高程为 428.90,两相邻坡段的前坡 $i_1 = +4.0\%$,后坡 $i_2 = -5.0\%$,选用竖曲线半径 $R = 2000$m。试计算竖曲线要素及桩号 K6+080 和 K6+200 处的路基设计高程。

(1)计算竖曲线要素

转坡角: $\omega = i_1 - i_2 = (0.04) - (-0.05) = 0.09$

$\omega > 0$,为凸形竖曲线。

曲线长: $L = R\omega = 2000 \times 0.09 = 180$m

切线长: $T = \dfrac{L}{2} = \dfrac{180}{2} = 90$m

外距: $E = \dfrac{T^2}{2R} = \dfrac{90^2}{2 \times 2000} = 2.03$m

(2)计算竖曲线起、终点桩号

竖曲线起点桩号 = (K6+140) - 90 = K6+050

竖曲线终点桩号 = (K6+140) + 90 = K6+230

(3)计算路基设计高程

桩号 K6+080 处:

平距: $l = ($K6$+080) - ($K6$+050) = 30$m

竖距: $h = \dfrac{l^2}{2R} = \dfrac{30^2}{2 \times 2000} = 0.23$m

切线高程 = $428.9 - 60 \times 0.04 = 426.50$m

设计高程 = $426.50 - 0.23 = 426.27$m

桩号 K6+160 处,

平距: $l = ($K6$+230) - ($K6$+160) = 70$m

竖距: $h = \dfrac{l^2}{2R} = \dfrac{70^2}{2 \times 2000} = 1.23$m

切线高程 = $428.9 - 20 \times 0.05 = 427.90$m

设计高程 = $427.90 - 1.23 = 426.67$m

第四节 平面和纵断面线形组合设计

公路平面和纵断面线形组合设计是指在满足汽车运动学和力学要求的前提下,结合地形、地物、景观、视觉和经济性等,研究如何满足驾驶员在视觉和心理方面的连续性、舒适性以及与周围环境相协调,以保证汽车行驶的安全、舒适与经济。

一、平面和纵断面线形组合原则

公路平面和纵断面线形组合应遵循以下设计原则:
(1)应在视觉上能自然地诱导驾驶员的视线,并保持视觉的连续性。
(2)平面、纵断面线形的技术指标应大小均衡,避免出现平面高标准,纵断面低标准,或与此相反的情况,使线形在视觉上、心理上保持协调。
(3)选择组合得当的合成坡度,以利于路面排水和行车安全。
(4)平面、纵断面线形组合应注意与周围环境相配合,充分利用公路周围的地貌、地形、天然树林、建筑物等,尽量保持自然景观的连续,以消除景观单调感,使公路与大自然融为一体。

二、平曲线与竖曲线组合

平曲线与竖曲线相互重合,使平曲线稍长于竖曲线,并将竖曲线的起、终点分别放在平曲线的两个缓和曲线的中间,这是平、纵面最好的组合,如图1-3-5所示。

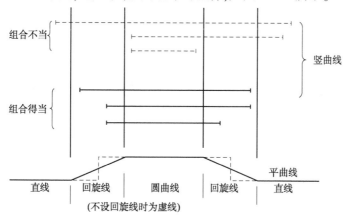

图1-3-5 平曲线与竖曲线组合

第五节 纵断面设计方法及成果

纵断面设计主要是指纵坡和竖曲线设计。它的主要内容是根据公路等级和相应的有关规定,以及路线自然条件和拟建构造物的高程要求等,确定路线适当的高程、各坡段的纵坡和坡长,并设计竖曲线。

一、纵断面设计要点

纵断面设计首先涉及的内容是纵断面线形布置,它包括不同地形条件下的设计高程控制,各坡段的纵坡设计和转坡点位置确定等。

1.各种地形条件下的高程控制

所谓设计高程的控制,是指在纵坡设计时将路线安排在哪一个高度上最为合适。
(1)在平原区,地形平坦,河沟纵横交错,地面水源多,地下水位较高。因此,路线设计高程主要由保证路基稳定的最小填土高度所控制。
(2)在丘陵地区,地面有一定的高差,除局部地段外路线在纵断面上克服高差不很困难。

因此，设计高程的选定，主要由土石方平衡和降低工程造价所控制。

（3）在山岭地区，地形变化频繁，地面自然坡度大，布线有一定的困难。因此，设计高程主要由纵坡度和坡长所控制，但也要从土石方尽量平衡及路基防护工程经济性等方面考虑，力求降低工程造价。

（4）沿溪（河）路段，为保证路基安全稳定，路基一般应高出规定洪水频率的计算水位加壅水高、波浪侵袭高和0.5m以上。

此外，纵断面设计高程的控制，还应考虑公路的起终点、交叉口、垭口、隧道、桥梁、排灌涵洞、地质不良地段等方面的要求。有时这些地物和人工建造物对设计高程控制往往起着决定性的作用。

2. 各种地形条件下的纵坡设计

对不同地形的纵坡设计，要在初步拟定设计高程控制的基础上，按下列要求和规定进行，以求纵坡设计合理。

（1）平原、微丘地形的纵坡应均匀、平缓，并注意保证路基最小填土高度和最小排水纵坡的要求。

（2）丘陵地形的纵坡应避免过分迁就地形而使路线起伏过大。

（3）山岭、重丘地形的沿河线，应尽量采用平缓的纵坡，坡长不宜过短，纵坡度不宜过大，较高等级的公路更应注意不宜采用陡坡。

（4）越岭线的纵坡应力求均匀，尽量不采用极限或接近极限的坡度，更不宜连续采用极限长度的陡坡之间夹短距离缓和坡段的纵坡线形。越岭线不应设置反坡，以免浪费高程。

（5）山脊线和山腰线，除结合地形不得已时采用较大的纵坡外，在一般情况下应采用平缓的纵坡。

3. 转坡点位置的确定

转坡点是两条相邻设计纵坡线的交点，两转坡点之间的水平距离称为坡长。转坡点位置的确定，直接影响到纵坡度的大小、坡长、平（纵）面组合、土石方填挖平衡和公路的使用质量。因此，在确定转坡点位置时，要尽量使填挖工程量最小和线形最理想外，还应使最大纵坡、最小纵坡、坡长限制、缓和坡段满足有关规定的要求；同时还要处理好平、纵面线形的相互配合和协调。此外，为方便设计和计算，转坡点的位置一般应设在10m的整数桩号处。

二、纵断面设计方法与步骤

公路的纵坡是通过公路定线和室内设计两个阶段来实现的。在定线阶段，选线人员在现场或纸上定线时结合平面线形、地形等已对公路纵坡作了全面的考虑，所以纵断面设计由选线人员在室内根据选线时的记录，以及桥涵、地质等方面对路线的要求，综合考虑工程技术与经济的因素，最后定出路线的纵坡。

纵断面设计一般按以下方法与步骤进行：

1. 准备工作

纵坡设计（俗称拉坡）前，首先应搜集和研究地形、地质、水文、筑路材料的各项记录、图表等野外资料，熟悉领会设计意图和各项具体要求。然后，在纵断面图上点绘出里程、桩号、地面高程和地面线、直线与平曲线，并将桥梁、涵洞、隧道、交叉、地质、土质等与纵坡设计有关的资料在纵断面图上标明，以便供拉坡时参考。

2. 纵坡设计

(1) 标注控制点

控制点是指影响纵坡设计的高程控制点。如路线的起终点、垭口、桥涵、地质不良地段、最小填土高度、最大挖深、沿河线的洪水位、隧道进出口路线交叉点以及受其他因素限制路线必须通过的高程控制点等,都应作为控制坡度的依据。

对于山岭公路,除上述控制点外,还有根据路基填挖平衡关系控制路中心填挖值的高程点,称为经济点,如图1-3-6所示。其含义是指如果纵坡设计线刚好通过该经济点,则在相应横断面上填方和挖方基本平衡,最为经济。经济点的位置是用"路基断面透明模板"在横断面图上得到的。如图1-3-7所示,路基断面透明模板可用透明胶片或透明描图纸制作,在其上按比例绘制路基宽度和各种不同边坡坡度线。使用时将透明模板扣在横断面图上,中心线与路基线重合,上下移动透明模板,使填、挖面积大致相等,此时透明模板上路基顶面至地面线之间的高差即为经济填挖值,将这些值点绘到纵断面相应的桩号上即为经济点。

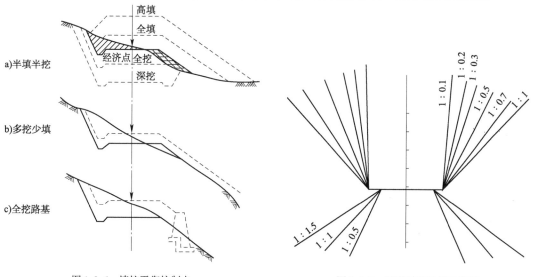

图1-3-6 填挖平衡控制点　　　　　图1-3-7 透明"帽子"板示意图

控制点和经济点在纵断面图上的标记,通常情况如下:

① 可半填半挖,也可多挖少填;全挖路基用不同的符号表示,如经济点用"⊙"。

② 必须通过的控制点用"X";路线只能上不能下的控制点用"♂";只能下不能上的控制点用"♀";设置挡土墙时用"△"等。

(2) 试定纵坡

在已标出控制点与经济点的纵断面图上,以控制点为依据,尽量照顾经济点为原则,根据定线意图,结合地面起伏情况,在控制点与经济点之间进行插点穿线,试定出纵坡。在试定纵坡时,每定一个转坡点,均需全面考虑前后几个转坡点的情况,要前后照顾,交出转坡点的位置。一般来说,如果试定的纵坡线既能符合技术标准,又能满足控制点要求,而且土石方工程量又较省,则这样的设计纵坡是最理想的,关键是要反复比较,通盘考虑,抓住主要矛盾。

3. 调整纵坡

试定纵坡之后,首先将所定的坡度与定线时所考虑的坡度进行比较,两者应基本相符,若有较大差异,应全面分析,找出原因,决定取舍。然后检查纵坡度、坡长、合成坡度等是否符合《标准》规定,平、纵面组合是否合理,若有问题应进行调整。

调整纵坡的方法一般有抬高、降低、延长缩短坡线和加大、减小纵坡度等。调整时应以少脱离控制点,尽量减少填挖量,与自然条件协调为原则,使调整后的纵坡与试定纵坡基本相符,以避免因纵坡调整产生填挖不合理等现象。

4. 与横断面进行核对

根据已调整的纵坡线,选择有控制意义的重点横断面,如高填深挖、挡土墙、重要桥涵等横断面,在纵断面图上直接估读出填挖高度,对照相应的横断面图进行认真的核对和检查。若出现填挖工程量过大、填方坡脚落空以及挡土墙工程量过大等情况,应再次调整纵坡线,直到满足为止。

5. 确定纵坡

纵坡线经调整核对无误后,即可确定纵坡。方法是从起点开始,按纵坡度和坡长分别计算出各转坡点的设计高程。公路的起终点设计高程是根据接线的需要事先确定的。转坡点设计高程确定后,公路纵坡设计线也随之确定。

设计纵坡时还应注意以下几点:

(1) 在回头曲线地段设计纵坡时,应先确定回头曲线上的纵坡,然后从两端接坡,以满足回头曲线的特殊纵坡要求。

(2) 大、中桥上,一般不宜设竖曲线。桥头两端的竖曲线,其起终点应设在桥头 10m 以外。

(3) 小桥涵可设在斜坡地段和竖曲线上。但对等级较高的公路,为使公路纵坡具有一定的平顺性,应尽量避免小桥涵处出现急变的"驼峰式"纵坡,见图 1-3-8。

三、纵断面设计成果

纵断面设计成果,主要包括路线纵断面图和路基设计表。其中纵断面设计图是公路设计的重要文件之一,它反映路线所经范围的中心地面起伏情况与设计纵坡之间的关系。把纵断面线形与平面线形组合起来,就能反映出公路线形在空间的位置。

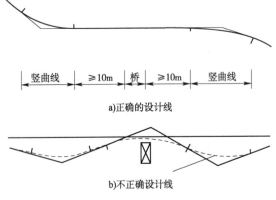

图 1-3-8 转坡点与桥梁的位置要求

1. 纵断面图的绘制

纵断面图采用直角坐标,以横坐标表示里程桩号,纵坐标表示高程。为了清楚地反映路中心线上地面起伏情况,通常将横坐标的比例尺采用 1:2000,纵坐标采用 1:200。

纵断面图由两部分内容组成。图的上半部主要是用来绘制地面线和纵坡设计线,同时根据需要标注竖曲线位置及其要素;沿线桥涵及人工构造物的位置、结构类型、孔径与孔数;与公路、铁路交叉的桩号及路名;沿线跨越河流名称、桩号;现有水位及最高洪水位;水准点位置、编号和高程;断链桩位置、桩号及长短链关系等。图的下半部主要是用来填写有关数据,自下而上分别填写直线与平曲线、里程桩号、地面高程、设计高程、填挖高度、土壤地质说明等。

绘制的纵断面图,应按规定采用标准图纸和统一格式,以便装订成册,如图 1-3-9 所示。

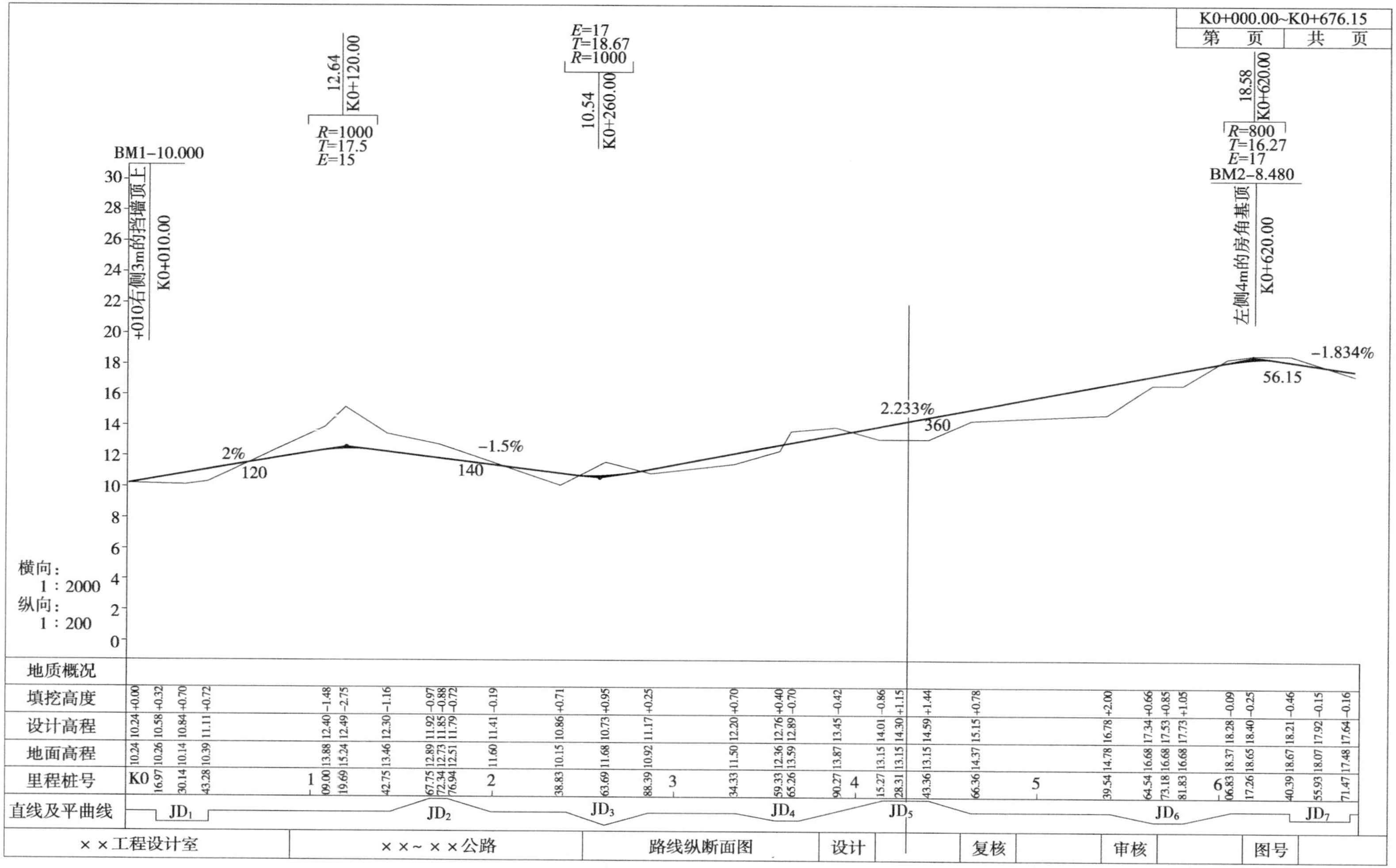
K0+000.00~K0+676.15
第 页 共 页
BM1-10.000
+010右侧3m的挡墙顶上
K0+010.00
12.64
K0+120.00
R=1000
T=17.5
E=15
E=17
T=18.67
R=1000
10.54
K0+260.00
18.58
K0+620.00
R=800
T=16.27
E=17
BM2-8.480
左侧4m的房角基顶
K0+620.00
2%
120
-1.5%
140
2.233%
360
-1.834%
56.15
横向：
1：2000
纵向：
1：200
地质概况
填挖高度
设计高程
地面高程
里程桩号
直线及平曲线
JD1
JD2
JD3
JD4
JD5
JD6
JD7
× ×工程设计室
× ×~ × ×公路
路线纵断面图
设计
复核
审核
图号

图 1-3-9　路线纵断面图

2. 路基设计表

路基设计表是公路设计文件的组成内容之一。表中填写路线平、纵、横断面等主要测设与设计资料、里程桩号、填、挖高度(包括加宽)、超高值等有关内容,为公路横断面设计提供基本数据,同时也可作为路基施工的依据之一。需要路基设计表时,请查阅《标准》或有关技术书籍。

思考题与习题

1. 简述公路纵坡设计的方法与步骤。

2. 公路平、纵面线形组合设计的原则有哪些? 为了满足这些原则,平曲线与竖曲线、平面与纵坡应满足哪些要求?

3. 决定转变点位置时,应考虑哪些问题?

4. 某山岭区三级公路,转坡点设在 K6+770 桩号处,其高程为 396.67m,两相邻坡段的前坡 $i_1 = +3.0\%$,后坡 $i_2 = -1.0\%$,选用竖曲线半径 $R = 3000$m。试计算竖曲线要素,竖曲线起、终点桩号及竖曲线上每隔整 10m 桩号的设计高程。

第四章 横断面设计

第一节 公路横断面的组成

一、横断面的组成及布置

沿着公路平面中心线的法线方向作一垂直剖面,这个剖面称为公路横断面。它是由横断面设计线与原地面线所围成的图形。在横断面图上反映了路基的组成和几何尺寸,以及路基形成前的原地面线。公路横断面应根据公路等级、设计速度,结合地形、气候、土壤、水文、地质等条件,做出正确的设计,以保证路基的强度和稳定性。二级、三级、四级公路横断面的组成包括:行车道、路肩、边坡、边沟、截水沟、排水沟、护坡道、支挡防护工程以及专门设计的取土坑、弃土堆、环境保护等设施;高速公路和一级公路的横断面在包括上述设置的基础上,还设有中间带,应急车道、加(减)速车道。根据需要有时还设置有爬坡车道、避险车道和其他安全设施。各部分的位置、名称,如图 1-4-1 所示。

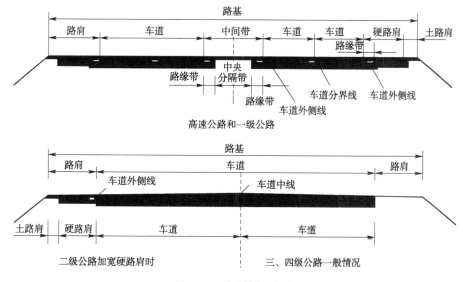

图 1-4-1 路基横断面组成

二、横断面几何尺寸

1. 车道数及车道宽度

在公路上提供每一纵列车辆安全行驶的路面,称为一个车道。车道数目的多少则依远景年设计小时交通量和一条车道的设计通行能力而定,即车道数=(远景年单向设计小时交通量/每一车道的设计通行能力)×2。《标准》依照公路等级和设计速度将车道数分为单车道、双车道、四车道、六车道及八车道。

车道宽度是指一个车道边缘之间的水平距离，《标准》第4.0.2条规定的不同设计速度时的车道宽度如表1-4-1所示。

车道宽度 表1-4-1

设计速度(km/h)	120	100	80	60	40	30	20
车道宽度(m)	3.75	3.75	3.75	3.50	3.50	3.25	3.00(单车道时为3.50)

此外，《标准》第4.0.2条还根据公路等级、车型、交通情况等做出如下规定：

①八车道及以上公路在内侧车道(内侧第一、二车道)仅限小客车通行时，其车道宽度可采用3.5m。

②以通行中、小型客运车辆为主且设计速度为80km/h及以上的公路，经论证车道宽度可采用3.5m。

③四级公路采用单车道时，车道宽度应采用3.5m。

④设置慢车道的二级公路，慢车道宽度应采用3.5m。

⑤需要设置非机动车道和人行道的公路，非机动车道和人行道的宽度，宜视实际情况确定。

2. 路面宽度

路面宽度应是在保证设计速度及道路通行能力的情况下，安全行车所必需的宽度。路面宽度取决于设计车辆的横向几何尺寸、行驶速度以及车辆间或车辆与路肩之间的安全距离。单车道的路面最小宽度为3.5m，最大宽度为3.75m；一条双车道路面的最小宽度为6.0m，最大宽度为7.5m。一般来说，路面宽度＝车道数×车道宽度。

3. 路肩宽度

路肩设于行车道外缘至路基边缘之间，是具有一定宽度的带状结构物，其功能为供行人通行、堆放道路养护材料(如砂堆)、临时停放故障车辆，并作为路面的横向支承及侧向余宽的组成部分。按路肩上铺筑的材料性质，可分为硬路肩和土路肩。

《标准》第4.0.5条规定的各级公路路肩宽度值见表1-4-2。

各级公路路肩宽度值 表1-4-2

公路等级(功能)		高速公路			一级公路(干线功能)	
设计速度(km/h)		120	100	80	100	80
右侧硬路肩宽度(m)	一般值	3.0(2.5)	3.0(2.5)	3.0(2.5)	3.0(2.5)	3.0(2.5)
	最小值	1.5	1.5	1.5	1.5	1.5
土路肩宽度(m)	一般值	0.75	0.75	0.75	0.75	0.75
	最小值	0.75	0.75	0.75	0.75	0.75

公路等级(功能)		一级公路(集散功能)和二级公路		三级公路、四级公路		
设计速度(km/h)		80	60	40	30	20
右侧硬路肩宽度(m)	一般值	1.5	0.75	—	—	—
	最小值	0.75	0.25	—	—	—
土路肩宽度(m)	一般值	0.75	0.75	0.75	0.5	0.25(双车道)0.50(单车道)
	最小值	0.5	0.5			

注：①正常情况下应采用"一般值"；在设置爬坡车道、变速车道及超车道路段，受地形、地物等条件限制路段及多车道公路特大桥，可论证采用"最小值"。

②高速公路和作为干线的一级公路以通行小客车为主时，右侧硬路肩宽度可采用括号内数值。

此外,《标准》第4.0.5条还规定:
(1)高速公路和一级公路应在右侧硬路肩宽度内设右侧路缘带,其宽度为0.5m。
(2)高速公路和一级公路采用分离式断面时,应设置左侧硬路肩,其宽度不应小于表1-4-3的规定。左侧硬路肩宽度包含左侧路缘带宽度。

分离式断面高速公路、一级公路左侧路肩宽度 表1-4-3

设计速度(km/h)	120	100	80	60
左侧硬路肩宽度(m)	1.25	1.00	0.75	0.75
左侧土路肩宽度(m)	0.75	0.75	0.75	0.50

(3)在公路路肩上不得植树,在路肩设置路用设施时,不得侵入该等级公路的建筑限界之内。
(4)二级、三级、四级公路在村镇附近及混合交通量较大的路段,路肩应予以加固。在实际工作中,有条件的地方,二、三级公路的路肩,全线都做了加固处理。
(5)八车道高速公路宜设置行车方向左侧硬路肩,其宽度应为2.50m。左侧硬路肩宽度内含左侧路缘带宽度。

4.中间带宽度

中间带的主要功能是分隔对向车流和保证来往两个方向的汽车能高速、安全地行驶,防止车辆互相碰撞,并可作为设置防护栅、标志和绿化,以及埋置地下管线等设施之用。《标准》第4.0.4条规定,高速公路和一级公路整体式断面必须设置中间带。中间带由中央分隔带和两条左侧路缘带组成。

(1)高速公路和作为干线的一级公路,中央分隔带宽度应根据公路项目中央分隔带功能确定。
(2)作为集散的一级公路,中央分隔带宽度应根据中间隔离设施的宽度确定。
(3)左侧路缘带宽度不小于表1-4-4的规定。设计速度为120km/h、100km/h,受地形地物限制的路段或多车道公路内侧车道仅限小型车辆通行的路段,左侧路缘带可论证采用0.5m。

中间带宽度一般值为3.0~4.5m,最小值为2.0~3.5m。各级公路中间带的宽度见表1-4-4。中央分隔带的表面形式有凸形、凹形两种,前者用于宽度≤4.5m的中间带,后者用于宽度>4.5m的中间带。宽度>4.5m的,一般植草皮,栽灌木,宽度≤4.5m的可铺面封闭。

中间带宽度 表1-4-4

设计速度(km/h)		120	100	80	60
中央分隔带宽度(m)	一般值	3.00	2.00	2.00	2.00
	最小值	2.00	2.00	1.00	1.00
左侧路缘带宽度(m)	一般值	0.75	0.75	0.50	0.50
	最小值	0.50(论证)	0.50(论证)	0.50	0.50
中间带宽度(m)	一般值	4.50	3.50	3.00	3.00
	最小值	3.50	3.00	2.00	2.00

5.路基宽度

公路路基宽度为行车道宽度与路肩宽度之和。当设有中间带、加(减)速车道、爬坡车道、紧急停车带、错车道等时,应计入这些部分的宽度。各级公路的路基宽度一般规定,如

表1-4-5所示。

各级公路路基宽度　　　　　表1-4-5

公路等级		高速公路、一级公路								
设计速度(km/h)		120			100			80		60
车道数		8	6	4	8	6	4	6	4	4
路基宽度(m)	一般值	45.00	34.50	28.00	44.00	33.50	26.00	32.00	24.50	23.00
	最小值	42.00	—	26.00	41.00	—	24.50	—	21.50	20.00
公路等级		二级公路、三级公路、四级公路								
设计速度(km/h)		80	60	40	30	20				
车道数		2	2	2	2	2或1				
路基宽度(m)	一般值	12.00	10.00	8.50	7.50	6.50(双车道)			4.50(单车道)	
	最小值	10.00	8.50	—	—	—				

注：①"一般值"为正常情况下的采用值；"最小值"为条件受限制时论证采用的值。
　　②八车道高速公路路基宽度"一般值"为设置左侧硬路肩、内侧车道采用3.50m时的宽度；八车道高速公路路基宽度"最小值"为不设置左侧硬路肩、内侧车道采用3.75m时的宽度。

二级公路因交通量、交通组成等需设置慢车道的路段，设计速度为80km/h时，其路基宽度可采用15m；设计速度为60km/h时可采用12m。四级公路宜采用双车道路基宽，交通量小的路段，可采用单车道4.50m的路基宽，但应在适当距离内设置错车道，并使驾驶员能看到相邻两错车道的形式和尺寸。确定路基宽度时，中央分隔带宽度、右侧硬路肩宽度、土路肩宽度等的"一般值"和"最小值"应同类项相加。

6. 加(减)速车道

当车辆需要加速合流或减速分流时，应根据公路的等级、使用性质等增加一段使车辆速度过渡的车道，使变速车辆不致因速度的变化而影响其他车辆的正常行驶。《标准》第4.0.7条规定，互通式立体交叉、服务区、停车区、客运汽车停靠站、管理设施等的出入口处，高速公路、一级公路应设置加(减)速车道，二级公路应设置过渡段。加(减)速车道宽度一般为3.5m，长度与速度变化范围、车辆特性等因素有关，可经计算确定。

7. 错车道

《标准》第4.0.12条规定："四级公路采用单车道时，应设置错车道。设置错车道路段的路基宽度不应小于双车道的路基宽度"。四级公路路基宽度采用4.5m时，路面只能设一个车道。错车道是为了解决双向行车的错车而设置的。错车道应设在有利地点，使驾驶员能够看清相邻两错车道间的车辆。错车路段的路基宽度不小于6.5m，有效长度不小于20m，错车道的间距应根据错车时间、视距、交通量等确定，一般不大于300m。

8. 紧急停车带(应急车道)

紧急停车带是车辆发生故障时紧急停车的区域。当硬路肩宽度足以停车时就无须设置紧急停车带；高速公路必须全程设置应急车道。《标准》第4.0.6条规定，高速公路和作为干线的一级公路右侧硬路肩宽度小于2.5m时，应设置紧急停车带。紧急停车带宽度应为3.5m，有效长度不应小于40m，间距不宜大于500m。此外，在紧急停车带的两端还需设置一个斜线的缓和过渡段，长度为20m(对低等级公路可为10m)。其他等级的公路是否设置紧急停车带，根据实际情况确定。

紧急停车带的间距主要考虑发生故障车辆可能滑行的距离和工程量、交通量等因素，使其既能发挥紧急停车的作用,又不造成工程量的大幅度增加,所以《标准》规定,紧急停车带的间距不宜大于500m。

9. 避险车道

避险车道是供制动失效车辆尽快驶离行车道、减速停车、自救的专用车道。《标准》第4.0.9条规定,连续长、陡下坡路段,应结合交通安全评价论证设置避险车道。避险车道的设置位置应与主线保持恰当的驶离角度,并应修建在失控车辆不能安全转弯的主线弯道之前以及修建在坡底人口稠密区之前。

三、横断面其他组成的设计要求

1. 路拱、路肩横坡度

双车道和较宽的非分割式路面以及直线上分隔式路面上的雨水由路拱横坡排向路肩之外。路拱的形式有直线形、折线形、抛物线形或者直线与弧线的组合形,如图1-4-2所示。为适应机械化施工,抛物线形或者直线与弧线的组合形现已不采用。路拱坡度应根据路面类型和当地自然条件按表1-4-6所列数值采用。

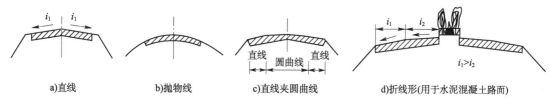

图1-4-2 路拱的形式

路拱横坡 表1-4-6

路面类型	路拱坡度(%)	路面类型	路拱坡度(%)
沥青混凝土、水泥混凝土	1~2	碎、砾石等粒料路面	2.5~3.5
其他沥青路面	1.5~2.5	低级路面	3~4
半整齐石块	2~3		

注:路肩横向坡度一般应较路面横向坡度大1%~2%。

2. 用地范围

公路用地范围是指包括行车道、分隔带、路肩、边坡等整个路幅范围以外宽度不小于1.0m的土地。对新建公路,其范围为:路堤两侧排水沟外边缘(无排水沟时为路堤或护堤道坡脚)以外,路堑坡顶截水沟外边缘(无截水沟为坡顶)以外不小于1m的土地。在有条件的地方,高速公路、一级公路不小于3m,二级公路不小于2m的土地为公路用地范围。

3. 护坡道与碎落台

当路堤较高时,为保证边坡稳定,在取土坑与坡脚之间或边坡坡面上,沿纵向保留或筑成有一定宽度的平台称为护坡道。其目的是加宽边坡横距,减缓边坡平均坡度。护坡道愈宽,愈有利于边坡稳定,但工程量随之增加。根据实际情况,宽度至少为1.0m,并随填土高度的增加而增大。一般情况下,护坡道宽度 d 为:$h<3.0m, d=1.0m$;$h=3~6m, d=2m$;$h=6~12m, d=2~4m$。

碎落台通常设置在路堑边坡坡脚与边沟外侧边缘之间,有时也设在边坡中部,其作用是防止零星土、碎石等落物落入边沟,碎落台宽度一般为1.06~1.5m。对于兼顾护坡道的可根据情况适当放宽。

第二节 路基横断面设计方法及成果

一、概述

公路横断面的组成除了与行车有关的路幅宽度外,还与路基工程、排水工程、环保工程的各种措施有关,这些设施的位置和尺寸均应在横断面设计中有所体现。路基横断面形式和尺寸实际上在确定路线平面位置时就已经有了考虑,在纵断面设计中又根据路线标准和地形条件对路基的合理高度,特别是工程艰巨路段已仔细作了分析研究,拟定了横断面方案。因此,施工图设计阶段的横断面设计是在总结上述工作的基础上把它具体化,绘制出横断面图纸,作为计算土石方数量和日后施工的依据。

路基横断面设计应充分考虑当地的气象、地形、土壤、地质、水文、环境、土地利用、材料供应等自然条件和社会条件,本着节约用地的原则,选用合理的断面形式,以满足行车顺适、工程经济、路基稳定且便于施工和养护的要求,设计出适合路基稳定和经济的横断面。

二、基本要求

横断面是由横断面设计线和横断面原地面线所构成的。原地面线是自然的真实的情况,是客观存在的,横断面设计线是设计的结果,是主观表达,它应满足如下要求:

(1)稳定性:在荷载、自然因素的共同作用下,不倾覆、滑动、沉陷、塌方;

(2)经济性:工程量小,节约资金,节约资源,保护环境;

(3)规范性:断面的某些尺寸(如路基宽度、边坡等)必须符合公路规范和设计标准的要求,保障安全;

(4)兼顾性:要兼顾农田水利基本建设的需要,在取土和弃土以及挡土墙设置等方面应与农田改造、水利灌溉相配合。

三、路基标准横断面图及路基一般设计图

路基标准横断面图是反映一般路堤、路堑、半填半挖路基横断面设计的具体成果,在图中应标示出路幅范围内各组成部分的具体尺寸,还应反映出边坡的坡度、边沟、排水沟、截水沟、碎落台及其他设施的位置及尺寸,为逐桩横断面设计提供依据。路基一般设计图是路基横断面设计图中所出现的所有路基横断面形式的汇总,应绘制出设计图中采用的一般路堤、路堑、半填半挖路基、高填方路堤、深挖路堑、水田内路堤及沿河水塘等不同形式的路基设计图,并应分别标示出路基路幅范围内各组成部分的具体尺寸、边坡坡率、排水设施、护脚墙、护肩、护坡、挡土墙等防护加固结构形式和标注主要尺寸。见图1-4-3～图1-4-6路基标准横断面图和路基一般设计图,路基宽度为 B。

四、路基横断面设计方法与步骤

路基横断面设计图应绘出所有整桩、加桩的断面图,在图中标示出加宽、超高、边坡、边沟、截水沟、碎落台、护坡道、路侧取土坑、填方路基开挖的台阶及视距台等,并注意标明地界。挡土墙、护面墙、护脚、护肩、护岸、边坡加固、边沟(排水沟)及截水沟加固等均绘在图上,并注明起讫桩号、圬工种类及断面尺寸(另绘有防护工程设计图的只绘出示意图,注明起

讫桩号和设计图编号)。高速公路、一级公路还应标出设计高程、路基边缘高程、边沟(排水沟)底设计高程等。

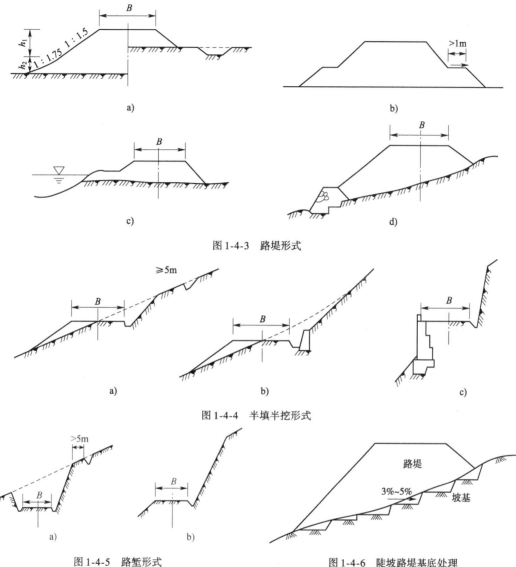

图 1-4-3 路堤形式

图 1-4-4 半填半挖形式

图 1-4-5 路堑形式　　　　图 1-4-6 陡坡路堤基底处理

横断面设计过程俗称"戴帽子",其过程就是绘制横断面设计图的过程。在上述的3种基本形式上(路堤、路堑、半填半挖),当地面线、路基设计高程、路幅设计、边坡坡率、排水、防护设计等确定后,则只有一种基本断面形式能够采用。"戴"就是要判定哪种"帽子"能戴在相应桩号的地面线上,从而满足横断面设计的要求,然后把它绘制在横断面图纸上,完成"戴帽子"的工作。

横断面设计应在路线平面设计、纵断面设计完成后进行,其方法和步骤如下:

(1)在计算纸上绘制横断面的地面线。地面线是在野外勘测时由横断面组测绘的,若是纸上定线,可从大比例尺的地形图上内插获得。在计算机辅助设计中可利用相关软件(如HEFD、纬地、海地、CARD等),按其要求的格式输入地面线数据,可由计算机自动生成。

(2)从"路基设计表"中抄入路基中心填挖高度数据,对于有超高和加宽的曲线路段,还应抄入"左高、右高、左宽、右宽"等数据。

(3)根据现场调查所得的土壤、地质、水文资料,参照标准横断面图、路基一般设计图,画出路幅宽度、填或挖的边坡坡线,在需要设置各种支挡、防护工程的地方画出该工程结构的断面图。

(4)根据综合排水设计,画出路基边沟、截水沟、排水沟等的位置和形式。必要时须注明各部分尺寸。此外,对取土坑、弃土堆、绿化等也尽可能画出。

(5)分别计算各桩号断面的填方面积(F_T)和挖方面积(F_W),并标注于图上。

对于分离式断面的公路和具有加(减)速车道、爬坡车道、紧急停车带的断面,可参照上述步骤绘制。

在以上横断面设计时,尽管在横断面图上按比例绘出了边沟、排水沟、截水沟、碎落台、护肩、护脚、挡土墙、护坡等设施,但一般不标注详细尺寸,仅注明其起讫桩号。其设计的详细尺寸可见该路段的标准横断面设计图和一般路基设计图。对于特殊路基还应进行单独设计,绘制特殊路基设计图。

横断面设计图按里程桩号从左到右、从下到上的顺序排列绘制,比例一般采用1:200。

一条道路的横断面图数量极大,为提高手工绘制的工作效率,可事先制作若干透明模板(帽子板)。但根本的解决办法是使用"路线CAD",它不但能准确绘制横断面图,而且能自动解算横断面面积。目前由我国自行研发的"路线CAD"系统已日趋成熟和完善,关于"路线CAD"可参阅相关书籍。

五、横断面设计成果

横断面设计完成后应完成的图表包括:标准横断面设计图、一般路基设计图、路基设计表、横断面设计图、路基土石方数量计算表、每公里土石方数量计算表、路基土石方运量统计表等。

1. 路基设计表

路基设计表是公路路线设计文件中的主要技术文件之一,它是综合路线平、纵、横3个方面设计资料汇编而成的。在表中列有平面线形及纵断面线形资料,如中桩桩号、平曲线情况、竖曲线情况、中桩地面高程、设计高程、施工高度等。还列有横断面情况,如路基宽度、路拱坡度、小半径弯道上的超高及加宽等,路基施工必用此表。路基设计表包括平、纵两种设计图纸,它在施工现场使用极为方便,但不如平、纵面图直观。某公路路基设计表,如表1-4-7所示。

路基设计表有22栏,其中1~14栏的数据是根据纵断面设计资料填写的;15~22栏是根据横断面设计资料填写的,15~19栏分别填写路基宽度与超高加宽情况,对于直线路段(或者平曲线半径大于不设超高加宽的路段)为不变的路基宽度,但对半径较小(需设超高加宽)的弯道,有超高和加宽值,因此填写时需注意填上。有些中桩是在缓和曲线(或超高缓和段)上,则其超高、加宽值与弯道上的不同,需逐个计算,然后填上。

2. 路基土石方数量计算表

路基土石方数量计算和调配是计算工程数量的主要环节,它直接影响工程数量正确与否。因此,在填表和计算中要注意每一栏的相互关系,做到填表、计算、复核3个环节统一,以保证数据的准确性。某公路路基土石方数量计算表,如表1-4-7所示。

3. 横断面设计图

比例尺一般用1:200,每页图纸的右上角应标明横断面图的总页数和本页图纸的编码数。在横断面图上要标注桩号、填(挖)高度、填(挖)面积、边坡坡度;在有超高、加宽的横断面上还要标明其相应数值。某公路横断面设计图,如图1-4-7所示。

某公路路基设计表

路基土石方数量表

表 1-4-7

项目名称：

桩号	横断面面积 (m²)		距离 (m)	挖方分类及数量 (m³)														填方数量 (m³)			本桩利用		利用方数量及调配		挖余		远运利用及纵向调配示意	备注
				总数量	土						石							总数量	土	石	土	石	填缺					
					I		II		III		IV		V		VI								土	石	土	石		
	挖方	填方			数量	%	数量	%	数量	%	数量	%	数量	%	数量	%												
1	2	3	4	5	6	7	8	9	10	11	12	13	14	15	16	17	18	19	20	21	22	23	24	25	26	27	28
K0+000	2.24	24.08																									
K0+011.608	0.00	33.13	11.61	13.0					100	13.0							332.1	332.1		13.0		372.2					
K0+020	0.37	37.24	8.39	1.5					100	1.5							295.3	295.3		1.5		341.0					
K0+040	0.72	37.73	20.00	10.9					100	10.9							749.7	749.7		10.9		858.8					
K0+060	0.00	44.98	20.00	7.2					100	7.2							827.2	827.1		7.2		952.3					
K0+080	0.00	53.97	20.00														989.6	989.6				1147.9					
K0+100	0.00	65.11	20.00														1190.8	1190.8				1381.4					
K0+120	0.00	76.94	20.00														1420.4	1420.4				1647.7					
K0+131.608	0.00	80.58	11.61														914.2	914.2				1060.5					
K0+140	0.00	81.74	8.39														681.1	681.1				790.1					
K0+160	0.00	106.45	20.00			100											1881.8	1881.8				2182.9					
K0+180	0.00	120.92	20.00			100											2273.7	2273.7				2637.5					
K0+200	0.00	137.39	20.00			100											2583.1	2583.1				2996.4					
K0+209.576	0.00	145.18	9.58			100											1352.9	1352.9				1569.4					
K0+220	0.00	150.66	10.42			100											1541.9	1541.9				1788.7					
K0+235	0.00	162.85	15.00			100											2351.3	2351.3				2727.5					
K0+240	0.00	207.70	5.00			100											926.4	926.4				1074.6					
K0+260	0.00	175.02	20.00			100											3827.2	3827.2				4439.5					
K0+280	0.00	184.75	20.00			100											3597.7	3597.7				4173.3					
K0+287.543	0.00	18.55	7.54			100											1377.7	1377.7				1598.2					
K0+300	0.00	179.17	12.46			100											2240.5	2240.5				2599.0					
K0+320	0.00	177.37	20.00			100											3565.4	3565.4				4135.9					
K0+340	0.00	172.10	20.00			100											3494.7	216.9	1377.8			2455.6	1267.6				
K0+360	0.00	162.60	20.00			100											3347.0	2597.2	749.7			3012.8	689.8				
K0+380	0.00	146.20	20.00			100											3088.1	3088.1				3582.1					
K0+400	4.88	102.33	20.00	48.8			100	48.8									2485.4	2485.4		48.8		2834.2					
K0+407.543	10.96	94.93	7.54	59.8			100	59.8									744.0	744.0		59.8		803.2					
小计				141.2			108.6		32.6								48079.1	45951	2127.5	141.2		53163	1957.3				

远运利用及纵向调配示意：
±11733.4(309m) 在1957.3(441m)
±24245(766m)（从K0+440移挖入）
借方（从取土坑K1+940）
±37740.1(1941m)
±358.2(1186m)（从K1+484移挖入）
±2405.3(1257m)（从K1+553移挖入）

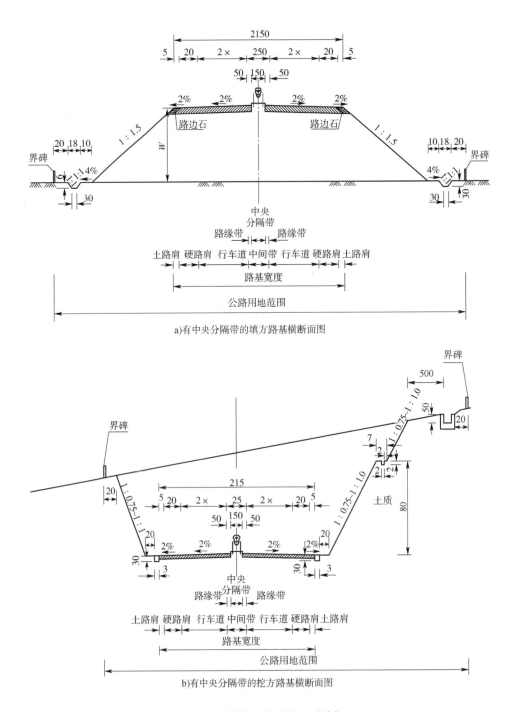

图 1-4-7 某公路横断面设计图(尺寸单位:cm)

4. 公路横断面图的绘制方法

公路横断面图一般绘制在计算纸(厘米格纸)上,依照纵断面设计图上各桩号数据(包括:桩号、地面高程、设计高程、填挖高)以及该桩号处的超高、加宽值,路基宽度值等,即可绘制出公路横断面图。绘制方法按照桩号顺序"从下到上、从左到右"画图,每个横断面图上包括两部分内容:左边为横断面设计图,右边为计算表,如图 1-4-8 所示。

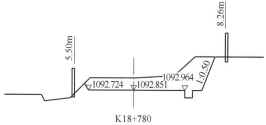

桩号：	K18+780	
填： m	挖：0.63m	
路基宽	左：4.25m	右：4.75m
超高	左：-0.13m	右：0.11m
边坡	左：1:0.50	右：1:0.50
面积	填： m²	挖：15.17m²

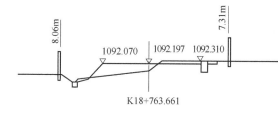

桩号：	K18+763.660	
填：0.38m	挖： m	
路基宽	左：4.25m	右：4.75m
超高	左：-0.13m	右：0.11m
边坡	左：1:0.50	右：1:0.50
面积	填：3.07m²	挖：2.85m²

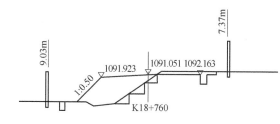

桩号：	K18+760	
填：0.25m	挖： m	
路基宽	左：4.25m	右：4.75m
超高	左：-0.13m	右：0.11m
边坡	左：1:0.50	右：1:0.50
面积	填：8.50m²	挖：4.86m²

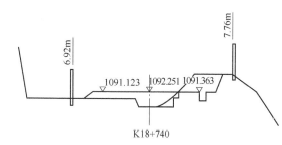

桩号：	K18+740	
填：0.97m	挖： m	
路基宽	左：4.25m	右：4.75m
超高	左：-0.13m	右：0.11m
边坡	左：1:0.50	右：1:0.50
面积	填：5.25m²	挖：4.67m²

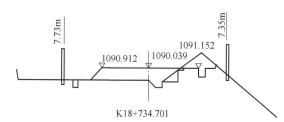

桩号：	K18+734.700	
填：0.78m	挖： m	
路基宽	左：4.25m	右：4.75m
超高	左：-0.13m	右：0.11m
边坡	左：1:0.50	右：1:0.50
面积	填：5.72m²	挖：3.10m²

图 1-4-8

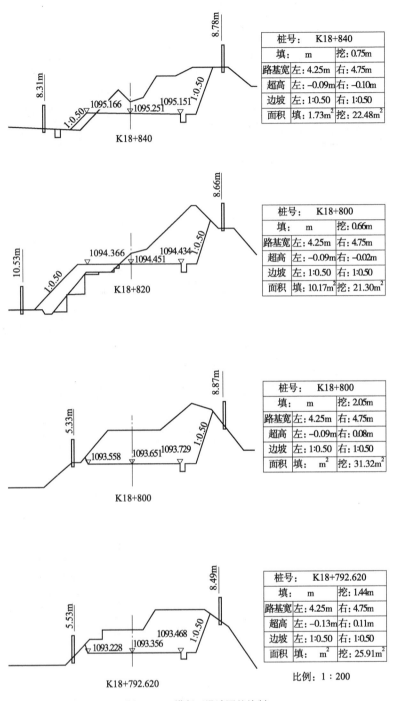

图 1-4-8 横断面设计图的绘制

第三节 路基土石方计算与调配

中桩路基横断面设计完成后,就可以进行横断面面积和土石方体积的计算,并对土石方进行合理的调配。

路基土石方工程的工程数量在整个工程项目中所占的比例较大,它影响公路的造价、工期、用地等许多方面,是主要技术经济指标之一。土石方数量及其调配关系到取土或弃土地点、公路用地范围;同时对工程造价、所需劳动力和机具设备的数量及施工期限有一定影响。

土石方计算与调配的主要任务是计算每公里路段的土石数量和全线总土石方工程数量,涉及挖方的利用和填方的来源及运距,为编制工程预(概)算、确定合理的施工方案以及计量支付提供依据。

由于自然地面起伏多变,填、挖方体积不可能是一个简单的几何体,若依实际地面起伏变化情况来进行土石方数量计算,不仅繁杂,而且实用意义不大。因此,在公路的测设过程中,土石方的计算通常采用近似方法,计算精度按工程的要求而定。一般情况下,横断面的面积以平方米为单位,取小数后一位;土石方的体积以立方米为单位,取至整数。

一、横断面面积的计算

路基横断面上的填挖面积是原地面线与路基设计线所包围的面积。可分别计算出填方面积 F_T 和挖方面积 F_W。横断面面积计算的方法有许多种,一般常用的计算方法如下。

1. 积距法

积距法是按单位宽度 b 把横断面划分为若干个梯形和三角形条块,则每个小块的近似面积等于其平均高度 h_i 乘以横距 b,F 为平均断面积的总和,如图 1-4-9 所示。其计算公式为:

$$F = h_1 b + h_2 b + \cdots + h_n b = b \sum h_i$$
(1-4-1)

图 1-4-9 横断面面积计算(积距法)

式中:F——横断面面积,m^2;

b——横断面所分成的三角形或梯形条块的宽度,通常为 1m 或 2m;

h——横断面所分成的三角形或梯形条块的平均高度,m。

由此可见,积距法求面积就是在实际操作中转化为量取 h_i 的累加值,这种操作可以用分规按顺序接连量取每一条块的平均高度 h_i,分规最后的累计高就是 $\sum h_i$,将条块宽度乘以累计高度 $\sum h_i$ 即为填或挖方的面积。积距法也可以用米格纸拆成窄条作为量尺,每量一次 h_i 在窄条上画好标记,从开始到最后标记的累计距离就是 $\sum h$;然后乘以条块宽度 b,即为所求面积。

2. 坐标法

建立如图 1-4-10 所示的坐标系,给定多边形各顶点的坐标,由解析几何可得多边形面积的计算公式为:

$$F = \frac{1}{2} \sum_{i=1}^{n} (x_i y_{i+1} - x_{i+1} y_i)$$
(1-4-2)

式中:x_i、y_i——分别为设计线和地面线围成面积的各顶点的坐标,m。

坐标法计算精度较高,方法较繁,适用于计算机计算。

3. 几何图形法

当横断面地面线较规则时,可分成几个规则的几何图形,如三角形、矩形和梯形,然后分别计算面积,即可求出总面积。如图 1-4-11 所示。

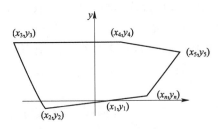

图 1-4-10　横断面面积计算(坐标法)

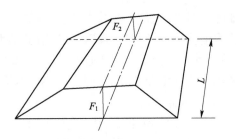

图 1-4-11　体积计算(几何图形法)

4. 混合法

在一个填方或挖方面积较大的横断面设计图中，几何图形法和积距法共用，可以加快计算速度。

在横断面面积的计算中，应注意以下几个问题：

(1)填方和挖方的面积应分别计算。

(2)填方或挖方的土石也应分别计算，因为其造价不同。

(3)有些情况下横断面上的某一部分面积可能既是挖方面积，又要算做填方面积。例如，遇淤泥既要挖除，又要回填其他材料；当地面自然坡度较陡，按《公路路基设计规范》(JTG D30—2015)的要求需挖台阶的面积等。

二、土方数量计算

在所有中桩的横断面积求出来后，就可以进行土石方数量计算。

1. 平均断面法

现在工程上通常采用平均横断面法来计算土石方数量。该方法是假定相邻两断面间为一棱柱体，其间距为 L (图 1-4-11)，棱柱体的体积可按下式计算：

$$V = \frac{F_1 + F_2}{2} \cdot L \tag{1-4-3}$$

式中：F_1、F_2——相邻桩号两填方面积或者两挖方面积，F_1、F_2 分别大于或等于零。

按平均断面法计算土石方量，通常都利用《路基土石方数量计算表》进行计算，并进行土石方调配。

2. 棱台体积法

相邻两个横断面面积相差较大时，用棱台体积公式计算误差相对较小，其公式如下：

$$V = \frac{1}{3}(F_1 + F_2)L\left(1 + \frac{\sqrt{m}}{1+m}\right) \tag{1-4-4}$$

式中，$m = F_1/F_2$，其中 $F_2 > F_1$。

从式(1-4-3)与式(1-4-4)比较可知：

当 $F_1 = F_2$ 时，

平均断面法：　　　　　　　　　$V = \frac{1}{2}(F_1 + F_2)L = F_1 L$

棱台体积法：　　　　　　　　　$V = F_1 L$

当 $F_2 = 0$ 时，

平均断面法：　　　　　　　　　$V = \frac{1}{2}F_1 L$

棱台体积法：
$$V = \frac{1}{3F_1L}$$

由比较可见，只有在 $F_1 = F_2$ 时，平均断面法才是准确的，其他情况下这种计算结果体积比实际偏大，在极端情况 $F_2 = 0$ 时，比棱台体积法计算结果扩大了20%。尽管如此，为简化计算，目前一般仍采用平均断面法计算填挖方体积。

三、土石方调配

路基土石方数量计算完毕后，应考虑土石方的调运问题，以便确定填方用土的来源、挖方弃土的去向，以及计价土石方的数量和运量。

在路基的施工过程中，就某一断面的土石方而言，会发生如下3种情况：

(1) 挖去多余的土，形成路基，或者本桩有填有挖，利用了本桩的土后，还有多余，需要调走（挖余）；

(2) 借其他地方的土，形成路基，或者本桩有填有挖，利用了本桩的土后，还不够，需要借土（填缺）；

(3) 本桩有填有挖，利用本桩的土填挖平衡（本桩利用）。

通过调配，合理地解决各路段土石方数量的平衡与利用问题，把从路堑挖出的土石方，在经济合理的调运条件下移挖作填，就近运到填方路堤，达到填方有所"取"，挖方有所"用"，避免不必要的借土和弃土，尽量减少占用耕地的数量，减少水土流失，保护自然环境。

针对这些情况，"挖余"有两种处理方法：调至其他断面利用或作为废方弃土。"填缺"也有两种处理方法：从其他断面调土或从路外借土。土石方调配就是要解决这些问题。

1. 调配原则

(1) 半填半挖路基，应首先考虑本路段内横向移挖作填，进行横向平衡；然后再作纵向调配以减少总的运量。

(2) 调配时应考虑到桥涵位置对施工运输的影响，一般不跨沟、跨河调运。同时应注意施工的可能与方便，如人工运输尽可能避免和减少上坡运土。

(3) 为使土方调配合理，必须根据地形情况和施工条件，选用适当的运输方式，确定合理的经济运距，用以分析工程用土是调运还是外借。

(4) 土方调配"移挖作填"，固然要考虑经济运距问题，但这不是唯一的指标，还要综合考虑弃土或借土占地、赔偿青苗损失及对农业产生影响等问题。有时移挖作填虽然运距超出一些，运输费用可能稍高一些，但如能少占地、少影响农业生产，这样，从整体来看也是经济的。

(5) 不同的土方和石方应根据工程需要分别进行调配，以保证路基稳定和人工构造物的材料供应。

(6) 位于山坡上的回头曲线，要优先考虑上、下线的土方竖向调运。

(7) 土方调配，对于借土和弃土应事先同地方商量，妥善处理。借土应结合地形、农田规划等选择借土地点，并综合考虑借土还田、整地造田等措施；弃土应不占或少占耕地，在可能条件下宜将弃土平整为可耕地，切莫乱弃乱堆，防止产生水土流失、泥石流和堵塞河流、损害农田等病害。

2. 调配方法

土石调配方法有多种，如累计曲线法、调配图法以及土石方计算表调配法等。目前设计上多采用土石方计算表调配法。该法不需要绘制累计曲线与调配图,可直接在土石方表上进行调配。其优点是方法简捷、调配清晰、精度符合要求。该表也可由计算机自动完成。其具体步骤如下:

(1)调配是在土石方数量计算与复核完毕的基础上进行的。调配前应将可能影响运输调配的桥涵位置、陡坡、大沟等注在表旁,供调配时参考。

(2)弄清各桩号间路基填方、挖方情况并先作横向平衡,明确本桩利用方、欠方及可作远运土石方等的数量。

(3)在纵向调配前,应根据施工方法及可能采用的运输方式定出合理的经济运距。

(4)根据欠方、可作远运土石方数量的分布情况,结合路线纵坡和自然条件,本着技术经济和支农的原则,具体拟订调配方案。方法是逐桩、逐段地将毗邻路段的可作远运方就近纵向调运到欠方路段内,加以利用,并把具体调运方向和数量(土、石分开)用箭头及数字标明在纵向利用调配栏中,见表1-4-7。

(5)经过纵向调配,如果仍有欠方或可作远运方,则应会同当地协商确定借土或弃土地点,然后将借土或弃土的数量和远运距离分别填注到借方和弃方栏内。

(6)土石方调配后,应按下面的公式进行复核检查:

$$横向调运方 + 纵向调运方 + 借方 = 填方$$
$$横向调运方 + 纵向调运方 + 弃方 = 挖方$$
$$挖方 + 借方 = 填方 + 弃方$$

以上检查一般是逐页进行,如有跨页调配,须将其数量考虑在内。通过复核可以发现调配与计算过程中有无错误,经核实无误后,即可分别计算计价土石方数量、运距和运量等,为编制概、预算提供资料。

3.调配计算中的几个问题

(1)免费运距

根据公路工程概算定额和预算定额,土方作业包括挖、装、运、卸等工序,这里的"运"是指在规定的距离范围内,只按土石方数计价,计价中包括了挖、装、运、卸的所有工作,而不再计算运费,这个不再计算运费所规定的距离就是免费运距。施工方法不同,免费运距也不同,如人工作业时,人工运输的免费运距为100m,各种作业方法的免费运距可以在《公路工程概算定额》和《公路工程预算定额》中查到。

(2)经济运距

填方用土来源,一是纵向调运;二是就近路外借土。在一般情况下,调运路堑挖方来填筑距离较近的路堤还是比较经济的,但是如调运距离过长,以致运价超过了填方附近借土所需的费用时,借土就显得经济了。因此,采用"调"还是"借",有个限度距离问题,这个限度距离即所谓"经济运距"。计算公式如下:

$$L_{经} = \frac{B}{T} + L_{免} \qquad (1\text{-}4\text{-}5)$$

式中: $L_{经}$——经济运距,km;

B——借土单价,元/m³,由征用土地费、青苗补偿费、挖和运输费用等组成;

T——远运运费单价,元/(m³·km);

$L_{免}$——免费运距,km,定额规定挖方后应无偿运输的距离。

由上述可知,经济运距是评定借土或调运的指标,当调运距离小于经济运距时,采取纵向调运还是经济的;反之则可考虑就近借土。

在计算运距时注意预算定额的规定:土石方的运距,第一个20m(指人工运输)为免费运距,如不足20m也按规定20m计;此后每增加10m为一个超运距单位,尾数不满5m时不计,满5m时按10m计。这个超运距单位称为"级"。

(3)平均运距

土方调配的运距,一般是指平均运距。所谓平均运距是指从挖方体积的重心到填方体积的重心之间的距离。为简化计算起见,平均运距可用挖方断面间距中心至填方断面间距中心的距离计算。

(4)运量

土石方运量为平均运距与土石方调配数量的乘积,运量的单位是"级立方米"。"级"是长度单位,每一级等于多少要根据运输工具和运输方式而定。以人力运输土方为例,一级为10m。其计算运量的公式为:

$$运量 = 调配的(土石方)方数 \times n \tag{1-4-6}$$

$$n = \frac{L - L_{免}}{10}$$

式中:n——平均运距单位,级;

L——平均运距;

$L_{免}$——免费运距。

(5)计价土石方数量

在土石方调配中,所有挖方,无论是"弃"掉或"调走",都应予计价。但对于填方,它要根据用土决定。如果是路外借土,就需计价和计算运量;倘若是移挖作填,调配利用,则不应计价,只计算运量,因此计价土石方的数量必须通过土石方调配后来确定。其数量是:

$$计价土石方数量 = 挖方数量 + 借方数量$$

或

$$计价土石方数量 = 挖方数量 + 填方数量 - 利用方数量$$

(6)天然密实方与压实方

路基横断面设计图中的填挖方土石量,一般称为"断面方"。断面方中的填方是按压实后的体积计算,称为"压实方"。断面方中的挖方是按天然密实体积计算,称为"天然密实方"。实践证明,天然密实的1m³土体开挖运来填筑路堤,并不等于1m³的压实方。公路工程定额规定:当以填方体积为工程量,采用天然密实方为计量单位的定额时,所采用的定额应乘以调整系数。对于调整系数的采用,应在路基土石方工程量的计算及填挖平衡调运过程中充分注意和考虑,不应简单地按断面方进行调配。

 思考题与习题

1. 简述公路横断面的组成。
2. 什么是中间带?中间带的作用有哪些?
3. 简述横断面设计的方法及步骤。
4. 土石方调配的原则是什么?
5. 在土石方调配过程中应注意哪些问题?

6.简述路肩的作用。

7.已知某二级公路,路基宽度为12m,沥青混凝土路面,在桩号为K5+200.00处,填挖高度4.5m,路基边坡为1:1.5。试按1:200比例尺绘出该断面的横断面图。

该点横断面地面线实测资料如下:

右:2.0、−0.5,5.0、−1.5,10、−3.0,15.0、−3.5

左:2.0、1.0,4.0、1.5,5.0、2.0,10.0、3.0,15.0、4.5

第五章 选线与定线

第一节 选线的原则、方法与步骤

公路选线是在路线的起点、终点间的大地表面上,根据计划任务书所规定的使用任务和性质,结合当地自然条件,经过研究比较,选定公路中线位置,然后进行测量和设计。好的选线,应使设计的公路符合使用要求和规定的技术标准,以保证行车的安全、舒适和畅通,且要求工程量小、造价低、运营和养护费用省。另外,路线线形与沿途景观应相协调,人、车、路和环境应作为一个统一体进行研究。

一、《标准》第4.0.1条对选线的一般规定

(1)确定路线走廊带应考虑走廊带内各种运输体系及不同层次路网间的分工与配合,据以统筹规划、近远期结合、合理布局,充分发挥和提高公路总体综合效益。

(2)公路选线必须由面到带、由带到线,在对地形地貌、地质水文、气候气象、自然保护区等调查与勘察的基础上论证、确定路线方案。

(3)路线线位应考虑同农田水利建设、城市规划的配合,尽可能避让不可移动文物、水源与自然保护区,保护环境且同当地景观相协调。

(4)各级公路应做好总体设计,正确处理公路与相关路网、交通节点的关系,合理设置各类出入口、交叉和构造物。各类构造物的选型与布置应合理、实用、经济。

(5)路线设计应根据公路功能、技术等级和地形等条件,恰当选取设计速度,合理确定公路断面布置形式,正确运用各类技术指标,注意平纵线形组合、保持线形连续均衡,在确保行驶安全性的前提下,满足舒适、环保与经济等要求。

二、选线的一般原则

路线是道路的骨架,它的优劣关系到道路本身功能的发挥和在路网中是否起到应有的作用。选线工作要综合考虑妥善处理好各方面关系,其基本原则如下:

(1)在道路设计的各个阶段,运用各种先进手段对路线方案作深入、细致的研究,在多方案论证、比选的基础上,选定最优路线方案。

(2)选线要注意贯彻工程经济与营运经济相结合的原则。在不过分增大工程造价的情况下,尽量提高技术指标;在不降低技术指标的情况下,尽量降低工程造价。

(3)选线要充分利用地形、地势及地质特征,正确运用技术指标,搞好平、纵、横三个方面的综合设计,做到平面短捷顺适、纵坡平缓均衡、横面稳定经济。线形应考虑车辆行驶的安全舒适及驾驶员的视觉和心理反应,并注意与当地环境相协调。

(4)选线要注意选择地质稳定、水文地质条件较好的地带通过,尽量避开滑坡、崩塌、岩堆、泥石流、泥沼、排水不良的低洼地等不良地段,保证路基稳定,不出现后遗病害。

(5)对于大、中桥的桥位原则上服从路线的总方向,路桥应综合考虑。既不应单纯强调桥位,而使路线过多迂绕或使桥头接线不合理,也不应只顾路线,而使桥位不合适。小桥涵位置应服从路线走向,在不降低路线技术指标情况下,也应照顾小桥涵位置的合理性。

(6)选线要注意提升道路的服务功能,干线公路尽可能避免穿过城镇、工矿区及较密集的居民点,可采用修支线的方法予以连接。应坚持靠村不进村、便民不扰民的原则,主干线公路不宜横穿城镇。

(7)选线必须注意环境保护,尽量少占地,节约资源,为道路沿线经济的可持续发展提供有力支持。

根据上述选线原则,选线工作必须是由浅入深,由轮廓到具体,按照测设程序,分阶段、分步骤进行,通过多次比较和选择,最后选出一条最合理的路线。

三、选线方法和步骤

一条路线的起、终点确定以后它们之间有很多走法。选线的任务就是在这众多的方案中选出一条符合设计要求、经济合理的最优方案。其最有效的做法是通过分阶段,由粗到细反复比选来求最佳解。

选线一般要经过下面3个步骤:

1. 总体布局

总体布局主要是解决路线的基本走向,即确定路线走廊带。这就是在路线的起点、终点及中间必须通过的控制点间寻找可能的"走廊带",在路线总方向(起讫点和中间必须经过的城镇或地区)确定后,把一些大控制点连接起来,即形成路线走廊带。例如,某条路线起、终点或两控制点间可能沿某河,越某岭;也可能沿几条河,越几个岭;可能走某河的这岸,靠近某城镇;也可能走对岸,避开某城镇。总体布局在勘测中是通过视察工作来解决的。

2. 逐段安排

按照《标准》"公路选线必须由面到带、由带到线"的规定,进一步加密控制点,解决局部性控制方案的问题。根据视察选定的"走廊带",在大控制点之间,逐段地结合地形、地质水文、气候等情况,定出具体小控制点。这样在可能通行的路带内,进一步选定能提高路线标准和降低工程造价的有利的路线带,从而解决路线的局部方案。例如,翻越垭口时从哪侧展线;沿河时为避开艰难工程或改善路线,走这一岸还是跨河。这些路线局部方案都是在逐段安排中解决的。逐段安排路线通常是在初步测量或详细测量前分段核查中进行。

3. 具体定线

具体定线是在逐段安排的小控制点间根据自然条件和技术标准,在有利路带内进行路线平、纵、横综合设计,定出中线的最终位置。

具体定线由详细测量时的选线组来完成。

四、选线新理念

(1)坚持以人为本,树立安全至上的理念;
(2)坚持人与自然和谐,树立尊重自然、保护环境的理念;
(3)坚持可持续发展,树立节约资源的理念;
(4)坚持质量第一,让公众满意的理念;
(5)坚持合理选用技术指标,树立设计创作的理念;
(6)坚持系统论的思想,树立全寿命周期成本的理念。

第二节 平原区选线

平原除指一般平原外,还包括山间盆地、高原等平坦地形。其特征是:地面起伏不大,一般自然坡度在3°以下,除泥沼地、平原、沙漠、戈壁等外,多为宽阔成片的农田,城镇村庄比较稠密,各种道路和农田水系渠网纵横交错,电力电信线路交叉频繁;在天然河网湖区,还具有湖泊、水塘、河汊多等特点。

一、路线走向的确定

平原区由于地势比较平坦,路线受高差和纵坡限制小,平、纵、横三方面的几何线形易达到较高的技术标准,但往往由于受地形自然条件和地物的阻碍以及支农的需要迫使路线转折,选线应综合考虑各方面因素。确定路线走向,首先是把总方向内所规定经过的地点,如城镇、工厂、农场,以及文物风景地点作为大控制点;然后在大控制点之间进行实地勘察,了解农田优劣以及地物分布情况,注意路线需要绕越的位置和范围,选择中间控制点,如大片建筑物、水电设施、河流桥位,以及必须绕过的洼地、湖泊,均可作为中间控制点。路线由一个控制点直达另一个控制点,无充分理由不应转弯。图1-5-1所示为江汉平原上一个主干公路的一段,路线选择普安桥位、蟹湖、红星镇、石灰厂和新丰桥位作为控制点。路线的前一段,系考虑河流、湖泊及居民情况,穿越蟹湖,绕开红星镇;后一段考虑地势较高处的石灰厂,用正交桥跨过新丰江。

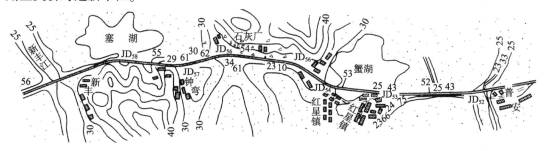

图1-5-1 平原区选线示例

障碍路线的地物,除军事禁区必须绕过外,对其他地物障碍是否绕越,应进一步进行技术经济比较后取舍。一般交通量大的高级公路,以穿过障碍物,缩短路线为宜;交通量小的低级公路,则以绕越障碍,减少工程费用较为合理。

平原区对交通运输的要求增长比较迅速。因此,路线要充分考虑远期和近期相结合,路线尽可能采用较高标准,以便将来提高时能充分利用原有路基和桥涵等工程。

二、路线的布设

根据平原区地形条件和地物分布的特点,路线布设尽可能顺直和短捷,一般应采用较长的直线、较大半径的曲线、中间加入缓和曲线的线形。凡需要转向处,应在较远处开始偏离,使偏角小而线形平顺。综合平原地区的特点,布线应注意以下要点:

1. 正确处理道路与农业的关系

(1)平原地区新建公路占用一些农田是必要的,但要尽量做到少占或不占高产田。要从路线对国民经济的作用,对支农运输效果、地形条件、工程数量、交通运输费用等方面全面分析比较,使路线既不片面求直而占用大量良田,也不片面强调不占田而使路线弯曲过多,造成行车条件恶化。如图1-5-2所示,公路通过某河附近时,如按虚线方案走田中间穿过,路线短,线形好,但多占好田,填筑路基取土困难;如将路线移向坡脚(实线),里程虽略有增长,但避开了大片高产田,而且沿坡脚布线,路基可为半填半挖,既节省了土方,又避免了填方借土的远运。

(2)布线要注意了解灌溉渠道的分布情况,使路线尽可能减少与灌溉渠相交,布置在灌溉渠上方非灌溉的一侧,或者布设在渠道的尾部。当路线和水渠走向基本相同时,可沿渠堤布线,堤路结合,以减少占田和便利灌溉。图1-5-3所示为豫东平原某公路的一段,利用人工运河河堤与路堤结合,且使路线布设在岸河堤上,跨越支渠少,减少桥涵数量,节省了占用农田,路线又很平顺。

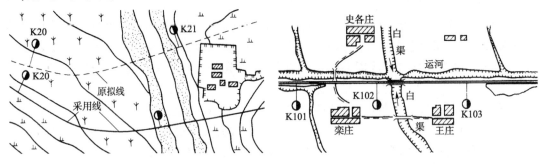

图1-5-2 占地路线方案比较　　　　图1-5-3 河堤与路堤相结合

2. 合理考虑路线与城镇的关系

路线穿过居民区时,有直穿和绕行两种方案。路线原则上不宜穿过城镇内部,因为由内部穿过不仅降低过境交通车速,增多交通事故,而且给城镇居民在生产生活上造成干扰。公路等级越高则其经过的城镇越少,路线定在城镇外围也越恰当;但不宜偏离城镇太远,要做到靠城不进城、利民不扰民。联系的支线要既方便运输,又保证安全。对于沟通县、乡、村镇内部,但要有足够的路基宽度和行车视距,确保交通安全。

3. 处理好路线与桥位的关系

(1)平原区河渠湖泊较多,桥涵工程量较大,路线在跨越水道时,无论在平面或纵断面上,都要尽可能不破坏中线的平顺性。大中桥位是路线的控制点,应将路桥综合考虑。桥位应选在河床稳定、河道顺直、河面较窄、地质良好和两岸地形有利于桥头路线布设的河段,尽可能使桥位中线与洪水主流向正交。不应片面地强调桥位,以至造成路线过分迂回,或过分强调正交桥位,不合适或斜交角度过大,增大工程投资或增加施工难度。图1-5-4所示为某路跨河的3个桥位方案,方案Ⅱ为正交桥位,跨河条件好,但路线线形弯曲,不利于行车;方案Ⅲ路线顺直,但桥位正处于河曲地段,对桥梁不利;综合比较方案Ⅰ,桥位虽略呈斜交,桥长稍大于方案Ⅱ,但路线比较顺适,为可取方案。

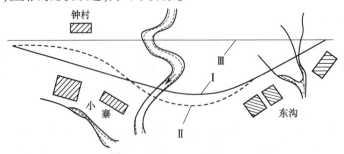

图1-5-4 桥位方案比较

(2)小桥涵位置应服从路线走向,若遇到斜交过大或河沟过于弯曲,则可采取改河措施或改移路线予以适当调整,如图1-5-5所示。

4.注意土壤与水文条件

平原区土壤水文条件较差,容易影响路基的稳定性。当路线遇到湖泊、水塘和洼地时,一般应绕越通过。如需穿越,应对其进行调查钻探,了解淤泥深度及基底情况。路线应选在最窄、最浅和基地坡面较平缓地方通过,并采取经济有效的措施保证路基稳定。当路线走向与分水岭走向基本一致时,尽可能沿接近分水岭的地势较高处布线。该处土壤干燥,地下水位低,路基稳定,借土方便,桥涵工程较少,对农田、灌溉沟渠干扰也比较小。

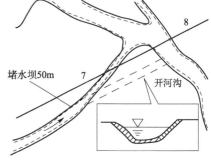

图1-5-5 局部改移河沟

5.正确处理新、旧路的关系

在平原区常有较宽的人行大路,对于现有一般公路改建成二级及以下等级公路时,新建的公路尽可能利用这种老路,但要注意从公路的长远发展考虑,根据本路在整个公路网中的地位和作用,预计到它将来可能达到的交通量,严格按照技术标准要求对老路进行技术改造;当新建公路为高速公路或一级公路时,原有公路宜作为辅道,路线全部新建。

6.尽量靠近建筑材料产地

平原地区一般缺乏砂石建筑材料,路线应尽可能靠近材料产地,以减少施工、养护材料运输费用。

第三节 微丘、重丘区路线方案比选及示例

公路选线是一个涉及面广、影响因素多、政策性和技术性都很强的工作,必须经历一个调查研究范围由大到小,工作深度由粗到细的过程。也就是选线要先通过总体布局解决基本走向,然后解决局部路线方案,直到具体定线。路线总体布局是通过视察和初步测量来完成的。

一、影响路线方案选择的主要因素

路线方案是路线设计中最根本的问题。方案是否合理,不但直接关系到公路本身的工程投资和运输效率,更重要的是影响到路线在路网是否起到应有作用,是否满足国家的政治、经济、国防的要求和长远的利益。

一条路线的起终点及中间必须经过的重要城镇或地点,通常是由公路网规划所规定或政府根据国家建设需要指定的。这些指定的点称为"据点",把据点连接成线,就是路线的总方向或称大走向。两个据点之间有许多不同的走法,有的可能沿某河、越某岭,也可能沿某几条河、越某几个岭;可能走某河的这一岸,靠近某城镇;也可能走对岸,避开某城镇等。这些每一种可能的走法就是一个大的路线方案。作为选线工作的第一步就是要在各种可能的方案中,在深入调查的基础上,综合考虑路线方案选择的主要因素,通过方案的比选,提出合理的路线方案。选择路线方案应综合考虑以下因素:

(1)路线在政治、经济、文化和国防上的意义,国家或地方建设单位对路线使用任务和性质的要求,战备、支农、综合利用等重要方针的体现。

(2)路线在铁路、公路、航道、空运等交通网系中的作用,与沿线工矿、城镇等规划的关系以及与沿线农田水利建设的配合和用地情况。

(3)沿线地形、地质、水文、气象、地震等自然条件的影响,要求路线技术等级与实际可能达到的技术标准及其对路线使用任务、性质的影响,路线长度、筑路材料来源、施工条件,以及工程量、三材(钢筋、木材、水泥)用量、造价、工期、劳动力等情况及其对营运、施工、养护等方面的影响。

(4)其他如沿线革命史迹、历史文物、风景区的联系等。

影响路线方案选择的因素是多方面的,各种因素又多是互相联系和互相影响的。路线应在满足使用任务和性质要求的前提下,综合考虑自然条件、技术标准和技术指标、工程投资、施工期限和施工设备等因素,精心比较和选择,提出合理的推荐方案。

二、路线方案选择的方法和步骤

路线方案是经过许多方案的比较淘汰而确定的。指定的两个据点之间的自然情况越复杂、距离越长,可能的比较方案就越多,要淘汰的方案也就越多。淘汰的方法,不可能每条路线都通过实地勘察进行,因而要尽可能收集已有资料,先在室内进行研究筛选,然后就最佳的,而且优劣难辨的有限几个方案进行调查或踏勘。

路线方案选择的做法通常是:

(1)搜集与路线方案有关的规划、计划、统计资料及各种比例尺的地形图、航测图、水文、地质、气象等资料。

(2)根据确定了的路线方向和公路等级,先在小比例尺(1:50000或1:100000)的地形图上,结合搜集的资料,初步研究各种可能的路线走向。研究重点应放在地形、地质、地物复杂、外界干扰多、牵扯面大的段落。比如可能沿哪些溪沟,越哪些垭口,提出哪些方案应进行实地踏勘。

(3)按室内初步研究提出的方案进行实地调查,连同野外调查中发现的新方案,都必须坚持跑到、看到、调查到,不遗漏一个可能的方案。野外调查要求做到以下几点:

①初步确定路线起、终点和中间主要控制点的具体位置,核查有无干扰或技术上的困难,如有变动意见,提出理由申报上级审批。

②对路线走向及桥、隧设施提出推荐方案。对于确因限于调查条件不能肯定取舍的比较方案,应提出进一步勘测比较的范围和方法。

③分段提出采用的技术标准和主要技术指标的意见。

④在深入调查的基础上,通过比较,选定路线必经的控制点,如越岭的垭口、跨较大河流的桥位、与铁路或其他公路的交叉点,以及应绕避的城镇及大型的不良地质地段等。对于地形、地质、地物情况复杂的地区,应提出路线具体布局的意见。视察沿溪线时,要同时调查河的两岸,以便选择是走一岸还是往返跨河,调查时注意了解洪水位。视察越岭线时,应选定展线的起点,用GPS或气压计测量起点高程和各个垭口的高程,选用平均纵坡估算展线长度。对所有展线示意图,应在地形图上标出。必要时,可考虑采用隧道方案。

⑤认真调查地质情况,判断病害程度,并提出绕线或采用措施通过的意见。

⑥对大中桥位均应调查,提出推荐方案。对于小桥涵,可现场目估孔径、长度等。

⑦调查沿线筑路材料的分布、可供利用情况。

⑧分段估算各种工程量。包括路基土石方数量、挡土墙、路面、桥涵、隧道等的长度、类

型、式样和工程数量等。

⑨经济方面应调查:路线联系地区的资源情况及工矿、农、林、牧、副、渔业以及其他大宗物资的年产量、年输出量、年输入量、货运流向以及运输季节和运输工具,路线联系地区的交通网系规划、预计对路线运量发展的影响,沿线人口、劳动力、运输力、工资标准等资料,供预测交通量、论证路线走向及控制点的合理性和拟定施工安排的原则意见的参考。

⑩其他。如沿线民族习惯、居住、生活供应、水源、运输条件、气候特征、沿线林木覆盖、地形险阻、有无地方病和毒虫害兽等情况也应进行调查,为下一步勘测提供资料。

(4)分项整理汇总调查成果,编写工程可行性研究报告(内容参见原交通部1998年制定的《水运、公路建设项目可行性研究报告编制办法》),为上级编制或补充修改设计任务书提供依据。

三、路线方案选择示例

【例1-5-1】 图1-5-6所示为某公路干线,根据公路网规划要求按二、三级公路标准进行视察,共视察了4个方案。各方案的主要技术经济指标汇总,如表1-5-1所示。

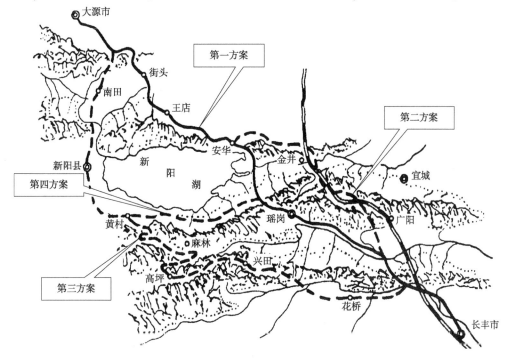

图1-5-6 路线方案选择示例1

各方案主要指标比较表　　表1-5-1

指　标	单　位	第一方案	第二方案	第三方案	第四方案
通过县(市)	个	29	29	32	31
路线长度	km	1360	1347	1510	1476
其中:新建	km	133	200	187	193
改建	km	1227	1147	1323	1283
地形:平原、微丘	km	567	677	512	615
山岭、重丘	km	793	670	998	861

续上表

	指 标	单 位	第一方案	第二方案	第三方案	第四方案
	用地	km²	1525	1913	2092	1928
工程数量	土方	10⁴m³	382	492	528	547
	石方	10⁴m³	123	75	82	121
	次高级路面	km²	5303	5582	4440	5645
	大、中桥	m/座	1542/16	1802/20	1057/13	1207/15
	小桥	m/座	1084/57	846/54	980/52	1566/82
	涵洞	道	977	959	1091	1278
	挡墙	m³	73530	53330	99770	111960
	隧道	m/处	300/1	—	290/1	—
材料	钢材	t	1539	1963	1341	1469
	木材	m³	18237	19052	18226	19710
	水泥	t	30609	39159	31288	33638
	劳动力	万工日	1617	1773	1750	1920
	总造价	万元	5401	5674	5189	5966
	比较结果		推荐			

比选结果,第三、四方案路线过于偏离总方向,较第一、二方案长 100～150km,虽能多联系两三个县、市,但对发展地区经济所起的作用不大。而且第三方案线形指标较低,将来改建难以提高;第四方案又与现有高压电缆线连续干扰,不易解决。因而第三、四方案不宜采用。第二方案虽路线最短,但与铁路严重干扰,且用地较多,最后推荐路线较短,线形标准较高,用地最省,造价也较低的第一方案。

【例1-5-2】 又如某公路(图1-5-7),在作巴、安渡两点间,有南、北线两个方案。经视察,两方案的主要技术经济指标汇总,如表1-5-2所示。

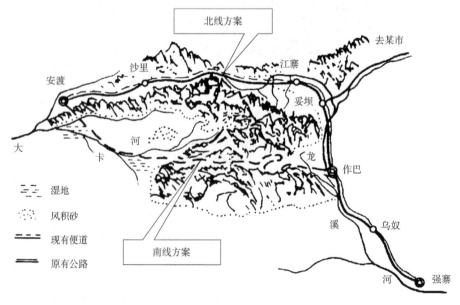

图1-5-7 路线方案比选示例2

南、北线方案主要指标比较表　　　　　表 1-5-2

指　标		单　位	南线方案	北线方案
路线长度		km	118	141
其中:新建		km	112	141
改建		km	6	141
工程数量	土方	10⁴m³	83	103
	石方	10⁴m³	15	10
	路面	km²	708	594
	桥梁	m/座	110/8	84/15
	涵洞	道	236	292
	防护	m³	6300	1300
比较结果				推荐方案

单从例表 1-5-2 所列主要技术经济指标,难于分出优劣。如路线仅系连接强寨、安渡两地,则南线要近 23km,虽然便捷得多。但从公路网规划需要考虑从安渡通往某市,则经南线通往某市反而绕远 11km,远不如北线便捷。两方案都有积雪问题。南线垭口海拔为 3000m,北线垭口海拔为 3300m。南线积雪虽较北线薄,且距离短,但越岭地形较陡,需要展线 6.5km,处理积雪困难。同时南线越岭段东侧有一段线形指标低,工程集中,且有岩堆、崩塌、风积砂等病害需要处理。而北线沿线地形平坦,越岭不需展线,线形指标较高。

北线另有利因素,是全线均有旧路或便道可以利用,其中作巴至江寨的旧路略加改善即可达到新建标准,比南线(几乎都是新建)工程要省些,施工也较方便。

综合上述分析,推荐采用北线方案。

第四节　定　线

一、纸上定线

纸上定线是指在大比例尺(一般以 1:1000 和 1:2000)地形图上确定公路中线的位置。

公路定线按不同的地形条件,所要解决的重点不同。如平原微丘区的地形比较平缓,路线的纵坡一般不受高程限制,定线的重点是如何正确地绕越地面上的障碍物,使控制点间的路线顺直短捷;山岭重丘地形复杂、高差大、横坡陡,定线的重点是如何利用有利地形,安排好纵坡,避免工程艰巨和不良地质地段。现以路线平、纵、横面受限制越岭线为例,对纸上定线的方法与步骤阐述如下:

1. 拟定线路走向

在大比例尺地形图上,根据路线的起、终点和中间控制点,仔细分析控制点间的地形、地质及地物情况,选择地势平缓、山坡顺直、河谷开阔及有利于回头展线的地点等,拟定路线各种可能的走向,完成路线的总体布局。

2. 放坡试线

设等高线间距为 h,选用的平均坡度为 $i = 5.0\% \sim 5.5\%$(视相对高差而定),则等高线平距 $a = h/i_{均}$。如图 1-5-8 所示,从垭口 A 点开始,使两脚规的开度等于 a(比例与地形图相同），自上而下依次在等高线上截取 a、b、c 等点，直至 D 点附近。如果放到 D 点时其位置和高程均接近 D 点，说明放坡试线方案成立；否则应调整或修改走向重新放坡试线，直至方案成立。将已定 A、a、b、c、…D 各点连成折线，称为均坡线。

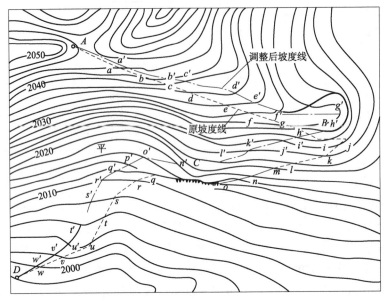

图 1-5-8 放坡试线

3. 定导向线

定导向线根据已得到的均坡线，分析所行经地带的地形、地物及工程艰巨情况，选择出避让或绕越的中间控制点。如图 1-5-8 中均坡线在 B 处陡崖中间穿过，而且有利于设置回头曲线的 C 点也没有利用，为此必须将 B 和 C 两处定为中间控制点，调整 B、C 两处前后路线的纵坡，仿照上法在等高线上截取 a'、b'、c'…各点，将 A、a'、b'、c'…D 各点连成折线，称为导向线。

4. 修正导向线

（1）根据导向线初步拟定出平面试线，注明平曲线半径，量出地形变化特征点桩号及地面高程，绘制概略纵断面图，设计纵坡，计算出各桩号概略设计高程。

（2）在平面试线各桩号的横断面方向上，根据各桩号的概略设计高程，绘制横断面地面线，用路基模板在横断面图上绘出路基中线不填不挖、工程最经济或起控制作用的最佳位置，以及路基中线可以活动的范围，如图 1-5-9 所示。将用上述方法取得的最佳位置点，用不同的符号标在横断面图上，这些点的连线称为修正导向线，可作为最后定线的依据。

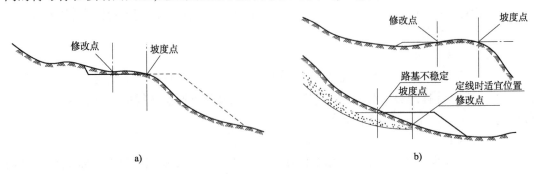

图 1-5-9 修正导向线

5.定线

纸上定线是在已定修正导向线的基础上,按规定的技术标准进行最后定线,具体操作有直线形和曲线形两种做法:

(1)直线形法。在修正导向线上,按照弃少就多,保证重点的原则,先用直线尺绘出与较多地形相适应的各个直线段,然后用半径适当的圆曲线把相邻直线连接起来。当地形复杂、转折较多或弯道处控制较严时,也可先确定圆曲线,然后用直线把圆曲线连接起来。

(2)曲线形法。此法适用于以曲线为主的连续线形。具体定线时仍以修正导向线为基础,但定线的过程与直线形法相反,即根据导向线受地形、地物控制的宽严程度,先用不同的圆弧分别去拟合曲线地段,定出圆曲线部分,然后在相邻曲线之间用合适的缓和曲线顺滑连接。若相邻圆曲线之间相距较远,可根据需要插入直线段,形成一条以曲线为主的连续平面线形。

6.纵断面设计

路线确定以后,量出路中心线穿过每一等高线的桩号及高程,绘制纵断面图,点绘地面线,进行纵坡设计。

纸上定线是一个反复试定线路的过程,平面试线的修改次数越多,最后所定路线的设计质量越高,直到认为再修改已得不到显著效果时,纸上定线工作才算完成。

二、实地定线

实地定线是指设计人员在现场直接完成定线,定线的原则与纸上定线相同,但定线条件改变了。实地定线时,由于定线人员直接面对实际地形、地物、地质及水文等具体情况,因此要求定线人员有一定的选线经验,要不怕辛苦,不怕麻烦,要多跑、多看、多问,摸清路线所经地带的地形、地质等变化情况,反复试定线路,才能定出好的线路。现仍以山区越岭线为例,阐述实地定线的方法和步骤。

1.分段安排路线

在路线全面布局中所拟定的主要控制点之间,根据地形、地质、水文等情况,自上而下用粗略试坡的方法确定中间控制点,确定路线轮廓方案。

2.放坡

放坡是解决越岭线中的纵坡合理分配问题,实质上就是对路线设计的限制因素,如最大纵坡、最大与最小坡长及平均纵坡等进行合理的处理。放坡是越岭线定线的一个重要的环节,它对争取高程,处理好平、纵、横面之间的关系起着重要作用。

目前越岭放坡一般常采用带角手水准,使用时用手水准横丝瞄准前方相等视线高的目标,旋转刻度盘,使气泡居中,此时刻度盘上指针所指的度数,即为视线高至目标间的倾斜角度。将此读数乘以1.75即为纵坡度。

放坡时可采用平均坡度和设计坡度两种放坡方式。

(1)按平均坡度放坡:根据《标准》规定的平均坡度值5.0%~5.5%(按相对高差而定),视具体地形确定适当的纵坡度,然后实地放坡。按平均坡度放坡只起到在一定长度范围内控制高差和水平距离的作用,优点是放坡速度快,但没有反映公路等级对平均纵坡的不同要求以及地形、地质变化的情况。

(2)按设计坡度放坡:根据《标准》规定的平均坡度值5.0%~5.5%,结合地形、地质、水文等具体情况分段、合理地拟定纵坡,使放出的坡度基本上就是以后纵断面的设计纵坡。此法放坡时工作量大,但能使实地定线的准确性提高,一般的越岭线常用此法放坡。

放坡一般从最高控制点(如垭口)开始,一人用带角手水准,对好选用纵坡的相应倾斜角度,立于控制点处,指挥前点人员手持花杆在山嘴、山坳等地形变化处、计划变坡处及顺直山坡上每隔一定距离定点,插上坡度旗,并在旗上注明选用的纵坡值。照上述方法定出的这些坡度点的连线,与纸上定线的导向线作用相同,也称导向线。放坡传递坡度时,要估计平曲线的大概位置及半径,以便考虑纵坡折减。对拟定要跨的山沟和要穿的山嘴或山脊放坡时要"跳"过去,否则会使放出的坡度与设计纵坡误差太大,若准备对山沟或山嘴进行绕越,则坡度要放缓,距离要打一定的折扣。

3. 与横断面进行核对

放坡定出的坡度线(即导向线)主要是从纵坡安排方面考虑的,对路基稳定特别是横断面上的填挖方数量考虑较少。因此,还应根据路基设计的要求,在坡度线上,选择横坡较陡或高填、深挖的特征点位置,定出横断面方向上相应特征点(如经济点、控制点和路中线最合适的位置点)等,并插上标志。

4. 穿线定交点

根据放坡所定的导向线和插上标志的特征点进行实地穿线。穿线时应在满足平面线形要求的前提下,尽可能多地靠近或穿过导向线和各特征点,特别要注意穿过控制性严的点,裁弯取直,使路线平、纵、横3个面配合协调,穿出与地形相适应的若干直线,延伸相邻两条直线定出交点,即为路线的导线。穿线交点这一步工作很重要,定线人员必须反复试插,多次修改,才能定出理想的线路。

5. 设置平曲线

线路导线确定以后,即可根据交点偏角及附近地形、地质等情况,确定合适的圆曲线半径并敷设平曲线。

6. 纵断面设计

根据有关外业资料,绘制纵断面图,进行纵坡设计,详见第三章第五节。

实地定线的纵坡设计,一般都是在平面已经确定的基础上进行的。虽然实地定线时,已充分考虑了纵断面及横断面的具体要求,但限于定线的经验、视野以及对所经地形、地质的了解程度,定出的线路难免会顾此失彼,存在着一定的局限性。因此,实地定线的室内纵坡设计,不仅要解决工程经济和技术标准问题,还要实现平、纵面线形的配合和协调,这就要求设计人员不断调整纵坡,通过反复试坡修改,才能取得满意的结果。

在纵断面设计中,如果靠调整纵坡无法满足要求时,则应考虑调整平面线形。若平面线形改动不大,可根据已有线路导线和横断面资料,绘制带状平面图,通过纸上移线的办法解决;若因工程经济与平、纵面线形配合矛盾很大时,平面线形必须作重大的改动,此时应按定线的具体要求,通过现场改线,重新定出线路。

三、纸上移线

1. 纸上移线的条件

在公路定线过程中,往往由于定线时考虑不周、地形条件限制或其他原因,难免产生因平面中线位置不当致使工程过大、标准或线形不够理想等缺点。此时可在分析研究已定线路平、纵、横面图纸资料的基础上,考虑移动路线,使设计达到经济合理的要求,它对提高设计质量、降低工程费用起着一定的作用。当路线设计出现以下情况时,应考虑纸上移线。

(1)当平曲线半径选择过小,以致影响纵坡折减或平面线形前后不协调,或平、纵线形配合矛盾突出时,应采取调整交点位置,加大半径或减少弯道的方法进行移线。

(2)因线路中线位置不当而使工程量过大、边坡过高,或需设置高挡墙和砌石工程时,仅靠调整纵坡无法达到目的,应考虑纸上移线,如图1-5-10所示。纸上移线应在实测横断面的范围内进行。对纸上移线原因与情况,应在纸上移线平面图上作扼要说明。

2. 纸上移线的方法和步骤

(1)绘制移线路段大比例尺(一般采用1:200~1:500)路线平面图,注出交点编号和曲线起、终点以及各桩位置,如图1-5-10所示。

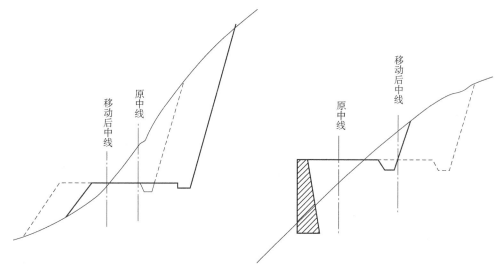

图1-5-10 纸上移线

(2)根据移线目的,在纵断面图上试定纵坡,算出各桩的填挖值。

(3)根据纵断面图上各桩填挖值,在横断面图出各桩最经济或控制性的路基中心线位置。量出偏移原中心线的距离(即移距),分别用不同的符号标记在平面图上。

(4)在保证重点照顾一般的原则下,参照平面图上标记,经反复试定修改,定出改移后的导线,即图1-5-11中虚线。用正切法算出各交点偏角,并使移线与原线角度闭合。拟定平曲线半径,计算平曲线要素,绘出平曲线,见图1-5-11。移线有关数据,见表1-5-3。

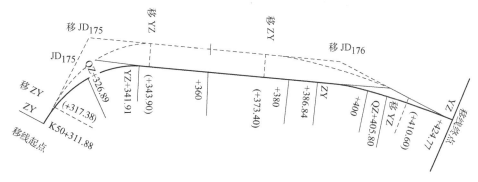

图 1-5-11

移线有关数据 表 1-5-3

原曲线表

JD	α_Z	α_Y	R	T	L	E
175		64°49′	25	17.12	30.03	5.3
176	21°44′		100	19.20	37.93	1.83

移线曲线表

JD	α_Z	α_Y	R	T	L	E
175		68°49′	25	17.12	30.03	5.3
176	21°44′		100	19.20	37.93	1.83

原桩号	移线桩号	移距 左	移距 右
K50+311.88	K50+311.88	0	0
+326.89	+327.80	2.7	
+341.91	+345.30	4.9	
+360	+363.40	5.0	
+380	+383.40	4.8	
+386.84	+390.20	4.2	
+400	+404	2.4	
+405.80	+410	1.8	
+424.77	+429	0	0

注：此段移线原因为土石方数量过大，线位偏右，将 JD_{175} 与 JD_{176} 间直线平行左移 5m，两曲线要素不变，断链长 4.33m，土石方减少了 4000m³ 左右。

（5）根据移线起点与原线桩号里程的对应关系，推算移线后各新桩的桩号里程，算出长短链值，注在移线终点。

（6）按各桩在平面图上的移距，在相应各横断面图上绘出移线后的中桩位置，并注明新桩号。

（7）根据横断面图上移线前后中桩处的相对高差，在原纵断面图上点绘移线后地面线（用虚线表示），重新设计纵坡及竖曲线，如图 1-5-12 所示。

（8）设计路基横断面，并计算土石方数量，如图 1-5-13 所示。

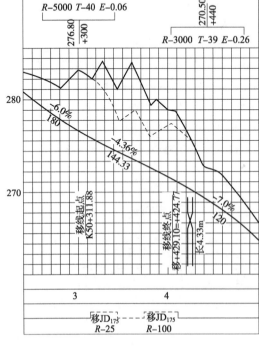

图 1-5-12

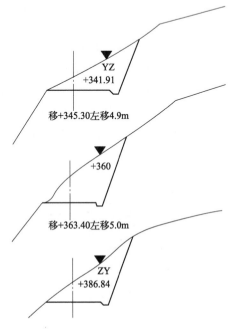

图 1-5-13

思考题与习题

1. 简述选线的原则。
2. 简述平原区选线应解决的主要问题。
3. 简述沿溪线选线应解决的主要问题。
4. 简述越岭线选线应解决的主要问题。
5. 什么叫展线？展线有哪几种方式？
6. 影响路线方案选择的主要因素是什么？
7. 简述路线方案选择的方法、步骤。
8. 简述纸上定线、实地定线的方法与步骤，并比较纸上定线与实地定线各有哪些优缺点。
9. 为什么要进行纸上移线？纸上移线的具体做法有哪些？
10. 越岭线放坡时，应考虑哪些问题？
11. 简述平曲线半径选定的一般规定、要求以及选定的具体方法。

第六章 公路交叉设计

第一节 公路平面交叉

公路与公路、公路与铁路及公路与其他道路或管线相交的形式称为交义,相交的地方称为交叉口。相交公路在同一平面位置时,称为平面交叉;相交公路在不同平面位置时,称为立体交叉。

一、平面交叉口设计概述

公路交叉口是道路系统的重要组成部分,是道路交通的咽喉。相交道路的各种车辆和行人都要在交叉口汇集、通过或转换方向。由于它们之间的相互干扰,会使行车速度降低,阻滞交通,耽误通行时间,也易发生交通事故。因此,如何设计交叉口,合理组织交通,提高交叉口的通行能力,避免交通阻塞及减少交通事故,都有十分重要的意义。

交叉口设计的基本要求:一是保证车辆和行人在交叉口能以最短的时间安全地通过,使交叉口的通行能力能适应各条道路的行车要求;二是正确设计交叉口的立面,即通过合理设计,以保证转弯车辆的行车稳定,同时符合排水要求。

交叉口设计的主要内容有:
(1)正确选择交叉口形式,确定各组成部分的几何尺寸;
(2)进行合理的交通组织,合理布置各种交通设施;
(3)验算交叉口的行车视距,保证安全通行条件;
(4)合理进行交叉口的立面设计,布置各种排水设施。

二、平面交叉口的交通分析

进出交叉口的车辆,由于行驶方向不同,车辆与车辆之间的交错方式也不相同。当同一行驶方向的车辆进入交叉口后,以不同的方向分离行驶的地点称之为分流点;来自不同方向的车辆,以较小的角度,向同一方向汇合行驶的地点称为交织点;来自不同方向的车辆以较大的角度相互交叉的地点称为冲突点。此三类交错点存在车辆追尾、挤撞或碰撞的可能性,是影响交叉口行车速度、通行能力和发生交通事故的主要原因。其中,以直行与直行、左转与左转及直行与左转车辆之间所产生的冲突点对行车干扰及安全影响最大,其次是交织点,再次是分流点。因此,在交叉口设计时,应尽量采取措施减少或消除冲突点。

对无交通管制时,三、四、五条路口相交的平面交叉的冲突点、交织点及分流点分布情况如图1-6-1所示。平面交叉的危险点数量,如表1-6-1所列。

通过以上分析可以得出以下两点结论:
(1)在无交通管制的交叉口,都存在各类危险点,其数量随交叉道路条数的增加而急剧增大,特别是冲突点,其数量随交叉条数的增加呈级数增大,因此,在交叉口设计中,应力求减少

交叉道路的条数,尽量避免5条或以上的道路相交。危险点的数量,可按公式(1-6-1)计算:

$$\left.\begin{array}{l}交织点 = 分流点 = n(n-2) \\ 冲突点 = \dfrac{n^2(n-1)(n-2)}{6}\end{array}\right\} \quad (1-6-1)$$

式中:n——交叉口相交道路的条数。

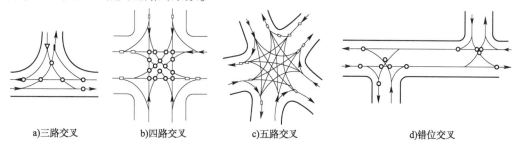

a)三路交叉　　b)四路交叉　　c)五路交叉　　d)错位交叉

图 1-6-1　平面交叉口危险点示意图

平面交叉口危险点数量表　　　　　　　　　　表 1-6-1

交叉口类型	危险点数量(个)			
	冲突点	交织点	分流点	合计
三路交叉	3	3	3	9
四路交叉	16	8	8	32
五路交叉	50	15	15	80

(2)产生冲突点最多的是左转弯车辆,由图 1-6-1b)、c)可知,若无左转弯车辆,则冲突点的个数由原来的 16 个减少至 4 个。若为五路交叉,则可以从 50 个减少至 5 个。因此,在交叉口设计中如何正确处理和组织左转弯车辆,是保证交叉口交通通畅和行车安全的关键。

减少或消除冲突点的措施有:

①建立交通管制:在交叉口处设置信号灯或由交警指挥,使直行车和左转弯车在通行时间上错开。如图 1-6-1 中的四路交叉的冲突点个数由 16 个减少到 2 个。

②采用渠化交通:在交叉口处合理布置交通岛、交通标志和标线,或增设车道等,引导各方向车流沿一定的方向行进,减少车辆之间的相互干扰。使车流像水流一样被渠化。

③采用立体交叉:将相互冲突的车流从空间上分开,使其互不干扰。这是解决交叉交通问题最彻底、最有效的方法。

三、公路与公路平面交叉的一般规定

1.《标准》对公路与公路平面交叉的规定

《标准》对公路与公路平面交叉的一般规定引用如下:

9.1.1　平面交叉形式应根据公路网规划、地形和地质条件、相交公路的功能、技术等级、交通量、交通管理方式和用地条件等确定。

9.1.2　平面交叉的交通管理方式分为主路优先、无优先交叉和信号交叉 3 种,应根据相交公路的功能、技术等级、交通量等确定所采用的方式。

9.1.3　平面交叉角宜为直角,必须斜交时,交叉角应大于 45°。同一位置平面交叉岔数不宜多于 5 条。

9.1.4　两相交公路的技术等级或交通量相近时,平面交叉范围内的设计速度可适当降

低,但不宜低于路段设计速度的70%。

平面交叉右转弯车道的设计速度不宜大于40km/h;左转弯车道的设计速度不宜大于20km/h。

2. 平面交叉的设计原则

(1)平面交叉位置选择应综合考虑公路网现状和规划、地形和地物等因素。

(2)平面交叉的形式应根据相交公路的功能、交通量、交通管理方式、地形、用地条件和工程造价等因素确定。

(3)设计中应保证主要公路或主要交通流的畅通,尽量减少冲突点,缩小冲突区,并分散和分隔冲突区。

(4)平面交叉的几何设计应结合交通管理方式及其有关设施一并考虑。

(5)平面交叉引道上,应保证安全所需的各种视距。

(6)相交公路在平面交叉范围内的路段宜采用直线。当采用曲线时,宜采用不设超高的平曲线半径,并设置符合交叉处立面所需的纵坡。

(7)平面交叉应以预测的交通量为基本依据。

3. 平面交叉的设计速度

平面交叉范围内的设计速度,原则上与路段设计速度相同,当相交公路的公路等级相同或交通量相近时,平交范围内的直行车道的设计速度可适当降低,但不低于路段的70%;次要公路一方由于保证交叉正交等原因而需要在交叉范围内改线或不得已而采用较低的线形指标时,可适当降低速度。而转弯车道的设计速度应根据该公路的设计速度、交通量、交叉类型、交通管理方式和用地情况等因素合理确定,具体设计时按照《标准》第9.1.4条执行。

4. 平面交叉的间距

(1)平面交叉应满足交织长度、视距、转弯车道长度等的最小长度。这一最小长度应不小于150m。《标准》第9.1.5条规定:平面交叉的间距应根据其对行车安全、通行能力和交通延误等的影响决定。有条件时应尽量通过支路合并等措施,减少平交口数量,增大平交口间距。一、二级公路平面交叉的最小间距应不小于表1-6-2的规定。

平面交叉的最小间距　　　　　　　表1-6-2

公路等级	一级公路			二级公路	
公路功能	干线公路		集散公路	干线公路	集散公路
	一般值	最小值			
间距(m)	2000	1000	500	500	300

为保证公路的通行能力,减少交通延误和增进安全,平面交叉的间距应尽可能地大。各级公路平面交叉(出、入口在内)的间距应不小于表1-6-2的规定。

(2)为使平面交叉有足够的间距,规划和设计时应根据公路的等级和使用功能,限制平面交叉和出、入口的数量,必须设置互通立交、分离立交、通道和天桥。

(3)平面交叉岔口不得多于5条。平面交叉的交角宜为直角。斜交时,其锐角应不小于70°。当受地形条件及其他特殊情况限制时,应不小于45°。

四、平面交叉口的类型及适用场合

平面交叉口的类型取决于道路网规划和与周围的地形、地物情况,以及交通量、交通性质和交通组织。常用的平面交叉口形式见图1-6-2,依次为"十字形""T"形,及其演变而来的"X"形、"Y"形、错位交叉、多路交叉等。这些交叉口在平面上的几何图形,取决于规划道路网和临街建筑的形状。

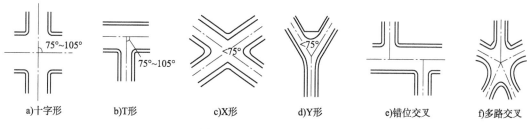

图 1-6-2　平面交叉口的形式

1. 十字形交叉[图1-6-2a)]

十字形交叉的相交道路是夹角在90°或90°±15°范围内的四路交叉。这种路口形式简单,交通组织方便,街角建筑易处理,适用范围广,是常见的最基本的交叉口形式。

2. T形交叉[图1-6-2b)]

T形交叉的相交道路是夹角在90°或90°±15°范围内的三路交叉。这种形式交叉口与十字形交叉口相同,视线良好、行车安全,也是常见的交叉口形式,如北京市T形交叉口约占30%,十字形占70%。

3. X形交叉[图1-6-2c)]

X形交叉是相交道路交角小于75°或大于105°的四路交叉。当相交的锐角较小时,将形成狭长的交叉口,对交通(特别对左转弯车辆)不利,锐角街口的建筑也难处理。所以,当两条道路相交,如不能采用十字形交叉口时,应尽量使相交的锐角大些。

4. Y形交叉[图1-6-2d)]

Y形交叉是相交道路交角小于75°或大于105°的三路交叉。处于钝角的车行道缘石转弯半径应大于锐角对应的缘石转弯半径,以使线形协调,行车通畅。Y形与X形交叉均为斜交路口,其交叉口夹角不宜过小,角度小于45°时,视线受到限制,行车不安全,交叉口需要的面积增大,所以一般斜交角度宜大于60°。

5. 错位交叉[图1-6-2e)]

两条道路从相反方向终止于一条贯通道路而形成两个距离很近的T形交叉所组成的交叉即为错位交叉。规划阶段应尽量避免为追求街景而形成的近距离错位交叉(长距离错位视为两组T形交叉)。由于其距离短,交织长度不足,而使进出错位交叉口的车辆不能顺利行驶,从而阻碍贯通道路上的直行交通。由两个Y形连续组成的斜交错位交叉的交通组织将比T形的错位交叉更为复杂。因此规划与设计时,应尽量避免双Y形、双T形错位交叉。我国不少旧城由于历史原因造成了斜交错位,宜在交叉口设计时逐步予以改建。

6. 多路交叉[图1-6-2f)]

多路交叉是由5条以上道路相交成的道路路口,又称复合型交叉。道路网规划中,应避免形成多路交叉,以免交通组织的复杂化。已形成的多路交叉,可以设置中心岛改为环形交叉(图1-6-7),或封路改道,或调整交通,将某些道路的双向交通改为单向交通。

7. 平面交叉按其构造组成分为渠化交叉和非渠化交叉

(1)非渠化交叉

在平面交叉口转弯处,以圆曲线构成加宽来连接交叉公路的路基和路面或仅在交叉口处增设转弯车道的形式称为非渠化交叉,如图1-6-3所示。非渠化交叉又可分为非加宽式与加宽式两类。此类交叉形式简单、占地少、造价低、设计方便,但行车速度低、通行能力小。当主要公路的设计速度小于或等于60km/h,或设计速度为80km/h,但转弯交通量较小时可采用非渠化交叉。对于非加宽式非渠化交叉,设计时主要解决合适的转角曲线半径和足够的视距问题。而对于加宽式非渠化交叉,设计时主要解决扩宽的车道数,同时也要满足视距和转弯半径的要求。

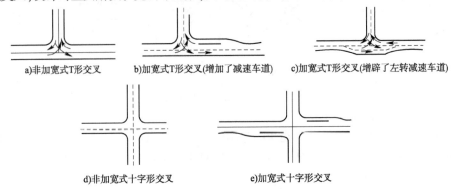

图 1-6-3 非渠化平面交叉

(2)渠化平面交叉

《标准》第9.1.6条规定:三级及三级以上公路的平面交叉均应进行渠化设计。通过在路面上设置导流岛,划分车道,设分隔器、分隔带或交通岛等措施来限制车流的行车路线,使不同车型、车速和行驶方向的车辆,沿着指定方向通过交叉口的形式称为渠化平面交叉,如图1-6-4 所示。渠化平面交叉适用于交通量大、车速较高、转弯车辆较多的三、四级公路。设计时主要解决分道转弯半径、保证足够的视距和满足导流岛端部半径的要求。四路渠化平面交叉,如图1-6-5所示;三路渠化平面交叉,如图1-6-6所示。

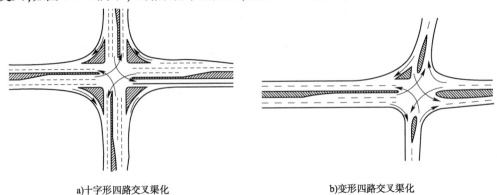

图 1-6-4 渠化平面交叉

图 1-6-5 四路渠化平面交叉实例

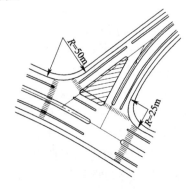

图 1-6-6 三路渠化平面交叉实例

8.环形交叉

在交叉口中央设置中心岛,用环道组织渠化交通,使所有车辆进入环道后均按逆时针方向绕岛单向行驶,直至所要去的路口离岛驶出的平面交叉,称为环形交叉(见图1-6-7)。环形交叉的优点是各种车辆可以连续不断地单向运行,没有停滞,减少了车辆在交叉口的延误时间,环道上的行车只有交织的分流,消除了冲突点,提高了行车安全性;交通组织简便,不需信号管制;对多路交叉和畸形交叉,用环形交叉更为有效。

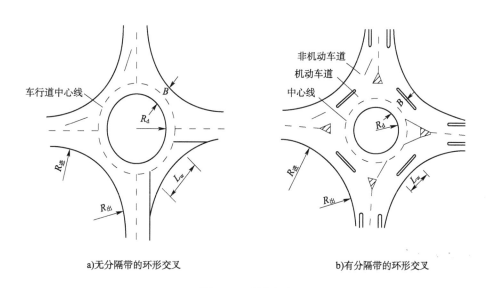

a)无分隔带的环形交叉　　　　　　b)有分隔带的环形交叉

图1-6-7　环形交叉

环形交叉的缺点是占地面积大。增加了车辆的绕行距离,特别对左转弯车辆。造价相对其他形式的交叉口为高。

因此,这种交叉适用于交通量适中,经过验算后出、入口间的距离能满足交织长度的要求,或按"入口让路"规则(非交织原理)设计能满足交通量需要的3~5岔的交叉。"入口让路"环形交叉适用于一条四车道公路和一条双车道公路相交的交叉,以及两条高峰小时交通量不明显的四车道公路相交的交叉。

五、平面交叉的测设要点

1.勘测要点

(1)搜集原有公路的等级、交通量、交通性质、交通组成、交通流向等资料和远景规划。

(2)根据地形和其他自然条件以及掌握的资料,按照有关规定,拟定交叉口类型。

(3)选定交叉口位置和确定交叉点,使各相交路线在平、纵、横3方面都有良好的衔接;通常交叉点设在原有公路的中心线上或中心线的延长线上。

(4)测量交叉角、中线、纵断面和横断面。

(5)若地形复杂时,为合理选择交叉口的位置和类型,应详测交叉口处的地形图。测图比例可采用1:200~1:500;当范围较大时,也可采用1:1000。

2.设计要点

(1)平面交叉范围内相交公路应正交或接近正交,且平面线形宜为直线或大半径曲线,尽量避免采用需设超高的曲线半径。对于新建公路与较低的既有公路斜交时,应对次要公路在交叉前后一定范围内作局部改线,使交叉的交角不小于70°。

(2)平面交叉范围内,相交公路的纵面应尽量平缓。纵面线形长度应大于最小停车视距要求。主要公路在交叉范围内的纵坡应在0.15%~3%的范围内;次要公路上紧接交叉的部分引道应以0.5%~2.0%的上坡通往交叉,而且此坡段至主要公路的路缘至少25m。

(3)主要公路在交叉范围内是超高曲线的情况下,次要公路的纵坡应服从主要公路的横坡。若次要公路在交叉前后相当长的范围内纵坡的趋势与主要公路的横坡相反。则次要公路在引道的一定范围内应设置S形竖曲线。

(4)每条岔路和转弯车道上都应提供与行驶速度相适应的引道视距。在两相邻岔路间,由各自停车视距所组成的三角区内不得存在任何有碍通视的物体。

(5)平面交叉转弯曲线的线形及路幅宽度应以转弯时的行迹作为设计控制。转弯曲线设计中所采用的设计车型均应以16m总长的鞍式列车的轮迹进行设计。有特长车辆通行的交叉需要修正或进行必要检验。左转弯的曲线采用5~15km/h的行驶速度,大型车很少的公路可采用5km/h的鞍式列车控制设计,条件受限时,可采用载货汽车低速行驶的轮迹为控制。当交通量不大且公路等级低时可不设专门的右转弯车道。设分隔带的右转弯专用车道,其转弯速度不宜大于40km/h;当主要公路设计速度较低(≤60km/h)时,右转弯速度不宜低于设计速度的50%。

(6)转弯路面内缘的最小曲线半径可按表1-6-3取用。

路面内缘的最小半径　　　　　　　　表1-6-3

转弯速度(km/h)	≤15	20	25	30	40	50	60	70
最小半径(m)	15	15~20	20~30	30	45	60	75	90
最小超高(%)	2	2	2	2	3	4	5	6
最大超高(%)	一般值为6;绝对值为8							

(7)转弯路面的边缘,其线形应符合转弯时的行驶轨迹。简单的非渠化交叉中,在半挂车比例很小(≤10%)的情况下,可在相应路面边缘设一半径为15m的圆曲线或在圆弧两端设缓和曲线。以鞍式列车控制设计时,相交路面的边缘应采用复曲线。

(8)平面交叉中转弯车道的加宽值可采用单车道加宽值,转弯车道或加铺转角部分的超高因车速低可采用较小的超高横坡度。形式简单或规模较小的平面交叉在特殊困难情况下若能保证排水良好可不超高。加宽与超高的过渡方式应与公路平曲线加宽与超高的过渡方式一致。

(9)平面交叉处的排水设计是一项重要内容。设计时应绘制排水系统图,并注明流向和坡度等。在公路用地范围内所降的雨水等由排水系统统一考虑排除;公路用地范围外的地面水可采用边沟或截水沟方式排除,不允许流入交叉处的范围。当平面交叉的立面设计比较复杂时,宜绘制等高距为0.05~0.10m的路面等高线图,以检查其排水效果。

(10)平面交叉处的交通量较大时,应作渠化设计,即采用交通岛、路面标线等设施疏导车流。渠化的行驶路线应简单明了,并应避免交通流的分流、合流集中于一点。导流的宽度应适当,过宽会引起车辆并行行驶而导致交通事故。驾驶员驶进导流设施前能醒目地觉察到导流设施的存在。交通岛的端部应视情况设置标志、标线和照明等设施。

第二节 公路立体交叉

一、立体交叉的设置

《标准》第9.2.1条规定,符合下列条件时设置立体交叉:
(1)高速公路与各级公路交叉必须采用立体交叉。
(2)一级公路与交通量大的公路交叉应采用立体交叉。
(3)二、三、四级公路间的交叉,直行交通量大时,宜采用立体交叉。

在高等级公路相交或公路与相交道路之间的交通量很大时,平面交叉无法满足车辆正常运行要求,或交叉口处要求有较高的行车速度及较大的通行能力的情况下,如果地形条件许可,经经济和技术综合评定,可采用立体交叉。立体交叉系用跨线桥或地道使相交路线在高程不同的平面上互相交叉的交通设施;是以空间分隔车流的方式,避免车流在交叉口形成冲突点,减少延误,保证交通安全,并提高通行能力和运输效率。因此,立体交叉常用于高速公路、快速路、重要的一级公路和城市主干路。由于立体交叉占地面积大、施工复杂、投资额大,因此兴建立交的决策应根据技术经济论证和规划确定,一般在城市总体规划阶段应控制用地。

(一)公路与公路立体交叉的一般规定

(1)互通式立体交叉的位置应根据公路网规划、相交公路状况、地形和地质条件、社会与环境因素等确定。互通式立体交叉的形式应根据相交公路的功能、等级、交通量及其分析、收费制式等,并综合考虑用地条件、经济与环境等确定。

(2)高速公路与其他公路交叉必须采用立体交叉。交叉类型除在控制出入的地点设置互通式立体交叉外,均采用分离式立体交叉。

(3)互通式立体交叉的形式、设置的间距及加(减)速车道、匝道设计,应根据《规范》的有关要求及具体情况确定。

(4)一级公路间的交叉,应尽量采用立体交叉。交叉的类型可根据具体情况采用互通式交叉或分离式立体交叉。其他公路交叉,若交通条件需要及地形条件许可,则可采用立体交叉。

(5)设置互通式立体交叉应根据交通量、远景规划及其在公路网中的作用,并结合地形、用地条件、投资等因素确定。

(6)互通式立体交叉间的间距为大城市、重要工矿区周围为5~10km,一般地区为15~25km。最大间距不超过30km;最小不应小于4km。当路网结构或其他条件受限时,经论证相邻互通式立体交叉的间距可适当减小,但加速车道渐变段终点至下一个立交的减速车道渐变段起点的距离不得小于1000m。立体交叉间的间距,如图1-6-8所示。

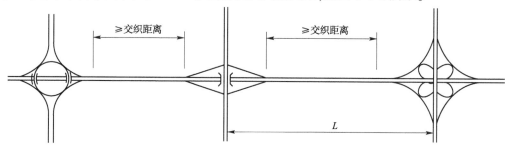

图1-6-8 立体交叉间的间距示意图

(7)互通式立体交叉位置的选定,应以现有公路网或已批准的规划为依据。一般应选择地势平坦开阔、地质良好、拆迁少以及相交两公路具有较高的平、纵线形指标。

(8)互通式立体交叉的设计应对该地区的交通条件、社会条件、自然条件等进行广泛、深入细致的调查和勘测,经过多方案的技术经济比较,选择合理的形式及适当的规模,并合理确定各设计指标。

(9)互通式立体交叉范围内的主线的主要技术指标规定如表1-6-4所列。

互通式立体交叉范围内的主线技术指标　　　　表1-6-4

设计速度(km/h)		120	100	80	60
平曲线最小半径(m)	一般值	2000	1500	1100	500
	极限值	1500	1000	700	350
最小竖曲线半径(m)	凸形 一般值	45000	25000	12000	6000
	凸形 极限值	23000	15000	6000	3000
	凹形 一般值	16000	12000	8000	4000
	凹形 极限值	12000	8000	4000	2000
最大纵坡(%)	一般值	2	2	3	4.5(4)
	极限值	2	2	4(3.5)	5.5(4.5)

(10)互通式立体交叉应满足建筑限界要求。

(11)《标准》第9.2.4条规定:互通式立体交叉匝道设计速度应符合表1-6-5的规定。

互通式立体交叉匝道设计速度　　　　表1-6-5

匝道形式		直连式	半直连式	环形匝道
匝道设计速度(km/h)	枢纽互通式立体交叉	50~80	40~80	40
	一般互通式立体交叉	40~60	40~60	30~40

(二)立体交叉的类型及适用条件

1. 立体交叉按相交道路结构物形式分类

立体交叉按相交道路结构物形式划分为上跨式和下穿式(隧道式)两类。

(1)上跨式:用跨线桥从相交道路上方跨过的交叉方式。这种立交施工方便、造价低、排水易处理,但占地多、引道较长,高架桥影响行车视线和路容,多用于市区以外或周围有高大建筑物处。

(2)下穿式:也称隧道式,即用地道(或隧道)从相交道路下方穿过的方式。这种立交占地少,立面易处理,对视线及市容影响小,但施工复杂,造价高,排水困难,多用于市区。

2. 按交通功能分类

立体交叉按交通功能(有无匝道连接相交公路)分类可分为分离式立体交叉和互通式立体交叉两类。

(1)分离式立体交叉:是指上下层道路之间互不连通的立体交叉形式(见图1-6-9)。在相交路线的交叉处,仅需建造供直行方向车流通行的立交桥或地道、使相交道路空间分离,上、下道路间无匝道连接、车辆不能转弯行驶,只能保证直行方向的车辆空间分离行驶。通常分离式立交适用于道路与铁路的立体交叉或高速公路与三、四级公路之间的立体交叉,也即适用于道路等级、性质或交通量相差悬殊的交叉口。

高速公路与其他各级公路交叉时,除在控制出入的地点设置互通式立体交叉外,均采用分离式立体交叉。一般等级公路之间交叉时,因场地或地形条件受限时,可采用分离式立体交叉,以减少工程数量,降低造价。

(2)互通式立体交叉:这种交叉不仅设跨线构造物使相交道路空间分离,而且它是上、下道之间有匝道连接,以供转弯车辆行驶的交叉方式。这种立交车辆可以转弯行驶,全部或部分消除了冲突点,各方向行车相互干扰小,但立交结构复杂、占地多、造价高。

互通式立体交叉适用于高速公路与一、二级高等级道路、汽车专用公路间相互交叉、汽车专用公路同交通繁忙的一般公路相交、大城市出入口道路以及通往重要港口、机场、车站或游览胜地的道路相交处;快速路与快速路相交、快速路和交通量大的重要主干路交叉口;对主干路与主干路的交叉口,当现有交通量达 3000~4000pcu/h,预测交通量达 5000~6000pcu/h,且经路网调整分流也难收效时,应设置互通式立交。

3. 互通式立体交叉分类

互通式立体交叉依据交通组织是否在次要道路保留平面交叉,分为部分互通式立体交叉和完全互通(指全立交)式立体交叉。

(1)部分互通式立体交叉。

部分互通式立体交叉系用部分匝道连通上下道路,或因受地物限制,或因某方向交通量极少而不设匝道,仍然保留次要道路上的平面交叉,常用形式有菱形立体交叉和部分苜蓿叶形立体交叉。如图1-6-10所示为菱形立体交叉。

菱形立体交叉是由四条匝道呈菱形连接相交道路的立体交叉。主线上的左右转弯只有单一的进出口,便于驾驶员识别,主干线的直行交通不受干扰快速通过。次要道路与匝道连接处存在两处平面交叉,每处有三个冲突点(图1-6-10),需设置信号灯管制。所以菱形立交占地少、结构简单、造价低,但适用于主次道路相交、次路上交通量不大的交叉口。

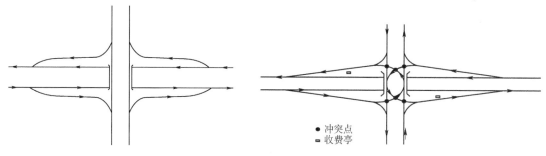

图1-6-9 分离式立体交叉　　图1-6-10 菱形立体交叉

(2)完全互通(指全立交)式立体交叉。互通式立体交叉的基本形式按交叉的岔路口数目分为 T 形、Y 形和十字形 3 种。

①T 形立体交叉:包括喇叭形、直连式 T 形。

喇叭形立交:按主要公路的左转弯出口在跨线桥结构之前和之后分为 A 形和 B 形两种,如图1-6-11所示。一般情况下宜采用 A 形。因地形、地物的限制或左转进入主线的交通量远大于左转驶出主线的交通量时,宜采用 B 形,但双车道不宜布置为环形匝道。喇叭形立交适用于 T 形交叉或收费公路的十字交叉。双喇叭形互通式立体交叉适用于设有收费站的一般互通式立体交叉。

直连 T 形立交:如图1-6-12所示,它适用于出入交通量相对较小或转弯速度较低的枢纽互通式立体交叉。

喇叭形立体交叉用在 T 形或 Y 形交叉口,结构简单,行车安全方便,但占地较大。喇叭口应设在左转弯车辆较多的道路一侧,以利主流方向行车(见图1-6-13)。

a)A形　　b)B形　　c)双喇叭形

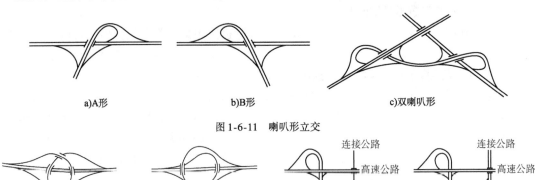

图1-6-11　喇叭形立交

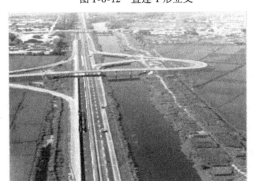

图1-6-12　直连T形立交

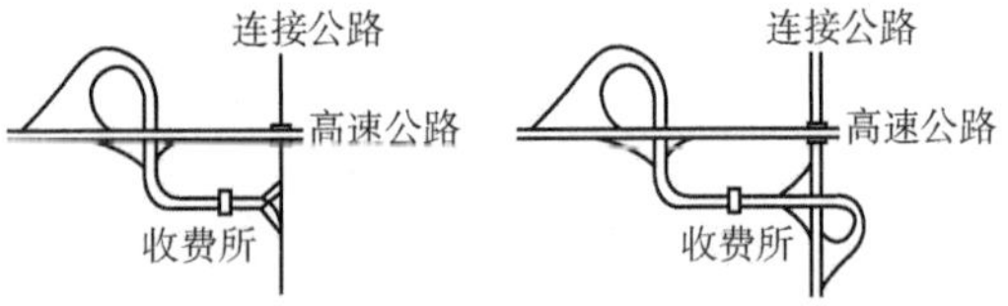

图1-6-13　收费站式喇叭形立体交叉

图1-6-14　某高速公路出口喇叭形立体交叉

②Y形交叉:包括全部直连式匝道的Y形和有半直连式匝道的Y形;Y形立体交叉适用于右转弯速度高,且交通量大的枢纽互通式立体交叉(见图1-6-14)。

③十字形交叉:包括独象限式、菱形、苜蓿叶形、半苜蓿叶形、喇叭形、环形和直连式等。

苜蓿叶形立体交叉是最典型的十字形立体交叉之一。如图1-6-15a)所示,它适用于左转弯交通量小的一般互通式立体交叉。当地形受到限制时,往往设计成如图1-6-15b)、c)所示的长条苜蓿叶形。

a)苜蓿叶形　　b)长条苜蓿叶形　　c)长条苜蓿叶形(考虑机动车道)

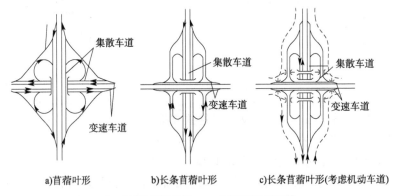

—►机动车交通流线　- -►非机动车交通流线

图1-6-15　带集散道路的苜蓿叶形立体交叉

部分苜蓿叶形互通立交桥:图1-6-16所示为右侧地形受限制时,只在左侧设置了两个苜蓿叶形匝道,而在右侧则设置了一条迂回定向式匝道,适用于出入交通量较小的一般互通式立体交叉,且没有考虑非机动车和行人。这种立交桥适应于物流园区、货场非机动车和行人较少的十字形交叉道口。

图1-6-17所示为苜蓿叶形三层大型枢纽互通立交桥,并且设有非机动车道和人行道,在

交通繁忙的十字形交叉道口,其交通枢纽作用是显而易见的。

图1-6-16　部分苜蓿叶形三层互通立交桥

图1-6-17　三层苜蓿叶形立交桥模型效果图

4. 环形立体交叉

环形立交是由环形平面交叉发展演变而成。它是一种交织型立体交叉,并可分为二层式、三层式和四层式环形立体交叉(见图1-6-18)。

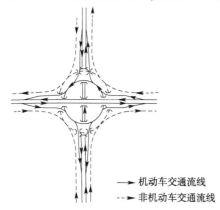

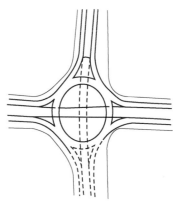

a)三层式环形立体交叉(环岛设在第二层,机非分行)　　b)三层式环形立体交叉(无非机动车道)

图1-6-18　环形立体交叉

(1)二层式环形立体交叉

二层式环形立体交叉是常用的环形立交,主干道上跨或下穿环道直接通过路口,次要道路的直行交通和转弯车流按逆时针方向绕环道进出路口,这种形式占地少,拆迁量小,适用于用地受限制的城市主次干道相交路口。由于环形交叉的通行能力受到环道交织断面上的交织能力限制,环道上的行车速度又受中心岛半径的限制,因此它不宜用于交通量较大的干道相交路口。机动车、非机动车交通量均大者,可设置分隔带,相交道路为主次道路,并且交叉口左转弯车辆较少时,可采用长圆形环道,使短轴沿主干路方向,以缩短路程,长轴则沿次要干线方向,便于直行车辆行驶。如北京市二环路上的朝阳门立体交叉,即为二层式长环形交叉。

环形立交便于分期建设,当相交道路上的直行机动车数量增加很多,又超过环形交叉通行能力(2000~2500pcu/h)时,可在环道上面再增设直行跨线桥(即为三层式环形立交),所以二层式环形立交,也可作为近期向远期三层式立交过渡的一种形式。如广州大北立交于1964年修建的二层环形立交、由于环道通行能力(直径为40m)至1984年已达饱和,而于1986年沿环市路又辟筑第三层直通高架桥。

(2)三层式环形立体交叉(见图1-6-19)

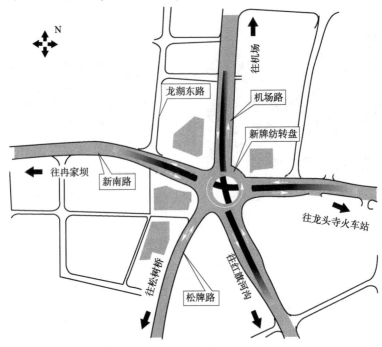

图1-6-19 三层式环形立体交叉(五路交叉无非机动车道)

两相交道路均为主要干线,且交通量均很大时,可将两方向直行交通分别上跨与下穿,中间环道供左右转弯机、非车辆运行,适用于大城市主干路交叉,如南京中央门环形立交。

(3)四层式环形立体交叉(见图1-6-20)

四层式环形立体交叉,是指双层环道加上跨与下穿直行道的立体交叉。我国也用于机动车和自行车分行的立交桥中。为保证相交道路的直行方向的车辆畅通无阻,机动车转弯车辆与自行车分别置于两个环道转盘上运行。因此适用于相交道路的直行交通量和机非转弯交通量均较大的城市交叉口,整个立体交叉的建筑高度大,工程复杂,投资较多,但占地面积不大。

5.复合式立体交叉

如图1-6-21所示,当两处互通式立体交叉相距很近而不能保证应有的立交间距时,可将它们复合成一个立交。

图1-6-20 四层式环形立体交叉(四路交叉有非机动车道)

图1-6-21 复合式立体交叉桥实例(浦东接线枢纽)

对于出入交通量较大的复合立交,应采用匝道间的立体分离等措施来避免所有交织或高速公路间的主流匝道上的交织。

6. 迂回涡轮式立体交叉

涡轮式立体交叉由4条迂回式左转匝道形成涡轮形。其优点是车辆运行全部右出右进,畅通安全,由于匝道半径比苜蓿叶匝道半径大,便于快速行驶;缺点是占地大、绕行距离较长、转弯速度小、运营费用略大、工程造价也较高。美国色当立交即此型,我国上海嘉金高速公路也是该型立交,见图1-6-22。涡轮形立交属于转弯速度较小的枢纽互通式立交。迂回式立交,另有交织形立交将左转匝道延长绕行供主次干道立交采用。

7. 全定向式与部分定向式立体交叉

全定向式立体交叉为各个方向车辆均设有直接的连接匝道,保证交通的便捷、通畅和安全,提高通行能力,是互通式立体交叉的最高级形式。公路上称为直连式枢纽互通式立交。由于这种立体交叉的桥梁多,工程量大,造价昂贵,一般用于直行与转弯交通量均较大的高等级道路相处处。上海延安路重庆路交叉处已建造一座5层式全定向立交。

定向式的转弯匝道相比迂回式更流畅,弯道半径大,更适合于快速运行。由于4条左转匝道两两相背,各占两个层面,加上直行交通两个层面和地面交通层(公交车、自行车、行人),故总体高度较高,最上层桥面高程为32~35m,造型简洁、美观,但桥梁集中设置构造较复杂需要大跨度、多层次的交叉结构物,是各种立交形式中造价最昂贵、交通功能最完善的。也有三层式三岔路口的定向式立交,如上海崇明越江工程和浦东接线枢纽采用全定向立交,见图1-6-23(我国尚采用不多)。

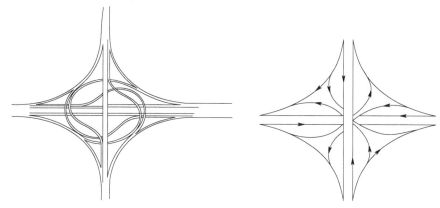

图1-6-22 涡轮式立体交叉　　　　图1-6-23 全定向式立体交叉

8. 组合式立体交叉

立体交叉中对左转车流采用不同的转向原则的立交称为组合式立体交叉。组合式立交允许左转交通选用不同形式匝道。如图1-6-24所示的四股左转车流中的两股采用苜蓿叶式转向原则,而另外两股车流则采用迂回转向原则,即左转车辆先右转驶进交叉口,再跨越相交道路迂回180°,汇入右侧相交道路的直行车流。

图1-6-24所示为德国莱茵河畔维希岸曼海姆桥头立交枢纽组合式立交。该处受规划用地限制,用较小面积解决跨河干线和沿岸干线的全互通立交。北东、南西方向用迂回式匝道;西北与东南方向交通用苜蓿叶形匝道,左右转弯交通有合并桥面板并无交织运行,地面过桥交通与远程干线过桥交通巧妙结合。

图1-6-25所示为X形交叉口采用的组合式立交,转弯半径偏小,故规划时不宜设计交角较小的X形交叉口。

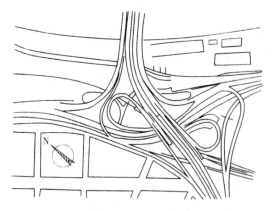

图 1-6-24 德国维希岸桥头枢纽组合式立交示意图

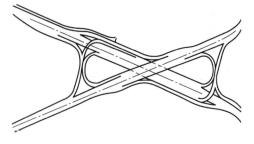

图 1-6-25 半苜蓿叶形+迂回全互通立交示意图

图 1-6-26 所示为组合式立交,适用于转弯交通量小的枢纽型互通式立体交叉。

图 1-6-26 组合式立交示意图

二、立体交叉分级

公路互通式立体交叉分为枢纽互通式立体交叉和一般互通式立体交叉两大类。

1. 枢纽互通式立体交叉

枢纽互通式立体交叉一般为高速公路与高速公路之间的交叉,其匝道无收费站等设施,且应保证所有交通流无交叉冲突。

2. 一般互通式立体交叉

一般互通式立体交叉为除枢纽互通式立体交叉之外的其他互通式立体交叉,一般用于高速公路或一级公路与双车道公路之间的交叉,允许合并设置收费站和在被交叉公路的匝道端部采用平面交叉。

 思考题与习题

1. 平面交叉口设计的目的与主要任务是什么?
2. 什么是冲突点?如何消除冲突点?
3. 交叉口立面设计的基本类型有哪些?平面交叉口设计中立面设计的方法又有哪些?
4. 匝道的基本形式有哪些?
5. 确定匝道设计速度的原则是什么?

第七章 高速公路简介

第一节 高速公路的特点及平、纵、横设计要点

《标准》第3.1.1条规定：高速公路为专供汽车分方向、分车道行驶，全部控制出入的多车道公路。高速公路的年平均日设计交通量宜在15000辆小客车以上。

一、高速公路的特点

高速公路的发展，是社会经济发展的必然产物，它与整个社会的政治、经济、军事的发展密切相关。当前，随着我国汽车工业和汽车运输业的迅速发展，汽车保有量大幅度增长，小型高速汽车及重型车的比例不断增大，一般公路无论从数量上或质量上都远不能适应交通量增长的需要，交通阻塞、交通事故已成为严重的社会问题。高速公路作为现代交通以适应量大、高速、安全及舒适的新型运输手段，已受到各级政府部门的高度重视，大力发展高速公路已成为我国当今社会的国策，成为我国经济发展的引领和重要拉动。所谓高速公路，是指行车速度快，通行能力大，设有中央分隔带，全线立体交叉，控制出入，交通设施完备，服务设施齐全的长距离公路。

高速公路与普通公路相比具有以下特点：

1. 行车速度快

高速公路的时速一般为80~120km/h。由于行车速度高，使得行程时间缩短，从而带来巨大的社会效益和经济效益，对政治、经济、军事和人民生活都有十分重要的意义。

2. 通行能力大

一条四车道的高速公路通行能力为每昼夜25000~55000辆，六车道的可达45000~80000辆，八车道的可达60000~100000辆。由于通行能力大，运输能力大大提高，可从根本上解决交通的拥堵。

3. 设有中央分隔带

高速公路设置了中央分隔带，可有效地降低事故的发生率。

4. 全线立体交叉

高速公路与铁路、其他任何公路相交时，均应设置立体交叉。立体交叉既起到了消除侧向车辆干扰的作用，又控制了车辆的出入或流向。

5. 控制出入

为了保证汽车在公路上达到高速、安全、通行能力大的要求，高速公路沿线除通过互通式立体交叉处可以进出外，沿线是封闭的。车辆要进入或驶出高速公路，必须要经过专设的入口或出口。这些入口或出口都经过周密的选址和设计，并装备有现代化的交通管理设施。

6. 交通设施完备

高速公路沿线设有功能完善、形状和颜色显著易辨清的标志和标牌，夜间能反光或感光。在人口稠密的市区、交通要道和交叉口处，设置有照明设备，并在公路沿线设有必要的

护栏、防护网、防眩设备、隔音墙、可变式道路情报板、紧急电话等交通安全设施。

7. 服务设施齐全

高速公路沿线的服务区内设有停车场、加油站、汽车修理站、小卖部、饭店、旅馆、公用电话等服务和休息设施。

8. 造价高

由于高速公路的标准高、全封闭,除了通常要修建的跨河、沟桥外,还要修建许多跨线桥梁、通道,特殊地段还要修建隧道和高架桥等构造物,致使高速公路投资大、造价高。

9. 占地面积大

一条最简单的四车道高速公路占用土地宽度至少 30~35m,加之预留空地,占地更大。特别是全互通式立体交叉桥每座用地达 4 万~10 万 m^2。较高的用地使工程造价增加,征地费用有时甚至达到修路费用的三分之一。尤其我国可耕地面积较少,高速公路占用土地使许多农民无地可耕。

10. 其他特点

无法照顾短程运输,必须有相应的辅道配合;由于高速公路全程封闭,路段内一旦出现大的事故或自然灾害,对于已经入路的车辆的疏散比较困难;对备战不利,一旦爆发战争,对高速公路的打击往往是致命的。

总之,高速公路除了采用高标准的几何设计外,还必须具有上述特点,才能充分发挥高速公路快速、安全、舒适的作用。

二、高速公路的平、纵、横设计要点

高速公路的线形设计标准比一般公路要高,主要体现在道路的通行能力大和行车速度高两个方面。因此,快速、安全、舒适是高速公路线形设计的基本要求。

1. 平面设计要点

(1)直线是一般公路用得最多的平面线形,它简单、距离短、方向明确,但不易与地形协调、单调、连续感差,所以高速公路直线运用有越来越少的趋势。

(2)圆曲线是容易与自然地形协调的线形,能与地形、地物、景观等较好地配合,线形美观,无呆板感。在高速公路平面线形设计时应大量采用。

(3)缓和曲线能使行车顺适,视觉舒适,有协调平面线形的功能,能使整个平面线形与地形、地物、景观更协调,所以运用好缓和曲线对平面线形大有好处。

(4)平面线形应适应地形,平面线形宜直则直,宜曲则曲。线形的曲率应灵活变化,但曲率不得突变,应保持连续均匀。

(5)平面线形的设计还应遵循《标准》《规范》规定的其他要求。

2. 纵断面设计要点

(1)尽量采用平缓纵坡,但纵坡不得小于 0.3%,以保证排水畅通。

(2)尽量采用大半径竖曲线。

(3)避免在同向竖曲线间插入短的直线坡段。

(4)纵断面设计还应遵循《标准》《规范》的规定。

3. 横断面设计要点

(1)高速公路的横断面必须采用中央分隔带或往返分离式路基。

(2)路面边缘必须有硬路肩相连。

(3)弯道上的横断面不得有任何妨碍视线的障碍物,包括不得在弯道内侧种植树木,以保证视距。

(4)保证排水畅通,保证边坡和路基稳定。

(5)横断面设计还应遵循《标准》《规范》的规定。

4.平、纵、横综合设计要点

高速公路线形的平、纵、横综合设计是在最后阶段进行的,其平、纵面线形组合除符合一般道路平、纵、横综合设计的要求外,更应注意视觉上的连续性、平纵面几何指标的均衡性、排水的良好性、增加景观的观赏性等。同时在平纵面组合时,还应避免在凸曲线顶部和凹曲线底部设置小半径平曲线,以免失去诱导视线的作用而造成车祸或引起行车被迫突然减速而使车速不连续。凸曲线的顶部和凹曲线的底部设置反向平曲线对诱导视线也是极为不利的,这将会引起导向失误或导向模糊而造成车祸,对排水也不利。在平面直线路段应尽量设计成直线纵坡,避免设置凹、凸曲线后分不清纵面线形,视觉上产生折断感。长直线路段若设置竖曲线,则竖曲线半径应尽量大一些,使其线形顺适。缓和曲线与竖曲线重合的组合,是事故高发路段,故应避免这种组合的产生。

当平纵面线形组合适当后,还应考虑平、横线形的组合。由于高速公路车速快,视点集中,尤其在长直线上,会产生严重的"隧洞视",好像在隧洞里行驶一样,所以横断面应有开阔的视野,不应种植太密的树木而增强"隧洞视"。在长路堑路段的边坡应平缓,避免压抑感。

平、纵、横线形综合设计后,应用立体空间线形要素图和透视进行质量评价。一般情况下,建议考虑下述的组合效果:

(1)平曲线与竖曲线的顶点相互重合,是视觉美感最理想的组合,两顶点错位越小,视觉舒适程度越好。曲线半径值增大,错位容许值可适当增大。曲线偏角值增大,错位容许值应适当减小。纵向变坡值增大,错位容许值就适当减小。

(2)平曲线与竖曲线组合时,若两曲线长度越接近相等,则组合的线形就越美观。平曲线和竖曲线两者半径越大,视觉越好,当平曲线半径>450m、纵坡<4%时组合是安全度较高、视觉较好的线形组合。

(3)平曲线偏角越大,缓和曲线长度又短,视觉就越差。其他条件相同时,缓和曲线长度增加,视觉效果会改善。平曲线全部由缓和曲线组成时,视觉效果会更好。

通过以上综合设计后,必要时还应做出道路透视图从视觉分析来检验综合设计的效果。道路透视图能较好地从驾驶员的角度来反映路线设计的立体线形是否顺适,若发现视觉不良路段,应加以修改,使道路从视觉上感到通视、导向、舒适。现在这种道路透视图已采用计算机设计,甚至可以达到动景展示,使人犹如亲临其境。

第二节　高速公路的沿线设施

高速公路的沿线设施包括服务设施、环境保护设施、交通安全设施和交通管理设施等。这些设施是保证安全行车及调节恢复驾驶员和乘客疲劳、方便乘客、保护环境而设置的不可缺少的公路组成部分。

一、服务设施

高速公路是全部控制出入的公路,汽车在行驶途中不能随意出入,除紧急情况外不准停车。为了方便驾乘人员用膳休息、汽车加油和排除临时故障等,沿线必须设置必要的服务设施。服务设施按休息设施的服务内容和设备规模,一般可分成服务区和停车场两大类。

1. 服务区

服务区是设置在高速公路途中的综合服务中心。它的规模较大,设备齐全,设置有停车坪、加油站、汽车修理部、休息室、饭店、商店、公共厕所、旅馆、公用电话等。为能给驾乘人员提供良好的休息场所,服务区应选择在风景优美的合适地点,并搞好环境绿化。

2. 停车场

停车场的服务内容与规模比服务区小得多,一般仅包括停车坪及厕所,规模较大的也设小卖部和快餐厅。停车场与服务区的主要区别在于没有加油站及修车设施。

服务区和停车场的形式,根据其设置方法不同,一般可分为两侧分离式、单侧集中式及中央集中式3种类型。

两侧分离式是在高速公路的两侧各设置一个服务区,其优点是便利双向行驶车辆的停车休息。单侧集中式是将服务区集中设置在高速公路的一侧,而将另一侧的车流通过跨线桥引到服务区,占地虽然紧凑,造价不一定低。中央集中式是将服务区设置在高速公路的两条行车道的中间。采用哪种布置形式,主要是根据服务区所在的地形及风景点环境而定。停车场一般都设置在高速公路主线的两边,形成两侧分离式。

服务区和停车场的布局,要从整体考虑,应根据交通量大小、路段长度、沿线景观、地形条件,选择适当地点设置服务区,并合理确定服务区的功能和规模,务必使各种设施之间能有机且有效地相互配合,避免太多而造成浪费,太少会产生拥挤。服务区的间距一般情况下不超过50km,大型的服务区不超过100km。停车场的间距一般为15~25km。

服务区设施一般都是为高速公路自身服务的。当服务设施与其他场所合并设置时,其设置应慎重选择,以防止干扰服务设施本身功能的发挥。

二、环境保护设施

高速公路设计应重视环境保护,注意由于公路修建以及汽车运行所产生的影响与环境污染问题。这些问题主要有噪声、污水及汽车废气造成的大气污染等。

1. 防噪声设施

交通噪声是公路运输的公害之一。噪声会损害听觉、危及健康,影响正常工作和生活。并对建筑物等产生损害。为此,不少国家都制定有噪声的限度标准,规定高速公路通过学校、医院以及住宅区和工业区时,不得超过规定的噪声强度。因此,控制和减少噪声的危害,是高速公路的设计任务之一。

为了防止噪声干扰,在高速公路选线时就应注意使路线尽量离开住宅区及居民点,不得已时尽量缩短通过长度并采取相应措施。目前,高速公路上常用的防噪声措施有以下3类:

(1)隔音墙:通常墙高3~5m,多用隔音水泥板制成,适用于路侧有建筑物的隔音。

(2)在高速公路的路两侧设置顶宽2~3m,边坡为1:2,高度以能挡住受音点为宜的土堤,并在堤上植被或绿化进行隔音。隔音堤一般适用于路侧有建筑物且用地较宽的情况。

(3)隔音林带:植树林带宽一般10~20m,隔音效果好,但占地较多,适用于路侧有建筑物且用地较宽的情况。

2. 污水处理

对带有污染的路面排水、服务区及停车场洗车等污水,要以不影响水源、农田为原则,设置必要的排水设施或沉淀池进行处理,防止产生水质污染。

3. 公路绿化

公路绿化具有减轻污染、净化空气、美化环境、诱导视线和减轻眩光的作用,并且可舒畅人们的心情,增加行车的舒适感和安全感。因此,在高速公路的用地范围内应大力进行绿化,尽量通过绿化来减轻施工痕迹和恢复其天然景观(见图1-7-1)。

图1-7-1 高填方边坡绿化

高速公路绿化,不应只是简单地种树植草,应以公路交通为主体,注意总体效果,防止因绿化不当而引起的不良影响。在公路路肩上不得植树,在公路弯道内侧植树时应满足视距的要求,在互通式立体交叉环岛旁植树要以满足视觉效果为原则,采用不同的种植,使绿化有利于交通(见图1-7-2)。在设置防眩板、隔音墙等地段以及服务区、停车场等处,必须将绿化与道路功能、景观与道路功能结合起来进行考虑,努力创造出一种赏心悦目的美好环境。

a)公路匝道环岛

b)大型立交匝道环岛

图1-7-2 匝道环岛绿化

图1-7-3 辽宁省某环保型高速公路隧道

图1-7-3所示为辽宁省某高速公路隧道,道路经过原本不很高的山坡,坡上长满了林木。按照通常的施工方法是直接开挖路堑,投资少,施工速度快。但考虑到开挖路堑会破坏天然植被和林木,所以,辽宁省交通运输厅不惜增加数十倍的投资修建了该隧道,很好地保护了该地的自然环境。

三、交通安全设施

为了保证行车与行人安全和充分发挥公路的作用,高速公路的沿线应按规定设置必要的交通安全设施。常见的安全设施有护栏、防护网、防眩设施、照明、标志及电信设备等。

1. 护栏

护栏设于中央分隔带及公路路基两侧。其主要作用是防止高速行驶的车辆在失去控制的情况下越出路外或冲向对向车道,使车辆回复到正常行驶方向,减轻受到冲撞的车辆驾乘人员的伤亡。同时护栏还起到诱导驾驶员视线的作用。

按使用材料及式样不同,护栏有柔性的波纹钢护栏、钢缆绳护栏、钢管护栏、箱梁护栏以及刚性的混凝土墙护栏等。其中用得最普遍的是波纹钢护栏和混凝土墙护栏。

波纹钢护栏是用钢性支柱支承连续的波纹钢横导轨组成,它具有适度的刚性和柔性,受车辆冲撞时变形较大,有较大的透光及视线诱导作用,易于修复,如图 1-7-4 所示。混凝土墙护栏刚性好,防冲撞功能较强,但对驾乘人员的安全性和瞭望性较差,有行驶压迫感,但不受腐蚀影响。混凝土墙护栏一般只适用于高架桥、桥梁以及较高的挡土墙区段。

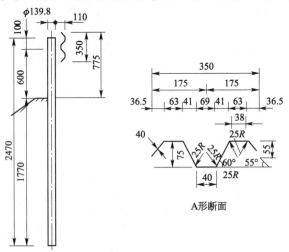

图 1-7-4　护栏构造(尺寸单位:mm)

在高速公路的中央分隔带上,全线应连续设置两排单面型护栏或一排双面型护栏。在路基两侧,在满足交通功能的前提下,应视需要而设置,但在下述地点应予设置。

(1)路堤高度 3m 或以上的地段;

(2)桥梁、涵洞、高架桥构造物以及隧道入口的挖方地段;

(3)标志、照明立柱及紧急电话等需要保护的地段;

(4)在服务区、停车场与主线之间有宽度小于 5m 的分隔岛地段以及横向穿越孔处、极限最小半径、陡坡等地段;

(5)匝道及视线需诱导处或其他认为需要设置的地段。

护栏的设置高度,一般为 0.7~0.9m。当在路基两侧设置时,横向应距路基边缘 0.3m 以上。

2. 防护网

为了防止牲畜、行人、非机动车辆等闯入或横穿高速公路,而在公路用地外缘设置的一种禁入栅栏。

防护网的设置应按路段情况与景观相协调的原则,采用铁刺栏禁入栅或金属网型禁入栅,其高度一般为 1.0~1.5m,并在必要的地点和适当的间距设禁入牌。

3. 反光标志和照明设施

为了诱导驾驶员的视线,保证行车安全,高速公路沿线设置有路边线轮廓标。路边线轮廓标可采用与护栏合并设置的夜间感光标(见图 1-7-5);在运输特别繁忙和重要的路段内,为使夜间交通畅通,可按一定的间距配置路灯,使整个路段得以照明;在互通式立交区段、服务区、停车场、收费站及隧道等处必须设置局部照明(见图1-7-6)。

图1-7-5 防眩栅(栅上黄色块为夜间感光标)

图1-7-6 出入口的照明设施

4.防眩设施

设置防眩设施的目的是为了使夜间行驶中的车辆不受对向行驶车辆的前照灯光影响。一般情况下,在中央分隔带内可以植树的地段,应结合道路绿化采用树墙防眩。但在桥梁、高架桥等构造物地段和没有植树条件的挖方、填方地段,中央分隔带上必须采用防眩设施。

防眩设施一般分为百叶板式防眩栅和金属网式防眩网两种。防眩栅与中央分隔带内的护栏立柱合并设置,其高度一般为1.4~1.7m,支柱间距4m,遮光角约为10°。如图1-7-7所示。

图1-7-7 波纹钢板护栏及中央分隔带内设置防眩树墙

四、交通管理设施

1.交通标志

交通标志是用图形符号和文字传递特定信息,对公路上行驶车辆驾驶员给予指路、指示、警告、禁令,用以管理交通的安全设施。交通标志包括:

(1)警告标志:是警告车辆注意危险地点的标志(见图1-7-8)。

(2)禁令标志:是用来禁止或限制车辆、行人交通行为的标志(见图1-7-9)。

(3)指路标志:是传递道路方向、地点、距离信息的标志(见图1-7-10)。

(4)指示图标:是指示车辆行进或停止的标志(见图1-7-11)。

交通标志的设置原则:根据实际需要、结合具体情况合理设置,要以保证交通畅通和行车安全、方便为目的,总体考虑布局,尽量用最少的标志把必需的信息展现出来。标志的颜色、文字、形状、大小等根据标志性质应有明显的区别,使驾驶员在任何光度下清晰易辨,夜间能反光或发光。

标志牌支柱的形式,在满足荷载要求下,可结合地形和环境因素,采用双柱式、悬臂式、门式和附着式等结构。

2.交通标线

交通标线是由各种标线、箭头、文字、立面标记以及突起路标构成的交通安全设施,其作用是管理和引导交通。

窄桥
注意牲畜
路面不平
有人看守铁路道口
注意非机动车
事故易发路段
慢
慢行
a.左右绕行
b.左侧绕行
注意障碍物
c.右侧绕行
a
b
c
45
45
45
24 18 12 24
15 18 12 6 12 15
6 18 12 4 12 6 26
斜杠符号
警告标志
在原标准无人看守铁路道口“下设”斜杠符号表示距铁路道口的距离：a为距50m处，b为距100m处，c为距150m处。

图 1-7-8　警告标志

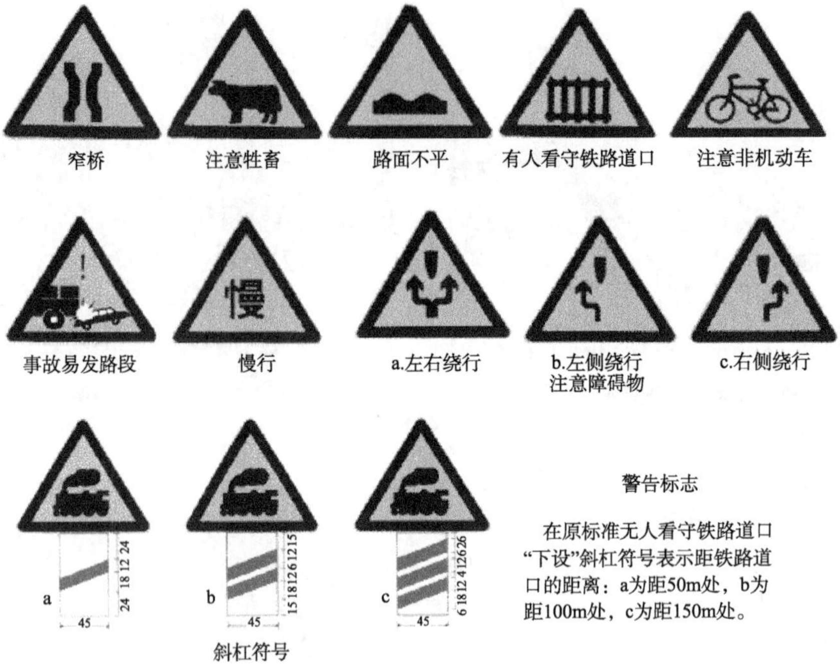

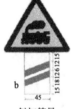

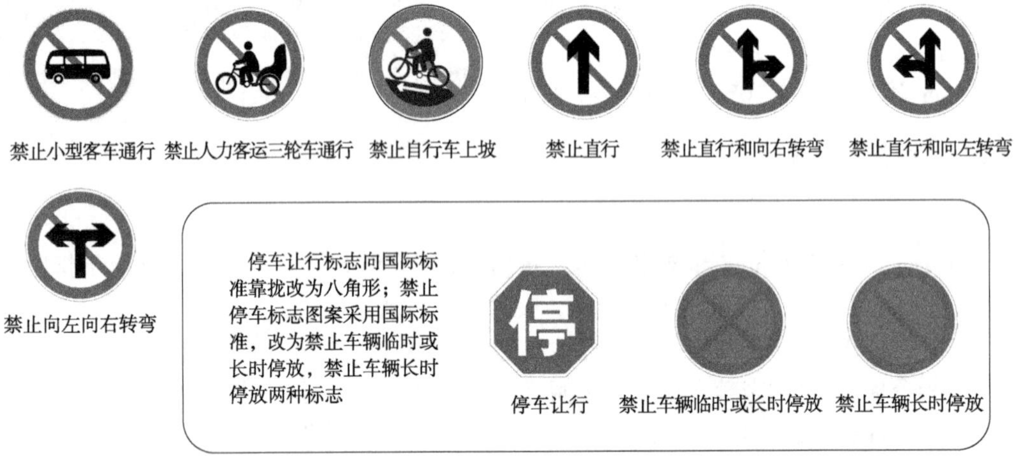

禁止小型客车通行
禁止人力客运三轮车通行
禁止自行车上坡
禁止直行
禁止直行和向右转弯
禁止直行和向左转弯
禁止向左向右转弯
停车让行标志向国际标准靠拢改为八角形；禁止停车标志图案采用国际标准，改为禁止车辆临时或长时停放，禁止车辆长时停放两种标志
停
停车让行
禁止车辆临时或长时停放
禁止车辆长时停放

图 1-7-9　禁令标志

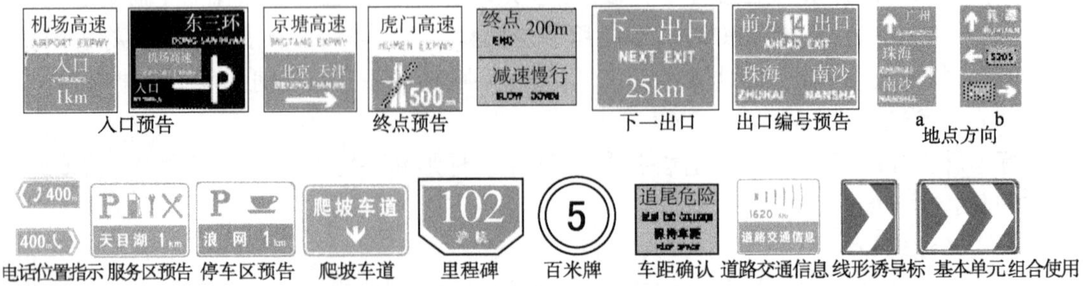

机场高速
入口
1km
东三环
入口
京塘高速
北京 天津
虎门高速
500
终点 200m
减速慢行
下一出口
NEXT EXIT
25km
前方 14 出口
AHEAD EXIT
珠海 南沙
ZHUHAI NANSHA
珠海
入口预告
终点预告
下一出口
出口编号预告
a
b
地点方向
400
400
P
P
天目湖 1km
浪 网 1km
爬坡车道
102
5
追尾危险
保持车距
1620
道路交通信息
电话位置指示
服务区预告
停车区预告
爬坡车道
里程碑
百米牌
车距确认
道路交通信息
线形诱导标
基本单元组合使用

图 1-7-10　指路标志（新标准中新增加的常见高速公路指路标志）

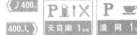

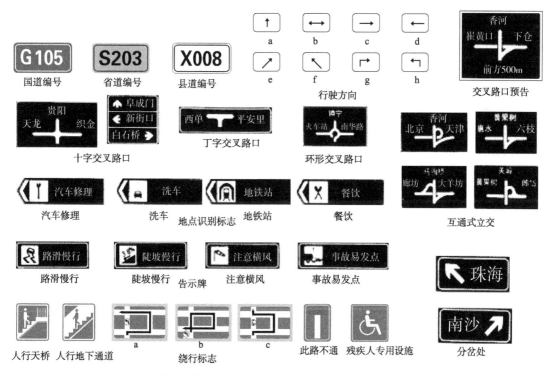

图 1-7-11　指示图标及指路标志(新标准中新增加常见的一般道路指路标志)

路面标线,按其功能可分为行车道中心线、车道分界线、车道边缘线、停止线、立交斑马线、导向线、加减速车道线等;按标线的线形可分为连续的实线、间断线、箭头线等;按颜色可分为白色、黄色两种。

交通标志和路面标线的分类、功能、使用与标划方法,构造、制作和设置方法等,详见中华人民共和国国家标准《道路交通标志和标线》(GB 5768)。

3. 公路情报板

公路情报板是根据公路交通状况来选择设置地点和表示内容的。其位置一般设置在出入口处、收费站、隧道口及必要的主线上(见图 1-7-12)。标示的内容分为公路、气象、交通、限制的状况及指示迂回路线等(见图 1-7-13)。其目的是将有关情况通告驾驶员。

图 1-7-12　可变情报板

图 1-7-13　可变限速标志

4. 交通监控设施

在高速公路可能发生事故(如火灾、交通事故、堵塞、超速行驶等)地段,为了及时采取措施疏导交通,应根据需要设置交通监控设施。交通监控的信息主要通过设置在高速公路上的交通流检测器和电视摄像机获得,其位置一般设置在出入口、立交、隧道口、收费处及必要的主线上。

5. 紧急电话

在高速公路上,为供驾驶员能及时向交通管理机构报告事故、故障和救援等,应在适当的间隔内和在服务区、停车站等处设置紧急电话。设立紧急电话的地点应有标志,为便于夜间识别,还应设置照明或反光标志。紧急电话的间距一般为 1~2km。现在由于手机的普及,高速公路上可以不设置紧急电话。但要设置有夜间照明或反光标志的报警电话标志牌。

第三节　高速公路交通控制的基本方式

一、交通控制与管理概念

高速公路的交通控制与管理是保证车辆高速安全运行的必要条件。管理的水平和措施,对运输效果影响很大,若管理跟不上,即使按高速公路的标准进行设计,也达不到预期的设计效果,甚至导致频繁的交通事故。

实践证明,在高速公路上行驶的车流应该有一个最佳的密度和车速,低于此车速由于密度增加容易形成不稳定车流,造成延误运行时间,并导致肇事。通过交通控制和有效地进行管理,可使高速公路上的车流保持车速、密度、间距的最佳组合,达到高速安全运行的目的。

高速公路的交通管理是通过监控系统和管理系统来实现的。所谓监控,就是指利用路面、路旁的数据采集、监测设备和人工观察,对道路交通、路面、天气状况和设备工作状况等参数进行实时观察和测量,并通过传输系统送至交通控制管理中心控制室。交通控制管理中心是进行交通控制与管理的核心,一般配有计算机、操作台、沿线地图模拟监视板、交通数据监测板、监测电视及图像显示设备等。

所谓管理就是指利用交通控制管理中心计算机或监控员实时处理系统的各种数据,按照一定的模式进行分析、判断和决策,并将最终决策结果和控制命令通过传输系统送至路上驾驶员信息系统、收费口控制设备或匝道控制设备,将路况及各种控制信息提供给驾驶员,指示车辆按规定的方向运行或对延误的事件迅速做出反应,把事件引起的延误控制到最小,从而达到调节和控制道路交通状况的目的。

二、交通控制的类型和选择

高速公路交通控制的类型,根据国情、道路所在的路段及重要程度等,主要有主线控制、出入口控制和区域性控制等几种。一般情况下,主线控制与区域性控制适用于城市及城郊高速公路;出入口控制是目前高速公路普遍采用的交通控制方法。

1. 主线控制

主线控制是对行驶在高速公路上的车辆实行分流或限制。其目的主要是在于保持行驶车流的最佳密度和车速,有效地提高道路的通行能力。

主线控制的方法除利用沿途可变式道路情报板管理和指导汽车行驶外,主要是在收费处、隧道口等处设置车道限制信号机,通过关闭一条或几条车道,或将这些关闭的车道开通变为反向行驶车道,以提高因通行能力降低时的安全性和使用效率。如澳大利亚悉尼大桥在交通高峰期间,当出现双向车流的某一侧交通量特别大时,通过车道限制信号机进行分流,就是属于主线控制的一种形式。

2. 出入口控制

入口或出口控制是高速公路控制出入的主要形式。入口控制是将可能引起主线阻塞的车流封闭在入口之前;出口控制是利用出口迅速疏导已经发生的阻塞。显然,入口控制要优于出口控制,故一般都采用入口控制的方法。

控制入口的措施主要有完全封闭入口、周期性入口控制和感应式入口控制等,它们是利用在入口处设置信号色灯或自动路障来实现的。如感应式入口控制,平时为绿色通行信号,当主线上的车流速度和密度达到最低警戒线时,交通控制与管理中心的沿线地图监测板上就会显示红色路阻信号,并据此发出控制入口的指令。该控制系统能缩短车辆的停车时间,有效地调节车流的均匀性。

3. 区域性控制

区域交通控制系统,即把协调原则推广应用到相应规模地区的交通信号上。其主要特点是区域控制范围的主线及其他道路的各个交叉口的交通管理均自动控制,当发现运行不畅或交通事故时,通过指令对相关区域范围内各交叉口色灯或车道进行调整等,来达到重新组织交通确保最大通行能力的目的。

三、监控系统

监控系统由交通信息收集系统和中央控制交通信息处理系统组成。各种交通信息、道路信息、气象信息等是进行交通控制与管理的根据和基础。信息的内容和数量反映了高速公路控制与管理水平。

交通信息收集系统除由沿途设置的紧急电话、交通巡逻车、气象观测站提供有关信息外,交通量、车流速度及密度等交通数据,主要是通过设置在高速公路上的车辆检测器和电视摄像机获得的。车辆检测器设在高速公路的出入口及主线上,并与中央控制室的交通数据板相连通。摄像机由中央控制室操作,可以旋转、俯仰、变焦,并将交通情况在电视屏幕上显示出来。中央控制室管理人员通过操纵监测电视与交通数据板,即可获得交通实况和数据板显示的各处交通量、速度、密度及拥挤情况。这些交通信息经信息处理系统处理后,由管理系统发出工作指令,对路上交通实施控制与管理。

四、管理系统

管理系统由交通信息提供系统和中央交通信息控制系统组成。管理的措施主要是通过发布交通信息和指令,告知驾驶员有关信息,促使其选择合理的行车方式和路线,使路上交通量均匀分布,提高道路通行能力,达到高速安全行驶的目的。

高速公路的交通信息提供系统除由交通管理人员在现场管理外,主要是通过可变式道路情报板和控制出入口进行管理。

1. 可变式情报板

可变式情报板这种装置是高速公路专供交通管理中心提供随时变化的情报用的。交通管理中心将收集到的各种数据和信息经计算机处理后,通过管理人员发出指令,在情报板上显示出文字或图形,向驾驶员提供有关交通事故、交通阻塞、道路维修施工及气象情况等各种随机信息,并及时发出行车指示。

可变式情报板操作简单,内容可随时变化,可以远距离操纵,一次可以给多块情报板同时下指令。其位置一般设置在互通式立体交叉的出入口、收费站、隧道口以及必要的主线上。

2. 主线控制

交通管理中心的管理人员,利用设置在收费处、隧道口等处的车道限制信号机,根据情况进行车道调整等措施,指示汽车疏散路线。如我国采用的主线控制装置,平时为绿色,车道关闭时变为红色"×"符号。

3. 出入口控制

交通管理中心的管理人员在向可变式情报板发出指令的同时,可根据情况通过键盘操作,对整个监控系统的出入口发出色灯信号,指示车辆按规定的方向运行。

随着计算机技术、自动化控制技术和通信技术的发展,高速公路监控系统的技术结构也在随之变化。多计算机功能分散的计算机网络处理方式代替原来由单一的计算机集中处理方式,从而使系统可靠性提高,程序编制简单,易于维护和功能扩展。在通信技术方面,由于光缆的问世,基于其损耗低、频带宽、无感应、高绝缘等特点,许多监控系统已用光缆取代传统的电话线、电缆等传送电视信号和数据、语音信号,高速公路的交通控制与管理已发挥越来越大的作用。

思考题与习题

1. 何谓高速公路?
2. 高速公路有哪些特征?
3. 高速公路的平、纵、横设计要点与其他各级公路的设计有哪些异同点?
4. 高速公路的沿线设施有哪些?简述具体内容和配置方法。
5. 高速公路的交通控制主要有哪几种类型?各适用于什么条件?

第八章 生态型道路工程设计理念

第一节 绪 论

我国《公路工程技术标准》(JTG B01—2014)第 1.0.6 条规定,公路建设必须执行国家环境保护和资源节约的法律法规,并应符合下列规定:

(1)公路环境保护应贯彻"保护优先、以防为主、以治为辅、综合治理"的原则。

(2)公路建设应根据自然条件进行绿化、美化路容、保护环境。

(3)高速公路和一、二级公路及有特殊要求的公路建设项目,应作环境影响评价和水土保持方案评价。

(4)生态环境脆弱地区,或因公路建设可能造成环境近期难以恢复的地带,应作环境保护设计。

(5)公路改扩建项目应充分利用公路废旧材料,节约工程建设资源。

所谓"生态型道路设计",是指道路工程的设计应以对自然的最小破坏,对环境的最小污染,对人的最大关怀为设计目标的人、车、路及其周边环境和谐、协调、共存共生的综合设计理念。应达到如下目标:

乘车人——感觉安全、舒适、快速、享受,道路景观能为游客提供一个引人入胜、心旷神怡、心情愉悦、轻松、得到美的享受的出行条件。具有车在路上行、人在画中游之美感。

驾车人——视野开阔、视距良好、行车平稳、道路线形优美、服务水平高,道路沿线绿化好,景色优美不单调。给驾驶员创造一个能保持警觉和兴奋的优美的工作空间。

道路——线形标准高,路面平坦、宽阔,设施齐全,绿化质量好,服务水平高,无大填、大挖段(采用高架路、隧道),道路与周边环境天然合一,和谐、协调,见图1-8-1。

a)城市道路

b)农村公路(平原)

c)山区公路

d)高速公路

e)高架路

f)立交桥

图1-8-1 生态型道路

机非分离——即机动车道与非机动车道采用两侧带分隔,既保证了机动车道的设计车速、良好的交通秩序,又保证了非机动车的安全行驶;中央分隔带与两侧带应采用不同的绿化特色,中央分隔带应植以致密、常绿的灌木,使之兼具景观与遮光的作用(以遮光为主),而两侧带则采用名贵树木间以花草,在长江沿岸及江南地区应实现三季有花,四季有绿的效果,而在北方地区则应实现四季常绿。如图1-8-2公路配套设施a)、b)、c)。

人行道——采用与路缘石顶面高程平齐的彩砖铺砌,间以不同季节开花、有芳香的树木,人行其上倍感心旷神怡、心情愉悦、轻松、安全,得到美的享受。如图1-8-2b)所示。

a)机非分离　　　　　　　　b)人行道　　　　　　c)结合农田水利的路面排水

图1-8-2　公路配套设施

路面排水——路面、停车场站排出的雨水一般都含有大量的粉尘、油污、有机质等,应利用道路特别是高速公路两侧较宽的绿化带进行污水过滤处理。即根据道路两侧具体的地形条件,设计草坪污水过滤段,具体是下设30cm厚的碎砾石垫层,其上设10cm粉质沙土,上面种植草坪,草坪下游设污水沉淀池,路面污水经草坪污水过滤段过滤后(主要过滤油污、有机质),进入污水沉淀池;经过充分沉淀后(主要沉淀粉尘、泥土),澄清后的水再排入农田或河流。过去,路面排水一般是提倡"道路排水要与农田水利建设综合考虑",即将路面上的污水通过道路排水系统直接排入农田或河流,这实际是一个权宜之计,一个设计误区,显然没有考虑到路面污水对环境的污染。事实上路面污水中含有大量的汽油、柴油、石蜡、沥青路面被水析出的各种油脂,以及生活垃圾中的各种有机质,直接排入农田或河流很容易对农作物、水源造成污染。

第二节　道路景观与环保的意义和构成

一、道路景观与环保的意义

随着我国经济建设的快速发展,在我国已建成的高速公路中,存在着设计标准低,路面质量差,设施不完善,绿化、景观水平低,自然植被、环境破坏严重,大填、大挖留下了许多可能产生路基塌方、滑坡等安全隐患。也就是说,在以往的道路工程设计及建设中,主要考虑了道路的交通功能,而忽略了更为重要的环境保护和景观设计。生态道路设计理念,就是主张在道路工程设计中,除了必须满足道路的技术条件如道路的安全性、可驶性、便利性和耐久性外,还必须加大环保、景观方面的投入,从道路建设的勘测设计阶段入手就要引入环保、美化、人文的概念。也就是既要满足安全、快速、便利的道路功能,又要避免景观单调甚至无景观,在工程建设中大填、大挖破坏自然环境和植被,道路建成后路面污水随意排入农田或河流造成对环境、水源的污染,甚至影响到地区经济的可持续发展。因此,给驾驶员创造一个能保持警觉和兴奋的优美的工作空间,避免由于景观单调、呆板引起的疲劳和注意力不集中而造成交通事故;同时也为游客提供一个引人入胜、心旷神怡、得到美的享受的出行条件和景观。这是促进区域经济良性循环发展的必然要求,也是今后高速公路设计的一项重要内容。

二、道路景观与环保的构成

中国高速公路的发展创造了世界瞩目的速度,这是经济和社会发展的现实需要,也是交通实现跨越式发展的重要标志。在道路上,川流不息的车流给驾驶员的精神造成高度的紧张,千篇一律的设施往往使驾驶员感到枯燥、乏味,这也给安全埋下了隐患。特别是高速公路由于其远离城市,运行里程长,单调、呆板的景观更易引起驾驶员的困乏、疲劳和注意力的不集中,从而酿成交通事故!同时由于公路建设过程中的大填(方)大挖(方)造成的路堑坍塌、泥石流甚至山体滑坡,大量的取土坑和高填方造成的自然植被的破坏,以至于道路投放使用了若干年,这些地段的植被还未恢复,形成沙化、水土流失、路堤塌方……不但给国家及人民群众的生命财产造成巨大的损失,同时也制约着这些地区经济的可持续发展。

道路景观设计涉及美学、心理学、哲学、建筑学等人文学科的研究领域,是多种景观要素相互映衬、相互作用的动态空间设计,是探索地域、文化、环境、生态与建筑的有机结合,是一种功能性、实用性与观赏性、艺术性相结合的综合景观体系。

因此,道路景观设计决不能以牺牲环境、破坏资源、破坏生态为代价。一定要结合工程实际,把人为作用而形成的景观与自然环境、地貌相协调,把体现道路功能、美化环境与环境保护统筹兼顾。从而促进区域经济良性循环和可持续发展。

景观生态学的创始人 C. Troll 首先将景观定义为"一组以类似方式重复出现的、相互作用的生态系统所组成的异质性陆地区域"。现在一般定义为"景观是指由地貌和各种干扰作用,特别是人为作用而形成的,具有特定的结构功能和动态特征的宏观系统"。所以,景观建设一定要与自然景观相协调。不同的建设类型对景观的要求或研究侧重也不同:道路景观侧重在道路上以一定速度运动时,视野中的道路及视线所及的空间四维景象。故而公路景观是道路使用者的视觉所能看到的各种自然景观与公路、交通要素的综合体,是公路三维空间加上时间和人的视觉、心理感受等形成的综合环境效应,即道路使用者在乘坐交通工具运动过程中对公路及公路环境的印象。

三、公路景观与环保设计的关系

公路景观设计的基本要求是视野开阔,视觉导向与自然环境相协调,绿化,环保。

所谓视野开阔,就是要求路线各组成部分的空间位置配合协调,使驾乘人员感到视野开阔,线形流畅、清晰,行驶安全舒适。公路的主要功能是供车辆行驶,设计者要充分考虑公路自身的特点,以满足公路的交通功能为首要宗旨。直线线形能够做到视野开阔,视距良好,高速,通行能力大。但追求线形好就难免会造成大填、大挖,破坏自然环境和植被,形成一系列的环境问题隐患。所以,景观设计要以生态学理论为依据,尊重自然,正视自然,保护自然,恢复自然。要优先保护原始植被、历史文化遗迹、湖泊等自然资源。它们对保证区域内各物种的多样性和生物圈的平衡具有重要意义。下面的示例就很好地解决了这个问题:

图 1-8-3 所示为辽宁某高速公路隧道,道路经过原本不很高的山坡,坡上长满了林木。按照通常的施工方法是直接开挖路堑,投资少,施工速度快。但考虑到开挖路堑会破坏天然植被和林木,所以,辽宁省交通运输厅不惜增加数十倍的投资修建了该隧道。流畅洁白的洞口配以对比鲜明的绿化,既形成令人耳目一新的优美景观,又很好地保护了该地的自然环

境。图 1-8-4 所示为某高速公路上修建的"旱桥",最高的桥墩高达 12m,桥下并无大的河流,只在雨季由于地面径流的汇集需要设置盖板涵即可解决泄洪问题。道路若依地势修建,势必会形成很大的道路纵坡,视觉也会很差;为解决纵坡问题,势必会形成裸露的高填方路堤及很大的取土坑,对自然植被及景观的破坏是显而易见的。因此,采用图示的高架桥(旱桥),既很好地解决了道路纵坡问题,又使线形流畅,视野开阔。更重要的是最大限度地保留了该谷地的天然地貌,很好地保护了自然植被,道路与周围环境和谐、协调,景观优美。

图 1-8-3　保护林地的隧道　　　　　图 1-8-4　保护自然植被的旱桥

所谓视觉导向,就是要建立一个带状的空间视觉系统,使驾驶员在视觉所及的范围内,能预见到公路方向和路况的变化,并能及时采取安全的行驶措施。公路景观设计必须考虑保持长期的自然经济效益,尽量避免破坏自然环境和原有风景,保护各种动植物和名胜古迹。必要时可修改道路设计和施工方案以保全原有风景,使公路线形及沿线设施与沿途自然环境相协调,同时利用绿化来补充和改善沿线景观。如图 1-8-5 所示某旅游公路,无论是视觉导向还是线形都很"恶劣",行进在如此道路上,驾驶员和乘客都会如临深渊,胆战心惊,兴味索然,担心随时都会有碎落的石块从上面滚落下来。而道路造成的对自然植被的破坏,对土体稳定性的破坏更是触目惊心,后患无穷!随着时间的推移,风化、雨淋的侵蚀作用会造成更为严重的碎

图 1-8-5　自然植被遭严重破坏的某旅游公路

落、塌方甚至泥石流、滑坡……

四、公路景观与环保设计的原则

公路景观与环保设计的原则一般可遵循自然优先原则、可持续原则、因地制宜原则、综合性原则等。公路景观设计决不能以牺牲环境、破坏资源、破坏生态为代价;要把人为设计的道路景观与道路穿越地区的自然景观进行多层次设计,使整个道路系统的结构、格局及比例与道路穿越地区的自然特征和经济发展相适应,使生态、社会、经济三大效益协调统一、同步发展。如图 1-8-6 所示的某旅游公路,尽管线形选择比较巧妙,道路在充分利用自然地形的基础上,对于开挖路槽所形成的边坡进行了较好的绿化,与自然地形也比较协调,也有一定的景观效果。但考虑到道路展线对自然地貌的破坏,由于线路延长对今后运营成本的增加,像这样的越岭线是 20 世纪经济条件下的选择,现在一般都会采用对自然地貌破坏小的

隧道通过。

考虑到公路穿越地区众多,故公路景观与环保设计的原则是:统筹规划、分段设计、因地制宜、协调景观、注重特色,尽可能保持特殊地区尤其是少数民族地区的民族文化特色。

公路景观规划是一项综合性研究工作,其景观规划设计与分析需要多学科的专业队伍协同合作完成,其次要兼顾生态效益、经济效益和社会效益的协调统一,要在分析自然条件的基础上,同时考虑社会经济条件。

图 1-8-6 较好地利用自然地形的某旅游公路

五、公路景观与环保设计的主要内容

1. 公路线形设计

公路线形及其构造物设计时,应能诱导驾乘人员的视线并应满足视觉景观的要求。公路路线应尽可能与地形、地貌相吻合,几何设计时平、纵、横各要求应很好配合,以避免造成空间线形扭曲、暗凹、跳跃等景观缺陷。在条件允许时,应尽量采用分离式路基,以减少纵横断面对自然和景观所产生的不利影响。各种构造物的结构、造型、材料均应与当地自然和人文景观条件相适应。公路应避免分隔生态景观空间或视觉景观空间。当必须穿越森林、果园、绿地时,应以曲线通过,避免以直线线形切割和贯通森林。旅游公路越岭线的垭口处,除应有广阔的视野外,还可根据当地条件,设置适当的观景台。

2. 公路带状景观设计

路线通过山间谷地、路基高度较大时,应综合考虑填筑路基时取土坑、高填方裸路堤对原有植被的破坏及对生态环境的不利影响,必要时应进行高路堤方案与高架桥方案的比选论证,采用如图 1-8-1e) 的设计。公路通过森林区时应做好路基断面设计,应尽量避免设置深挖路堑式断面,力求拓宽双幅公路的中央分隔带,并尽可能保留中央分隔带位置原有林木,或采用如图 1-8-3 的隧道方案应是很好的选择。公路通过平原、水网区时应合理确定路基高度,沿线村庄稀疏、横向干扰少时,宜采用以低路基方案通过所经区域。公路构造物及沿线设施的风格、色彩、造型应与周围环境协调一致,做到美观大方,并应注意与地域民族特征及生活习俗协调统一。

3. 公路绿化设计

高等级公路中央分隔带的绿化要以遮光防眩、引导视线为目的,其高度和宽度必须满足现行规范的要求;防眩树种要低矮、缓生、抗逆性强,单行间距一般以 2~3m 为宜。地表绿化部分以铺草坪和植地被植物为主。两侧绿化带的主要作用是防尘隔声、协调公路与周围环境,以落叶和常青间隔(5~10m)为佳,树种应根据当地气候条件确定(见图 1-8-7)。边坡绿化要求覆盖率高,青绿期长,以本地适于绿化的野生草为宜。垂直绿化部位主要有浆砌护坡、挡墙等,可通过在其下栽攀缘植物如爬壁虎、凌霄等,或在其顶部栽植垂枝藤本植物,以遮蔽构造物,减少构造物的压迫感和粗糙感,起到美化路容的作用(见图 1-8-8)。这里特别需要强调的是,在我国西部及黄河以北地区,冬季降雪后往往为及时除雪而在路面上撒布大量的融雪剂(盐类),这类物质常常对公路绿化构成严重威胁,因此,公路绿化树种及植被植物还应具备较好的耐盐、碱性。

图1-8-7 高速公路匝道内的绿化

图1-8-8 高填方路堤的绿化

六、中国公路景观与环保设计的发展模式

道路工程跨越幅度大，占地面积多。中国在经过20多年大规模的"只重技术、不重艺术"的公路建设后，高速公路总里程已跃居世界第一位，发展速度之快、成就之大令世界震惊！然而，带来的环境问题也是十分突出的。党的十七大提出了建立"两型社会"的发展目标。所谓"两型社会"，指的是"资源节约型、环境友好型社会"。资源节约型社会是指整个社会经济建立在节约资源的基础上，建设节约型社会的核心是节约资源。环境友好型社会是一种人与自然和谐共生的社会形态，其核心内涵是人类的生产和消费活动与自然生态系统协调可持续发展。两型社会的提出足以说明中国政府在节约资源、保护环境、创造人与自然和谐共生的社会形态方面高屋建瓴的发展理念。所以，公路景观与环保设计的发展模式应该是如下几个方面：

1. 资源节约型

以生态学理论为依据，尊重、正视、保护、恢复自然。道路建设应尽量利用原有旧路进行改、扩建，以减少公路永久占地面积；道路跨越谷地、山丘深挖路段时应尽量采用高架桥和隧道以减少取、弃土场；利用废弃的材料服务于新的功能（用弃渣为当地居民修筑村道，填筑宅基地、厂房用地等），可以大大节约资源和能源的耗费。

2. 民族风俗与文化型

党的十八大中指出：文化是民族的血脉，是人民的精神家园。全面建成小康社会，实现中华民族伟大复兴，必须推动社会主义文化大发展大繁荣，兴起社会主义文化建设新高潮，提高国家文化软实力，发挥文化引领风尚、教育人民、服务社会、推动发展的作用。

我国拥有56个民族，其民族文化各不相同。高速公路所经过的不同区域有不同的历史文化特征，在设计过程中尊重传统文化和乡土风俗，公路两侧的雕塑、壁画、广告等，既要具有较强的艺术性、观赏性，又要符合当地的历史文化特点、产业特色、民族风情，使公路成为文化长廊。例如：从沈海高速公路福建惠安出口处进入惠安，沿惠黄（塘）、惠崇（武）路两侧，映入眼帘的是1000多件大小不一、形态各异、材质不同的石雕工艺品。这些石雕工艺品融中原文化、闽越文化、海洋文化为一体，汲晋唐遗风、宋元神韵、明清风范之精华，蜕变成精雕细刻、纤巧灵动的惠安雕刻艺术风格，这里就是闻名遐迩的"石雕景观大道"。行进在这样的道路上，一种古老、典雅、文明、质朴的文化氛围扑面而来，令人精神振奋，心旷神怡。这种带有强烈地方特征的高速公路景观设计能使驾驶员感受新鲜别致，令乘客观赏后回味无穷。

3. 形式几何型

利用简单的原始象形文字,以及几何图形装点周边环境。形成的点线面能产生不同的情绪和其他心理反应,例如服务区内的水面、亭子、树池、花架等。既有景观效果,又满足了游人观赏休憩的需要。再如以中国古老的文字构成的图形装饰,不但具有重要的地位和价值,同时也具有神秘的色彩。艺术的构图原理体现植物个体及群体的形式美,符合绘画艺术和造园艺术的统一、调和、均衡和韵律的四大原则,使旅客有"人在车中坐、车在画中行"的良好感觉。

4. 色彩功能型

色彩不仅使人产生各种感觉,而且还引起人的感情变化。实验表明,悦目的色彩通过人的视觉器官传入色素细胞后,对神经系统是个良好的刺激,对心血管系统和消化系统也有一定的作用,适当地运用色彩在工作中能够减轻疲劳,提高效率。位于南京白下路交通单行线的洪武南路路口至中山南路路口的南京首条彩色道路铺设完毕并通车,该彩色道路全长200m。据了解,这条彩色道路是用一种高分子树脂稀浆涂抹于路面,并撒上耐磨的彩色陶瓷颗粒铺设而成。彩色道路不仅美化了路面,更有利于交通安全。

随着经济的发展,资源的约束越来越突出,在这种情况下,为了保证经济"又好又快"的发展,我们国家经济结构必须要从过去那种"高投入、高能耗、高污染、低产出"的模式向"低投入、低能耗、低污染、高产出"转变。公路建设特别是新建公路必须突出"生态公路"的设计理念,要成立"生态工程专家组",与工程可行性研究专家组一道,在工程可行性研究的同时,对该工程项目可能造成的对周边环境的影响、沿线植被的破坏、取土坑处理,与周边自然环境、人文相协调的景观设计、道路排水(经过处理)与沿线农田水利建设综合利用等方面进行方案论证,对于施工可能造成的植被破坏、比较大的取土坑、取土场,必须进行植被补偿、取土坑处理及道路景观方案设计。由"生态工程专家组"讨论通过。也就是说,经济的发展不能以牺牲环境为代价,必须建立在优化结构、提高效益、降低消耗和保护环境的基础之上。通过保护我国乃至全球的环境来达到保存人类文明的目的是关键而核心的任务,把中国的公路建设成为"以人为本"的"绿色公路",是我们每一个公路设计、建设者的责任。

早在十一届人大会议的政府工作报告中就提出,"要在全社会大力倡导节约、环保、文明的生产方式和消费模式,让节约资源、保护环境成为每个企业、村庄、单位和每个社会成员的自觉行动,努力建设资源节约型和环境友好型社会。"党的十八大则进一步确立了建设美好国家,建设美丽家园的长期建设目标,为我们指明了建设、发展与环保的方向。

 思考题与习题

1. 生态型道路工程设计理念是什么?
2. 公路景观与环保设计的原则是什么?
3. 公路景观与环保设计的主要内容有哪些?
4. 资源节约型、环境友好型社会的内涵是什么?
5. 中国公路景观与环保设计的发展模式是什么?

第二篇 路基路面

第一章 概述

路基和路面是供汽车行驶的主要道路工程结构物。

路基是在地面上按路线的平面位置和纵坡要求开挖或堆填成一定断面形状的土质或石质结构物,它是道路这一线形建筑物的主体,又是路面的基础。

路面是由各种不同的材料,按一定厚度与宽度分层铺筑在路基顶面上的结构物,以供汽车直接在其表面上行驶。

路基和路面共同承受着行车和自然的作用,它们的质量好坏,直接影响到道路的使用品质。为了满足行车对道路提出的通畅、迅速、安全、舒适、经济等方面的要求,就必须对路基和路面的强度、稳定性等提出一定的要求。

第一节 对路基和路面的基本要求

我国《公路工程技术标准》(JTG B01—2014)(以下简称《标准》)第 5.0.1 条对路基、路面的一般规定如下:

(1)路基路面应根据公路功能、技术等级、交通量,结合沿线地形、地质及路用材料、气候等自然条件进行设计,保证其具有足够的强度、稳定性和耐久性。路面面层应满足平整和抗滑的要求。

(2)路基应设置排水设施与防护设施,取土、弃土应进行专门设计,防止水土流失、堵塞河道和诱发路基病害;应进行路基表土综合利用方案设计,充分利用资源。

(3)应因地制宜、统筹考虑安全、环境、土地、经济等因素,选择合理的路基断面形式。

(4)通过特殊地质和水文条件的路段,必须查明其规模及其对公路的危害程度,采取综合治理措施,增强公路防灾、抗灾能力。

(5)路基路面结构应遵循整体化设计原则。路基设计应根据可用填料、施工条件和当地成功经验,提出路基结构的设计要求与设计指标;路面结构设计应结合路基结构设计要求与设计指标进行综合设计,以满足路面结构耐久性要求。

(6)公路改扩建项目的新建路面和原路面利用均应按现行标准进行设计,并应加强路基、路面的拼接设计;应对路面材料再生循环利用进行论证,充分利用废旧材料。

按照《标准》对路基路面的规定,对路基路面的基本要求分述如下。

一、对路基的基本要求

路基是道路的基本结构物,它一方面要保证汽车行驶的通畅与安全,另一方面要支持路

面承受行车荷载的作用,因此对路基提出如下两项基本要求:

(1)路基结构物的整体必须具有足够的稳定性。

在各种不利因素,如自然因素(地质、水文、气候等)和荷载(自重及行车荷载)的作用下,不会失去稳定性而产生破坏,这是保证行车的首要条件。

(2)直接位于路面下的那一层路基,必须具有足够的强度、抗变形能力(刚度)和水温稳定性。

水温稳定性是指强度和刚度在自然因素(主要是水、温度状况)的影响下的变化幅度。路基具有足够的强度、刚度和水温稳定性,就可以减轻路面的负担,改善路面使用状况。因此,这是一项直接关联到路面结构物工作条件的要求。

二、对路面的基本要求

汽车直接行驶于路面表面,所以路面的作用首先是能够担负汽车的载重而不破坏;其次能保证道路全天候安全通车;三是能够保证车辆有一定的行驶速度。因此对路面提出了六项基本要求:

1. 强度、刚度和稳定性

路面应有足够的强度和刚度,以承受行车荷载的作用,而不产生招致路面破坏的变形和磨损。同时,这种强度和刚度又应有足够的稳定性,在不利的自然因素(水、温度等)作用下,其变化幅度减少到最低限度。

2. 平整度

路面表面应平整,以减小车轮对路面的冲击力,保证行车的平稳、舒适和达到要求的速度,不致产生行车颠簸和震动、速度下降、运输成本提高以及路面破坏加剧。

3. 抗滑性

路面表面要有一定的粗糙度,以免车轮与路面间的摩擦系数过小,而在气候条件不利(雨、雪天)时产生车轮打滑,迫使车速降低、燃料消耗增加,甚至在车辆转弯或制动时发生由于抗滑性不足的安全事故。

4. 少尘

应使路面在汽车通行时飞尘较少,飞尘直接影响空气质量,同时对行车视距、汽车零件、乘客舒适以及环境卫生带来不良影响,也不利于沿线农作物的生长。

5. 耐久性

路面要承受行车荷载和气候因素的多次重复作用,由此而逐渐出现疲劳破坏和塑性变形累积;路面材料还因老化衰变而破坏,这些都导致养护工作量增大、路面寿命缩短。所以,路面必须经久耐用,具有较高的抗疲劳、抗老化及抗变形累积的能力。

6. 噪声低

当道路上有机动车辆行驶时,车辆发动机的轰鸣、排气、轮胎与路面摩擦及喇叭声等形成的噪声,使人感到厌烦,影响沿线人民的生产和生活。所以,路面应尽可能平整、无缝,以减小噪声。

三、影响路基路面强度和稳定性的因素

路基路面是一种常年暴露于大自然中的线形构造物,其稳定性在很大程度上受当地自

然条件的影响。因此,深入调查公路沿线的自然条件,从整体(地区)和局部(具体路段)去分析研究,掌握各有关自然因素的变化规律及其对路基路面稳定性的影响,从而因地制宜地采取有效的工程技术措施,这是正确进行路基路面设计、施工、养护的重要前提。

影响路基路面稳定性的自然因素一般有如下几个方面:

1. 地形

平原地区地势平坦,一般来说地面水容易积聚,地下水位较高,因此,路基需要保持一定的最小填土高度,并且要加强地面排水,特殊路段采用必要的地下排水措施;路面结构层应选择水稳定性良好的材料。山岭重丘地区地势陡峻,路基的强度与稳定性,尤其是稳定性不易保证,需要采取某些防护与加固措施,同时路基路面的排水系统必须设置完备。

2. 地质

沿线岩土的种类、成因、岩层的走向、倾向和倾角、风化程度等,都影响路基的强度与稳定性。

3. 气候

公路沿线的气温、降雨量、冰冻深度、日照、年蒸发量、风力、风向等均影响路基路面的水温状况。

4. 水文与水文地质

水文是指地面径流、河道的洪水位、河岸的冲刷与淤积情况等;水文地质则是指地下水位、地下水移动的规律,有无泉水及层间水等。所有这些都会影响路基路面的稳定性,如处理不当,往往会导致路基路面产生各种病害。

影响路基路面稳定性的人为因素一般有:行车荷载特别是超载的作用,以及路基路面的设计、施工、养护是否正确等。

路基设计时,应根据各路段的具体情况,采用合理的路基断面形式,做好地面和地下排水设施,对不良地质路段,还应采取必要或特别的措施,防止路基病害的发生。路面设计时,应根据各地的气候特点,采用合理的结构组合,并采用适当的路面结构及排水设施。

第二节 路基和路面结构的组成与层次划分

一、路基

路基也称为土基,作为路面的基础。土基可以是原状土的路堑(挖方),也可以是用扰动土填筑的路堤(填方),结构简单。路基承受由路面传递下来的车轮荷重及路面的自重,要求修筑路堤所用的填料应为水稳性好、压缩性小、便于施工压实,且运距较短的土、砂石材料,如碎(砾)石质土、低液限黏土(砂性土)、砾石或不易风化的石块等。不论是填方还是挖方,均应将路基顶面下一定深度内的土层压实至规定的要求,以防在行车和自然因素作用下产生过量变形,加速路面的损坏。

由于地形的变化和填挖高度的不同,使得路基横断面也各不相同,典型的路基横断面有路堤、路堑、半填半挖3种。它们由路基的边坡、路肩(或人行道)、车行道、分隔带以及支挡和排水构造物等组成(在第一篇第四章中已详述)。

二、路面

路面结构是用各种材料分层铺筑而成的,按所处层位和作用的不同:中、低级路面结构层一般为2~3层,如图2-1-1a)、b)所示;高级、次高级路面结构层一般为4~6层,如图2-1-1c)所示。

1. 面层结构与组成

面层是直接承受自然影响和行车作用的层次。因此它应具有足够的抵抗行车垂直力、水平力及冲击力作用的能力和良好的水、温稳定性,应耐磨不透水,表面应有良好的抗滑性能和平整度。面层有时由一层、二层或三层组成,分别称为面层、面层上层和面层下层,或面层上、中、下层,如图2-1-1所示。

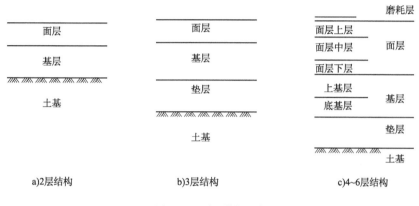

图2-1-1 路面结构层次

修筑面层用的材料主要有:水泥混凝土,沥青混凝土(沥青与矿料组成的混合料),砂砾或碎石掺土(或不掺土)的混合料、块石及混凝土预制块等。

2. 基层结构与组成

基层位于面层之下,主要承受由面层传来的车轮荷载垂直压力,并把它向下面层次扩散分布。设置基层可减小面层的厚度,所以基层应具有足够的抗压强度和扩散应力的能力。车轮荷载水平力作用沿着深度递减很快,对基层影响很小。虽然车轮不直接与基层接触,对基层的耐磨性可不予重视,但应有较为平整的表面,以保证面层厚度均匀。基层与面层应结合良好,以提高路面结构整体强度,避免面层沿基层滑移推挤。基层遭受大气因素的影响虽比面层为小,但不能阻止地下水和地表水侵入,当面层透水时,也不能阻止雨水侵入,所以基层应具有足够的水稳性。

基层有时分两层铺筑(高速公路、一级路一般分两层铺筑),其上面一层称上基层,下面一层称底基层,修筑底基层所用材料的质量要求可较上基层低些。

修筑基层用的材料主要有:碎(砾)石,天然砂砾,用石灰、水泥或沥青处治的土,用石灰、水泥或沥青处治的碎(砾)石,各种工业废渣(煤渣、矿渣、石灰渣等)和它们与土、砂、石所组成的混合料,以及水泥混凝土等。

3. 垫层结构与组成

设置在基层与土基之间的层次为垫层。它主要用来调节和改善水与温度的状况,一方面可减轻土基不均匀冻胀和隔断地下毛细水上升,也可排除基层或土基中多余的水分;另一方面还能阻止路基土挤入基层中,以保证路面结构的稳定性,并且它还能扩散由基层传来的车轮荷载垂直作用力,以减小土基的应力和变形。

垫层一般只设一层,在路面结构层中是厚度最大的一层。修筑垫层所用的材料,强度不一定要高,但水稳性、隔热性和吸水性要好。其常用材料有两种类型:一种是由松散颗粒材料组成,如用砂、砾石、炉渣、片石、锥形块石等修成的透水性垫层;另一种是由整体性材料组成,如用石灰土、二灰土、三灰土、炉渣石灰土类修筑的稳定性垫层。

路面结构层的基本特点是:自上而下,层厚逐层增加;强度逐层减弱;材料造价逐层降低。

除上述基本层次外,对于耐磨性差的砂石路面,为改善行车条件、延长使用寿命,常在其上面铺筑厚度为 2~3cm 的磨耗层,它常由砂砾石、石屑等坚硬的细粒料与黏土拌和后铺成;为延长磨耗层使用期限、提高平整度,有时在磨耗层上再加铺保护层,常用粗砂或砂土混合料铺成,厚度不超过 1cm;对于沥青类路面,为减少面层磨损、提高抗滑能力,也可用沥青砂、沥青石屑等铺筑 2~3cm 厚的防滑磨耗层。磨耗层、保护层等是路面面层的附属层次,是一种养护措施。图 2-1-1 所示仅是典型的路面结构示意图,实际上路面不一定具有那么多层次,有时一个层次起着两个或三个层次的作用,层次的划分也不是一成不变的。如现今流行的石灰稳定类基层上铺沥青面层的结构,该石灰稳定类层次同时起着基层和垫层的作用。又如修筑在土基上的块石路面、水泥混凝土路面或碎(砾)石路面,都只有一个结构层次,当在旧路面上加铺新路面结构时,旧路面就成为新路面的基层或底基层等。

为保护路面结构各层次的边缘,保证车轮荷载向下扩散和传递,且有利于施工中碾压、立模等,下面的层次应比其上一层次每侧至少宽 0.25m。在路面外侧至路基边缘之间应用土培填形成路肩,以便从横向支承路面,并可供临时停车或堆放养路材料,也可供行人行走。有时在路肩靠近车行道的某一宽度范围内,加铺一层强度高的路面结构层形成硬路肩,以承受偶然的车轮荷载。

第三节 路基土的工程性质

按照现行的《公路土工试验规程》(JTG E40—2007)中土的工程分类方法,将土分为巨粒土、粗粒土、细粒土和特殊土 4 大类。各类土的主要工程性质如下:

1. 巨粒土

巨粒土有很高的强度及稳定性,是填筑路基的很好材料。对于漂石土,在码砌边坡时,应正确选用边坡值,以保证路基稳定。对于卵石土,填筑时应保证有足够的密实度。

2. 粗粒土

粗料土,包括砾类土和砂类土。砾类土由于粒径较大,内摩擦力较大,因此强度和稳定性均能满足要求。级配良好的砾类土混合料,密实程度好。对于级配不良的砾类土混合料,填筑时应保证密实程度,防止由于空隙大而造成路基积水、不均匀沉降或表面松散等病害。

砂类土又可分为砂、含细粒土砂(或称砂土)和细粒土质砂(或称砂性土)3 种。

砂和含细粒土砂无塑性,透水性强,毛细水上升高度很小,具有较大的摩擦系数,强度和水稳定性较好。但由于黏性小,易于松散,压实困难,需用振动法或灌水法才能压实。为了克服这一缺点,可添加一些黏性土,以改善其使用质量。

细粒土质砂既含有一定数量的粗颗粒,使路基具有足够的强度和水稳定性,又含有一定数量的细颗粒,使其具有一定的黏性,不致过分松散。一般遇水干得快,不膨胀,干时有足够的黏性,容易被压实。因此,细粒土质砂是填筑路基的良好材料。

3.细粒土

细料土,包括粉质土、黏质土和有机质土。粉质土为最差的筑路材料。它含有较多的粉土粒,干时稍有黏性,但易被压碎,扬尘性大,浸水时很快被湿透,易成稀泥。粉质土的毛细作用强烈,上升速度快,毛细水上升高度一般可达0.9~1.5m,季节性冰冻地区,水分在路基上方大量积聚,造成严重的冬季冻胀,春融期间出现路基翻浆。如遇粉质土,特别是在水文条件不良时,应采取一定的措施,改善其工程性质,如工程上常用的石灰土、二灰土、三灰土等。

黏质土透水性很差,黏聚力大,因而干时较硬,不易挖掘。它具有较大的可塑性、黏聚性和膨胀性,毛细现象也很显著,用来填筑路基比粉质土好,但不如细粒土质砂。浸水后黏质土能较长时间滞留水分,造成承载能力降低。对于黏质土,如在适当的含水率时加以充分压实,并有良好的排水设施,筑成的路基也能获得稳定。

有机质土(如泥炭、腐殖土等)不宜作路基填料,如遇有机质土均应在设计和施工上采取适当措施。

4.特殊土

特殊土,包括黄土、膨胀土、红黏土和盐渍土。黄土属大孔和多孔结构,具有湿陷性特点;膨胀土受水浸湿发生膨胀,失水则收缩;红黏土失水后体积收缩量较大;盐渍土潮湿时承载力很低。因此,特殊土不宜作路基填料。当出现在地基中时,应进行地基处理改善或换土。

第四节 路面分类与分级

一、路面分类

路面是用各种材料按不同配制方法和施工方法修筑而成,在力学性质上也互有异同。根据不同的实用目的,可将路面作不同的分类。

(一)按材料和施工方法分类

路面按材料和施工方法可分为5大类:

(1)碎(砾)石类:用碎(砾)石按嵌挤原理或最佳级配原理配料铺压而成的路面。一般用作面层、基层。

(2)结合料稳定类:掺加各种结合料,使各种土、碎(砾)石混合料或工业废渣的工程性质改善,成为具有较高强度和稳定性的材料,经碾压而成的路面。用作基层、垫层。

(3)沥青类:在矿质材料中,以各种方式掺入沥青材料修筑而成的路面。一般可作面层或基层。

(4)水泥混凝土类:以水泥浆为结合料、碎(砾)石为粗集料、砂为填充料,经拌和、摊铺、振捣和养生而成的路面。通常用作面层,也可用作基层。

(5)块料类:用整齐、半整齐料石、块石或水泥混凝土预制块铺砌,并用砂嵌缝后辗压而成的路面,用作面层。

每一类路面中,因材料配制和施工工艺不同,又有多种多样的类型,现将常见的类型名称、定义和适用的层位列于表2-1-1。有关详细的材料配制方法、工艺过程等内容,可参阅相关路面的施工规范。

常见路面结构层类型 表2-1-1

名　称		定　义	适用层次
碎砾石类	泥结碎石	以碎石作集料,黏土作填充料和黏结料,经压实而成的路面结构层	基层、中级路面面层
	泥灰结碎石	以碎石作集料,用一定数量的石灰和土作黏结填缝料,经压实而成的路面结构层	基层
	级配碎(砾)石	由各种集料(碎石、砾石)和土,按最佳级配原理配制并铺压而成的路面结构层	基层、底基层、中级路面面层
	填隙碎石	用单一粒径粗碎石作主集料,石屑作填缝料,经铺压而成的结构层。干法施工者,也称干结碎石;用湿法施工者,也称水结碎石	底基层,二、四级基层
结合料稳定类	石灰(稳定)土	将一定剂量的石灰同粉碎的土拌和、摊铺,在最佳含水率时压实,经养生成形的路面结构层	基层、垫层
	水泥稳定土	在粉碎的或原来松散的土中,掺入适量的水泥和水,经拌和、压实、养生成形的路面结构层	基层、垫层
	沥青稳定土	用沥青为结合料,与粉碎的土或土-集料混合料经拌和、铺压而成的路面结构层	基层、垫层
	工业废渣	用石灰或石灰下脚料(含氧化钙、氢氧化钙成分的工业废渣如电石渣等)作结合料,与活性材料(粉煤灰、煤渣等工业废渣)及土或其他集料(如碎石等,也可不加)按一定配合比,加适量水拌和、铺压、养生成形的路面结构层	基层、垫层
沥青类	沥青表面处治	用沥青和矿料按层铺或拌和的方法,铺筑厚度不大于3cm的一种薄层路面面层	次高级路面面层,防水、磨耗、防滑层
	沥青贯入碎石	用大小不同的碎石或砾石分层铺筑,颗粒尺寸自下而上逐层减小,同时分层贯入沥青,经过分层压实而成的路面结构层	次高级路面面层,高级路面面层
	沥青碎石	由一定级配的矿料(有少量矿粉或不加矿粉)用沥青作结合料,按一定比例配合、拌匀、铺压成形的路面结构层	高级、次高级路面面层(下层或上层),高级路面基层
	沥青玛蹄脂碎石混合料(简称SMA)	以沥青、矿粉或纤维稳定剂组成的沥青玛蹄脂结合料,填充于阶段级配的矿料骨架中,所形成的混合料经铺压而成的路面面层,厚3.5~4cm	高级路面面层(下层或上层)
	沥青混凝土	由适当比例的各种不同大小颗粒的矿料(如碎石、扎制砾石、筛选砾石、石屑、砂和矿粉等)和沥青在一定温度下拌和成混合料,经铺压而成的路面面层	高级路面面层、基层
	水泥混凝土	以水泥与水合成水泥浆为混合料,碎(砾)为集料,砂为填充料,按适当的配合比例,经加水拌和、摊铺、振捣、整平和养生所筑成的路面结构层	高级路面面层、基层

续上表

名　　称		定　义	适用层次
块料类	整齐块石	分别以经加工的整齐块石、半整齐块石或预制的水泥混凝土连锁块铺筑而成的路面面层	高级、中级、高级路面面层
	半整齐块石		
	水泥混凝土联锁块		

(二) 按路面力学特性分类

路面按力学特性通常分为下列 3 种类型：

1. 柔性路面

柔性路面主要包括用各种基层(水泥混凝土除外)和各类沥青面层、碎(砾)石面层、块料面层所组成的路面结构。柔性路面在荷载作用下所产生的弯沉变形较大,路面结构本身抗拉强度低,车轮荷载通过各结构层向下传递到土基,使土基受到较大的单位压力,因而土基的强度、刚度和稳定性对路面结构整体强度和刚度有较大影响。

2. 刚性路面

刚性路面主要指用水泥混凝土作面层修筑的路面结构。其水泥混凝土的强度,特别是抗弯拉(抗折)强度,比其他各种路面材料要高得多。它的弹性模量也较其他各种路面材料大得多,故呈现较大的刚性。水泥混凝土路面板在车轮荷载作用下的垂直变形极小,荷载通过混凝土板体的扩散分布作用,传递到地基上的单位压力要较柔性路面小得多。

3. 半刚性路面

由于用石灰或水泥稳定土、用石灰或水泥处治碎(砾)石以及用各种含有水硬性结合料的工业废渣做成的基层,在前期具有柔性结构层的力学特性,当环境适宜时,其强度与刚度会随着时间的推延而不断增大,到后期逐渐向刚性结构层转化,板体性增强,但它的最终抗弯拉强度和弹性模量还是远较刚性结构层为低。因此,有时把含这类基层的沥青路面结构单列类,称为半刚性路面。

二、路面等级的划分

通常可按面层的使用品质、材料组成和结构强度的不同,把路面分成下面 4 个等级:

1. 高级路面

高级路面包括由水泥混凝土、沥青混凝土、整齐块石、条石、预制水泥混凝土联锁块等面层所组成的路面。这类路面的特点是:结构强度高,使用寿命长,适应较大的交通量,平整无尘,能保证高速行车。它的养护费用少,运输成本低,但基建投资大,需要质量要求高的材料来修筑。一般用于高速公路、一、二级公路及城市快速路、主干路和次干路。

2. 次高级路面

次高级路面包括由热拌沥青碎石混合料、沥青贯入式、乳化沥青碎(砾)石混合料、沥青碎(砾)石表面处治和半整齐块石等面层所组成的路面。与高级路面相比,它的强度稍差,使用寿命略短,所适应的交通量也小些,行车速度较低。它的造价虽较高级路面低些,但要求定期维修的期限也短,养护费用和运输成本也稍高。它适用于二、三级公路及城市次干路、支路和街坊道路。

3. 中级路面

中级路面包括水结、泥结和级配碎(砾)石、不整齐块石等面层组成的路面。它的强度低、使用期限短、平整度差、易扬尘,仅能适应较小的交通量,行车速度也低,它需要经常维修或补充材料,才能延长使用期限。它的造价虽低,但养护工作量较大,运输成本较高,一般用于三、四级公路。

4. 低级路面

低级路面包括用各种粒料或当地材料改善的土所筑成的路面,例如炉渣土、砾石土和砂砾土等。它的强度低,水稳性和平整度都差,易扬尘,故只能保证低速行车,所适应的交通量也很小,在雨季常常不能通车。它的造价虽低,但要求经常养护修理,而且运输成本很高;一般用于四级公路。

第五节 公路的自然区划

一、公路自然区划的缘由

我国幅员辽阔,各地气候、地形、地貌、水文、地质条件等的差别很大,各地自然因素的差异对建筑在大自然环境中的道路构造物产生的影响和可能造成的病害也是各不相同的,在路基、路面设计中应考虑的问题也就有所不同。例如,季节性冰冻地区的道路病害主要是冻胀与翻浆;而南方多雨地区雨季水毁问题突出。因而,如何根据各地自然条件的特点,对路线勘测、路基路面的设计、筑路材料的选择、施工方案的拟定等问题,进行综合考虑是十分必要的。有关部门根据我国各地自然条件对公路设计与建筑影响的主要特征,提出了中国公路自然区划,以便在公路设计与建筑中应用。城市道路设计时,原则上也可参照公路的自然区划。

二、公路自然区划

根据影响公路工程的地理、地貌及气候的差异性,按道路工程特征相似性、地表气候区域差异性,及自然气候要素既综合又有主导作用的基本原则进行公路自然区划。区划分为3个等级。

1. 一级区划

一级区划主要是根据全国大范围内对公路建设具有控制作用的地理——气候因素,并适当参照土质和其他自然因素拟定。全国一共分成7个一级区,即Ⅰ.北部多年冻土区;Ⅱ.东部湿润季冻区;Ⅲ.黄土高原干湿过渡区;Ⅳ.东南湿热区;Ⅴ.西南潮暖区;Ⅵ.西北干旱区;Ⅶ.青藏高寒区。

2. 二级区划

二级区划是在一级区划内,根据地貌类型、水温状态及道路自然病害等因素,进一步划分成33个二级区和19个副区。

3. 三级区划

三级区划是根据各地区自然条件表现出来的特点,在二级区划内进一步区划而得。三级区划由各地结合当地具体条件进行划分。

各级区划在公路工程上的应用各有侧重。一级区划主要为全国性的公路总体规划和设计服务;二级区划主要为各地的公路路基路面设计、施工、养护提供较全面的地理、气候依据和有关计算参数,如土基和路面材料的回弹模量、路基临界高度、水泥混凝土路面板的温度梯度等。

我国公路自然区划的具体划分界线及各种指标和说明,可查阅《公路自然区划标准》及其附图。

思考题与习题

1. 何谓路基、路面？对路基、路面的基本要求有哪些？
2. 影响路基稳定性的因素有哪些？
3. 路面结构层的基本特点是什么？
4. 从土的粒径考虑,填筑路基的土应采用何种类型？
5. 路面分为几级？
6. 为什么要进行公路区划？

第二章 路　　基

虽然路基在结构形式上较简单,但它修筑在地面之上,暴露于大气之中,所以受地形、地质、水文和气候等自然因素的影响极大,如果设计和施工不当,容易产生各种各样的病害,导致路基、路面破坏,影响交通和行车安全,或耗费大量投资进行抢险和修复。

路基在设计上可分为一般路基设计和特殊路基设计。一般路基是指在正常的地质和水文条件下,路基填挖不超过设计规范或技术标准允许范围的路基,它可以结合当地地形、地质情况,直接参照规范规定或标准图设计,不必个别详细论证和验算。对于工程地质、水文地质条件复杂,填挖高度超过规范规定,或修筑在陡坡上的路堤等各种特殊条件下的路基,则必须进行特殊设计,包括路基稳定性分析和验算、防护加固设施的设计等。在路基设计中,一般还应包括路基排水系统的总体布置,地上、地下排水构造物的设计及其他设施(如取土坑、护坡道……)的布设与计算。

本章内容将着重叙述路基的刚度和稳定性、路基的压实、路基的边坡和挡土墙的类型与布置等。有关特殊路基设计,可参阅公路设计手册《路基》等书籍。

第一节　路基破坏现象及原因

路基在自然因素及行车荷载作用下,会产生各种变形和破坏。为了采取有效的防治措施,防止或减缓路基的破坏,必须了解路基有哪些破坏现象及其成因。路基的破坏形式是多种多样的,原因也错综复杂,常见的破坏现象可扼要归纳如下几个方面:

一、路基的变形与破坏类型

1.路堤的沉陷

路基因填料选择不当,填筑方法不合理,压实不足时,在荷载、水和温度等的综合作用下,堤身可能向下沉陷,如图 2-2-1 所示。所谓填筑方法不合理,包括不同土质混杂、未分层填筑和压实、土中含有未经打碎的大土块或冻土块等。填石路堤因石料规格不一,性质不匀;或就地爆破堆积,乱石中空隙很大,在一定期限内(例如经过一个雨季)也可能产生局部的明显下沉。当原地面比较软弱,例如泥沼、流沙或垃圾堆积等,填筑前未经换土或压实,土基发生下沉,也可能引起路堤下降。冻融作用也常常使路基产生不均匀变形。路基的这类不均匀下陷,将造成局部路段破坏,影响道路交通。

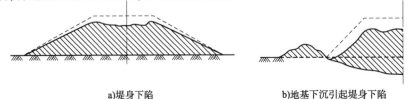

a)堤身下陷　　　　　　　　b)地基下沉引起堤身下陷

图 2-2-1　路堤沉陷示意图

2. 路基边坡塌方

路基边坡塌方是最常见的路基病害,也是道路水毁的普遍现象。按其破坏规模与原因的不同,路基边坡塌方可以分为剥落、碎落、滑坍和崩坍等,如图2-2-2所示。

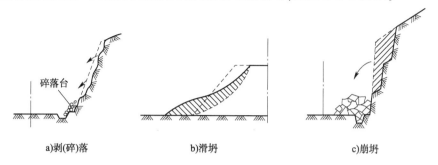

图2-2-2 路基边坡塌方示意图

剥落是指边坡表土层或风化岩层表面在大气的干湿或冷热的循环作用下,发生胀缩现象,零碎薄层成片状或带状从坡面上脱落下来,而且在老的脱落后,新的又不断产生。填土不均匀和易溶盐含量大的土层及泥质岩、绿泥岩等松软岩层较易发生此种破坏现象。路堑边坡剥落的碎屑堆积在坡脚下,将堵塞边沟,影响路基的稳定,并妨碍交通。

碎落是岩石碎块脱落的一种现象,其规模和危害程度比剥落严重。产生的主要原因是路堑边坡较陡(>45°),岩石破碎和风化严重,在胀缩、震动及水的侵蚀与冲刷作用下,块状碎屑沿坡面向下滚落。如果落下的岩块较大(直径在40cm以上),以单个或多块落下,此种碎落现象则称为落石或坠落。落石的石块较大,降落速度极快,所产生的冲击力不但会威胁到行车和行人的安全,也可使路基结构物遭到破坏,有时还会引起其他病害。

滑坍是指路基边坡土体或岩石沿着一定的滑动面整体向下滑动。其规模和危害程度较碎落更为严重,有时滑动体可达数千方乃至数万方,导致严重阻车。产生滑坍的主要原因是边坡较高(>10m),坡度较陡(陡于50°),填方不密实,缺少应有的支撑与加固。

挖方的岩层对公路成顺向坡,岩层倾角在50°~75°之间,夹有较弱和透水的薄层或岩石严重风化等,在水的侵蚀和冲刷作用下形成滑动面,致使土石失去平衡而产生滑坍。

崩坍的规模与产生原因,与滑坍有共同之处,也是比较常见的而且危害较大的路基病害之一。它与滑坍的主要区别在于崩坍无固定滑动面,也无下挫现象,即坡脚线以下地基无移动现象,崩坍体的各部分相对位置在移动过程中完全打乱,其中较大石块翻滚较远,边坡下形成倒石堆或岩堆。

此外,还有坍塌(也称堆坍)等,其原因和形态与崩坍相似,但坍塌主要是土体(或土石混杂的堆积物)遇水软化。在45°~60°的较陡边坡无支撑情况下,自身重量所产生的剪切力超过了黏结力和摩阻力所构成的抗剪力。这时土体沿松动面坠落散开,它的变形速度比崩坍慢,很少有翻滚现象。

3. 路基沿山坡滑动

在较陡的山坡填筑路基,如果原地面较光滑,未经凿毛或人工挖筑台阶,或草丛未清除,坡脚又未进行必要的支撑,一旦受到水的润滑(上坡积水),填方与原地面之间接触面上的抗剪力很小,填方在荷载作用下,有可能整体或局部沿地面向下移动,使路基失去整体稳定性,如图2-2-3所示。此种破坏现象虽不普遍,但也不应忽视,如果不针对上述产生原因采取预防措施,路基整体稳定性会遭到破坏。

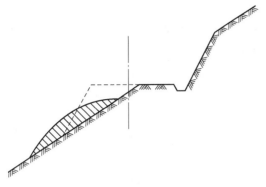

图 2-2-3　路堤沿山坡滑移示意图

4. 路基在特殊地质水文情况下的破坏

道路通过不良地质和水文地带,或遇较大的自然灾害,如滑坡、岩堆、错落、泥石流、雪崩、岩溶、地震、严重冰冻及特大暴雨等,均能造成路基结构物的大量破坏。

二、路基破坏原因的一般分析

由上述简要介绍可知,路基产生病害的原因是多方面的,各种病害有各自的特点,又往往具有共同的原因。大致可将产生路基病害的原因归纳为以下几个方面:

(1)不良的工程地质和水文地质条件。如地质构造复杂、岩层走向及倾角不利、岩性松软、风化严重、土质较差、地下水位较高以及其他特殊不良地质病害等。

(2)不利的水文与气候因素。如降雨量大、洪水猛烈、冰冻、积雪或温差特大等。

(3)设计不合理。如填筑材料选择不当、断面尺寸不合要求(包括边坡值不当)、挖填布置不符合要求,排水、防护与加固不妥等。

(4)施工不当。如填筑顺序不当、土基压实不足、盲目采用大型爆破以及不按设计要求和操作规程进行施工、工程质量不合标准等。

上述原因中,地质条件是影响路基工程质量和产生病害的内部原因和基本因素,水则往往是造成路基病害的直接因素。为此,必须强调设计前要详细地进行路基填筑材料和地质与水文勘查工作,针对具体条件及各种因素的综合作用,采取正确的设计方案与施工方法,才能消除和尽可能减轻路基病害,确保路基工程达到规定的质量要求。

第二节　路基湿度状况和干湿类型判别

由上一节路基病害分析可知,路基的湿度状况对路基的强度、刚度与稳定性有着非常密切的关系。为了在设计时充分考虑到路基湿度的影响,应对路基的湿度状况作一考察。

一、路基湿度的来源和变迁

路基受到各种外界因素的作用而使其湿度发生变化。这些因素主要如图 2-2-4 所示。

(1)大气降水和蒸发。降水从路面(透水的或有裂缝的)、人行道、路肩、边坡等渗入路基浸湿其各个部分;蒸发又使其中的水分逸出而促使土基趋向干燥。路基潮湿的程度与降雨量和蒸发量以及路面的性质和状况有关。

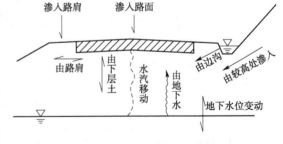

图 2-2-4　路基的湿度来源

(2)地面水。地势低洼排水不良时,积滞在道路两侧的地面水通过毛细浸湿和渗漏作用进入路基,其数量与积水期长短有关,也与土质有关。

(3)地下水。地下水位高时,水分因毛细作用从地下水面上升浸湿土基的上层。地下水位随降水和农田灌溉而升降,路基受浸湿的程度便随地下水位的高低和土质而异。

(4)温度变化。大气温度变化促使路基的温度也发生相应的变化,并造成路基内不同深度处的温度出现差异,在温差影响下,土中的水分(或水汽)以液态(或气态)由热处向冷处移动,并积聚(或凝结)在该处,从而使路基内的湿度分布发生变化。特别是在季节性冰冻地区,因负温差的作用而引起的湿度积聚现象更为严重。

(5)给排水设施渗漏。涵洞及城市道路地下给排水管道渗漏等,会引起局部路基湿度增大。

二、路基干湿类型判定方法

1. 根据平均稠度判定法

此方法适用于对原有公路拓宽改造时某断面的路基干湿类型判定。

路基土在横断面上某点的稠度 w_c,是指土的液限含水率 w_1 和土的含水率 w 之差,与土的液限含水率 w_1 和塑限含水率之差 w_p 的比值,即:

$$w_c = \frac{w_1 - w}{w_1 - w_p} \tag{2-2-1}$$

土的稠度较准确地表示了土的各种形态与湿度的关系,稠度指标综合了土的塑性特性,包含了液限与塑限,全面直观地反映了土的软硬程度。

① $w_c = 1.0$,即 $w = w_p$ 为半固体与硬塑状的分界值;
② $w_c = 0$,即 $w = w_1$ 为流塑与流动状的分界值;
③ $1.0 > w_c > 0$,即 $w_1 > w > w_p$ 土处于可塑状态。

2. 根据临界高度判定法

对于新建公路,路基尚未建成,无法按上述方法现场勘察路基的湿度状况,可以用临界高度作为路基干湿类型的判定标准。当路基的地下水位或地表长期积水位一定的情况下,路基的湿度由下而上逐渐减小,如图2-2-5所示。

图中:H_1 对应于 w_{c1},为干燥和中湿状态的临界高度;

H_2 对应于 w_{c2},为中湿和潮湿状态的临界高度;

H_3 对应于 w_{c3} 为潮湿和过湿状态的临界高度。

路床表面距地下水位或地表长期积水水位的最小高度称为路基临界高度。

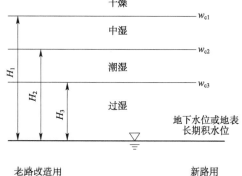

图 2-2-5 路基分界稠度与临界高度

地下水位或地表长期积水水位,可通过野外调查、勘察获得。路基高度可从路线纵断面图或路基设计表中查得,扣除预估的路面厚度,即可得路床表面距地下水位或地表长期积水水位的高度 H_0,以此时实际的 H 与区别各种状态的临界高度 H_1、H_2、H_3 比较,便可得出对这个横断面路基干湿类型的判定。

路基临界高度可根据土质、气候因素按当地经验确定。不同自然区划及土质的临界高度参考值见表2-2-2。

影响土基湿度的一些因素(降水、蒸发和温度等)具有明显的季节性和地区性差异的特点,其浸湿程度在一年四季内按各地区的不同规律不断地变化着。降雨量少的月份,土基湿度较低,降雨量大的月份,土基湿度便增大。土基湿度主要受地下水影响,随地下水位的升降而发生湿度的变化。在季节性冰冻地区,还会因土基内负温差的影响而产生比南方地区严重得多的湿度积聚,甚至导致冻胀和翻浆。

三、路基干湿类型的划分

在路基路面设计中,路基的潮湿状况是以干湿类型分为干燥、中湿、潮湿和过湿四类,用路基土的平均稠度来区分。各公路自然区划不同土组的分界稠度参见表2-2-1;路基干湿类型的划分参见表2-2-2。

土基干湿状态的稠度建议值　　表2-2-1

干湿状态 土组	干燥	中湿	潮湿	过湿
	$w_c \geq w_{c1}$	$w_{c1} > w_c \geq w_{c2}$	$w_{c2} > w_c \geq w_{c3}$	$w_c < w_{c3}$
土质砂	$w_c \geq 1.20$	$1.20 > w_c \geq 1.00$	$1.00 > w_c \geq 0.85$	$w_c < 0.85$
黏质土	$w_c \geq 1.10$	$1.10 > w_c \geq 0.95$	$0.95 > w_c \geq 0.80$	$w_c < 0.80$
粉质土	$w_c \geq 1.05$	$1.05 > w_c \geq 0.90$	$0.90 > w_c \geq 0.75$	$w_c < 0.75$

注:w_{c1}、w_{c2}、w_{c3}分别为干燥和中湿、中湿和潮湿、潮湿和过湿路基的分界稠度,w_c为路床表面以下80cm深度内的平均稠度。

路 基 干 湿 类 型　　表2-2-2

路基干湿类型	路床表面下80cm深度内平均稠度w_c与分界稠度w_{c1}的关系	一 般 特 性
干燥	$w_c \geq w_{c1}$	路基干燥稳定,路面强度和稳定性不受地下水和地表积水影响,路基高度$H > H_1$
中湿	$w_{c1} > w_c \geq w_{c2}$	路基上部土层处于地下水或地表积水影响的过渡带区内,路基高度$H_2 < H < H_1$
潮湿	$w_{c2} > w_c \geq w_{c3}$	路基上部土层处于地下水或地表积水毛细影响区内,路基高度$H_3 < H < H_2$
过湿	$w_c < w_{c3}$	路基极不稳定,冰冻区春融翻浆,非冰冻区软弹,路基经处理后方可铺筑路面,路基高度$H < H_3$

注:①H为不利季节路床表面距地下或地表积水水位高度;
②地表积水是指不利季节积水20d以上;
③H_1、H_2、H_3分别为干燥、中湿、潮湿状态的路基临界高度。

路基临界高度是指保证路基上部土层(规范规定为路床表面以下80cm),处于某种湿度状态时,路床表面距地下水位或地表长期积水位的最小高度。比如保证上部土层处于干燥状态的最小高度,称为干燥状态的临界高度等。

根据道路自然区划和路基的干湿类型,就可以研究自然因素和水文因素对各路段土基湿度影响的特点和程度,也就可以分析各路段土基强度和刚度的差异,为确定不同地段的土基湿度和强度(或刚度)值及路面设计创造了条件。

【例2-1-1】 现有一段位于苏州市郊区的粉质中液限黏土路基,最高地下水位离地面0.8m,路槽底(即路床表面)高出地面1.0m,试确定路基干湿类型并预测路基湿度。

【解】查图2-1-2可知,苏州市属公路自然区划Ⅳ区。该路段路槽底至地下水位的高度$H = 1.0 + 0.8 = 1.8$m;Ⅳ区粉性土路基的临界高度$H_0 = 1.9 \sim 2.1$m,$H = 1.3 \sim 1.4$m。再据表 2-2-2 可知该段路基属中湿类型。由表 2-2-1 查得分界稠度为：$W_0 = 1.05, W_0 = 0.90$。因 H 值偏近 H_0 值，估计该段路基上层 80cm 范围内的平均稠度约为 1.0。

第三节 土基的抗变形能力（刚度）和稳定性

直接位于路面下的那部分路基(土基)起着支承路面经受行车荷载的作用。若路基松软，不仅会引起路面的不均匀沉陷，影响路表面的平整度，降低车速，增加油料消耗和机件损伤，而且会招致路面的过早破坏。反之，土基坚固，不仅强化了路面，提高道路的使用品质，而且还可减薄路面厚度，降低路面造价。因此，必须考虑路基的抗变形能力及其在不利自然因素作用下的稳定性。

一、土基的刚度指标

通过路面传至土基顶面的行车荷载，是一种重复作用的瞬时动荷载。车辆在起动、制动、变速和正常行驶时作用于路表面的水平力，随深度消减得很快；当路面厚度在 15cm 以上时，土基顶面受到的水平力便很小，可忽略不计。行车的撞击力，通过路面的吸震作用，传至土基也是很小的。因此，通常把行车荷载对土基的影响仅看作为一种瞬时、重复作用的垂直力。路基顶面受到的垂直力的大小，视车辆荷重和路面的刚度而定。通常，水泥混凝土路面下土基顶面的压力在 0.05MPa 以内；而柔性路面下土基顶面上的压力为 0.05~0.3MPa。垂直压力沿土基深度递减，至一定深度其应力将比随深度而增加的土基自重应力小得多，当前者与后者比值为 1/5~1/10 以下时，再往深处的行车荷载影响与土基自重影响相比可忽略不计。此深度便可看作为对于支承路面经受行车荷载作用有较大影响的土基范围，必须保证这部分土基具有足够的强度和水稳性。这个深度范围随行车荷载的大小与路面的刚度而异，通常约为 0.90~2.40m，称为路基的工作区。

传到土基顶面的垂直压力虽然不大，但将使土基或多或少地产生变形。据观测，荷载作用下柔性路面表面出现的总垂直变形中，路基的变形占了 70%~85% 以上。因此，土基的变形必然反映给路面，使路面也随着变形，从而影响到路面的使用年限和使用品质；严重时还会造成路面的反射裂缝甚至损坏。因此，对土基抵抗外荷载能力的分析应着重于它在垂直压力作用下的变形程度。

二、土基水文状况对刚度的影响及改善措施

土基的刚度受其水文状况(主要是湿度状况)的影响很大，要保证土基的刚度及水稳性，必须查明土基的水文状况及变迁规律，从而进一步采取相应措施来改善不利的水文状况。

由上一节的分析可知，土基的湿度有着季节性变化和地区性差异的特点，这些特点必然反映到土基的刚度(抗变形能力)上，使土基的刚度也发生季节性变化，并存在着地区性的差异。因而，在确定土基的刚度时必须考虑到这个特点，应选择在最不利季节进行测定。若在非不利季节时测定，其数值应换算到最不利季节时的数值。

当土基的水文状况不佳时，在季节性冰冻地区会造成冻胀和翻浆的现象，在南方非冰冻地区则会造成土基过分湿软，从而使路基土的刚度在某个时期过分降低，导致路面在行车作用下产生严重车辙甚至迅速破坏。为了避免发生上述病害，或在发生后处治好这类病害，必须采取一些适当的工程措施，以调节土基的不利水文状况，保证其刚度在一年内变化得较

少。常用的措施有如下几个方面：

1. 加强路基和路面排水

正确布设路基和路面排水系统，并经常疏浚以保持通畅，使地面水、地下水得以迅速排除。及时维修路面，不使之产生坑穴凹陷或裂缝等，以致路面积水下渗浸湿路基。

2. 压实土基

对路基土施以充分的压实，使之具有一定的抵抗水分浸湿的能力，也即保证它具有足够的刚度和水稳性。

3. 保证填土高度

在填土地段，保证路堤具有一定的高度，借以保证路面排水，使路基上部不受到地面滞水和地下水的浸湿作用。一般应保证路基上部处于干燥或中湿状态。

采用边沟排水时，填土路肩边缘距地面的高度不宜低于表2-2-3所规定的干燥路基最小填土高度的要求。如受设计高程限制，难以达到最小填土高度要求时，应取其他措施（如设隔离层、排水层等）。

干燥路基最小填土高度　　　　　　表2-2-3

土组	砂性土	粉性土	黏性土
最小填土高度(m)	0.3~0.5	0.5~0.8	0.4~0.7

4. 换土

用强度高、水稳性好、压缩性小的填筑材料替换路基上层水稳性差、强度较低的土（如粉性土等），并采取正确的填筑方法，如分层填筑、不同土质层次恰当组合等。换置深度不得小于0.8m。

5. 设置隔离层

用透水性良好的材料（毛细水上升高度小的）或不透水材料，在路基内修筑隔离层，以隔绝地下毛细水的上升，或者由负温差的作用而向上移动的水分，从而保证土基上层较为干燥。

6. 设置排水层或其他排水构造物

用大孔隙材料，如砂、炉渣等建造排水层（砂垫层）、砂桩或纵横向排水盲沟，以疏干并排除聚集在路基上层的过多的水分。

7. 石灰稳定土基

对过湿的土基，可掺拌少量石灰或打石灰桩（针），借石灰的吸湿作用疏干土基，并提高水稳性；在土基顶面可铺设石灰土或石灰炉渣土等垫层，减少湿软土基对路面的不利影响。

8. 设置隔温层

用导热性较低的材料（如炉渣等）建造隔温层，可减小冰冻作用的深度，从而减轻负温差作用下的湿度积聚。

上述各项措施各有不同效果。第1~3项是解决一般水文状况问题的措施，宜普遍采用；对于过湿地段或翻浆地段，还须分别采用第4~8项措施才能解决问题。有关各项措施的设计和实施，可参阅相关书刊、规范和手册。

第四节　土基填料的选择与压实

土基的强度、抗变形能力和稳定性，因填筑路堤所用土的物理力学性质与当地自然环境因素影响程度而不同,也与填土高度与施工技术有关。所以要慎重选择路基填土用料,并采用相应的施工措施。

一、填料的选择

在选择填料时,既要考虑料源和经济性,更要注意填料的性质是否合适。填筑路堤用的理想填料为强度高、水稳性好、压缩性小、便于施工压实,且是运距短的土、砂石材料。根据填料性质和适用性,通常将路堤填料分成以下几类:

1. 砂土

砂土无塑性,具有良好的透水性,遇水后毛细水上升高度很小(0.2~0.3m),具有较大的内摩擦系数。用砂土筑路堤,强度、抗变形能力、水稳性均好。但由于其黏性小易松散,对于流水冲刷和风蚀抵抗能力很弱。有条件时应适当掺加一些黏性大的土,或将表面予以加固,以提高路基稳定性。

2. 砂性土(低液限黏土,粉质低液限砂土)

砂性土既含有一定数量的粗颗粒,使之具有一定的强度和水稳性,又含有一定数量的细颗粒,使之具有一定的黏结性,不致过分松散。遇水干得快、不膨胀,湿时不黏着,雨天不泥泞、晴天扬尘小,易压实构成平整坚实的路基表面。砂性土是修筑路堤的良好填料。

3. 粉性土(粉质低液限黏土、粉土、粉质中液限黏土)

粉性土含有较多的粉土颗粒,干时稍有黏性,飞尘大,浸水时很快被湿透,易成稀泥。其毛细作用强烈,可达0.9~1.5m,在季节性冰冻区,水分积聚现象严重,春融期间极易翻浆和冻胀。粉性土是最差的筑路材料,不得已使用时,宜掺配其他材料,并加强排水与隔离等措施。

4. 黏性土(中液限黏土和高液限黏土)

黏性土的黏聚力大,透水性差,干燥时坚硬,浸湿后不易干燥,强度急剧下降。具有较大的可塑性、黏结性和膨胀性,毛细管现象也很显著,干湿循环所引起的体积变化很大。过干时不易打碎和压实,过湿时又易压成软弹土。黏性土不是理想的路基填料,当给予充分压实和良好排水设施时,可用作路堤填料。

5. 碎(砾)石质土

碎(砾)石质土其颗粒较粗,当不含有很多细颗粒成分(如黏土、粉土等)时,具有足够的强度、抗变形能力和水稳性,是修筑路堤的良好填料。使用时要注意填方的密实度,以防止由于空隙过大而造成路基积水、不均匀沉陷或表面松散等病害。

6. 砾石、不易风化的石块

砾石、不易风化的石块,这种填料渗水性很强,水稳定性好,强度高,施工季节不受限制,是最好的填料。石块空隙用小石块填塞密实时,路堤的下沉残余量很小,在行车荷载作用下塑性变形小。

7. 其他土

重黏土几乎不透水,黏结力特强,干时难以挖掘,湿时膨胀性和塑性都很大,不宜作路堤填料;易风化的软质岩石(如泥灰岩、硅藻岩等),浸水后易崩解,强度显著降低,变形量大,一般也不宜用来填筑路堤。对于一些特殊性质的土类,如泥炭、腐殖土或含有石膏等易溶盐的土,均不宜于填筑路堤;若不得已需用于筑路时,应分不同情况,采取特殊的防护和加固措施。

8. 杂填土

杂填土通常是指建筑垃圾(房渣土)、工业废渣和生活垃圾等人类活动形成的废渣,其成因不规律,分布不均匀,结构松散,强度低,压缩性高,有湿陷性。房渣土常含有腐木等不稳定物质,用作填料时须予以筛选,最大粒径不大于10cm,烧失量不大于5%;工业废渣的稳定性、适用粒径及对地下水污染影响应经技术鉴定才能确定能否用作路基填料;生活垃圾一般不得用作路基填料,只有当垃圾堆场沉积多年,经试验确定垃圾已分解稳定时方可不换土,但尚须采取必要的处理措施。

在填筑路堤时,为了少占耕地,应尽量利用附近路堑或附属工程的弃方作为填料,或者把取(借)土坑布置在荒地、空地或劣地上。从山坡取土时,应注意取土处坡体的稳定性,不得因取土而造成病害、出现水土流失现象,危及路基和附近建筑物的安全。

有关路基土的详细分类,请参见《公路土工试验规程》(JTG E40—2007)。

二、土基的压实

1. 土质路基的压实度

土质路基未经压实,将在自然因素和行车荷载作用下产生大量的变形或破坏。路堤经充分压实后,具有一定的密实度,并消除了大部分因水分干湿作用引起的自然沉陷和行车荷载反复作用产生的压实变形,提高了土的承载能力,降低了渗水性,因而也提高了水稳性。

由土的击实试验资料分析可知:土基的最大干密度表征着土基的强度和稳定性,它是衡量压实质量的一项重要指标。我国目前以压实度作为控制土基压实的标准。所谓压实度(K)就是工地上实际达到的干密度δ与在室内用标准击实仪进行击实试验所得的最大干密度δ_0之比,即

$$K = \frac{\delta}{\delta_0} \times 100\% \tag{2-2-2}$$

最大干密度δ_0系在室内用标准击实仪进行击实试验所得的,其相应的含水率即为最佳含水率w_0。

标准击实试验方法分轻型标准和重型标准两种。两者的落锤重量、锤落高度、击实次数不同,即试件承受的单位压实功不同。轻型标准的压实功仅相当于6~8t压路机的碾压效果,而重型标准相当于12~15t压路机的碾压效果。重型标准测得的最大干密度比轻型标准的约增加6%~12%,而最佳含水率一般要小2%~8%(含水率绝对值)。因此,压实度相同时,采用重型标准的压实要求比轻型标准的高。一般要求土基压实采用重型标准,确有困难时可采用轻型标准。

压实度K值的确定,需根据道路所在地区的气候条件、土基的水文状况、道路等级和路面类型等因素进行综合考虑。对冰冻潮湿地区和受水影响大的路基,其压实度要求应高些;对于干旱地区及水文情况良好地段,其压实度要求低些;路面等级高,压实要求高些,路面等级低,压实要求低些。《标准》第5.0.4条规定:

(1)路堤基底应清理和压实。基底强度、稳定性不足时,应进行处理,以保证路基稳定,减少工后沉降。

(2)路基压实度应根据公路技术等级、填挖深度、交通荷载等级和填料特点等因素确定,并符合表2-2-4规定。

公路土质路基压实度 表2-2-4

路基部位		路床顶面以下深度（m）	压实度(%) P_R 高速公路、一级公路	压实度(%) P_R 二级公路	压实度(%) P_R 三级公路、四级公路
上路床		0~0.3	≥96	≥95	≥94
下路床	轻、中及重交通荷载等级	0.3~0.8	≥96	≥95	≥94
	特重、极重交通荷载等级	0.3~1.2	≥96	≥95	—
上路堤	轻、中及重交通荷载等级	0.8~1.5	≥94	≥94	≥93
	特重、极重交通荷载等级	1.2~1.9	≥94	≥94	—
下路堤	轻、中及重交通荷载等级	>1.5	≥93	≥92	≥90
	特重、极重交通荷载等级	>1.9			

2. 城市道路路基压实度

城市道路路基范围内往往有大量地下管线，基于管道胸腔部位回填土的实际困难及为保护管道结构，沟槽回填土压实度达不到表2-2-5规定，而在近期内需铺筑路面时，必须采取防止沉陷的措施，如表2-2-6所示。

城市道路土质路基压实度 表2-2-5

填挖类型	深度范围（cm）	压实度(%) 快速路及主干路	压实度(%) 次干路	压实度(%) 支路
填方	0~80	95/98	93/95	90/92
	80以下	93/95	90/92	87/89
挖方	0~30	95/98	93/95	90/92

注：①表中数字，分子为重型击实标准的压实度，分母为轻型击实标准的压实度，两者均以相应的击实试验法求得的最密度为压实度的100%。
②表列深度均从路槽底算起。
③填方高度<80cm及不填不挖路段，原地面以下0~30cm范围内土的压实度应不低于表列挖方的要求。

沟槽、检查井、雨水口、路槽底填料和压实度要求 表2-2-6

部位			填料	压实度(%)
胸腔	距路槽底面≤80cm		石灰土	93/95
	距路槽底面>80cm		砂、砂砾	95/98
			素土	93/95
管顶以上至路槽底面	管顶距路槽底面≤80cm	管顶以上30cm范围内	石灰土	85/88
			砂、砂砾	88/90
		管顶30cm以上	石灰土	93/95
			砂、砂砾	95/98
	管顶距路槽底面>80cm	路槽底面以下0~80cm	素土	95/98
		路槽底面80cm以下	素土	93/95

续上表

部 位		填 料	压实度(%)
检查井和雨水口周围	路槽底面以下 0~80cm	石灰土	93/95
		砂、砂砾	95/98
	路槽底面 80cm 以下	石灰土	90/92
		砂、砂砾	93/95

注：①表中压实度值，分子为重型标准，分母为轻型标准。
②管顶距路槽底面小于 30cm 的雨水支管，可采用抗压强度 10MPa 的水泥混凝土包封。

3. 控制填石路基压实质量的办法

填石路基很难测定其密实度，可采用 12~15t 压路机最后两遍碾压时，表面下沉量不得超过规定值来控制压实质量。

第五节 路基边坡

路基出现滑坍、崩坍等病害，通常表现为其边坡坡体的失稳。未能掌握该处路基的地质、水文和土质等条件，而将边坡设置得太陡，常常是出现这类病害的直接原因。边坡坡体失稳，少则坍下数百方、数千方，多则数万方，严重影响行车安全和畅通，增加额外的清方及处治工作。因此，根据路基所处的具体条件和环境，合理地确定路基边坡形状和坡度，并采取适当的措施以保证其稳定，对于防止路基出现滑坍等病害，确保道路的通畅和行车的安全，节约工程养护费用，有着重大的意义。

路基边坡形状通常有直线形（坡顶到坡脚采用单一坡度）、折线形（自上而下按岩土性质和工作条件采用不同坡度）和台阶形（在边坡中部或沿土层分界处，设不小于 1~2m 宽的平台，平台一般具有 3% 的向外横坡），如图 2-2-6~图 2-2-8 所示。

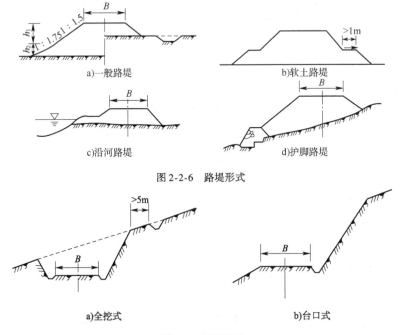

图 2-2-6 路堤形式

图 2-2-7 路堑形式

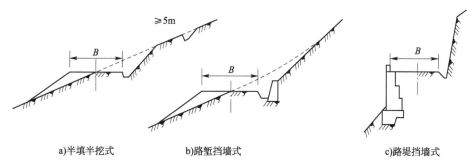

a)半填半挖式 b)路堑挡墙式 c)路堤挡墙式

图 2-2-8 半填半挖形式

当路基下地面自然坡度大于3%~5%时,为了保证路堤的整体稳定性,应将地表挖成高度不小于0.5m、宽度不小于1.0m的台阶,台阶一般具有3%的向内横坡。如图2-2-9所示。

一、填方路基边坡

填方路基边坡形状,一般采用直线形。当边坡较高或浸水时,常采用上陡下缓的折线形或台阶形。填方路基边坡坡度,应根据填料的物理力学性质、气候条件、边坡高度及基底的工程地质和水文地质条件进行合理选定。

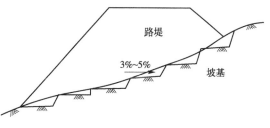

图 2-2-9 原地表处理

1. 填土路基边坡

如路堤基底情况良好,可参照表2-2-7选定土质路堤边坡坡度,若边坡高度超过表列的总高度时,应按高路堤另行设计。当采取其他措施,如铺砌护坡、加强排水和防冲刷措施等,可根据具体情况确定边坡坡度。例如,当边坡总高度不超过表2-2-7中的上部边坡高度,采取上述特殊措施时,可采用1:1.25~1:1.33的边坡坡度。

路 堤 边 坡 坡 度　　　　表 2-2-7

填料种类	边坡的最大高度(m)			边坡坡度		
	全部高度	上部高度	下部高度	全部坡度	上部坡度	下部坡度
黏质土、粉质土、砂质土	20	8	12		1:1.5	1:1.75
砂、砾	12			1:1.5		
漂(块)石土、卵石土、砾(角类土)、碎石土	20	12	8		1:1.5	1:1.75
不易风化的石块	20	8	12		1:1.3	1:1.5

注:采用台阶式边坡时,下部边坡可采用与上部边坡一致的坡度。

2. 沿河受水浸淹路基的填方边坡坡度

在设计水位(设计洪水频率计算水位+壅水高+波浪侵袭高+0.5m)以下部分,视填料情况应采用1:1.75~1:1.2;在常水位以下部分可采用1:2.0~1:3.0;若用渗水性较好的土填筑路堤,可采用较陡的边坡。另外,应根据水流等情况采取边坡加固及防护措施。

3. 填石路基边坡

在岩石地段的半填路基或跨越深沟的路堤,通常利用挖方路基的石料进行填筑。浸水路基的受水淹部分,可用开山石料或天然石料(漂、砾石)进行填筑。当石料不足时,也可在路基外部填石,内部填土,并在填石部分与填土部分的接合面设置反滤层,以防止填土流失,影响路基稳定。

填石路基的坡面应采用大于25cm的石块码砌,坡度可采用1:1,见图2-2-10。

当填石路基边坡采用大于40cm的开山片石砌筑(错缝、排紧),称为砌石路基(图2-2-8)。其边坡坡度可根据砌石高度按表2-2-8确定。

砌石路基边坡坡度   表2-2-8

高度 H(m)	外坡坡度 1:m	内坡坡度 1:m'
≤5	1:0.5	1:0.3
≤10	1:0.67	1:0.5
≤15	1:0.75	1:0.6

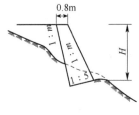

图 2-2-10

二、路堑边坡

路堑或挖方路基边坡的稳定性主要和当地的工程地质、水文地质和地面排水条件以及施工方法有关。此外,地貌、气候等因素对其稳定性也有很大影响。应结合上述因素,参考当地稳定的自然山坡和人工边坡(已建成道路的边坡)的坡度等,经论证后确定路堑边坡。

当路堑边坡为均质或薄层石层且高度不大时,宜采用直线形边坡;当边坡较高或由多层土组成,宜采用折线形边坡;若边坡由多层土组成且很高,或是易风化的软质岩石边坡及松散粗粒土类边坡,宜采用台阶式。

1. 土质路堑边坡

土质(包括粗粒土)路堑边坡应根据边坡高度、土的密实程度、地下水和地面水的情况、土的成因及生成年代等因素来确定,一般可参照表2-2-9选用。

挖方边坡坡度   表2-2-9

土、岩石种类	密实、风化程度	边坡高度(m)	
		<20	20~30
各类土(黄土等特殊土除外)	胶结	1:0.3~1:0.5	1:0.5~1:0.75
	密实、中密	1:0.5~1:1.25	1:0.75~1:1.5
	较松	1:1.25~1:1.75	1:1.5~1:2.0
各类岩浆岩、硬质灰岩、砾岩、砂岩、片麻岩、石英岩	微风化、弱风化	1:0.1~1:0.3	1:0.2~1:0.5
	强风化、全风化	1:0.3~1:1.0	1:0.5~1:1.25
各类页岩、泥岩、千枚岩、片岩等软质岩石	微风化、弱风化	1:0.25~1:0.75	1:0.5~1:1.0
	强风化、全风化	1:0.5~1:1.25	1:0.75~1:1.5

注:①高速公路、一级公路挖方边坡应采用较缓的边坡坡度。
②边坡较矮、土质较干或岩石坚硬的路段,可采用较陡的边坡坡度;相反,宜采用较缓的边坡坡度。
③路基开挖后,密实程度很易变松的砂类土、砾类土以及受雨水浸湿易于失稳的土或易风化的岩石,应采用较缓的边坡并设置必要的防护工程。
④软质岩石当边坡稳定并防护时,可采用较陡边坡。
⑤当土方调配出现借方时,可适当放缓边坡。
⑥砂土类、细粒土的挖方边坡高度不宜超过20m。
⑦非均质地层中,挖方边坡可采用适应于各自稳定的折线或台阶形状。
⑧土的密实程度划分见表2-2-10;岩石风化程度分级见表2-2-11。

土的密实程度划分 表2-2-10

分级	试坑开挖情况
较松	铁锹很容易铲入土中,试坑坑壁很容易坍塌
中密	天然坡面不易陡立,试坑坑壁有掉块现象,部分需用镐开挖
密实	试坑坑壁稳定,开挖困难,土块用手使力才能破碎,从坑壁取出大颗粒处能保持凹面形状
胶结	细料土密实度很高,粗颗粒之间呈弱胶结,试坑用镐开挖很困难,天然坡面可以陡立

2. 岩石路堑边坡

岩石挖方边坡坡度应根据岩性、地质构造、岩石的风化破碎程度、边坡高度、地下水地面水的情况及施工方法等因素综合分析确定。应特别注意岩体的构造面(层理、节理、片理、不整合面、断层等)的情况,构造面往往成为控制边坡坡度的主要因素。在一般情况下,可参照表 2-2-11 确定。

岩石风化程度分级 表2-2-11

分级	主要特征				
	颜色光泽	矿物成分	结构构造	破碎程度	强度
微风化	较新鲜	无变化,表面稍有风化迹象	无变化	节理不多,基本上是整体,节理基本不张开	风化系数 $k_f > 0.8$,用锤敲很容易回弹
弱风化	造岩矿物失去光泽,色变暗	基本不变,仅沿节理面出现次生矿物	无显著变化	开裂成 20~40cm 的大块状,大多数节理张开较小	$0.4 < k_f \leq 0.8$ 用锤敲声音仍较清脆,石块不易击碎
强风化	显著改变	显著改变	结构已部分破坏,构造层理不甚清晰	开裂成 2~20cm 的碎块状,有时节理张开较多	$0.2 \leq k_f \leq 0.4$,用锤敲声音低沉,碎石可用手折断
全风化	变化极重	除石英外,均变质成次生矿物	只具外形,矿物间已失去结晶联系	节理极多,爆破以后多呈碎石土状,有时细粒部分已具塑性	$k_f < 0.2$,用锤敲不易回弹,碎石可用手捏碎

注:风化系数 k_f 等于风化岩石与未风化岩石的饱和单轴抗压强度之比。

当挖方边坡高度超过 30m 时,其边坡坡度应根据现场情况,调查附近天然山坡及人工边坡的状况后,经论证后确定。对于采用大爆破施工及地震烈度较高的路段,应适当放缓边坡。

三、路基稳定性与防护、加固

路基建成后,路堤和路堑边坡的坡面暴露于大气中,经受着自然因素(水、温、风等)的反复干湿、冻融、冲刷和吹蚀等作用,随着时间推移,易引起路基边坡局部失稳,形成种种坡面病害。所以,对易受自然作用而破坏的土质或岩质边坡,应及时采取各种坡面护面和防冲刷措施,诸如植物防护、抹面、砌石护坡、抛石、护墙等,以防坡面病害由小变大,导致发生严重路基病害。

1.路基设计洪水频率

《标准》第5.0.2条规定,路基设计洪水频率应符合表2-2-12的规定。

路基设计洪水频率 表2-2-12

公路等级	高速公路	一级公路	二级公路	三级公路	四级公路
设计洪水频率	1/100	1/100	1/50	1/25	按具体情况确定

城市周边地区的公路路基设计洪水频率应结合城市防洪标准,考虑救灾通道、排洪和泄洪需求综合确定。

2.路基高度

对于高路堤、沿河路堤及软弱地基上的路堤,可能因边坡过陡、坡脚受流水冲淘或地基承载力不足,使填方土(或连同基底土体)沿某一剪切面产生坍塌。在陡山坡上填筑的路堤,可能出现填方沿原山坡坡面(或连同下卧层软土)向下滑坡。在岩质或土质山坡上开挖的路堑(尤其是深路堑),可能因坡体失去支承或边坡过陡,使坡体沿某一滑动面产生坍塌或滑坡。因而,需对上述可能出现或已出现整体失稳的路基(及邻近土层)进行稳定性分析,并采取适当的预防和整治措施,诸如削坡或减载、设置良好的地表和地下排水系统、设置支挡结构(如石垛、挡土墙、抗滑桩等)。

《标准》第5.0.3条规定:

(1)路基高度设计应使路肩边缘高出路基两侧地面积水高度;同时考虑地下水、毛细水和冰冻的作用,不使其影响路基的强度和稳定性。

(2)沿河及受水浸淹的路基边缘高程,应高出表2-2-12规定设计洪水频率的计算水位加壅水高、波浪侵袭高和0.5m的安全高度。

《标准》第5.0.5条规定:

路基防护应根据公路功能,结合当地气候、水文、地质等情况,采取相应的防护措施,保证路基稳定,并应符合下列规定:

(1)路基防护应采取工程防护与植物防护相结合的综合防护措施,并与景观相协调。

(2)深挖、高填路基边坡路段,必须查明工程地质情况,针对其工程特性进行路基防护设计。对存在稳定性隐患的边坡,应进行稳定性分析,采用加固、防护措施,保证边坡的稳定。

(3)沿河路段必须查明河流特性及其演变规律,采取防止冲刷路基的防护措施。凡是侵占、改移河道的地段,必须做出专门防护设计。

思考题与习题

1.路基变形破坏有哪些类型?主要原因是什么?

2.路基湿度的来源有哪些方面?

3.判定路基干湿类型的方法有几种?分别是什么?

4.路基依干湿类型分为哪几类?实际施工时如何选用?

5.保证土基刚度的措施有哪些?

6.何谓压实度?高速公路的压实度应达到多少?

第三章 路基路面排水

第一节 概 述

道路百害水为先,路基路面的强度与稳定性同水的关系十分密切。路基路面的病害有多种,形成病害的因素亦很多,但水的作用是主要因素之一。因此在路基路面设计、施工和养护中,必须十分重视路基路面的排水设施。

根据水源的不同,影响路基的水源可分为地面水和地下水两大类,与此相适应的路基排水工程,则分为地面排水设施和地下排水设施。目前路幅较宽的高等级公路,还加强了路面排水设施。

危害路基的地面水,包括大气降水(雨和雪),坡面向着路基一侧流向路基基身的水,大小河流流经路基近旁的水,以及湖、海、水库、水渠造成的路基旁长期积水等。

危害路基的地下水,包括较高的地下水位、毛细水、地下泉水及暗流水等。

水对路面的危害主要表现为:渗入路面结构层,降低路面材料的强度,引起路面基层、底基层承载能力下降,在水泥混凝土路面的接缝、沥青类路面的裂缝及路肩处造成唧泥;在冻胀地区,融冻季节路面下结构层的存水会引起路基翻浆。

一、排水的目的与要求

路基排水的目的,就是将路基范围内的土基湿度降低到一定的限度以内,保持路基常年处于干燥或中湿状态;而路面排水的目的,就是设法将水尽快排除在路面以外,防止渗入下面的结构层和路基。这样确保路基及路面具有足够的强度与稳定性。

路基设计时,必须考虑将影响路基稳定的地面水,排除和拦截于路基用地范围之外,并防止地面水漫流、滞积或下渗。对于影响路基稳定的地下水,则应予以隔断、疏干或降低,并引导至路基范围以外的适当地点。

路基施工中,首先应校核全线路基排水系统的设计是否完备和妥善,必要时应予以补充或修改,要特别重视排水工程的施工质量和使用效果。此外,应根据实际情况与需要,设置施工现场的临时性排水措施,以保证路基土石方及附属结构物在正常条件下进行施工作业,消除路基基底和土体内与水有关的隐患,保证路基工程的质量。

路基养护中,对排水设施应定期检查与维修,以保证排水设施的正常使用,水流畅通,并根据实际情况不断改善路基排水条件。

路面排水系统通常有如下3方面的要求:

①各项设施应具有足够的泄水能力,满足排除渗入路面结构内的自由水的需要;
②自由水在路面结构内的渗流时间、渗流路径不能太长;
③排水设施要有较好的耐久性。

二、路基路面排水设计的一般原则

路基路面排水设计应遵循的一般原则可以归纳为如下几点：

(1)摸清水源,全面规划,因势利导,综合治理。设计前必须进行充分的调查研究,充分利用有利地形和自然水系,以使排水系统的规划和设计做到正确合理。

(2)保护生态环境,与农田水利相配合。路基边沟一般不应用作农田灌溉渠道,两者必须合并使用时,边沟的断面应加大,并予以加固,以防水流危害路基。

(3)排水设计应经济适用。一般情况下地面和地下设置的沟渠,宜短不宜长,起到及时疏散、就近分流的作用。尽量选择有利地形地质条件布设排水沟渠,以减少沟渠的防护与加固工程量。

(4)防重于治,防治结合。路线设计时应考虑路基排水;排水沟渠的出水口应就近引至天然河沟、桥涵处;为了减少水对路面结构层及路基的破坏作用,首先应尽量阻止水进入路面结构,然后应对进入路面结构层的水,提供良好的排水设施,以便迅速排除。对于各种排水设施要定期检查、维修、清理,并根据实际情况,不断完善路基路面排水设施。

第二节　路基常用的地面排水设施

路基地面排水设施分别有边沟、截水沟、排水沟、跌水与急流槽、渡槽与倒虹吸等。常用的有边沟、截水沟和排水沟。

一、边沟

边沟设置在挖方路基的路肩外侧或矮路堤的坡脚外侧,多与路中心线平行,用于汇集和排除路面、边坡范围内以及流向路基的少量地面水。常用的边沟断面形式有梯形、矩形、三角形或蝶形等,如图 2-3-1 所示。

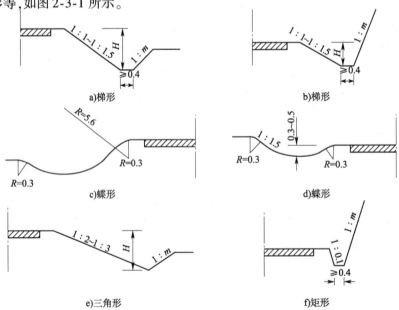

图 2-3-1　边沟横断面示意图(尺寸单位:m)

高速公路、一级公路宜采用三角形或蝶形边沟；条件受限需采用矩形边沟时，应在顶面加带槽孔的混凝土盖板。二级及二级以下公路的土质边沟采用梯形，石质边沟采用矩形。易于积雪或积砂的路段，边沟宜采用蝶形。某些较矮的路堤，如果用地许可，采用机械化施工时，边沟可用三角形。公路两侧为农田时，为了少占良田及防止农业用水时对路基的破坏，可采用石砌矩形边沟。

梯形土质边沟的边坡，靠近路基的一侧常用1:1～1:1.5，另一侧与挖方边坡坡度一致。土质或经铺砌加固的矩形边沟的边坡，可以直立或稍有倾斜。三角形边沟的边坡采用1:2～1:3。蝶形边沟的边坡需修整圆滑，可防止积雪积砂。梯形及矩形边沟的深度和宽度，一般约0.4～0.6m，多雨和潮湿地段不宜小于0.5m，干旱地区或少水路段尺寸可小些，但也不宜小于0.3m。边沟的排水量不大，一般不需进行水力水文计算，依沿线具体情况选用标准横断面。边沟紧靠路基，通常不容许其他排水沟渠的水引入，也不能与其他人工沟渠合并使用。

边沟的纵坡不宜过陡，以免水流冲刷造成损害；亦不宜过缓，造成水流不畅，形成阻滞和淤积，尽可能与路线纵坡保持一致。一般情况下，边沟纵坡以1%～2%为宜；任何情况下，沟底纵坡均不应小于0.3%～0.5%。当路线纵坡小于沟底最小纵坡时，边沟应采用沟底最小纵坡，并缩短边沟出水口的间距。

边沟出水口的间距，一般地区不超过500m，多雨地区不超过300m，三角形和蝶形边沟不超过200m。边沟出水的排放应就近排至路旁自然水沟或低洼地带，必要时添设涵洞，将边沟水引至路基另一侧排出。边沟的进出水口是水流汇集和改向的部位，冲刷较严重，必须因地制宜妥善处理。

平曲线路段的边沟，水流方向改变，尤其是小半径平曲线，因设置超高，内侧边沟高程降低，可能形成低洼积水；山谷展线，路基排水条件较差；平坡路堑地段，难以保证边沟的最小纵坡；陡坡地段，路线常采用较陡纵坡，导致边沟纵坡较大。这些排水不利条件，宜结合路线设计及路基排水系统综合考虑，统筹安排。边沟、截水沟构造，如图2-3-2所示。

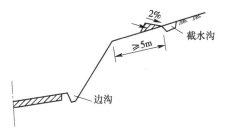

图2-3-2 梯形边沟、截水沟示意图

二、截水沟

截水沟设置在距路堑坡顶外缘或路堤坡脚外缘的一定距离（规范规定距路堑坡顶外缘不小于5m，距路堤坡脚外缘不小于2m）。设置截水沟的作用是：当路基一侧或两侧受较大坡面面积汇水影响时，单边拦截汇集水流并予以排除。因此路基两侧受水影响时，则应两侧分别设置。截水沟是多雨地区、山岭和丘陵地区路基排水的重要设施之一。通常梯形断面的截水沟，其深度与底宽不小于0.5m，具有1%～3%的纵坡，靠近路基一侧设有挡水的土台，沟内必须防止渗水，出口应延伸到路基范围以外。

三、排水沟

排水沟主要用于把来自边沟、截水沟或其他水源的水流引至桥涵或路基范围以外。排水沟一般采用梯形断面，其断面尺寸通常需经过水力水文计算选定。排水沟的布置离路基应尽可能远些，距路基坡脚不宜小于3～4m，并且结合地形因势利导，平面上力求短捷平顺，以直线为宜;必须转弯时,尽量采用较大半径(10~20m以上),圆缓顺畅。纵面上控制最大和最小纵坡,以1%~3%为宜。纵坡>3%时,需要加固;纵坡>7%时,则应改用跌水或急流槽。为避免水流过分集中,排水沟的全长一般不超过300m。排水沟与其他沟渠相接时,应使原水道不产生冲刷或淤积。一般应使排水沟与原水道成锐角相交,交角不大于45°,有条件时可采用半径$R=10b$(b为沟底宽)的圆曲线,朝下游与原水道相连接。

四、跌水与急流槽

跌水与急流槽是路基地面排水沟渠的特殊形式,用于陡坡地段,沟槽的纵坡可达7%以上(跌水)或更陡(急流槽),是山区公路路基排水常见的结构物。

跌水是一种将沟底做成台阶状的人工沟渠。当高边坡水位落差较大,为了消能减速,便于水流安全进入涵洞而不至产生过大冲刷时,可设置跌水。跌水有单级和多级之分。单级跌水用于边沟出水口高程与涵洞进水口高程水位落差较大,同时改变水流方向集中消能时,如图2-3-3所示。多级跌水用于水流通过较长陡坡,是为了逐步减缓水流速度,逐步消能而设,如图2-3-4所示。

跌水的构造可分为进水口、消力池(槛)和出水口3个组成部分,如图2-3-3所示。

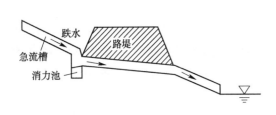

图2-3-3 跌水与急流槽示意图

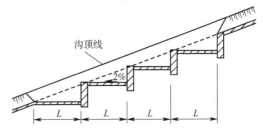

图2-3-4 多级跌水

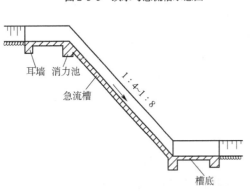

图2-3-5 急流槽

进水口水流呈水跌现象;消力池(槛)起消能减速作用(当地基为土质或软石易开挖时,一般采用消力池,当地基为坚石不易开挖时,可采用消力槛);出水口是为了使水流镇定而设的段落。具体的尺寸可根据水力计算和结构强度计算确定。

通常在水平短距离内需要排泄急速水流,如陡坡路段涵洞的进出水口附近连接处,或回头曲线上下线涵洞之间的连接处,可设置急流槽。急流槽的纵坡比跌水更陡,可达67%以上,如图2-3-5所示。

急流槽的构造可分为进口、槽身和出口3个组成部分。根据水力计算,进出口与槽身可采用不同大小的断面尺寸,因此进出口与槽身连接处应设置过渡段。

急流槽一般就地形坡度敷设,应具有稳固的基础,端部及槽身每隔2~5m在槽底设耳墙嵌入地面以下。槽身较长时,宜分段砌筑,每段长约5~10m,预留伸缩缝,并用防水材料填筑。

五、渡槽与倒虹吸

在路堑路段,当农田水利灌溉沟渠水流需要上跨路基横穿通过时,可以采用渡槽或倒虹吸。两者属于路基地面排水的特殊结构物。

1. 渡槽

当沟渠底高程与路基设计高程相差较大,能够同时满足行车净高和结构物高度的要求时,可采用渡槽排(过)水。渡槽相当于渡水桥,如图2-3-6所示。可设简易桥梁,架设水槽或管道,从路基上部跨越,以沟通路基两侧的水流。渡槽除了应满足沟渠排水通过流量的要求,还应满足自身结构强度和稳定性的要求。

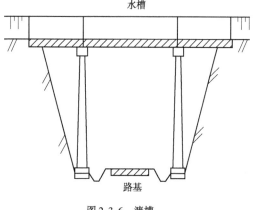

图2-3-6 渡槽

渡槽由进出水口、槽身和下部支承三部分组成。为降低工程造价,槽身过水横断面一般比两端的沟渠横断面要小,槽中水流速度相应有所提高,因此进出水口段应注意防止冲刷和渗漏。进出水口处设置过渡段,根据土质情况,分别将槽身两端伸入路基两侧地面2~5m,而且进出水口过渡段宜长一些,以防淤积。过渡段的平面收缩角约为10°~15°。如果槽身与沟渠的横断面相同,沟槽可直接衔接而不设过渡段。与槽身连接的土质沟渠,应予以防护加固,其加固长度至少是沟渠水深的4倍。

2. 倒虹吸

当沟渠底高程高于路基设计高程,但不能够满足行车净高和结构物高度的要求时,可采用倒虹吸排(过)水,如图2-3-7所示。倒虹吸是借助上下游沟渠水位差,利用势能迫使水流降落,经路基下部洞身管道流向路基另一侧,然后再复升流入下游沟渠。由于所设管道为有压管道,竖井式倒虹吸的水流多次垂直改变方向,造成涡流局部冲刷,沿程不同位置容易漏水或淤积,因此对结构的要求较高。且由于它难以清理和修复,应尽量不用或少用。需使用时应进行水力计算合理设计,并保证施工质量,使用中要经常检查维修。

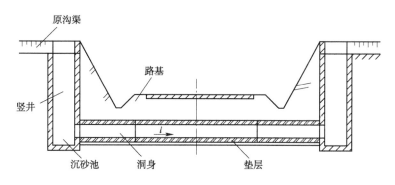

图2-3-7 竖井式倒虹吸

洞身管道有箱形和圆形两种,以水泥混凝土和钢筋混凝土为主。管道的孔径约0.5~1.5m,管道上方的路基填土厚度,一般不小于1.0m,以免行车荷载压力过于集中,易使管道受损或变形。为了施工和养护方便,管道亦不宜埋置过深,以填土高度不超过3.0m为宜。

倒虹吸管道两端设竖井,井底高程低于管道,起沉淀泥砂与杂物作用。亦可改用斜管式或缓坡式,以代替竖井式升降水流,此时水流条件有所改善,但路基用地宽度增大,管道长度增加。为了减少堵塞现象,设计时要求管道内水流的速度不小于1.5m/s,并在进水口处设置沉砂井和拦泥栅。

第三节 路基常用的地下排水设施

在开挖路堑,边坡或堑底出现流向路基工作区的层间水、集中的泉眼、大面积的渗水;以及填筑的路堤高度不高,堤旁地表长期积水位、堤下地基原地下水位及毛细水上升等各种地下水造成对路基的影响时,应设相应的地下排水设施,起到拦截、汇集、排除地下水或局部范围降低地下水位的作用。

常用的路基地下排水设施有:暗沟、渗沟和渗井等。由于地下排水设施埋置在地面以下,不易维修,在路基建成后又难以查明损坏失效情况,因此要求地下排水设施牢固及耐久。

一、暗沟

暗沟的主要作用是把路基工作区范围内和以下较浅的集中泉眼或渗沟所拦截、汇集的水流,排到路基范围之外去。另外暗沟用于如城市道路的污水管或雨水管;高速公路、一级公路中央分隔带有雨水浸入时,通过雨水口将水流引入地下暗沟,然后排到路基范围之外等。

暗沟应在路基填土前或开挖后,按泉眼范围及流量大小或渗沟汇集的水流情况,确定断面的尺寸。图2-3-8所示是用于排除路基泉眼的暗沟示意图。首先在泉眼处用浆砌块石或水泥混凝土圈井,上面加以盖板,然后在井壁上连接暗沟。暗沟敷设施工完毕后,恢复正常的路基填筑。当暗沟沟底高程处于路基工作区内或以下不深时,暗沟沿程必须防渗封闭,否则不能保证路基工作在干燥、中湿状态。暗沟沟底纵坡应不小于1%,出水口沟底高程应高出沟外最高水位20cm,以防水流倒灌。寒冷地区的暗沟,应采取防冻保温处理措施或将暗沟设在冰冻深度以下。

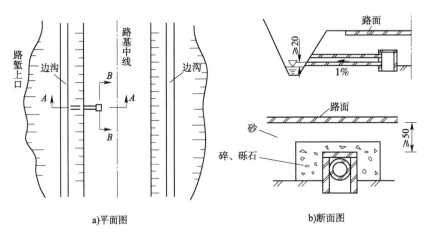

图2-3-8 排除路基下泉眼的暗沟示意图

二、渗沟

渗沟采用渗透方式将路基工作区或以下较浅的大面积地下水汇集于沟内,并沿沟把水排到指定地点,此种地下排水设施统称为渗沟。由于渗沟具有汇集水流的功能,渗沟沿程必须是"开放"的,即让路基中的水分能够渗流到渗沟内。根据地下水分布及影响路基情况的不同,渗沟设置的位置及作用也有所不同。

当用于拦截、汇集和排除流向路基的地下水时,渗沟可设在边沟以下或路基上侧山坡地面以下的适当位置,如图 2-3-9 所示。此时渗沟的平面布置应尽可能与地下水流向相互垂直,使之拦截效果良好。

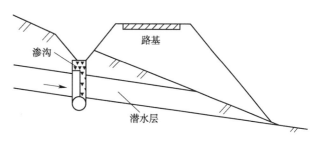

图 2-3-9 用于拦截流向路基地下水的渗沟

当用于汇集路基范围内大面积的渗水,并引至指定地点时,首先应根据每条渗沟的流量,平面规划设计好渗沟网,然后在指定地点圈井汇集,其后再以暗沟连接,排水于路基之外。图 2-3-10 所示为渗沟与暗沟结合使用的示例。

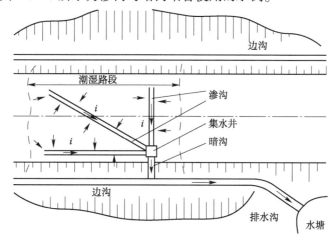

图 2-3-10 用于汇集排除路基范围内大面积渗水的渗沟网示例

按照需要排水流量的不同,渗沟大致有 3 种形式:填石渗沟(亦称盲沟)、管式渗沟和竖井式渗沟,如图 2-3-11 所示。三种形式均由排水层(碎砾石缝或管、洞)和反滤层所组成。有无浆砌块石或水泥混凝土托底,应根据沟底排水水面的高程而定。当沟底排水水流已经进入路基工作区或接近该区时,必须设置托底。否则在渗沟内已经汇集应该排出的水,就会沿程又渗回到路基工作区去。当沟底排水水面在路基工作区以下较远时,则可不设托底。

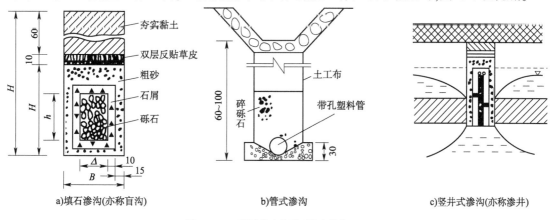

a) 填石渗沟(亦称盲沟)　　b) 管式渗沟　　c) 竖井式渗沟(亦称渗井)

图 2-3-11 地下排水构造(尺寸单位:cm)

填石渗沟(盲沟)一般用于流量不大、渗沟长度不长的地段,是目前公路上常用的一种渗沟形式。盲沟的排水层,可采用石质坚硬的较大颗粒填充,以保证具有足够的孔隙率排除设计流量。由于排水属渗流紊流状态,碎砾石构成的排水层阻力较大,为防止淤积,其纵坡应不小于1%,一般可采用3%~5%。

管式渗沟适用于有一定流量、渗沟长度较长的地段。但渗沟纵向长度应不大于250~350m,若渗沟过长时,应加设横向泄水管,将渗沟内的水流迅速分段排除。其最小纵坡为0.5%,沟底纵坡取决于设计流速,最大流速应考虑到水管及托底的耐冲能力而确定。

洞式渗沟适用于地下水流量较大或缺少圆管时,可采用石砌涵洞形式。洞身断面大小依设计流量而定。涵洞可用浆砌片石筑成,上加带泄水小孔的混凝土盖板或条石覆盖。沟底纵坡最小为0.5%,有条件时适当采用较大纵坡,以利排水。渗沟施工时的人工开挖槽宽视沟深而定,一般深度在2m时,宽度为0.6~0.8m;深度在3~4m时,宽度不小于1.0m。

渗沟内用作渗水或排水的砂石填料,应经过筛选和清洗。反滤层是为了汇集水流,并用于防止含水层中土粒堵塞排水层而设置的。反滤层应尽可能选用颗粒大小均匀的砂石材料,分层填埋,相邻两层颗粒直径之比不小于1:4,每层厚度不小于15cm。有条件时可在反滤层外加铺土工布进行包裹,更能加强过滤作用,同时使得路基土颗粒不因随水流被带走而形成空洞。各种渗沟出水口沟底高程应高于沟外最高水位高程20cm。

管式渗沟的泄水管,可用陶土、混凝土、石棉或带孔塑料管等材料制成。管壁上半部可交错排列留有渗水孔,外铺土工布过滤。管径视设计流量而定,一般为15~30m。在冬季管内水流易结冰的地段,为防止堵塞可采用较大直径的泄水管,并加设保温层。

三、渗井

在平原地区,当路基设计高程不高,但是地下水位较高而影响到路基工作区时,可设置竖直方向排水设施,把附近周围上部的地下水,渗流引排到深部的潜水层或透水层中去。这种起到局部降低路基范围内地下水位的竖向排水设施称为渗井,如图2-3-12所示。前述暗沟、渗沟均属于平面方向的排水设施,而渗井则属于竖直方向的排水设施。

渗井的下部必须穿过不透水层而深达透水层(透水层中有潜水时,要注意潜水压力不至于造成渗井内潜水倒灌,具体的分析判断可根据地质钻探资料进行)。透水层离地面较深时,可用钻井机钻孔。钻孔的直径50~60cm,最小直径不应小于15cm。井(孔)内由中心向四周按层次分别填入由粗至细的砂石材料。中心粗料渗水,四周细料反滤。填充料要求筛分冲洗。施工时需用铁皮套筒分隔,以便分别填入不同粒径的材料。不得粗细混杂,以保证渗井达到预期排水效果。

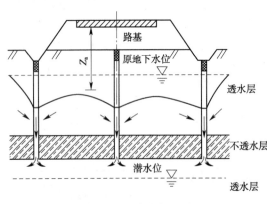

图 2-3-12 渗井布置示意图

渗井的行、列间距布置,以满足路基范围内原地下水位降低并脱离路基工作区,使该区内能保持工作在干燥、中湿状态为准则,根据渗流流量计算而确定。

此外,在进行路基、路面排水设计时,必须符合《标准》第5.0.10条"路基、路面排水与防水"的规定：

(1)路基、路面排水应综合设计、合理布局,并与沿线排灌系统相协调,保护生态环境,防止水土流失和污染水源。

(2)根据公路等级,结合沿线气象、地形、地质、水文等自然条件,设置必要的地表排水、路面内部排水、地下排水等设施,并与沿线排水系统相配合,形成完整的排水体系(见图2-3-13)。

(3)特殊地质地段的路基、路面排水设计,必须与该特殊工程整治措施相结合,进行综合设计。

(4)路基、路面结构设计应进行防水设计,以减少路面结构水损坏。

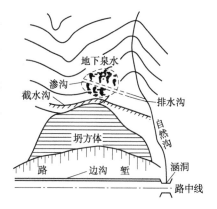

图2-3-13 路基综合排水示例

思考题与习题

1.危害路基的地面水及地下水有哪些？简述其对路基、路面危害的表现。

2.简述排水的目的、方法。

3.对路面排水系统的要求是什么？

4.路基、路面排水设计的一般原则是什么？

5.路基常用的地面及地下排水设施有哪些？

第四章 挡 土 墙

第一节 挡土墙的分类与构造

挡土墙在道路工程中应用很广泛。它是一种能够承受、抵抗土体的侧向压力,稳定边坡、防止滑坡、防止墙后土体坍塌和增加其稳定性的建筑物。在道路工程中,挡土墙用来支撑路堤或路堑边坡、隧道洞口,防止水流冲刷路基;同时也常被用于处理路基边坡滑坡、崩塌等病害,尤其在山区公路中挡土墙的运用更为广泛。

1. 按挡土墙位置分类

公路上常用的挡土墙按其设置位置可分为:路堑挡墙、路堤挡墙、路肩挡墙和山坡挡墙等类型,如表2-4-1所列。在路基工程中,挡土墙的建筑费用较高,故路基设计时,应与其他可能的工程方案进行经济比较,择优选定。

表2-4-1

名 称	示 意 图	使 用 场 合
路堑挡墙	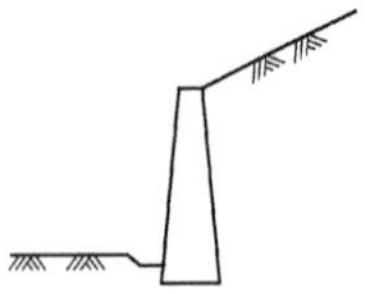	①在山坡陡峻处,用以减少挖方数量,降低边坡高度,避免山坡因开挖而失去稳定; ②在地质不良地段,用以支挡可能滑坍的山坡土体
路堤挡墙	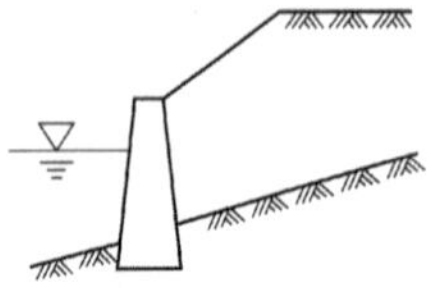	①在陡峭山坡上填筑路堤时,用以支挡路堤下滑; ②收缩坡脚,避免与其他建筑物相互干扰,减少填方量; ③保证沿河路堤不受水流冲刷
路肩挡墙	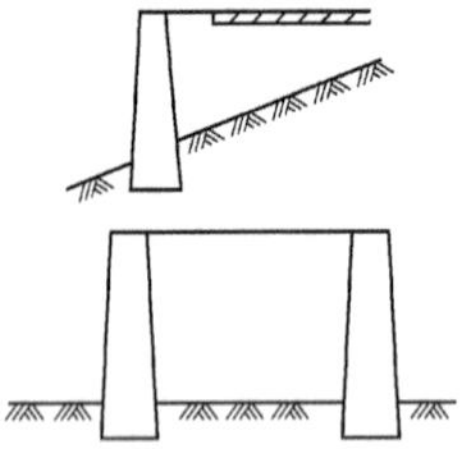	①支挡陡坡路堤下滑; ②抬高公路; ③收缩坡脚,减少占地,减少填方量
山坡挡墙	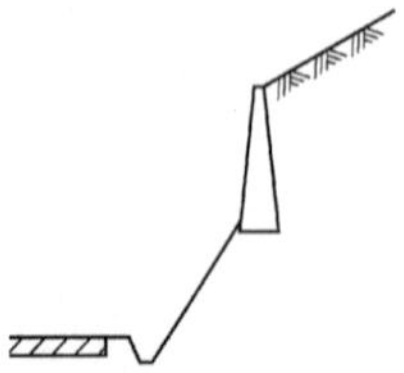	支挡山坡覆盖层或滑坡下滑

2. 按挡土墙的墙体材料分类

按挡土墙的墙体材料可分为石砌挡土墙、混凝土挡土墙、钢筋混凝土挡土墙、钢板挡土墙等。

3.按挡土墙的结构形式分类

按挡土墙的结构形式可分为衡重式、悬臂式、扶壁式、垛式、锚杆式、加筋土式、重力式、半重力式、锚定板式和桩板式等。如图2-4-1所示。

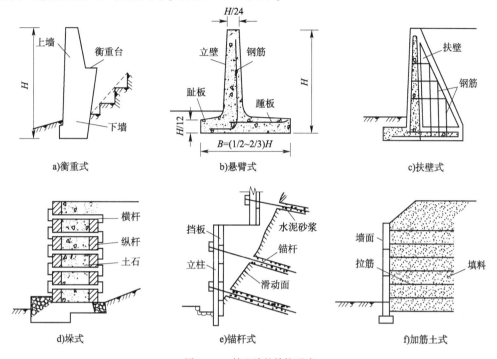

图2-4-1 挡土墙的结构形式

重力式挡土墙依靠自重平衡墙背土压力,墙身体积大,圬工数量大,但施工方便;半重力式挡墙是在墙体中加筋,如图2-4-1b)、c)所示;衡重式挡土墙依靠衡重台把墙的重心后移,增加稳定力矩减少断面尺寸如图2-4-1a)所示;垛式挡土墙是用预制杆件或废枕木纵、横交错叠成框架,内填土石而成,如图2-4-1d)所示;悬臂式挡土墙基础底面采用钢筋混凝土悬臂,增强抗倾覆稳定性,如图2-4-1b)所示;锚杆式挡土墙是在水平或斜向钻孔,加桩锚固,如图2-4-1e)所示;加筋土式挡土墙是由竖向钢筋混凝土面板、水平拉筋和填土组成。拉筋一般用薄金属板(厚度2~5mm、宽度为20cm)或钢筋混凝土预制薄板,现常用聚丙烯土工带,如图2-4-1f)所示。

各类挡土墙的特点及其适用范围,见表2-4-1。挡土墙类型的选择应根据与所支挡土体的稳定平衡条件,考虑荷载的大小和方向、地形、地质状况、冲刷深度、基础的埋置深度、基底的承载力设计值和不均匀沉降、可能的地震作用与其他构造物的衔接、墙面的外观美感、施工难易、造价高低、环境特点等因素,综合比较后确定。由于重力式挡土墙结构简单、施工方便、就地取材、造价低应用最为广泛,所以本章将重点介绍。

第二节 重力式挡土墙的构造与布置

一、挡土墙的构造

常用的重力式挡土墙,一般由墙身、基础、排水孔和沉降、伸缩缝等几部分组成。

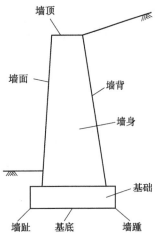

图 2-4-2 重力式挡土墙的组成

1. 墙身

挡土墙各部分名称,如图 2-4-2 所示。靠回填土或山体的一侧面称为墙背;外露的一侧面称为墙面,也称墙胸;墙的顶面部分称为墙顶;墙的底面部分称为基底或墙底;墙面与墙底的交线称为墙趾;墙背与墙底的交线称为墙踵;墙背与铅垂线的夹角称为墙背倾角。

(1)墙背

根据墙背倾斜方向的不同,墙身断面形式可分为仰斜、垂直、俯斜、凸形折线式和衡重式等几种,如图 2-4-3 所示。

墙背由于直接承受土压力的作用,所以其构造形式将影响土压力的大小。以仰斜、垂直和俯斜式三种不同的墙背所受的土压力分析,在墙高和墙后填料等条件相同时,仰斜墙背所受的土压力为最小,垂直墙背次之,俯斜墙背较大。因此仰斜式的墙身断面较经济。用于路堑墙时,墙背与开挖的临时边坡较贴合,开挖量与回填量均较小。但当墙趾处地面横坡较陡时,采用仰斜式墙背会增加墙高,断面增大。故仰斜墙背适用于路堑墙及墙趾处地面平坦的路肩墙或路堤墙。仰斜墙背的坡度愈缓,所受的土压力愈小,但施工愈困难,故仰斜墙背的坡度不宜缓于 1:0.3。

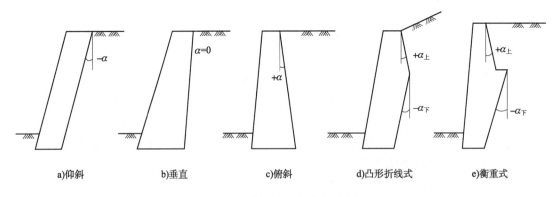

图 2-4-3 重力式挡土墙的断面形式

俯斜墙背所受的土压力较大,相对而言,俯斜墙背的断面比仰斜式要大。但当地面横坡较陡时,俯斜式挡土墙可采用陡直的墙面,从而减小墙高。俯斜墙背的坡度缓些固然对施工有利,但所受的土压力亦随之增加,致使断面增大,因此墙背坡度不宜过缓,通常控制 $\alpha < 21°48'$(即 1:0.4)。

垂直墙背的特点介于仰斜和俯斜墙背之间。

凸形折线墙背系将仰斜式挡土墙的上部墙背改为俯斜,以减小上部断面尺寸,故其断面较为经济,多用于路堑墙,也可用于路肩墙。

衡重式墙背可视为在凸形折线式的上下墙之间设一衡重台,并采用陡直的墙面。上墙俯斜墙背的坡度通常为 1:0.25 ~ 1:0.45,下墙仰斜墙背的坡度一般在 1:0.25 左右,上下墙的墙高比一般为 2:3。适用于山区地形陡峭处的路肩墙和路堤墙及路堑墙。

(2)墙面

墙面一般为平面,墙面坡度除应与墙背的坡度相协调外,还应考虑到墙趾处地面的横坡度(影响挡土墙的高度)。当地面横坡度较陡时,墙面可采用1:0.05~1:0.20,也可采用直立(低墙时);当地面横坡平缓时,墙面可缓些,但一般采用不缓于1:0.3,以免过多增加墙高。

(3)墙顶

重力式挡土墙可采用浆砌或干砌圬工。墙顶最小宽度,浆砌时应不小于50cm,干砌时应不小于60cm。干砌挡土墙的高度一般不宜大于6m。浆砌挡土墙墙顶应用 M5 砂浆抹平,厚2cm;或用较大石块砌筑,并勾缝。浆砌路肩墙墙顶宜采用粗料石或混凝土做成顶帽,厚度取40cm。干砌挡土墙顶部50cm厚度内,宜用 M5 砂浆砌筑,以求稳定。

(4)护栏

为增加驾驶员心理上的安全感,保证行车安全,在地形险峻地段的路肩墙,或墙顶高出地面6m以上且连续长度大于20m的路肩墙,或弯道处的路肩墙的墙顶应设置护栏、缘石或混凝土立柱等防护设施。护栏分墙式和柱式两种,所采用的材料,护栏高度、宽度,视实际需要而定。护栏内侧边缘距路面边缘的距离,一般不应小于0.5m(四级路)或0.75m(二、三级路);一级公路、高速公路防撞护栏设在土路肩宽度内。

2. 基础

挡土墙的破坏在很多情况下,是由于地基不良所引起的。因此,应对地基情况作充分的调查,以进行详细的基础设计。

基础设计的主要内容包括基础形式的选择及基础埋置深度的确定。

(1)基础类型

绝大多数挡土墙,都是直接修筑在天然地基上。

当地基承载力不足且墙趾处地形平坦,而墙身又超过一定高度时,为减少基底应力和增加抗倾覆稳定性,常常采用扩大基础[图2-4-4a)],墙趾处伸出不少于20cm宽的台阶,台阶的高宽比,可采用3:2 或 2:1。如地基承载力不足,为避免台阶太大和过厚,可采用钢筋混凝土基座[图2-4-4b)]。当地基为软弱土层,如淤泥、软黏土等,可采用砂砾、碎石、矿渣或石灰土等质量较好的材料予以换填,以扩散基底压应力,使之均匀地传递到下卧软弱土层中。当挡土墙修筑在陡坡上,而地基又为稳定、坚硬的岩石时,为节省圬工和基坑开挖数量,可采用台阶形基础[图2-4-4c)]。台阶的尺寸,按具体的地形地质条件确定。台阶宽度不宜小于50cm,台阶的高宽比应不大于2:1。如地基有短段缺口(如深沟等)或开挖地基困难(如需水下施工等),可采用拱形基础[图2-4-4d)],以石砌拱圈跨过,再在其上砌筑墙身。但应注意土压力不宜过大,以免横向推力导致拱圈开裂。设计时应对拱圈予以验算。

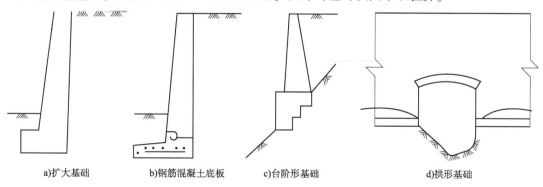

a)扩大基础　　b)钢筋混凝土底板　　c)台阶形基础　　d)拱形基础

图 2-4-4　重力式挡土墙的基础形式

(2)基础埋置深度

挡土墙的基础埋置深度应按地基的性质、承载力的要求、冻胀的影响、地形和水文地质等条件确定。为保证挡土墙的稳定,基底埋置深度应符合下列要求:

①无冲刷时,一般应在天然地面下不小于1.0m。

②有冲刷时,应在冲刷线下不小于1.0m。

③受冻胀影响时,应在冰冻线以下不小于0.25m;当冻结深度超过1m时,可在冻结线下0.25m内换填不冻胀材料,但埋置深度不小于1.25m。基底应夯实一定厚度的砂砾或碎石垫层。

④非冻胀土层中的基础,例如岩石、卵石、砾石、中砂或粗砂等,埋置深度不宜少于0.5m(击实时)~1.0m(疏松时)。

⑤岩石地基应清除表面松散的风化层,基础嵌入基岩深度不少于0.15~0.60m(按岩层的坚硬程度和抗风化能力选定)。

建筑在斜坡地面上的挡土墙基础前趾埋入地面的深度和距地表的水平距离,不应小于表2-4-2的规定。当挡土墙采取倾斜基底时,其倾斜度则应符合表2-4-3的规定。

斜坡地面基础埋置条件 表2-4-2

土层类别	埋入深度 h(m)	距地表水平距离 L(m)	图 式
较完整的硬质岩石	0.25	0.25~0.50	
一般硬质岩石	0.60	0.60~1.50	
软质岩石	1.00	1.00~2.00	
土层	≥1.00	1.50~2.50	

注:α_0——基底倾斜度,为基底面与水平线的夹角。

基底倾斜度 表2-4-3

地层类别		基底倾斜度
一般地基	岩石	≤0.3
	土质	≤0.2
浸水地基	$f<0.5$	0.0
	$0.5 \leq f \leq 0.6$	≤0.1
	$f>0.6$	≤0.2

注:f——基底与地基间的摩擦系数。

3.排水设施

挡土墙的排水处理是否得当,直接影响到挡土墙的安全及使用效果。因此,挡土墙应设置排水设施,以疏干墙后填料中的水分,防止地表水下渗造成墙后积水,从而使墙身免受额外的静水压力;消除黏性土填料因含水率增加产生的膨胀压力;减少季节性冰冻地区填料的冻胀压力。

挡土墙的排水设施通常由地面排水和墙身排水两部分组成。

地面排水,主要是防止地表水渗入墙背填料或地基。因此,可设置地面排水沟排除地面水;夯实回填土顶面和地面松土,防止雨水和地面水下渗,必要时可加设铺砌层,采取封闭处理;对路堑挡土墙墙趾前的边沟应予以铺砌加固,以防止边沟水渗入基础。

墙身排水主要是为了迅速排除墙后积水。浆砌片石挡土墙应根据渗水量在墙身的适当高度处布置一排或数排泄水孔,如图2-4-5所示。泄水孔尺寸可视泄水量大小分别采用5cm×10cm、10cm×10cm、15cm×20cm的方孔,或直径5~20cm的圆孔。泄水孔间距一般为2~3m,上下交错设置。折线墙背可能积水处,也应设置。干砌挡土墙可不设泄水孔。为保证顺利泄水和避免墙外水流倒灌,泄水孔应向外倾斜,最下排泄水孔的出水口应高出地面或排水沟及积水地区常水位以上0.3m。下排泄水孔进水口的底部应设置30cm厚的黏土隔水层,以防水分渗入地基。进水口周围还应用具有反滤作用的粗颗粒材料覆盖,以避免堵塞孔道。当墙背填土透水性不良或有冻胀可能时,应在墙后最低一排泄水孔到墙顶0.5m之间设置厚度不小于0.3m的砂、卵石排水层或采用土工布。有关排水设施的设置,如图2-4-5所示。

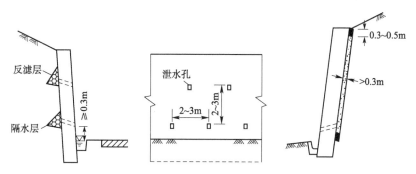

图2-4-5 挡土墙排水设施示意图

4. 沉降缝和伸缩缝

为了防止因地基不均匀沉陷而引起墙身开裂,应根据地基的地质条件及墙高、墙身断面的变化情况设置沉降缝;为了防止圬工砌体因砂浆硬化收缩和温度变化作用而产生裂缝,需设置伸缩缝。通常把沉降缝与伸缩缝合并在一起,统称为沉降伸缩缝或变形缝。沉降伸缩缝的间距按实际情况而定,对于非岩石地基,宜每隔10~15m设置一道沉降伸缩缝;对于岩石地基,其沉降伸缩缝间距可适当增大,但不应大于20m。沉降伸缩缝的缝宽一般为2~3cm。浆砌挡土墙的沉降伸缩缝内可用胶泥填塞,但在渗水量大、冻害严重的地区,宜用沥青麻筋或沥青木板等材料,沿墙内、外、顶三边填塞,填深不宜小于15cm;当墙背后为填石且冻害不严重时,可仅留空隙,不嵌填料。对于干砌挡土墙,沉降伸缩缝两侧应选平整石料砌筑,使其形成垂直通缝。

二、挡土墙的布置

挡土墙的布置是挡土墙设计的一个重要内容,通常是在路基横断面图和墙趾纵断面图上进行,个别复杂的挡土墙应作平面布置。

1. 横向布置

横向布置主要是在路基横断面图上进行,其内容有:选择挡土墙的位置、确定断面形式、绘制挡土墙横断面图等。

(1) 挡土墙的位置选择

路堑挡土墙大多设置在边沟的外侧。路肩墙应保证路基宽度布设。路堤墙应与路肩墙进行技术经济比较,以确定墙的合理位置。当路堤墙与路肩墙的墙高或圬工数量相近,其基础情况亦相仿时,宜做路肩墙,采用路肩墙可减少填方和占地;但当路堤墙的墙高或圬工数量比路肩墙显著降低,且基础可靠时,则宜做路堤墙。浸水挡土墙应结合河流情况布置,以保持水流顺畅，不致挤压河道而引起局部冲刷。山坡挡土墙应考虑基础设在可靠处，墙的高度应保证墙后墙顶以上边坡的稳定性。

(2)确定断面形式，绘制挡土墙横断面图

不论是路堤墙，还是路肩墙，当地形陡峭时，可采用俯斜式或衡重式；地形平坦时，则可采用仰斜式。对路堑墙来说，宜采用仰斜式或折线式。

挡土墙横断面图的绘制，选择在起讫点、墙高最大处、墙身断面或基础形式变异处，以及其他必需桩号处的横断面图上进行。根据墙身形式、墙高和地基与填料的物理力学指标等设计资料，进行设计或套用标准图，确定墙身断面尺寸、基础形式和埋置深度，布置排水设施，指定墙背填料的类型等。

2. 纵向布置

纵向布置主要在墙趾纵断面图上进行，布置后绘成挡土墙正面图，如图 2-4-6 所示。布置的内容有：

(1)确定挡土墙的起讫点和墙长，选择挡土墙与路基或其他结构物的连接方式。

路肩挡土墙端部可嵌入石质路堑中，或采用锥坡与路堤衔接；与桥台连接时，为了防止墙后回填土从桥台尾端与挡土墙连接处的空隙中溜出，应在台尾与挡土墙之间设置隔墙及接头墙。

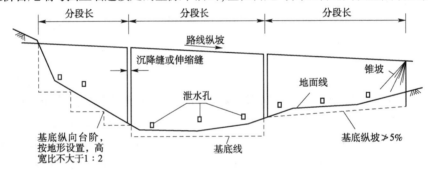

图 2-4-6 挡土墙纵向布置图

路堑挡土墙在隧道洞口应结合隧道洞门、翼墙的设置情况平顺衔接；与路堑边坡衔接时，一般将墙高逐渐降低至 2m 以下，使边坡坡脚不致伸入到边沟内，有时也可用横向端墙连接。

(2)按地基、地形及墙身断面变化情况进行分段，确定沉降缝和伸缩缝的位置。

(3)布置各段挡土墙的基础。

沿挡土墙长度方向有纵坡时，挡土墙的纵向基底宜做成不大于 5% 的纵坡。若大于 5% 时，应在纵向挖成台阶，台阶的尺寸随地形而变化，但其高宽比不宜大于 1:2。地基为岩石时，纵坡虽不大于 5%，为减少开挖，也可在纵向做成台阶。

(4)布置泄水孔和护栏的位置，包括数量、尺寸和间距。

(5)标注各特征断面的桩号，墙顶、基础顶面、基底、冲刷线、冰冻线和设计洪水位的高程等。

3. 平面布置

对于个别复杂的挡土墙，如比较高的、比较长的沿河挡土墙和曲线路段的挡土墙，除了横、纵向布置外，还应作平面布置，并绘制平面布置图。

在平面图上，应标示挡土墙与路线平面位置的关系，与挡土墙有关的地物、地貌等情况，沿河挡土墙还应标示河道及水流方向，以及其他防护、加固工程等。

在挡土墙设计图纸上,应附有简要说明,说明选用挡土墙设计参数的依据,主要工程数量,对材料和施工的要求及注意事项等,以利指导施工。

第三节 土压力的基本概念

当挡土墙的位置、墙高和断面形式确定后,挡土墙的断面尺寸可通过试算的方法确定,其程序是:

(1)根据经验或标准图,初步拟定断面尺寸。
(2)计算侧向土压力。
(3)进行稳定性验算和基底应力与偏心距验算。
(4)当验算结果满足要求时,初拟断面尺寸可作为设计尺寸;当验算结果不能满足要求时,采取适当的措施使其满足要求,或重新拟定断面尺寸,重新计算,直至满足要求为止。

1. 土压力的基本概念

挡土墙是支挡土体的结构物,它的断面尺寸与稳定性主要取决于土压力。土压力是指挡土墙墙后的土体或墙后土体表面上的荷载对墙背产生的侧压力,是挡土墙的主要设计荷载。

2. 三种不同性质的土压力

挡土墙的位移情况不同,可以形成3种不同性质的土压力(图2-4-7)。

(1)主动土压力(E_a):当挡土墙受土体侧压力作用向外位移或倾覆时,土压力随之减小,直到墙后土体达到向下滑动的极限平衡状态时,作用于墙背的土压力称为主动土压力(E_a)。

(2)被动土压力(E_p):当挡土墙由于外力作用(如拱桥桥台受到拱圈的推力)向土体挤压移动时,土压力随之增大,直到墙后土体达到向上滑动的极限平衡状态时,土体对墙的抗力称为被动土压力(E_p)。

(3)静止土压力(E_0):当挡土墙在原来位置而不产生位移时,作用于墙背的土压力称为静止土压力(E_0)。

通常,主动土压力 E_a 小于被动土压力 E_p,而静止土压力 E_0 介于两者之间,如图2-4-7所示。在路基防护用的挡土墙设计中,一般认为挡土墙可能有侧向位移,因此,不必计算静止土压力,对墙趾前土体的被动土压力(即墙前的反推力),往往忽略不计,为注重安全,主要是考虑墙背受到的主动土压力。

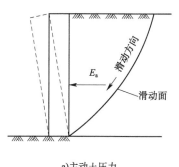
a)主动土压力

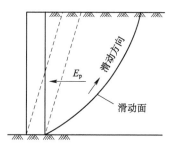
b)被动土压力

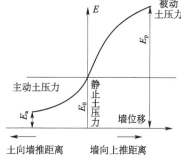
c)静止土压力

图2-4-7 土压力滑动面示意

思考题与习题

1. 简述各种类型挡土墙的构造特点和适用情况。
2. 简述重力式挡土墙的布置方法及适用场合。
3. 土压力是按照什么分类的？分别是什么？

第五章 土质路基施工及质量控制

第一节 路基填筑

一、路基填筑施工的工艺流程

路基填筑施工的工艺流程见图2-5-1。

二、路基填筑施工的主要工序

路基填筑施工的主要工序有料场选择、基底处理、填筑和碾压。现分述如下:

1. 料场选择

填筑路堤的材料(以下简称填料)以采用强度高,水稳定性好,压缩变形小,便于施工压实以及运距短的土、石为宜。在选择填料时,一方面要考虑料源和经济性,另一方面要顾及填料的性质是否合适。

为了节约投资和少占耕地良田,一般应利用附近路堑或附属工程(如排水沟等)的弃方作为填料,或者将取土坑布置在荒地、空地或劣地上。

2. 基底处理

路堤基底的处理是保证路堤稳定与坚固极为重要的措施。在路堤填筑前进行基底处

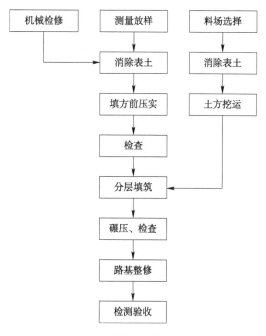

图2-5-1 路基填筑施工的工艺流程

理,能使填土与原来的表土密切结合;能使初期填土作业顺利进行;能使地基保持稳定,增加承载能力;能防止因草皮、树根腐烂而引起的路堤沉陷。对于一般的路堤基底处理,应按下列规定执行:

(1)基底土密实且地面横坡不陡于1:10时,经碾压符合要求后,可直接在地面上修筑路堤(但在不填不挖或路堤高度小于1m的地段,应清除草皮、树根等杂物)。在稳定的斜坡上,横坡为1:10~1:5时,基底应清除草皮。横坡陡于1:5时,原地面应挖成台阶,台阶宽度不小于1m,高度不小于0.5m(图2-5-2)。若地面横坡超过1:2.5时,外坡角应进行特殊处理,如修筑挡土墙等。

(2)当路基受到地下水影响时,应设置地下排水设施予以拦截或排除,引地下水至路堤基础之外,再进行填方压实。

(3)路堤基底为耕地土或松土时,应先清除种植有机土,平整后按规定要求压实。在深

耕地段,必要时应将松土翻挖,土块打碎,然后回填、整平、压实。经过水田、池塘或洼地时,应根据具体情况采取排水疏干、挖除淤泥、打砂桩、抛填片石、砂砾石或石灰(水泥)处理土等措施,以保持基底的稳固。

(4)路堤修筑范围内,原地面的坑、洞、墓穴等应用原地的土或砂性土回填,并按规定进行压实。

3.填筑

路堤填筑必须考虑不同的土质,从原地面逐层填起并分层压实,每层厚度随压实方法而定,一般压实厚度为20~25cm。

(1)新建路堤填筑方式

新建路堤的填筑方式分为水平分层填筑、纵向分层填筑、横向填筑和混合填筑4种。

①水平分层填筑:填筑时按照横断面全宽分成水平层次,逐层向上填筑。如原地面凹凸不平,应由最低处分层填起,每填一层,经压实合格后再填上一层。此法施工操作方便、安全、压实质量容易保证,是最常用的一种填筑方式。

②纵向分层填筑:依纵坡方向分层、逐层推土填筑。原地面纵坡小于20°的地段可用此法施工。适用于推土机或铲运机从路堑取土填筑较短的路堤,如图2-5-2所示。

③横向填筑:从路基一端按各横断面的全部高度,逐步推进填筑。适用于无法自下而上,分层填土的陡坡、断岩或泥沼地区,如图2-5-3所示。此法不易压实,且还有沉陷不均匀的缺点。为此,应采用必要的技术措施,如选用高效能的压实机械(振动压路机、冲压碾)碾压;采用沉陷量较小的砂性土或废石方作填料等。

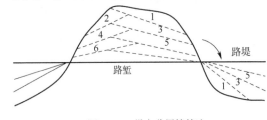

图2-5-2 纵向分层填筑法

④混合填筑:当高等级公路路线穿过深谷陡坡,尤其是要求上部的压实度标准较高时,施工时下层采用横向填筑,上层采用水平分层填筑,此种方法称为混合填筑法,如图2-5-4所示。

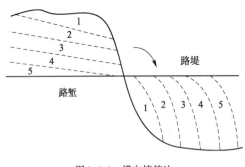

图2-5-3 横向填筑法

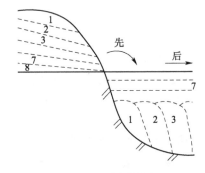

图2-5-4 混合填筑法

(2)旧路改扩建填筑方法

旧路拓宽改造需要加宽路堤时,一般采用沿横断面一侧填筑的方法。所用填土应与原路堤用土尽量接近或为透水性好的土,并将原边坡挖成向内倾斜的台阶,分层填筑,碾压到规定的密实度。严禁将薄层新填土贴在原边坡的表面。

(3)高速公路和一级公路的填筑方法

高速公路和一级公路处于横坡陡峻地段的半填半挖路基,必须沿山坡填方坡脚向里连续挖成向内倾斜的台阶,台阶宽度不应小于1m。其中沿横断面挖方的一侧,在行车范围之内的即将填筑宽度不足一个行车道宽度时,应挖够一个行车道宽度,其上路床深度范围之内的原地面土应予以挖除换填,并按上路床填方的要求施工。

(4)不同土质混填时的方法

对于不同性质的土混合填筑时,应视土的透水能力的大小,进行分类分层填筑压实,并采取有利于排水和路基稳定的方式。填筑时一般应遵循以下原则:

①以透水性较小的土填筑路堤下层时,其顶面应做成4%的双向横坡。如用以填筑上层时,除干旱地区外,不应覆盖在透水性较大的土所填的下层边坡上。

②不同性质的土应分别填筑,不得混填。每种填料累计总厚度不宜小于0.5m。

③凡不因潮湿及冻融而改变其体积的优良土应填在上层,强度(或形变模量)较小的土应填在下层。

不同土质填筑路堤的正确与错误填筑方式,如图2-5-5和图2-5-6所示。

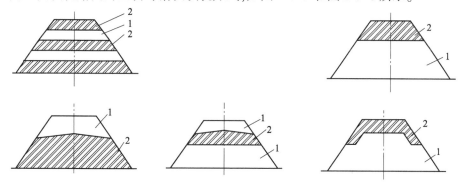

图2-5-5 不同土质填筑路基的方式示意图(正确方式)
1-透水性较大的土;2-透水性较小的土

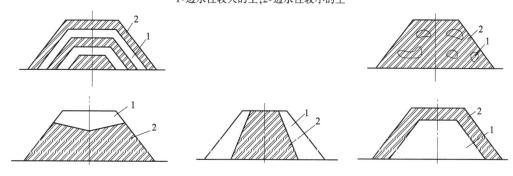

图2-5-6 不同土质填筑路基的方式示意图(错误方式)
1-透水性较大的土;2-透水性较小的土

④填石路堤的填筑方法:填石路堤的填筑,其基底处理同填土路堤。石料的强度应不小于15MPa(用于护坡的不小于20MPa)。石料的最大粒径不宜超过层厚的2/3。每层的松铺厚度:高速公路不宜大于0.5m,其他公路不宜大于1.0m。

高等级公路和铺设高级路面的其他等级公路的填石路堤均应分层填筑,分层压实。铺设低级路面的一般公路在陡峭山坡路段施工特别困难或大量爆破以挖作填时,可采用倾填方式将石料填筑于路堤下部。倾填时,路堤边坡坡脚应用直径大于30cm的硬质石料码砌。码砌的厚度:填石路堤高度小于或等于6m时,应不小于1m;大于6m时,应不小于2m或按设计规定施工。倾填只能在路基下部进行,而在路床底面下不小于1.0m的范围内,仍应分层填筑压实。

高等级公路填石路堤路床顶面以下50cm范围内应填筑符合路床要求的土并分层压实,填料最大粒径不得大于10cm。其他公路路床顶面以下30cm范围内应填筑符合路床要求的土并压实,填料最大粒径不应大于15cm。

⑤土石路堤的混填方法:土石路堤的填筑,其基底处理同填土路堤。土石混合料中石料强度大于20MPa时,石块最大尺寸不得超过压实层厚的2/3,否则应予剔除或打碎。当石料强度小于15MPa时,石块最大尺寸不得超过压实层厚,超过的应打碎。

土石路堤必须分层填筑、分层压实。每层铺砌厚度应根据压实机械的类型和规格确定,但不宜超过40cm。

混合料中石料的含量大小将影响压实效果。因此,当石料含量大于70%时,应先铺大块石料,且大面向下安放平稳,然后铺小块石料、石屑等嵌缝找平,再碾压密实。当石料含量小于70%时,土石可混合铺填,但应消除硬质石块集中的现象。

土石混合料填筑高等级公路时,其路床顶面以下30~50cm范围内仍应填筑符合路床要求的土并分层压实,填料最大粒径不大于10cm;其他公路在路床顶面以下填筑30cm的砂类土,最大粒径不大于15cm。

4.碾压

碾压是路基填筑工程的一个关键工序,有效地压实路基填筑土,才能保证路基工程的施工质量。压实度必须符合《标准》第5.0.4条的规定。

第二节 路堑开挖

土质路堑施工就是按设计要求进行挖掘,并将挖掘的土方沿路线纵向运到路堤需土地段作为填料,或者运往弃土堆处。路堑由天然地层构成,开挖后由于受到扰动和地面水及地下水集中影响,边坡和开挖后的基底易发生变形和破坏,在路堑挖方地段常发生路基的一些病害,如滑坡、崩塌、路基翻浆等。因此,施工方法与路堑的边坡及基底的稳定有着密切关系。开挖方式应根据路堑的深度、纵向长度和地形、土质、土方调配情况以及机械设备条件等因素而确定,起到保证工程质量,加快施工进度,提高工作效率的目的。

土质路堑可根据路堑深度、纵向长度及所处的地形选择不同的开挖方法。目前常用的开挖方法可分为全断面横挖法、纵挖法及混合开挖法3种。

1.全断面横挖法

对路堑整个横断面的宽度和深度从一端或两端逐渐向前开挖的方法称为全断面横挖法。此方法适用于较短的路堑。如图2-5-7a)所示的为一层全断面横挖法,适用于开挖深度小的路堑。图2-5-7b)所示的为多层全断面横挖法,适用于开挖深且土方量大的路堑。施工时各层纵向前后拉开,多层出土,可安排较多的劳动力和机械,以加快施工进度。每层挖掘台阶深度:人工施工时,一般1.5~2.0m;机械施工时,可达到3~4m。同时各层要有独立的临时排水沟。

2.纵挖法

纵挖法适用于较长的路堑,如图2-5-8所示。纵挖法可分为分层纵挖法和分段纵挖法两种方法:前者适用于施工机械能够到达路线上方的堑顶,并在堑顶能够展开推土施工;后者适用于施工机械无法到达堑顶,但通过先修临时施工便道,能够到达与路线设计高程基本一致,并且离路线一侧不远的(即向路线打横向通道增加挖方量不大)若干处,便于水平作业施工。

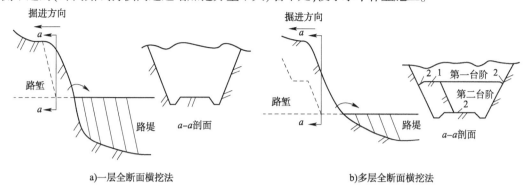

图 2-5-7 全断面横挖法

(1) 分层纵挖法[图 2-5-8a)]

施工机械到达路线上方的堑顶后,沿路堑全宽以深度不大的纵向分层挖掘前进的作业方法称为分层纵挖法。当路堑长度不超过100m,开挖深度不大于3m,地面横坡度较陡时,宜采用推土机作业;当地面横坡度较缓时,表面宜横向铲土,下层的土宜纵向推运。当路堑横向宽度较大时,宜采用两台或多台推土机横向联合作业。当路堑前傍陡峭山坡时,宜采用斜铲推土。

(2) 分段纵挖法[图 2-5-8b)]

沿路堑纵向选择若干处,在山体较薄一侧横向朝着路线先挖穿(俗称打"马口"),提供通道便于横向出土,这样将路堑沿纵向分成若干段,待机械到达路线位置时,各段再纵向开挖,此种作业方法称为分段纵挖法。此法适用于路堑过长、纵向弃土运距过远的傍山路堑。这种方法由于增加了许多工作面,使得施工进度大大加快。具体方案选择时,应把山体一侧堑壁不厚的横向出土通道,与附近的弃土场及有利于废弃土方调配等条件综合考虑而定。

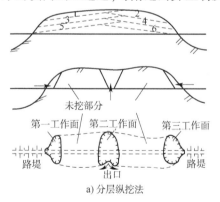
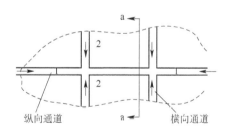

图 2-5-8 纵挖法

3. 混合开挖法(亦称通道纵挖法)

先在路堑的中央沿路线纵向挖成通道,然后在堑内改为横向挖成若干个通道,使许多挖掘机械各自到达横向通道内的工作面后,再沿路线纵向进行全断面开挖,此种纵挖法与全断面横挖法结合的作业方法称为混合开挖法,如图 2-5-9 所示。由图中可见,当路堑

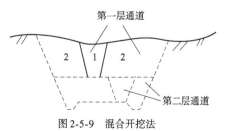

图 2-5-9 混合开挖法

较深时,还可以结合机械的功能进行分层施工作业。此法适用于工程量很大但工期又紧的重点快速工程,并以铲式挖掘机和运输自卸车配合使用为宜。混合开挖法具体实施时,对各种机械尤其是运土车辆的进出,必须统一调度、相互协调、运行流畅。

第三节 路基压实

一、路基压实的目的

路堤填筑所用的土或者路堑开挖形成路基表面的土,由于开挖扰动破坏了土体原来紧密的状态,致使结构松散,颗粒间需要重新密实组合。为了使路基具有足够的强度与稳定性,必须予以压实,以提高其密实程度。因此路基的压实工作,是路基施工过程中一项重要的工序。

土是三相体,土粒为骨架,颗粒之间的孔隙为水分和气体所占据。压实的目的在于使土粒重新组合,彼此挤紧,孔隙缩小,土的密度提高,形成密实整体,最终使得强度增加,稳定性提高。大量的试验和工程实践已经证明:土基压实后,路基的塑性变形、渗透系数、毛细水上升及隔温性能等,均有明显改善。

二、影响压实效果的因素

对于细粒土的路基,影响压实效果的因素有内因和外因两个方面。内因指土质和湿度,外因指压实功能(如机械性能、压实时间与速度、土层厚度)及压实时外界自然和人为的其他因素等。下面就影响压实效果的主要因素进行讨论。

1. 含水率对压实的影响

含水率 w 与密实度(以干密度 γ 度量)的关系:以同一种土在同一贯入击实标准试验下,各个土样配以不同的含水率 w,测定各个干密度 γ,试验表明:同等条件下,在一定含水率之前,γ 随 w 增加而提高,主要原因在于水起润滑作用,土粒间阻力减小,施加外力后,孔隙减小,土粒易于被挤紧,γ 得以提高。γ 值至最大值后,w 再继续增大,土粒孔隙被水分占据,而水一般不为外力所压缩,水分互挤转移,因而 w 增大,γ 随之降低。通常在一定压实条件下干容重的最大值,称为最大干密度 γ_0,相应的含水率称为最佳含水率 w_0,由此可见,压实时若能控制土的最佳含水率 w_0,则压实效果为最好。

2. 土质对压实效果的影响

在同样压实条件下,不同的土质其压实效果是不一样的。一般规律是不同的土质,有着不同的最佳含水率 w_0 及最大干密度 γ_0,颗粒分散性(液限、黏性)较高的土,其 w_0 值较高,γ_0 值较低。同时通过对比可见,砂性土的压实效果优于黏性土。其机理在于土粒愈细,比表面积愈大,土粒表面水膜所需的含水率就愈多,加之黏土中含有亲水性较高胶体物质所致。另外,至于砂土由于呈松散状态,水分极易散失,对其最佳含水率的概念就没有多大的实际意义。

3. 压实功能对压实的影响

压实功能(指压实工具的重量、形式、碾压遍数、作用时间等)对压实效果的影响,是上述因素之外的又一重要因素。通过试验对比表明:同一种土的最佳含水率 w_0 随压实功能的增大而减小,最大干密度 γ_0 则随压实功能的增大而提高;在相同含水率条件下,压实功能愈高,土基密实度(即 γ_0)愈高。据此规律,工程实践中可以增加压实功能(如选用重碾,增加碾压遍数或延长作用时间等),以提高路基土的干密度或降低最佳含水率。但必须指出,用增加压实功能的办法提高土基强度的效果,有一定的限度。压实功能增加到一定限度以上,其效果的提高就会愈为缓慢,这样在经济效益和施工组织上不尽合理。当压实功能超过限度过大时,一是超过土的极限强度,造成土基结构的破坏;二是相对应压实时的含水率减少,获得的密实度经受不住水的影响,即水稳定性变差。相比之下,严格控制最佳含水率,要比增加压实功能收效大得多。当含水率不足、洒水有困难时,适当增加压实功能可以见效;但如果土的含水率过大,此时再增大压实功能,必将出现"弹簧"现象,即压实效果很差,造成返工浪费。

4. 压实厚度对压实效果的影响

相同压实条件下(土质、含水率与压实功能不变),根据实测土层不同深度的密实度(γ 或压实度)可得知,密实度随深度递减,表层 5cm 为最高。不同压实工具的有效压实深度有所差异,根据压实工具类型、土质及压实的基本要求,路基分层压实的厚度有具体的规定数值。一般情况下,夯实不宜超过 20cm;12~15t 光面压路机,不宜超过 25cm;振动压路机或夯击机,宜以 50cm 为限。确定了实际施工时的压实厚度之后,还应通过现场试验确定合适的摊铺厚度。

三、压实机具的选择

土基压实机具的类型较多,大致上分为碾压式、夯击式和振动式 3 大类型。碾压式(又称静力碾压式),包括光面碾(普通的两轮和三轮压路机)、羊足碾和气胎碾等几种。夯击式中除了人工使用的人工夯、大夯外,机动设备中有夯锤、夯板、风动夯、蛙式打夯机及南非近年来生产的冲击碾(碾压轮为三边形、五边形)等。振动式中有振动器、振动压路机等。此外,运土工具中的汽车、拖拉机以及土方机械等,也可用于路基压实。

不同的压实机具,适用于不同土质及不同土层厚度等条件,这些都是压实机具的主要依据,表 2-5-1 所列的是几种常用机具的一般技术特性。正常条件下,对于砂性土的压实效果,振动式较好,夯击式次之,碾压式较差。对于黏性土,则宜选用碾压式或夯击式,振动式较差甚至无效。不同的压实机具采用通常的压实遍数,在最佳含水率条件下,适应于一定的最佳压实厚度。表 2-5-2 所列是各种土质适宜的碾压机械的建议。

压实机具的技术性能 表 2-5-1

机具名称	最大有效压实厚度(实厚)(m)	碾压行程遍数				适宜的土类
		黏性土	亚黏土	粉砂土	砂黏土	
人工夯实	0.10	3~4	3~4	2~3	2~3	黏性土与砂性土
牵引式光面碾	0.15	—	—	7	5	黏性土与砂性土
羊足碾(2个)	0.20	10	8	6	—	黏性土
自动式光面碾 5t	0.15	12	10	7		黏性土与砂性土
自动式光面碾 10t	0.25	10	8	6	—	黏性土与砂性土
气胎路碾 25t	0.45	5~6	4~5	3~4	2~3	黏性土与砂性土
气胎路碾 50t	0.70	5~6	4~5	3~4	2~3	黏性土与砂性土
夯击机 0.5t	0.40	4	3	2	1	砂性土
夯击机 1.0t	0.60	5	4	3	2	砂性土
夯板 1.5t 落高 2m	0.65	6	5	4	1	砂性土
履带式	0.25	6.8		6~8		黏性土与砂性土
振动式	0.40	—		2~3		砂性土

各种土质适宜的碾压机械　　　　　　　　表 2-5-2

土的分类 机械名称	细粒土	砂类土	砾类土	巨粒土	备 注
6~8t 两轮光轮压路机	A	A	A	A	用于预压整平
12~18t 两轮光轮压路机	A	A	A	B	最常使用
25~50t 两轮光轮压路机	A	A	A	A	最常使用
羊足碾	A	C 或 B	C	C	粉黏土质砂可用
振动压路机	B	A	A	A	最常使用
凸块式振动压路机	A	A	A	A	最宜使用含水率较高的细粒土
手扶式振动压路机	B	A	A	C	用于狭窄地点
振动平板夯	B	A	A	B 或 C	用于狭窄地点,机械重量 8000kN 的可用于巨粒土
夯锤(板)	A	A	A	B	用于狭窄地点
推土机、铲运机	A	A	A	A	夯击影响深度最大
	A	A	A	A	仅用于摊平土层和预压

注:表中符号:A 代表适用;B 代表无适当机械时可用;C 代表不适用。

压实机具对土施加的外力,应有所控制,以防压实功能太大,压实过度,不仅失效、浪费甚至有害。一般认为,压实时的单位压力不应超过土的强度极限。不同土的强度极限,还与压实机具的质量、相互接触的面积、施荷速度及作用时间(遍数)等因素有关。表 2-5-3 所列的是在最佳含水率条件下,土质由几类压实机具作用时的强度,可供选择机具和压实功能时参考。

压实时土的强度极限　　　　　　　　表 2-5-3

土 类	土的极限强度(MPa)		
	光面碾	气胎碾	夯板(直径 70~100cm)
低黏性土(砂土、亚砂土粉土)	0.3~0.6	0.3~0.4	0.3~0.7
中等黏性土(亚黏土)	0.6~1.0	0.4~0.6	0.7~1.2
高黏性土(重亚黏土)	1.0~1.5	0.6~0.8	1.2~2.0
极黏土(黏土)	1.5~1.8	0.8~1.0	2.0~2.3

实践经验证明:土基压实时,在机具类型、土层厚度及行程遍数已经选定的条件下,压实操作时宜先轻后重、先慢后快,先边缘后中间(匝道及弯道的超高路段需要时,则从内侧至外侧宜先低后高)。压实时,相邻两次的轮迹应重叠轮宽的 1/3,保持压实均匀,不漏压,对于压不到的边角,应辅以人力或小型机具夯实。压实全过程中,经常检查含水率和密实度,以达到符合规定压实度的要求。

四、土基压实标准

土基野外施工,受到种种条件限制,不能达到室内标准击实试验所得的最大干密度 γ_0,应予以适当降低。令工地实测干密度为 γ,它与室内标准击实试验得到的 γ_0 值之比的相对值,称为压实度 K。

$$K = \frac{\gamma}{\gamma_0} \times 100\% \qquad (2\text{-}5\text{-}1)$$

压实度 K 就是现行《标准》规定的路基压实标准,按照表 2-2-4 的规定执行。

填石路堤包括分层填筑和倾填爆破石块的路堤,不能用土质路基的压实度来判定路基的密实程度。其判定方法目前国内外各国规范尚无统一规定。我国城市道路路基工程施工及验收规范规定,填石路堤需用重型压路机或振动压路机分层碾压,表面不得有波浪、松动现象,路床顶面压实度标准是 12~15t 压路机的碾压轮迹深度不应大于 5mm。我国《公路路基施工技术规范》(JTG F10—2006)参考了城市道路的方法,亦将碾压后的轮迹深度作为密实状态的判定条件。国外填石路堤有采用在振动压路机驾驶台上装设的压实计反映的数值,来判定是否达到要求的紧密程度。但无定量值的规定,且只限于有此种装置的压路机。

五、碾压工序的控制

为了有效地压实路基填筑土,必须对碾压工序作以下几个方面的控制:

(1)确定工地施工要求的密实度。路基要求的压实度根据填挖类型和公路等级及路堤填筑的高度而定。通常根据表中的规定,用标准击实试验,得出最大干密度和相应的最佳含水率。

(2)对于各种压实机具碾压不同土类的适宜厚度,所需压实遍数与填土的实际含水率(最佳含水率 ±2% 以内)等,均应根据要求的压实度,通过做路段试验加以确定。高等级公路路基填土压实宜采用振动压路机或 35~50t 轮胎压路机进行。采用振动压路机碾压时,第一遍应静压,第二遍开始用振动压实。

压实过程中应严格控制填土的含水率。含水率过大时,应将土翻晒至要求的含水率再碾压;含水率过小时,需均匀洒水后再进行碾压。通常天然土的含水率接近最佳含水率时,在填土后应随即压实。

(3)填石路堤在压实前,应先用大型推土机推铺平整,个别不平处,应用人工配合,用细石屑找平。压路机宜选用 12t 以上的重型振动压路机、2.5t 以上的夯锤或 25t 以上的轮胎压路机。碾压时要求均匀压实,不得漏压。每层的填铺厚度在 0.4m 左右,当采用重型振动压路机或夯锤压实时,可加厚至 1.0m。

填石路堤所要求的密实度、所需的碾压遍数(或夯压遍数)应经过试验确定。以 12t 以上的振动压路机进行压实试验,当压实层顶面稳定,不再下沉(无轮迹)时,可判为密实状态,即压实度合格。

(4)土石混填路堤的压实要根据混合料中巨粒土含量的多少来确定。当巨粒土含量较少时,应按填土路堤的压实方法进行压实;当巨粒土含量较大时,应按填石路堤的压实方法压实。不论何种路堤,碾压都必须确保均匀密实。

(5)压实度的检测方法有环刀法、灌砂法、灌水法(水袋法)和核子密度湿度仪法。在使用核子密度仪时,事先应与规定试验方法作对比试验而进行标定。

思考题与习题

1.路基填筑施工工艺流程有哪些?

2. 路基基底处理的作用有哪些?
3. 路基的填筑方式可分为哪几种? 各自的适用性如何?
4. 基底压实的目的是什么?
5. 影响压实效果的因素有哪些?
6. 土基的压实机具可分为哪几类? 对于不同的土质应如何正确选择?
7. 土基碾压的操作要领有哪些?
8. 何谓压实度? 在实际工程中如何检测?

第六章 路面工程

第一节 概 述

路面是由各种不同材料,按一定厚度和宽度分层铺筑在路基顶部的结构物。铺筑路面的目的是为了加固路基,使道路在行车和各种自然因素的作用下能够保持足够的强度、刚度、稳定性、平整度和抗滑性能,以便车辆能在道路上快速、平稳的行驶。因而路面设计就是根据道路的使用任务、性质、交通量和交通组成,当地的材料、自然和地质条件,并结合路基状况来进行的一项综合性的结构设计。设计的任务就在于确定一种与所处环境相适应,并能承受预期交通荷载作用,既经济又合理的路面结构,控制或限制其结构特性在预定的使用年限内不恶化到某一规定的程度。鉴于柔性路面和刚性路面的力学特性不同,设计时就须作不同的考虑,设计方法也各不相同。

一、路面的组成及分类

在路面设计中,从路面结构的力学特性出发,将路面面层分为下述 3 种类型:

1. 柔性路面

柔性路面的整体结构刚度较小,在车轮荷载作用下产生较大的弯沉变形,路面结构本身的抗弯拉强度较低,它通过各结构层将荷载传递给路基,使路基承受较大的单位压力。柔性路面主要靠抗压、抗剪切强度来承受车轮荷载作用。它主要包括各类沥青面层、块石面层、砂石路面中的级配碎(砾)石、泥结碎石、水结碎石、填隙碎石及其他粒料路面面层。另外,各种未经处理的粒料基层(如天然砂砾)叫作柔性路面基层(简称柔性基层)。

2. 刚性路面

刚性路面目前主要是指用水泥混凝土作面层的路面结构。水泥混凝土的强度高,与其他筑路材料相比,它的抗弯拉强度高,并且有较高的弹性模量,所以呈现出较大的刚性。在车轮荷载作用下,水泥混凝土结构层处于板体工作状态,竖向弯沉较小,主要靠水泥混凝土板的抗弯拉强度承受车轮荷载,通过板体的扩散分布作用,荷载传递给路基的单位压力较柔性路面小得多。当采用水泥混凝土做路面基层时,叫作刚性路面基层(简称刚性基层)。

3. 半刚性路面

用水泥、石灰等无机结合料处治的土,或处治碎(砾)石及含有水硬性结合料的工业废渣,修筑成的路面基层,在前期具有柔性路面的力学特性,后期的强度和刚度均有较大幅度的增长,但最终的强度和刚度仍远小于水泥混凝土。由于这种材料的实际刚性介于柔性与刚性之间,因此把这种基层叫作半刚性路面基层(简称半刚性基层)。而把在半刚性基层上铺筑的沥青路面面层也统称为半刚性路面。

二、路面结构分层及功能

行车荷载和自然因素对路面的影响,随深度的增加而逐渐减弱。因此,对路面材料的强度、抗变形能力和稳定性的要求,也随深度的增加而逐渐降低。为了适应这一特点,路面结构通常是分层铺筑的,即按照使用的要求、受力状况、土基支承条件和自然因素影响程度的不同,分成若干层次,见图2-6-1。路面结构模型图中的分层排列顺序是一定的,但按照不同的公路等级及通行交通量,沿线分段典型断面上的路基(含地基)的土质、水温状况等条件,结合考虑对各个层次功能的具体要求及层次间的配合,组合而成设计施工中的路面结构。下面分别介绍各结构层的作用、目前常用的材料及对该结构层的要求等。

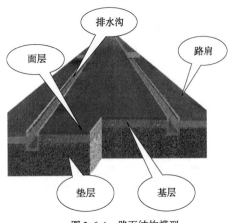

图2-6-1 路面结构模型

1. 面层

面层是直接承受车轮荷载反复作用和自然因素影响的结构层。它承受较大的行车荷载的垂直力、水平力和冲击振动力的作用,同时还受到降水的侵蚀、气温变化及风化的影响。因此,面层应具备较高的结构强度和抗变形能力,较好的水稳定性和温度稳定性,而且应当耐磨、不透水,其表面还应有良好的抗滑性和平整度。

修筑面层所用的材料主要有:沥青、水泥、碎(砾)石、块石、砂、石屑、矿粉、石灰、黏土及其他粒料等。根据公路的等级和对所用的路面功能要求,经济合理地选择具体的材料。

砂石路面是以砂、石等为骨料、以土、水、石灰为结合料,通过一定的配比铺筑而成的路面的通称。它包括级配碎(砾)石路面、泥结碎(砾)石路面、水结碎石路面、填隙碎石路面及其他粒料路面。

用沥青混合料做路面的面层有时分两层或三层铺筑,自上而下可分别称为表面层、下面层或表面层、中面层、下面层。如高速公路沥青面层总厚度达18~20cm,可分成上、中、下三层铺筑,并根据各分层的要求采用不同的级配组成。水泥混凝土路面有时也可分为上、下两层铺筑,分别采用不同强度等级的水泥等材料。在水泥混凝土路面上加铺5cm厚的沥青混凝土这样的复合式面层结构也是常见的。但是,砂石路面面层上所铺的2~3cm厚的磨耗层和1cm厚的保护层,以及厚度不超过1cm的简易沥青表面处治层,不能作为一个独立的层次,应看作是面层的一部分。

2. 联结层

一、二级公路有时从经济角度考虑,在满足力学指标的前提下,设法减薄沥青路面的面层厚度(因为面层的造价相对其他层次比较昂贵),尽管车轮荷载通过面层应力扩散,但传递到下面基层的垂直应力仍然很大,有时往往超过了基层的极限应力。同时由于面层较薄,行车过程中起动、制动引起的较大水平力直接作用在面层上,虽然通过面层的扩散传递,但此时对基层仍有影响作用。另外目前常用在沥青混凝土面层下的是无机结合料稳定材料所做的(如水泥稳定粒料等)基层,上下两层层面的接触形式对水平力的传递不好。因此,此时可以在面层与基层之间加设一个联结过渡的层次,这就称为联结层,如图2-6-2中所示的"下面层"。联结层目前常用的是沥青碎石结构形式。

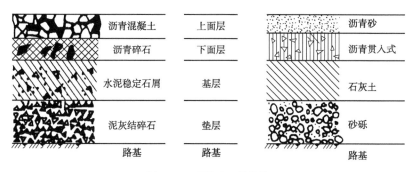

图 2-6-2 柔性路面的结构

3. 基层

基层主要承受由面层或联结层传来的车轮荷载的垂直力,并将其扩散到下面的垫层或土基中去。对于沥青类路面结构而言,基层是路面结构中的承重层,它应有足够的强度和刚度,并有良好的扩散应力的能力。基层遭受自然因素的影响虽然比面层小,但仍然有可能经受地下水和通过面层渗入的雨水浸湿,所以基层结构应具有足够的水稳定性。尤其是水泥混凝土面层下的基层,由于水泥混凝土面板板块缝隙中渗入的水,对其下的基层浸湿危害极大,因此,基层的水稳定性尤为重要。基层表面虽不直接与车轮接触,但为了保证面层的平整性和面层铺筑厚度的均匀性,其表面应有较好的平整度。

修筑基层的材料主要有各种无机结合料(如石灰、水泥等)稳定土(包括细粒土,中、粗粒的碎砾石等)、无机结合料稳定的各种工业废渣(如煤渣、矿渣、石灰渣及粉煤灰等)、贫水泥混凝土、天然砂砾、各种碎石或砾石等。其常用的基层结构见表 2-6-1。

各种常用的基层、底基层类型 表 2-6-1

有机结合料稳定类			包括热拌沥青碎石或乳化沥青碎石混合料、沥青贯入碎石等
无机结合料稳定类半刚性基层	水泥稳定类		包括水泥稳定砂粒、碎石、砂砾土、碎石土、未筛碎石、石屑、石渣、高炉矿渣、钢渣等
	石灰稳定类		包括石灰稳定细粒土、天然砂砾土、天然碎石土以及用石灰稳定级配砂砾、级配碎石和矿渣等
	工业废渣稳定类	石灰粉煤灰类	包括石灰粉煤灰(二灰)、石灰粉煤灰土(二灰土)、二灰砂、二灰砂砾、二灰碎石、二灰矿渣等
		石灰煤渣类	包括石灰煤渣、石灰煤渣土、石灰煤渣碎石、石灰煤渣砂砾等
		水泥煤渣类	包括水泥粉煤灰稳定砂砾、碎石及砂等
粒料类嵌锁型级配型	嵌锁型		包括泥结碎石、泥灰结碎石、填隙碎石等
	级配型		包括级配碎石、级配砾石、级配砂砾等

4. 底基层

高等级公路的基层厚度根据力学计算往往需要设计得比较厚(约大于 40cm),而目前使用的碾压机具的压实厚度以不超过 20cm 为宜,所以需要分层;同时从不同层位功能要求的差异,以及技术和经济上的合理考虑,即当基层设计和施工中需要分为两层时,其上层仍称为基层,下层称为底基层。基层与底基层可以采用不同的结构形式,如目前常用的水泥稳定粒料基层和石灰稳定土底基层等;也可以用不同质量的材料填筑,相对而言,底基层材料质量的要求比基层的要求较低。

当基层或底基层较厚,需要分两层施工时,可分别称为上基层、下基层,或上底基层、下底基层。

为了保护路面面层的边缘，铺筑时基层宽度每侧宜比面层宽出 25cm，底基层每侧宜比基层宽出 15cm。

5. 垫层

在特殊需要的路段，设置在基层或底基层与土基之间，起着稳定加强路基、改善基层或底基层工作条件作用的结构层，总称为垫层。所谓特殊需要是指垫层往往是为隔水、排水、隔热、防冻等不同目的而设置的，通常设在路基处于潮湿和过湿以及有冰冻路基翻浆的路段。在地下水位较高地段铺设的能起隔水作用的垫层称为隔离层；在冰冻较深地段铺设的能起防冻作用的垫层称为防冻层。此外，垫层还能扩散由基层传下来的应力，以减小路基的应力和变形，而且它也能阻止路基土挤入基层中，从而保证了基层的结构稳定性。

修筑垫层所用的材料，强度不一定要求很高，但水稳定性和隔热性要好。常用材料有两类：一类是用松散粒料，如砂、砾石等粗粒料组成的透水性垫层；另一类是整体性材料，如石灰和水泥稳定粒料等组成的稳定性垫层。

高等级公路的排水垫层应铺至路基同宽，以利路面结构排水。一般情况下，垫层宽度应比底基层每侧至少宽出 25cm。

应当指出，不是任何路面结构都需要上述的几个层次，应根据具体情况而设定，如地基良好路段的四级公路，可能只有面层和基层所组成的路面结构。而且，层次的划分也不是一成不变的，例如在道路改建中，旧路面的面层则可成为新路面的基层。

三、路面面层类型的选用

《公路工程技术标准》(JTG B01—2014)对路面结构设计提出以下规定：

第 5.0.6 条规定，路面结构设计标准轴载为双轮组单轴 100kN，轮胎压力 0.7MPa。重载交通路段可根据实际调查的轴载谱采用分向、分道方式进行路面结构设计。

第 5.0.7 条规定，路面类型应根据公路功能、技术等级、交通量、环境保护、工程造价等因素进行综合论证后选用；路面结构形式应根据当地气候条件、交通荷载、当地材料，并结合路面结构耐久性、资源循环利用等因素进行全寿命周期经济分析后合理确定。

第 5.0.9 条规定，路面结构层材料应满足强度、稳定性和耐久性的要求。路面垫层宜采用水稳定性好的粗粒料类材料或稳定类材料。路基填料采用尾矿、矿渣等材料时，应作环保评价，明确利用方案及处置措施。路面面层类型的选用，应符合表 2-6-2 的规定。

路面面层类型的选用　　　　　　　　　　　表 2-6-2

面层类型	适用范围
沥青混凝土	高速公路、一级公路、二级公路、三级公路、四级公路
水泥混凝土	高速公路、一级公路、二级公路、三级公路、四级公路
沥青贯入、沥青碎石、沥青表面处治	三级公路、四级公路
砂石路面	四级公路

第 5.0.8 条规定，公路路面结构设计使用年限应不小于表 2-6-3 的规定。

公路路面结构设计使用年限　　　　　　　　表 2-6-3

公路等级		高速公路	一级公路	二级公路	三级公路	四级公路
设计使用年限(年)	沥青混凝土路面	15	15	12	10	8
	水泥混凝土路面	30	30	20	15	10

第二节 常用的路面基层、底基层和垫层材料

目前常用的路面基层、底基层和垫层主要有碎、砾石类(亦称松散颗粒类)和无机结合料稳定类两大类。它们的结构力学特性以及适用性均有所不同,下面将分别予以叙述。

一、碎石、砾石类结构层的特性

碎石、砾石类结构层是用粗、细碎(砾)石、黏土(或不含黏土)按照嵌锁原则或级配原则铺筑而成的结构层。嵌锁型的碎石结构层包括泥结碎石、泥灰结碎石、水结碎石和填隙碎石等;级配型的碎(砾)石结构层包括级配碎石、级配砾石、符合级配要求的天然砂砾,部分砾石经轧制掺配而成的级配碎砾石等。

嵌锁原则是采用分层撒铺矿料(同层矿料的粒径大小基本相同),并经严格碾压而成的结构层(或采用开级配矿料进行拌和)。用这种方法修筑的路面结构,其强度构成主要依靠矿料之间相互嵌挤锁结作用而产生较大的内摩阻力。但黏结力较小,仅起着辅助作用,有时黏结力几乎为零。因此,采用嵌锁原则修筑的结构,必须使用强度比较高的石料(Ⅰ~Ⅱ级),摊铺时每层矿料的颗粒尺寸必须大小均匀,形状近似立方体并有棱角、表面粗糙。各层矿料的尺寸自下而上逐渐减小,上下层矿料的粒径比一般按1/2递减。粗料做主层料,细料作为嵌缝料。为了增加其黏结强度,可在矿料中掺入不同的结合料,以使其产生一定的黏结力。

级配原则是采用颗粒大小不同的矿料按一定比例(连续或间断级配)配合,并掺入一定数量的结合料,拌和制成混合料,经过摊铺、碾压而形成的路面结构层。这种结构具有较大的密实度。按级配原则修筑的结构层,其强度来源于内摩阻力和黏结力,但由于矿料没有较强的嵌挤锁结作用,以及受结合料的影响,一般来讲内摩阻力较小。

碎、砾石路面结构强度形成的特点是:矿料颗粒之间的黏结强度,一般都要比矿料本身的强度小得多。在外力作用下,材料首先将在颗粒之间产生滑动和位移,使其失去承载能力而遭到破坏。因此,对于这种松散材料组成的路面结构强度,矿料颗粒本身强度固然重要,但是起决定作用的则是颗粒之间的黏结强度。总之,由材料的黏结力和内摩阻角所表征的内摩擦力所决定的颗粒之间的黏结强度,即构成了松散材料组成的路面的结构强度。

碎、砾石类结构层既可做面层,也可做基层或底基层。由于碎、砾石类结构层做路面面层平整度较差、易扬尘,雨天泥泞,仅适用于四级公路的路面面层。其中级配碎石适用于各级公路的基层和底基层。级配砾石、级配碎砾石以及符合级配要求及塑性指数等技术要求的天然砂砾,可用做二级和二级以下公路的基层,也可用做各级公路的底基层。填隙碎石适用于各级公路的底基层和三、四级公路的基层。

1. 泥结碎石

泥结碎石结构层是以碎石作为集料,黏土作为填充料,经压实修筑成的一种结构。泥结碎石结构层的厚度一般为8~20cm;当总厚度大于或等于15cm时,一般分两层铺筑,上层厚度6~10cm,下层9~14cm。泥结碎石结构层的力学强度和稳定性不仅取决于碎石的相互嵌锁作用,同时也有赖于土的黏结作用。泥结碎石结构虽用同一尺寸石料修筑,但在使用过程中由于行车荷载的反复作用,石料会被压碎而向密实级配转化。

泥结碎石结构层所用的石料,其强度等级不宜低于Ⅳ级,细长、扁平状颗粒不宜超过

15%。不产石料地区的次要道路,交通量少时,可采用礓石和碎石等材料。泥结碎石层所用的黏土,应具有较高的黏性,塑性指数以18~26为宜。黏土内不得含有腐殖质或其他杂物。黏土用量一般不超过混合料总量的15%~18%。

泥结碎石结构层适用于四级公路的路面面层,并宜在其上设置砂土磨耗层和保护层。泥结碎石亦可做二级以下公路路面基层,但由于是黏土做结合料,其水稳性较差;如做沥青路面的基层时,只能用于干燥路段,不能用于中湿和潮湿路段。

2. 泥灰结碎石

泥灰结碎石结构层是以碎石为集料,用一定数量的石灰和土做填充料和结合料修筑的结构。泥灰结碎石结构所用的碎石和黏土质量规格要求与泥结碎石相同,石灰的质量不低于Ⅲ级。石灰与土的用量不应大于混合料总重的20%,其中石灰剂量为土重的8%~12%。泥灰结碎石结构因掺入石灰,其水稳性要比泥结碎石好,故可用于潮湿与中湿路段作为二级以下公路沥青路面的基层,亦可作为四级公路的面层。

3. 水结碎石

水结碎石结构层是用大小不同的轧制碎石从大到小分层铺筑,经洒水碾压后形成一种结构层。此种结构层属于典型的嵌锁结构,它的强度是由碎石之间的嵌锁作用以及碾压时所产生的石粉与水形成的石粉浆的黏结作用而成的。考虑需要的黏结力较强,所以经常用石灰岩碎石来铺筑。水结碎石结构的厚度一般为10~16cm。

水结碎石结构层材料的基本要求是:碎石应具有较高的强度(Ⅲ级以上)、韧性和抗磨耗能力。碎石应尺寸均匀,形状近似立方体且有棱角。此外,碎石应不含泥土杂物,最大粒径不得大于结构层压实厚度的0.8倍。

水结碎石的施工特点主要是分层撒铺、洒水碾压,碾压质量是关键。

水结碎石结构层可以做四级公路的路面面层,由于它的黏结力是由石粉浆形成的,故水稳性较好,它也适用于各级公路的底基层和二级以下公路的基层。

4. 填隙碎石

用单一尺寸的粗碎石做主集料,形成嵌锁作用,用石屑填满碎石间的空隙,增加密实度和稳定性,这种结构称为填隙碎石。但是由于其抗磨耗能力较差,宜在其上设置砂土磨耗层和保护层。

我国过去曾广泛采用的嵌锁型碎石基层,是用筛分成几种不同规格的大、中、小单一尺寸碎石分层摊铺、分层碾压而成的。通常首先铺大碎石,经碾压稳定后,撒铺嵌缝碎石,继续碾压稳定,然后再撒铺小碎石,并碾压成型。某些地区使用的干压碎石或"水结"碎石也属于这种类型。

国外常使用另一种嵌锁型碎石基层,是用单一尺寸的粗碎石,例如25~50mm、30~60mm或40~70(80)mm的碎石做主集料,经初步碾压稳定后,撒铺5~10mm的石屑,并用振动压路机碾压,使石屑填塞满主集料的空隙。这种形式的碎石结构,国外称为干结碎石。

填隙碎石层上不能直接通车,上面必须有面层。填隙碎石基层质量好坏的两个关键是:一是从上到下粗碎石间的空隙一定要填满,即达到规定的密实度;二是表面粗碎石间既要填满,但填隙料又不能覆盖粗碎石而自成一层,即表面应看得见粗碎石,其棱角可外露3~5mm。这样可保证薄沥青面层与基层黏结良好,避免沥青面层在基层顶面发生推移破坏。

由于干法施工填隙碎石不需要用水,在缺水地区,采用这种基层结构,特别显示其优越性。填隙碎石适用于各级公路的底基层和三、四级公路的基层,其施工最小厚度为10cm,结构层适宜的厚度为 10～12cm。

5. 级配碎(砾)石

由各种大小不同粒径集料,按密实级配要求组成混合料,经摊铺、整形、碾压而成的结构称为级配碎(砾)石。级配型集料中,没有水泥、石灰等水硬性结合料,也没有沥青,所以在国外常称为无结合料粒料。级配型集料中常含有一定数量的细土(指 <0.5mm 颗粒,国外有不少国家常用 0.425mm),其中的细土中有时有一定数量的粉粒(<0.05mm 的颗粒,有不少国家用 0.075mm)和黏粒(<0.002mm 的颗粒),因此具有或大或小的塑性指数。级配型集料包括级配碎石、级配碎砾石(碎石和砂砾的混合料,也常将砾石中的超大尺寸颗粒砸碎后与砂砾一起组成碎砾石)和级配砾石。

级配碎石结构的混合料中,粗、细碎石集料和石屑各占一定比例,其颗粒组成符合规定的密实级配要求。级配砾石结构中的混合料中,粗、细集料和砂各占一定的比例,其颗粒组成符合规定的密实级配要求。

就力学性质和稳定性而言,级配碎石是级配集料中最好的材料,级配砾石则是级配集料中最次的材料,而级配碎砾石则处于两者之间。级配集料结构层力学性质主要与集料的摩擦作用、嵌锁作用和黏结作用有关。影响级配集料结构层力学性质的其他重要因素有集料的含水率、加工和摊铺集料的均匀性、碾压密实度以及下承层的承载能力等。

在实际工作中,对于级配集料,主要是控制颗粒的级配组成,特别是其中的最大粒径、4.75mm 以下、0.6mm 以下和 0.075mm 以下的颗粒含量,以及塑性指数等。同时,在施工中要严格控制级配集料的均匀性和压实度。

级配碎石可用于各级公路路面的基层和底基层(图 2-6-3);级配碎砾石、级配砾石可用于二级及以下公路路面的基层,也可用于各级公路路面的底基层。级配型集料还可用于四级公路的面层,此时,级配型集料中的细土含量和塑性指数采用值都较高。因此,适宜用于面层的级配集料,就不适宜用于沥青路面和水泥混凝土路面的基层和底基层。

级配碎(砾)石结构层的厚度一般为 8～16cm,当厚度大于 16cm 时应分两层铺筑,下层厚度为总厚度的 0.6 倍,上层厚度为总厚度的 0.4 倍。

图 2-6-3 四级公路级配碎石路面

二、无机结合料稳定土

在广义的土中掺入一定量的无机结合料(包括水泥、石灰或工业废渣等)和水,经拌和得到的混合料再经压实与养生后,其抗压强度符合规定的要求时,称为无机结合料稳定土,以此修筑的路面结构层称为无机结合料稳定土结构层。

1. 无机结合料稳定土结构层的特点

无机结合料稳定土结构层,具有稳定性好、抗冻性能强、结构本身自成板体等特点,但其耐久性差,易产生干缩和冷缩裂缝,因此广泛用于修筑路面结构的基层和底基层。

2. 稳定土

稳定土中的广义土,按照土中单个颗粒(指碎石、砾石和砂颗粒)的粒径大小和组成,可将其分为下列3种：

(1)细粒土：颗粒的最大粒径小于9.5mm，且其中小于2.36mm的颗粒含量不少于90%；

(2)中粒土：颗粒的最大粒径小于26.5mm，且其中小于19mm的颗粒含量不少于90%；

(3)粗粒土：颗粒的最大粒径小于37.5mm，且其中小于31.5mm的颗粒含量不少于90%。

3.无机结合料稳定土

无机结合料稳定细粒土(需粉碎或原来松散的土)中的石灰稳定细粒土可简称为石灰土；水泥稳定细粒土可简称为水泥土。无机结合料稳定中、粗粒土中的石灰稳定中、粗粒土可简称为石灰稳定粒料；水泥稳定中、粗粒土可简称为水泥稳定粒料。

无机结合料稳定土种类较多，其物理、力学性质各有特点；使用时应根据结构要求、掺加剂量和原材料的供应情况及施工条件进行综合技术、经济比较后选用。

由于无机结合料稳定土的刚度介于柔性路面材料和刚性路面材料之间，常称为半刚性材料。以此修筑的基层或底基层称为半刚性基层或半刚性底基层。

无机结合料稳定土经拌和压实后，由于水分挥发和混合料内部的水化作用，混合料的水分会不断减少。由此发生的毛细作用、吸附作用、分子间力的作用、材料矿物晶体或凝胶体间层间水的作用和碳化收缩作用等，会引起无机结合料稳定土体积的收缩，严重时将产生干缩裂缝。

对于稳定细粒土，几种常用的半刚性材料的干缩特性的大小排列为：石灰土＞水泥土和水泥石灰土＞石灰粉煤灰土。

对于稳定粒料类，三种常用的半刚性材料的干缩特性的大小次序为：石灰稳定粒料＞水泥稳定粒料＞石灰粉煤灰稳定粒料。

无机结合料稳定土是由固相(组成其空间骨架的原材料的颗粒和其间的胶结物)、液相(存在于固相表面与空隙中的水)和气相(存在于空隙中的气体)组成。因此，无机结合料稳定土的外观胀缩性是三相的不同温度收缩性综合效应的结果。气相一般与大气贯通，在综合效应中影响较小，可以忽略。原材料中的砂粒以上颗粒的温度收缩系数较小，而粉粒以下的颗粒温度收缩性较大。

半刚性材料温度收缩的大小与结合料类型和剂量、被稳定材料的类别、粒料含量、龄期等因素有关。

无机结合料稳定土结构层一般在高温季节施工，成形初期的基层内部含水率大，且尚未被面层所封闭，基层内部的水分必然要蒸发，从而主要发生由表及里的干燥收缩。同时，环境温度也存在昼夜温度差，修筑初期的半刚性基层也受到温度收缩的作用，因此，必须注意养生保护。经过一定龄期的养生，特别是半刚性基层上铺筑面层之后，基层内相对湿度略有增大，使材料的含水率趋于平衡，这时半刚性基层的裂缝变形以温度收缩为主。

三、石灰稳定土

在广义的土中，掺入适量的石灰和水，拌和后得到的混合料，经摊铺、压实及养生，当结构层的抗压强度符合规定要求时，称为石灰稳定土结构层。

石灰稳定土常用的种类有：石灰土(石灰稳定细粒土的简称，下同)、石灰砂砾土(石灰稳定天然砂砾土)、石灰碎石土、石灰砂砾(石灰稳定级配砂砾)、石灰碎石(石灰稳定级配碎石)等。

1. 石灰稳定土强度形成原理

在土中掺入适量的石灰,并在最佳含水率下拌匀压实,使石灰与土发生一系列的物理、化学作用,从而使土的性质发生根本的变化。石灰稳定土的强度主要靠以下4个方面的作用形成的:

(1) 离子交换作用

土的微小颗粒具有一定的胶体性质,它们一般都带有负电荷,表面吸附着一定数量的钠、氢、钾等低阶阳离子(Na^+、H^+、K^+)。石灰是一种强电介质,在土中加入石灰和水后,石灰在溶液中电离出来的钙离子(Ca^{2+})就与土中的钠、氢、钾离子产生离子交换作用,原来的钠(钾)土变成钙土,土颗粒表面所吸附的离子由一价变成了二价,减少了土颗粒表面吸附水膜的厚度,使土粒相互之间更为接近,分子引力随着增加,许多单个土粒聚成小团粒,组成一个稳定结构。

(2) 结晶作用

在石灰稳定土中只有一部分熟石灰$Ca(OH)_2$进行离子交换作用,绝大部分饱和的$Ca(OH)_2$自行结晶。熟石灰与水作用生成熟石灰结晶网格,将土粒胶结成整体。

(3) 碳酸化作用

稳定土中的$Ca(OH)_2$与空气中的二氧化碳作用,生成$CaCO_3$结晶体。$CaCO_3$是坚硬的结晶体,它和其他生成的复杂盐类把土粒胶结起来,从而大大提高了土的强度和整体性。由于空气中的二氧化碳含量很少,这种作用是比较缓慢的。

(4) 火山灰作用

熟石灰与土中的活性氧化硅SiO_2和氧化铝Al_2O_3作用,生成含水的硅酸钙和铝酸钙的化学反应就是火山灰作用。含水的硅酸钙和铝酸钙结晶都是胶凝物质,具有水硬性并能在固体和水两相环境下发生硬化。这些胶凝物质在土微粒团外围形成一层稳定的保护膜,填充颗粒空隙,使颗粒间产生结合料,减少了颗粒间的空隙与透水性,同时提高了密实度,使石灰稳定土获得更高的强度和水稳定性,但这种作用比较缓慢。

由于它与土发生了一系列的相互作用,从而使土的性质发生根本性改变。在初期,主要表现为土的结团、塑性降低、最佳含水率增加和最大密度减小等;后期主要表现为结晶结构的形成,从而提高其板体性、强度和稳定性。

2. 影响石灰稳定土强度的因素

(1) 土质

生产实践表明,塑性指数高的土,其稳定效果显著,强度也高。但采用塑性指数过高的土时施工不易粉碎,而且会增加干缩裂缝;采用塑性指数偏小的土时容易拌和,但难以碾压成型,稳定效果不显著。因此,选用土质,既要考虑其强度,还要考虑到施工时易于粉碎便于碾压成型。一般选用塑性指数为15~20的土。塑性指数偏大的黏性土,要加强粉碎,粉碎后土中15~25mm的土块不宜超过5%。经验证明,塑性指数小于12的土不宜用石灰稳定。对于硫酸盐类含量超过0.8%或腐殖质含量超过10%的土,对强度有显著不利影响,不宜直接采用。

(2) 灰质

石灰的等级愈高(即CaO+MgO的含量愈高)时,稳定效果愈好;石灰的细度愈大,其比表面积愈大,在相同剂量下与土粒的作用愈充分,因而效果愈好。

石灰应是消石灰粉或生石灰粉,对于高速公路或一级公路宜用磨细生石灰粉。石灰质量应符合Ⅲ级以上的技术指标,并要尽量缩短石灰的存放时间,最好在生产后不迟于3个月内投入使用。

(3)石灰剂量

石灰剂量是指石灰质量占全部粗细土颗粒(即砾石、碎石、砂砾、粉粒和黏粒)干质量的百分率。

石灰剂量对石灰稳定土强度影响显著,石灰剂量较低(<3%~4%)时,石灰主要起稳定作用,土的塑性、膨胀、吸水量减小,使土的密实度、强度得到改善。随着剂量的增加,强度和稳定性均提高,但剂量超过一定范围时,强度反而降低。生产实践中常用的最佳剂量范围,对于黏性土及粉性土为8%~14%;对于砂性土则为9%~16%。剂量的确定应根据结构层技术要求进行混合料组成设计。

(4)含水率

水既促使石灰稳定土发生物理化学变化,形成强度;同时水也是便于土的粉碎、拌和与压实的必要条件。不同土质的石灰稳定土有不同的最佳含水率,需通过标准击实试验确定,并用以控制施工中的实际加水量。

(5)压实度

石灰稳定土的强度随压实度的增加而增长。实践证明,石灰稳定土的压实度每增减1%,强度约增减4%。而且密实的石灰稳定土,其抗冻性、水稳定性好,缩裂现象也少。

(6)龄期

石灰稳定土强度具有随龄期增长的特点。石灰稳定土初期强度低,随着时间的逐渐增长而趋于稳定。一般情况下石灰稳定土的强度在90d以前增长比较显著,以后就比较缓慢。石灰稳定土的这种特性对施工程序的衔接有相当的灵活性。但为了防止冰冻破坏作用,要求有一个冻前龄期。

(7)养生条件

养生条件主要指温度与湿度。养生条件不同,其强度也有差异。当温度高时,物理化学反应、硬化、强度增长快,反之强度增长慢,在负温条件下甚至不增长。因此,要求施工的最低温度应在5℃以上,并在第一次重冰冻(-5~-3℃)到来之前一个月至一个半月完成。

多年的施工经验证明,夏季施工的石灰稳定土强度高,质量可以保证,一般在使用中很少损坏。

养生的湿度条件对石灰稳定土的强度也有很大影响。在一定温度、潮湿条件下养生,强度的形成比在一般空气中养生要好。

3.石灰稳定土的应用

石灰稳定土一般可以用于二级或二级以下公路路面的基层。但石灰稳定土的收缩裂缝多、水稳定性较差,不应做高速公路或一级公路的基层,必要时可以做底基层。在冰冻地区的潮湿路段以及其他地区的过湿路段,也不宜采用石灰稳定土做基层。石灰稳定细粒土也不得做二级公路路面的基层。

四、水泥稳定土

在广义的土中,掺入足量的水泥和水,通过拌和得到的混合料,经摊铺、压实及养生后,当其抗压强度符合规定的要求时,称为水泥稳定土。

水泥稳定土常用的种类有：水泥土、水泥砂、水泥碎石、水泥砂砾等。

水泥稳定土能适应不同的气候与水文条件，特别是在潮湿寒冷地区的适应性较其他稳定土更强。用水泥来稳定土可显著地改善土的物理力学性质，获得良好的整体性、足够的力学强度、水稳定性和抗冻性。其初期强度较高，且随龄期增长而增长，所以使用范围很广。

1. 水泥稳定土强度形成原理

在利用水泥来稳定土的过程中，水泥、土和水之间发生了多种非常复杂的作用，从而使土的性能发生了明显的变化。水泥稳定土的强度主要是靠以下4个方面的作用形成的。

(1) 水泥的水化作用

在水泥稳定土中，首先发生的是水泥自身的水化反应，从而产生出具有胶结能力的水化产物，这是水泥稳定土强度的主要来源。

水泥水化生成的水化产物，在土的孔隙中相互交织搭接，将土颗粒包裹连接起来，使土逐渐丧失了原有的塑性等性质，并且随着水化产物的增加，混合料也逐渐坚固起来。由于土具有非常高的比表面积和亲水性，同时水泥稳定土中的水泥含量较少，所以水泥的水化硬化条件比在混凝土中差得多。特别是黏土矿物对水化产物中的$Ca(OH)_2$具有极强的吸附和吸收作用，使溶液中的碱度降低，不但影响水泥水化产物的稳定性，而且影响混合料的性能。因此应优先选用硅酸盐水泥，必要时还应对水泥稳定土进行"补钙"，以提高混合料中的碱度。

(2) 离子交换作用

水泥水化后所生成的氢氧化钙所占的比例比较高，可达水化产物的25%。大量的氢氧化钙溶于水以后，在土中形成了一个富含Ca^{2+}的碱性溶液环境。Ca^{2+}取代K^+、Na^+，使黏土颗粒之间的距离减小，相互靠拢，导致土的凝聚，从而改变土的塑性，使土具有一定的强度和稳定性。

(3) 化学激发作用

钙离子的存在不仅影响到黏土颗粒表面双电层的结构，而且在这种碱性溶液环境下，土本身的化学性质也将发生变化。

土的矿物组成基本上属于硅铝酸盐，在通常情况下，这些矿物具有比较高的稳定性，但当黏土颗粒周围介质的pH值增加到一定程度时，黏土矿物中的部分SiO_2和Al_2O_3的活性将被激发出来，与溶液中的Ca^{2+}进行反应，生成主要是硅酸钙和铝酸钙系列的新的矿物。这些矿物的组成和结构与水泥的水化产物都有很多类似之处，同样具有胶凝能力。生成的这些胶结物质包裹着黏土颗粒表面，与水泥的水化产物一起，将黏土颗粒凝结成一个整体。因此，氢氧化钙对黏土矿物的激发作用，将进一步提高水泥稳定土的强度和水稳定性。

(4) 碳酸化作用

水泥水化生成的$Ca(OH)_2$，除了可与黏土矿物发生化学反应外，还可以进一步与空气中的CO_2发生碳化反应并生成碳酸钙晶体。碳酸钙生成过程中产生体积膨胀，也可以对土的基体起到填充和加固作用。只是这种作用相对来讲比较弱，并且反应过程缓慢。

2. 影响水泥稳定土强度的因素

(1) 土质

各类土均可用水泥稳定，但稳定效果不同。试验和生产实践表明，用水泥稳定级配良好的碎(砾)石和砂砾效果最好，不但强度高，而且水泥用量少；其次是细粒土质砂；再次是粉质土和黏质土。重黏土难以粉碎和拌和，不宜单独用水泥来稳定。因此，要求土的塑性指数不大于17,实际工程中应选用塑性指数小于12的土。有机质含量超过20%和硫酸盐含量超过0.25%的土不宜选用。

(2)水泥

各种类型的水泥都可以用于稳定土。对于同一种土,通常情况下硅酸盐水泥的稳定效果好,而铝酸盐水泥较差。

水泥剂量是指水泥重量占全部粗细颗粒(即碎石、砾石、砂砾、粉粒、黏粒)干重量的百分率。

水泥稳定土的强度随水泥剂量的增加而增长,过多的水泥用量,虽能增加强度,在经济上却不一定合理,效果上也不一定显著,且容易开裂。水泥剂量为4%~8%较为合理。合理的剂量应根据结构层技术要求进行混合料组成设计确定。

(3)含水率

当含水率不足时,水泥不能在混合料中完全水化和水解,发挥不了水泥对土的稳定作用,影响其强度形成。含水率达不到最佳含水率时还会影响水泥稳定土的压实度。

水泥正常水化所需的含水率约为水泥重的20%;对于细粒土质砂,完全水化达到最高强度的含水率较最大密度的含水率小;对于黏质土则相反。

(4)施工工艺过程

水泥、土和水拌和均匀,且在最佳含水率下充分压实,使干密度最大,其强度和稳定性就高。水泥稳定土从开始加水拌和到完成压实的延迟时间要尽可能缩短,一般要在6h以内,若时间过长,则水泥凝结,碾压时不但达不到压实度要求,而且还会破坏已结硬水泥的胶凝作用,反而使水泥稳定土强度下降。在水泥终凝时间达不到规定要求时,可以使用一定剂量的缓凝剂,缓凝剂的品种和具体数量应根据试验确定。

水泥稳定土需湿法养生,以满足水化形成强度的需要。养生温度愈高,强度增长得愈快,因此,应保证水泥稳定土养生的温度和湿度条件。施工最低气温及冻前龄期的要求与石灰稳定土相同。

3.水泥稳定土的用途

水泥稳定土的水稳性和抗冻性都较石灰稳定土好,暴露的水泥稳定土因干缩和冷缩也易产生裂缝。水泥稳定土与水泥稳定砂砾、水泥稳定碎石相比有下述3个不利的特征:

(1)水泥稳定土容易产生严重的收缩裂缝,并影响面层;

(2)水泥稳定土的强度没有充分形成时其表层遇水会发生软化;

(3)水泥稳定土的抗冲刷能力小,表面水由面层裂缝渗入后易发生唧泥现象。

水泥稳定粗、中粒土可用于各级公路路面结构的基层和底基层。但水泥稳定土禁止用于沥青路面的基层,只能做底基层。在高等级公路的水泥混凝土面板下,也不应用水泥稳定土做基层。

水泥稳定土结构层的施工最小厚度为15cm;结构层适宜的厚度为16~20cm。

五、石灰工业废渣稳定土

一定数量的石灰和粉煤灰(或石灰和煤渣)与其他集料相结合,加入适量的水(通常为最佳含水率),通过拌和得到的混合料,经摊铺、压实及养生后,当其抗压强度符合规定要求时,称为石灰工业废渣稳定土,简称石灰工业废渣。

用石灰、粉煤灰稳定细粒土(含砂)简称二灰土;用石灰、粉煤灰稳定砂砾简称二灰砂砾;

用石灰、粉煤灰稳定碎石简称二灰碎石;用石灰、粉煤灰稳定矿渣简称二灰矿渣等。

用石灰、煤渣稳定细粒土(含砂)简称二渣土;用石灰、煤渣稳定砂砾或稳定碎石简称三渣;用石灰、煤渣稳定碎石土(细颗粒的土)简称三渣土等。

石灰与工业废渣拌和后,石灰中的氧化钙与工业废渣中的活性物质二氧化硅和三氧化二铝相互作用生成含水的硅、铝酸钙,这些新生成的胶凝物质晶体具有较强的胶结能力和稳定性,因而其强度、刚度和水稳定性显著提高,抗冻性和稳缩性也明显改善。石灰工业废渣稳定土具有水硬性、缓凝性、抗裂性好,板体性和抗冻性好等特点。

影响石灰工业废渣稳定土强度与稳定性的主要因素有石灰质量与用量,粉煤灰或煤渣质量与用量,土质、含水率、工艺过程和养生条件等。

细粒土的塑性指数大,拌和成的二灰土的收缩性大。因此对土的要求是:易于粉碎、便于碾压成型,塑性指数为12~20,有机质含量不超过10%,硫酸盐含量不应超过0.8%。

在二灰或二灰土中加入粒料可提高其早期强度,减少其收缩裂缝。试验表明,密实式二灰砂砾、二灰碎石比悬浮式的强度高、收缩变形小。因此,石灰工业废渣基层所用的碎、砾石应具有一定的级配。

石灰的质量和用量对混合料的强度均有较大的影响。石灰质量应符合Ⅲ级以上的生石灰或消石灰的技术指标。实际使用时,要尽量缩短石灰的存放时间。石灰的用量应通过试验确定。

粉煤灰的主要成分是SiO_2、Al_2O_3、Fe_2O_3、CaO。前两种成分的总含量应大于70%。粉煤灰中的活性物质是在石灰的碱性激发及相互作用下生成含水的硅、铝酸钙。粉煤灰的烧失量应小于20%,烧失量过大,将明显降低混合料的强度,有的甚至难以成型。粉煤灰的粒径变化范围在0.001~0.3mm之间,但大部分在0.01~0.1mm之间。湿粉煤灰含水率不宜超过35%。粉煤灰的用量应通过试验确定。

其他影响因素与石灰稳定土和水泥稳定土基本相同。

石灰工业废渣稳定土结构层适用于各级公路的基层和底基层,但二灰土不能作为高等级公路路面的基层,只能做底基层。该结构层施工最小厚度为15cm,适宜的厚度为16~20cm。

第三节 柔性路面

柔性路面是由具有黏性、弹塑性的结合料和颗粒矿料组成的路面,往往修筑成多层体系。它的力学特点是各结构层具有一定的塑性,弯沉变形较大,抗弯拉强度较小,主要依靠抗压、抗剪强度来抵抗车辆荷载的作用;它的破坏主要取决于荷载作用下的垂直位移和水平拉应变(力),土基的刚度和稳定性对路面结构整体强度和刚度有较大影响。

柔性路面设计内容包括:路面结构层次的选择和组合、各结构层厚度的确定和各结构层材料组成设计等。本节重点介绍:柔性路面常见的损坏现象、设计指标及结构组合。

一、柔性路面常见的损坏现象

为了控制或限制路面结构的使用性能在预定的使用年限内不恶化到某一程度,就必须分析路面损坏的现象和产生的原因,并据此提出相应的设计指标。路面的损坏现象大致有裂缝、沉陷、推移或搓板、坑槽、泛油等。有时一种形式单独出现,有时几种形式同时出现。虽然损坏现象错综复杂,但仍可发现有一定的规律,各种损坏现象的产生,都是由于行车和自然因素同路面相互作用造成的结果,它随外界影响因素(行车和自然因素)和路面工作特性的不同而异。常见的路面损坏现象是路面强度和稳定性不足的具体表现。

路面的损坏现象主要有下列几种:

1. 裂缝

裂缝是路面上较普遍的损坏现象,常表现为纵向裂缝、横向裂缝、纵横交错的龟裂等形态,有时还伴随其他损坏现象同时出现。如图 2-6-4、图 2-6-5 所示。

图 2-6-4　纵向裂缝(位于新旧路基衔接处)

图 2-6-5　横向裂缝

产生裂缝的原因通常是:基层软弱,使面层出现网裂;面层材料在行车荷载重复作用下产生疲劳,使面层出现裂缝,并逐步发展形成连片龟裂,有时伴有车辙、沉陷;面层材料过脆,或面层和基层的刚度相差悬殊,以至面层底部由行车荷载作用产生的拉应力过大,都会使面层拉裂形成纵横向裂缝(图 2-6-6);石灰土等半刚性基层因收缩而形成的横向裂缝反射至面层,使面层出现有规则间隔的横向裂缝(称反射裂缝);沥青面层因低温收缩产生横向裂缝;沥青材料老化也会使路面产生裂缝。图 2-6-7 所示,是由冻胀引起的严重龟裂及连续纵向裂缝。

图 2-6-6　纵横交错裂缝(网裂、龟裂)　　　　图 2-6-7　由冻胀引起的严重龟裂及连续纵向裂缝

2. 沉陷和车辙

沉陷是指路面出现局部下凹的现象,有的下凹部分仍处于完整状态,有的则出现裂缝或网裂(图2-6-8)。其产生的原因主要是由于土基局部湿软(即局部强度和稳定性不足),或路面强度不足或厚度太薄,传到土基的压力超过土基的承载能力,因此产生过大的垂直变形而使路面沉陷。如果整个路段土基强度不足,路面沿纵向产生带状凹陷,这就是车辙(图2-6-9)。在高温季节,沥青面层在车辆重复作用下,累积的永久变形量较大,也易形成车辙。

图2-6-8 严重龟裂伴有局部沉陷

图2-6-9 重度车辙

3. 推移(搓板)

面层材料沿行车方向产生推挤和隆起,甚至形成波浪的现象称为推移(图2-6-10)。它是由于行车荷载的水平力、垂直力和震动力的共同作用,使面层材料产生剪切破坏所致。在交叉口或公共汽车站附近等水平力较大的地方,经常可以见到这种现象。特别是沥青面层在高温时更容易发生推移。

中级路面,特别是碎(砾)石面层,当混合料强度较低且震动力和冲击力较大时,在垂直力、水平力、震动力共同作用下,路面在纵向会形成连续的、有规律的、波长和波峰大致相同的波浪现象,常称搓板(图2-6-11)。

图2-6-10 推移(起皮)

图2-6-11 波浪(搓板)及车辙

4. 麻面、松散、坑槽

面层材料黏结力不足,或在行车作用下被磨损、碾碎,出现麻面见图2-6-12;由于细料散失、粗集料外露,进而集料间失去连接而出现成片散开的现象称为松散。松散材料散失后就形成坑槽(图2-6-13),若不及时养护修补,就会使整个面层受到损坏。

图 2-6-12 麻面、松散(由于集料间失去连接而出现成片散开)

图 2-6-13 坑槽(集料散失后就形成坑槽)

5. 泛油

在高温季节,沥青面层发软以至浮现一层黑亮沥青的现象称为泛油(图 2-6-14)。此时面层材料黏结力低,容易被车轮黏着带走而出现坑槽,被带走面层材料落下处则形成油包。其原因是沥青材料热稳性不良,面层材料组成不当,如沥青用量过大等。

此外,在季节性冰冻地区还有冻胀和翻浆现象。

综合上述各种损坏现象可以看出,有些损坏是路面的整体抗变形能力不足而引起的,而有的主要是由于结构层的组合不当,使其中某层(特别是临近面层的那一部分基层)的强度(或刚

图 2-6-14 泛油

度)不足,或在组合时未充分考虑某些结构层次本身的工作特性。另一些则主要是面层问题,例如面层材料组成不当,或是施工质量差和养护方法不妥等。所以在进行路面设计时,不仅要考虑路面的各层次需有的必要的厚度,以保证整体承载能力足够(路面的厚度设计),还须妥善处理路面结构层的组合,进行结构组合设计。对于高级路面,这个问题尤为重要。此外,应严格控制各结构层材料的品质和组成。

二、柔性路面的设计指标

从力学角度考虑,路面破损状态主要是:路面表面的过大弯沉变形、路面结构层被拉裂以及路面结构层的剪切破坏。这些是确定路面设计指标的主要依据。

1. 弯沉指标

弯沉是在一定荷载作用下路表面的竖向变形,是反映路面整体承载能力高低和使用状况好坏的最直观、最简单的指标。路面整体承载能力高、使用状况良好时,则路面竖向变形较小,反之则较大。由于路表面的竖向变形是由路面各结构层(包括土基)各自变形的综合结果,因此该变形也在一定程度上反映了路面各结构层及土基的力学性质。

柔性路面表面的竖向变形是由施加在路面上的荷载引起的,我国现行规范规定以双轮组车轮荷载作用下,在路表面轮隙中心处的弯沉作为路面整体抗变形能力的指标。所以设计柔性路面时,必须满足下式的要求。

$$l \leqslant [l_R] \qquad (2\text{-}6\text{-}1)$$

式中:l——柔性路面的计算最大弯沉值;

$[l_R]$——柔性路面的容许弯沉值。

2. 抗拉指标

大量的野外调查及室内试验发现,只用路面竖向变形作为柔性路面的控制条件常常是不够的。因为路面达到临界竖向变形只是一种表面现象,不能解决当竖向变形在允许范围以内的路面可能出现的开裂、推移等问题,所以,尚应检验一些其他指标。抗拉指标就是其中之一。

对于沥青类面层,在行车荷载的多次重复作用下,由于疲劳现象而使其抗拉强度降低,从而出现拉裂。为了避免沥青路面的受拉破坏,必须验算其抗拉的能力。验算时可按弹性层状体系理论计算路面结构层内的最大拉应力或拉应变,并使其不超出材料的容许值。

$$\sigma \leqslant [\sigma_R] \qquad (2\text{-}6\text{-}2a)$$
$$\varepsilon \leqslant [\varepsilon_R] \qquad (2\text{-}6\text{-}2b)$$

式中:σ、ε——分别为路面结构层底面的最大拉应力和最大拉应变;

$[\sigma_R]$、$[\varepsilon_R]$——分别为路面结构层材料的容许拉应力和容许拉应变。

3. 抗剪指标

对于某些类型的路面结构层,尚应检验其抗剪能力。例如沥青混合料结构,其强度主要来源于颗粒间的摩阻力与结合料的黏聚力,在车轮荷载作用下路面结构内某点的剪应力超过材料的抗剪强度时,路面便会发生剪切破坏。进行抗剪验算时,可按弹性层状体系理论算出各有关的应力分量,进而得出剪切截面上的剪应力,并使其不超过结构层材料的抗剪强度。

$$\tau_\alpha \leqslant [\tau_R] \qquad (2\text{-}6\text{-}3)$$

式中:τ_α——路面结构层内剪切破坏截面上的剪应力;

$[\tau_R]$——路面结构层材料的容许剪应力。

三、设计弯沉值

路面表面在车辆荷载作用下的垂直变形称为路面表面总弯沉z_0,它包括可恢复的垂直变形(回弹弯沉)和不可恢复的垂直变形(残余弯沉)。

处于或接近弹性状况的路面,表现在弯沉值上,其回弹弯沉与总弯沉相接近,即残余弯沉很小。所以,我国现行规范采用路面回弹弯沉l来表示路面的抗变形能力,能符合实际情况和设计要求。

路面设计弯沉值是根据设计年限内一个车道上预测通过的累计当量轴次、道路等级、面层和基层类型而确定的路面弯沉设计值。

路面设计弯沉值的大小随路面等级、交通量、轴型、面层和基层类型等因素而异。在一定轴型的荷载作用下,路面的变形越大,达到某一破坏状态时容许通过的轴次越少;反之,路面的变形越小,达到同一破坏状态时通过的轴次越多。根据大量调查观测资料,经整理,可得出弯沉值计算的经验公式(略)。

四、柔性路面的结构组合的意义

路面结构一般是由面层、基层、土基等层次组成,因而不仅应对各分层的结构进行设计,还应对结构层的组合进行设计。

各分层的结构设计,是指按层位的作用,选择结构层的类型、材料组成、提出施工要求等。

结构层的组合设计,是按行车和自然因素对不同层位的要求,结合各类结构层本身的性能,进行合理的安排。显然,不同的结构组合会产生不同的结果,现举两个交通量相当的实例来说明。

例一:某重冰冻地区,地下水位深80cm,采用的路面结构组合是:5cm沥青混凝土面层,6cm沥青碎石整平层,30cm炉渣石灰土基层,路面总厚度41cm。经使用多年路面保持良好状态。

例二:某中冰冻地区,地下水位深>2m,采用的路面结构组合是:5cm沥青混凝土面层,7cm碎石整平层,30cm天然砂砾基层,30cm石灰土底基层,路面总厚度为72cm。通车数月后,面层出现大量较宽的网裂,继而出现坎坷不平,最后全部松散,需重新翻修。

这两个例子,论厚度,例二比例一厚31cm,整体强度也不比例一低,却很快损坏了。其损坏原因主要是结构组合不合理,在上(碎石整平层)下(石灰土底基层)两层强度较高的层次之间,夹了一层整体性差的天然砂砾基层,该砂砾层在行车荷载的反复震动作用下发生松动,使砂砾往上挤入碎石层中,碎石随之下落,面层也随之下沉、开裂以至松散,挖开路面观察,实际情况与以上分析一致。若将砂砾层同石灰土层交换位置,其效果就会好得多,上述损坏现象就可避免。

路基路面结构是一个整体,各结构层又有各自的特性和作用,并相互制约和影响,片面增大厚度往往无济于事,所以应十分重视路面的结构组合设计。

根据理论分析及多年的实践经验,进行结构组合设计时应遵循下述原则:

(1)路线、路基、路面要作通盘考虑,总体设计

在路线设计时,应充分顾及路基的强度和稳定性,并做好排水设计,为路面结构提供良好的支承条件。路基(土基)、垫层、基层和面层互相制约互相影响,应将它们作为一个整体,进行路基路面综合设计,达到路基稳定、基层坚实、面层耐用。路线、路基、路面的设计标准应大致一致,不同等级的道路应铺设相应等级的路面。

在选择各路面结构层材料时,注意因地制宜、合理选材、充分利用当地材料。结构层的组合应根据施工技术力量与设备条件,做到方便施工、方便养护;也可采用分期修筑、逐步提高的方案,以合理使用有限资金。

(2)根据各结构层功能和交通特点选择结构层次

面层直接经受气候因素和行车荷载的作用,要求高强(抗剪和抗拉)、耐磨、热稳性好和不透水,因而通常选用黏结力强的结合料和强度高的集料作为面层材料。交通量越大,轴载

越重,面层等级应越高。在交通量大、轴载重的路上(特别是城市道路),应加设连接层(沥青类材料做成)作为面层下层,以抵抗水平力在层间产生的剪应力。采用空隙较大的沥青混合料或沥青贯入碎石做面层时,应在面层上加设沥青砂或沥青表面处治做封层。

基层是主要承受竖直应力的承重层,它要有足够的强度、一定的刚度和水稳性。常用的基层类型有沥青稳定类、水泥(或石灰、工业废渣等)稳定类和各种碎(砾)石混合料。交通繁重时,应选用强度和刚度较高的前两类基层,并且采用双层式基层,加设下层(称基层)。底基层可充分利用当地材料,选用强度和刚度较低的碎(砾)石混合料等。

要使路面有足够的整体强度,使用年限长,还应立足于保证路基的稳定性,一般要求土基回弹模量不小于 20MPa。否则,单纯依靠加强或增厚面层或基层,并不能收到良好的效果,同时也很不经济合理。稳定路基的一般措施,最经济最易办到也是最主要的方法是加强排水和达到要求的压实度。在路基水文条件较差时,则应加设垫层以疏导或隔离路基上层水分,并扩散由路面传下的应力。垫层材料一般采用天然砂或砂砾料,或者低剂量石灰土等。

(3)适应行车荷载作用进行强度和刚度的组合

车轮荷载在路面内引起的应力和应变随深度而递减,各结构层的强度和刚度应按应力、应变分布规律布置,一般不宜有倒装结构。这样既能充分发挥各结构层材料的能力,又能充分利用当地材料铺筑基层、底基层,以降低造价。

相邻结构层之间的刚度不能相差过大,否则上层底面将出现过大拉应变(或拉应力)。根据经验和应力分析,相邻层的模量比宜为:基层与面层材料的回弹模量比不小于 0.3;土基与基层(或底基层)材料的回弹模量比在 0.08~0.4 之间。

(4)注意各结构层的自身特点,做好层间组合

层间组合是否紧密,对上层底面拉应力有很大影响。对于常用沥青面层,其与基层处于滑动状态时,面层底面拉应力要比连续状态的大 2~3 倍。所以,层间组合必须紧密稳定,避免产生滑移,以保证路面结构的整体性和应力传播的连续性。

各结构层材料具有各自的特性,在组合时应注意相邻层次的相互影响、相互制约,并采取适当措施消除或限制不利的影响。例如:沥青面层下的基层,由于面层不透气,水分不蒸发,在潮湿路段应采用水稳性良好的结构;为保证沥青面层与基层结合好,可按基层类型酌情洒布透层油等;在不整齐块石基层(如锥形块石)上应设置起整平作用的碎石层;在潮湿的粉性土、黏性土的土基上,不宜直接铺筑碎(砾)石等颗粒材料;又如在石灰或水泥稳定基层上修建沥青面层时,由于基层材料的干缩或低温收缩而开裂,会导致面层也相应地出现反射裂缝,应适当加厚面层或在其间加设一层由稳定的粒料组成的过渡层次。各类结构层的最小厚度,见表 2-6-4。

各类结构层的最小厚度 表 2-6-4

结构层类型		施工最小厚度(cm)	结构层适宜厚度(cm)
沥青混凝土热拌沥青碎石	粗粒式	5.0	5~8
	中粒式	4.0	4~6
	细粒式	2.5	2.5~4
沥青石屑		1.5	1.5~2.5
沥青砂		1.0	1~1.5

续上表

结构层类型	施工最小厚度(cm)	结构层适宜厚度(cm)
沥青贯入式	4.0	4~8
沥青上拌下贯式	6.0	6~10
沥青表面处治	1.0	层铺1~3,拌和2~4
水泥稳定类	15.0	15,20
石灰稳定类	15.0	16~20
石灰工业废渣类	15.0	15~20
级配碎砾石	8	10~15
泥结碎石	8	10~15
填隙碎石	8	10~12

(5)适当的层数与厚度

尽管结构层层数越多,越能体现强度和模量同荷载应力和应变沿深度变化的规律相适应。但是,层数过多将带来施工工艺及材料制备上的困难,所以层数不宜过多。

各层层厚除考虑受力比较合理外,还应适宜于摊铺和辗压,层厚过大,则应分层施工。从强度和造价考虑,自上而下的各层层厚,宜由薄到厚。

为了确保形成稳定的结构层次,各类结构层按所用材料的规格和施工工艺要求有一最小厚度要求,见表2-6-4。公路部门还规定了公路路面沥青层的最小总厚度,高速公路12~18cm,一级公路10~15cm,二级公路5~10cm,三级公路2~4cm,四级公路1~2.5cm。碎(砾)石类混合料面、基层,一般单层厚度为8~15cm;而水泥或石灰稳定类基层,其单层厚度一般为15~20cm。为改善路基水温条件而设置的垫层厚度,一般不应小于15cm,并在路面厚度计算中计入其强度。一般先确定面层的类型和厚度,以下各层厚度按计算进行调整。对多层结构,宜适当增加各层厚度以减少层次。

(6)考虑水温状况的影响保证稳定性

在进行结构组合时,要使路面整体结构在各种自然因素的影响下,能够保持干、湿、冷、热的稳定性(统称气候稳定性)。例如在干旱地区应注意采取加强粒料嵌锁或黏结力的措施,以防止松散、搓板;在潮湿多雨地区应注意采用水稳性好的结构和加强排水,对沥青面层应注意防渗、防滑与防软化等,以保证水稳性和热稳性;在冰冻地区应注意验算防冻层厚度,以保证其冻稳性。季节性冰冻地区路面结构最小防冻厚度要求,如表2-6-5所列。

在进行路面结构组合设计时,以上诸原则有时会产生矛盾,应结合具体情况,分清主次,合理地运用诸原则,以获得符合当地交通、环境、材料、施工及养护等条件的路面结构层次组合。综上所述,进行路面结构的分层和组合设计的一般步骤如下:

(1)根据道路等级确定路面等级。

(2)根据近期和远景交通情况,决定是否分期修建及选择分期修建的路面结构类型。

(3)根据当地的自然环境条件和路基的干湿类型,决定土基是否要处理及处理方式。

(4)按就地取材、因材设计的原则,根据材料来源、施工条件及环境和交通因素,选择结构层类型和材料组成。

(5)按应力分布规律和结构层性能的需要,安排结构层的组合。

最小防冻厚度(cm) 表 2-6-5

路基类型	土质 基、垫层类型 道路冻深(cm)	黏性土、细亚砂土			粉性土		
		砂石类	稳定土类	工业废料类	砂石类	稳定土类	工业废料类
中湿	50~100	40~45	35~40	30~35	45~50	40~45	30~40
	100~150	45~50	40~45	35~40	50~60	45~50	40~45
	150~200	50~60	45~55	40~50	60~70	50~60	45~50
	大于200	60~70	55~65	50~55	70~75	60~70	50~65
潮湿	60~100	45~55	40~50	35~45	50~60	15~5S	40~50
	100~150	55~60	50~55	45~50	60~70	55~65	50~60
	150~200	60~70	55~65	50~55	70~80	65~70	60~65
	大于200	70~80	65~75	55~70	80~100	70~90	65~80

注:①在《公路自然区划标准》(JTJ 003)中,对潮湿系数<0.5的地区,Ⅱ、Ⅲ、Ⅳ等干旱地区防冻厚度应比表中值减少15%~20%。

②对Ⅱ区砂性土路基防冻厚度应相应减少5%~10%。

当材料和施工条件有可能时,可拟订几种可能的结构组合方案,进行技术经济比较,确定最佳的方案。

在进行路面结构组合设计时,以上诸原则有时会产生矛盾,应结合具体情况,分清主次,合理地运用诸原则,以获得符合当地交通、环境、材料、施工及养护等条件的路面结构层次组合。

五、柔性路面结构组合示例

我国交通运输部和住房与城乡建设部,在总结多年生产实践的基础上,推荐了适用于各种道路等级的一些路面结构组合,可供参照或采用。在《公路路面设计手册》中汇总了我国部分已建高速公路和一、二级公路的路面结构,有的已经受多年使用的考验,其路况基本完好,取得较好的效果,可供路面设计时参考选用。各大城市推荐的路面结构,可参见《城市道路设计手册》。

第四节 刚 性 路 面

刚性路面主要是指水泥混凝土路面,包括素混凝土、钢筋混凝土、连续配筋混凝土、碾压式混凝土、钢纤维混凝土等面层板和基(垫)层所组成的路面。最广泛采用的是就地浇筑的素混凝土路面,简称混凝土路面。它是以水泥与水合成的水泥浆为结合料,碎(砾)石为集料,砂为填充料,按适当的配合比例,经加水拌和、摊铺、振捣、整平和养生而筑成,除了在接缝区和局部范围(边缘和角隅)外不配置钢筋的混凝土路面。本节主要介绍这种路面。

由于水泥混凝土路面能适应现代化交通重载、繁忙而快速的运输要求,而且经久耐用,因而在城市道路、厂矿道路、机场跑道和停车场上常被采用。由于它的水稳性好,特别适用于农村、小城镇道路及过水路面。又由于其能见度好,非常适宜用于隧道内路面。

但刚性路面由于有接缝,噪声大,刚度大震动也大。目前,我国干线公路上及高速公路上已较少采用水泥混凝土路面。

水泥混凝土是一种具有很高强度和抗变形能力的材料,所以刚性路面在力学特性上同柔性路面有显著的区别,因此它的设计理论、计算方法以及施工工艺也与柔性路面有所不同。

一、刚性路面的特点、损坏现象和结构组合

(一)刚性路面的特点

与其他类型的路面相比,水泥混凝土路面有以下优点:

(1)强度高、刚性大和耐久性好:混凝土路面具有较高的抗压、抗弯拉和抗磨耗的力学强度(路用水泥混凝土抗弯拉强度达 4.0~5.5MPa,抗压强度达 30~40MPa,弹性模量达 $2.5×10^4 ~ 4.0×10^4$ MPa),具有较高的承载能力和扩散荷载能力,耐久性好,一般可使用 20~30 年以上,能通过包括履带式坦克在内的各种车辆。

(2)稳定性好:环境温度和湿度对混凝土路面的力学强度影响甚小,因而温度稳定性、水稳定性和时间稳定性都较好,尤其是其强度随时间增长而逐渐增高,既不会像沥青路面那样出现"老化"现象,也不会像砂石路面那样出现"衰退"现象;抗油类侵蚀能力强,不会因受油类污染而损坏;抗洪能力也远比沥青路面强。

(3)平整度和粗糙度好:虽设有接缝,但是它的表面很少起伏变形,路面在潮湿时仍能保持足够的粗糙度,使车辆不打滑而能保持较高的安全行车速度。

(4)养护费用少、运输成本低:由于混凝土路面坚固耐久、经常性养护维修工作量小,故所需的养护费用很小(约为沥青路面的 1/3~1/4)。而且路面平整、行车阻力小,能提高车速,减少燃料消耗、降低运输成本。

(5)色泽鲜明,反光能力强,有利于夜间行车。

水泥混凝土路面也有下述缺点:

(1)有接缝:由于热胀冷缩的特性,混凝土路面必须设置许多接缝,而接缝是路面的薄弱点。接缝使施工和养护增加了复杂性,如处理不当,将导致混凝土路面板板边板角处破坏。接缝还容易引起行车跳动,影响行车舒适性,引起震动和噪声大。

(2)施工后不能立即开放交通:施工后要经过 15~20d 的湿养生,才能开放交通。

(3)挖掘和修补困难:混凝土路面破坏后,挖掘和修补工作都很费事,且影响交通,修补后的路面质量不如原来的整体强度高。这对于有地下管线的城市道路,带来较大困难。

(4)阳光下反光太强,汽车驾驶员感觉不舒服。

(5)对超载敏感。水泥混凝土是脆性材料,一旦荷载超出混凝土的极限强度,混凝土板将出现断裂。

(6)施工前准备工作较多:如设置模板、布置接缝及传力杆设施等。

(二)水泥混凝土路面的损坏现象

混凝土路面的使用性能在行车和环境因素作用下逐渐变坏,其损坏形态同柔性路面的损坏形态大不相同,主要有以下几种:

1. 断裂

水泥混凝土路面板由于板内应力超过了混凝土的强度而出现横向或纵向断裂裂缝(图2-6-15、图2-6-16),或者角隅处的折断裂缝(图2-6-17)。产生过量应力的因素是多方面的:板太薄或轮载过重;板的平面尺寸太大(使温度应力过大);地基过量塑性变形使板底失去支承;养生期间收缩应力过大;混凝土原材料、级配、施工不良,抗折强度未达设计要求

等。断裂的出现,破坏了板的结构整体性,使板丧失大部以至全部承载能力。因而,断裂可看作是混凝土面层结构破坏的临界状态。

图 2-6-15　纵向断裂

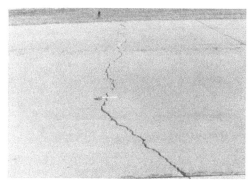
图 2-6-16　横向断裂

2. 碎裂

碎裂出现于横向接缝(主要是胀缝)两侧数十厘米宽的范围内。由于胀缝内的滑动传力杆排列不正或不能滑动,或者缝隙内落入坚硬的杂屑等,阻碍了板的伸长,使混凝土在膨胀时受到较高的挤压应力而裂成碎块。

3. 唧泥

汽车行经接缝时,缝内喷溅出稀泥浆的现象称唧泥。在重轮载的频繁作用下,基层由于塑性变形累积而同面层脱离接触,水分沿接缝下渗而积聚在脱空的空隙内,在轮载作用下积水变成有压水同基层内浸湿的细料搅混成悬液,并沿接缝喷溅出。唧泥的出现,使面层板

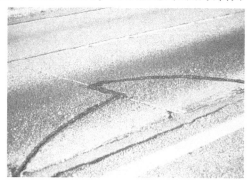
图 2-6-17　角隅处的折断裂缝

边缘部分和角隅部分逐渐失去支承,因而往往导致在离接缝 1.5～1.8m 处产生横向裂缝或角隅处断裂。

4. 错台

横向接缝或裂缝两侧面层板端部出现的竖向相对位移称错台(图 2-6-18)。当接缝处仅有部分传荷能力时,轮载作用下相邻板的端部出现挠度差,沿接缝渗入的水分同基层界面空隙内来自路表、基层和路肩等处的碎屑相混杂,车轮驶经时,由于板端的挠度差,使水分带着碎屑抛向后方面层板—基层界面的空隙内,把后方板板端抬起。胀缝下部填缝板与上部缝槽未对齐或胀缝两侧混凝土壁面不垂直,使缝侧两板在伸张挤压过程中,上下错位而形成错台。错台的出现,降低了行车的平稳性和舒适性。

5. 剥落、拱起

由于混凝土强度等级不足、砂石料含泥量超标,养生不好等都易造成水泥混凝土表面剥落(图 2-6-19)。

混凝土路面板在热膨胀受到约束时,某一接缝两侧的数块板突然出现的向上拱起的屈曲失稳现象称拱起。板收缩时接缝缝隙张开,填缝料失效,坚硬的碎屑落入缝内,致使板在尔后受热膨胀时产生较大的热压应力,易使板出现纵向屈曲失稳现象。采用膨胀性较大的石料(如硅岩等)作粗集料,容易引起板拱起。如图 2-6-18 所示。

图 2-6-18　错台、局部碎裂　　　　　　图 2-6-19　剥落(造成)

由以上列举的主要损坏现象可看出,影响混凝土路面使用特性的因素是多方面的,如轮载、温度、基层、接缝构造、水分、材料以及施工和养护情况等。因而混凝土路面设计时必须从多方面采取措施来保证它的使用寿命。混凝土路面设计的主要内容为:

(1)材料组成设计:选择合适的材料和配合比,以获取高强、耐磨、防冻和耐久的混凝土面层板。

(2)路基和基层设计:采取适当措施,使基层、路基能够为面层提供均匀的支承,并在路基有冰冻作用或膨胀土时,能控制其体积变化;合理选用基层类型,以减轻或防止板底脱空、唧泥和错台现象;使基层顶面的当量回弹模量不能小于规定值。

(3)板厚的确定:使轮载所产生的弯拉应力保持在混凝土强度所容许的范围内。

(4)板平面尺寸的确定:将温度翘曲应力控制在容许范围内。

(5)接缝构造设计:合理选择接缝类型,布置接缝位置,设计接缝构造,提高接缝的传荷能力。

(6)路肩和排水设计:选择路肩材料与断面布置,结合路基排水,设计路面排水系统。

(三)水泥混凝土路面结构层的组合

水泥混凝土路面的结构层次较柔性路面简单,一般由水泥混凝土板面层、基(垫)层和土基组成,通常将基(垫)层和土基合称为地基,起支承路面板的作用。在进行结构组合时所应考虑的原则与柔性路面的要求基本相同,但有其本身的特点。

二、刚性路面的设计原理

1. 面层(路面板)

刚性路面强度高、板体性强,在荷载作用下产生的变形较小,通常是处于弹性工作状态,故可将其视为弹性的板体。同时,由于板体在荷载作用下产生的挠度很小,混凝土板下地基(即板下各层次的总称)产生的变形也很小,可以把混凝土板下的地基看成是弹性地基。因此,水泥混凝土路面可看成是被支承在弹性地基上的弹性板。在车轮荷载作用下,混凝土板产生弯曲,当荷载作用于板中时,板顶面会出现压应力,而板底面则出现弯拉应力;当荷载作用于板角时,板底面出现压应力,而板顶面则出现弯拉应力。水泥混凝土有较高的抗压强度,因而板内产生的压应力对确定路面厚度影响不大,但板内所产生的弯拉应力则不容忽视,因为混凝土板的极限抗弯拉强度要比它的极限抗压强度低很多。所以当荷载较大而板较薄时,板内产生的弯拉应力就可能超过混凝土的极限抗弯拉强度,因而使板底面或顶部产生裂缝。在车轮荷载重复作用下,混凝土路面板由于达到疲劳强度极限,会在荷载应力低于极限抗折强度时发生开裂。因此,要使路面能够承受车轮荷载的长期作用,混凝土路面必须有足够的强度和厚度。水泥混凝土路面在自然因素(温度及湿度)的作用下会在板内产生内应力。例如,当气温上升时,混凝土板的长度便欲随之伸长,但是板受到前后板的制约以及板底与基层摩阻力的制约而不能自由伸长,于是在板内便相应产生一定的受压内应力。相反,在气温下降时,混凝土板有随之缩短的趋势,受到相同的制约后,便会在板内产生受拉的内应力。当混凝土板顶和板底有温度差时,板因翘曲受阻而产生翘曲应力(拉或压应力)。这些内应力,特别是拉应力,有时与荷载产生的弯拉应力叠加在一起,超过混凝土板的抗折强度时,便会在板内产生纵向或横向裂缝。为了减少这些内应力,预先限定混凝土板开裂的位置,须将路面划分为较小尺寸的板,板间设有胀缩缝,缝有纵横之分,纵缝间距通常按一条车道宽度来定,横缝间距则可根据温度应力大小计算确定。

水泥混凝土是一种脆性材料,它在断裂时的相对伸长变形很小,在弯曲断裂时的表面相对拉伸变形只有0.0001～0.0003。因此,在荷载作用下,土基或基层的变形情况,对水泥混凝土板的影响很大,不均匀的变形会使板体与基层脱空,这种工作状态比板被均匀地支承危险得多,所以要求板下的土基、基层既要有足够的强度,更要注意它的均匀性和水稳性。

水泥混凝土路面的这些特性,在进行设计时都要给予充分的重视,如果混凝土板的强度不足、厚度不够、分块尺寸与接缝设置不当,或土基与基层的均匀性、水稳性不好,就会导致水泥混凝土路面产生不同类型的裂缝,最终使路面破坏。水泥混凝土路面的这些工作特性使它在设计方法上与柔性路面大不相同。

面层断面一般采用等厚度形式,在初步估算时,可按路上交通量的大小,参照表2-6-6选用。混凝土路面板的最小厚度为18cm;路面板宽度一般按每车道宽度,但不大于4.5m,路面板长度,一般采用4～5m,最长不超过6m。

水泥混凝土面层厚度的参考范围 表2-6-6

交通等级	特重			重		
公路等级	高速公路	一级公路	二级公路	高速公路	一级公路	二级公路
变异水平等级	低	中	中	低	中	低	中
面层厚度(cm)	≥26	≥25	≥24	27～24	26～23	25～22

交通等级	中等			轻	
公路等级	二级公路	三、四级公路	三、四级公路	三、四级公路	
变异水平等级	高	中	高	中	高	中
面层厚度(cm)	24～21	23～20	22～20	≤23	≤22

混凝土面板应具有足够的强度、耐久性、表面抗滑、耐磨、平整。混凝土面板的平整度以3m直尺测量为准。3m直尺与路面表面的最大间隙高速公路和一级公路不应大于3mm;其他各级公路不应大于5mm。混凝土面板的抗滑标准以构造深度为指标。高速公路和一级公路不应低于0.8mm;其他各级公路不应低于0.6mm。

2.基层

由于水泥混凝土路面具有较大的刚性和承载能力,往往不需设置承重性质的基层。为防止唧泥、错台及冰冻等病害,延长路面使用寿命,要求基层平整、坚实,具有抗变形能力强、整体性好、透水性小和耐冲刷的性能,交通繁重或特别繁重的道路,宜采用工业废渣稳定类、水泥稳定砂砾(土)类、贫混凝土或沥青混合料类基层;中等或轻交通道路,还可采用石灰土、泥灰结碎石等做基层。为了保证混凝土板的使用性能和寿命,地基顶面当量回弹模量E_0不能低于标准规定,据此计算确定基层(或补强层)厚度。新建道路时,基层最小厚度一般为

15cm；原有柔性路面上铺筑混凝土路面时，设置补强层的最小厚度随材料而异，颗粒材料为6cm、水泥或石灰稳定类材料为8cm、工业废渣材料为10cm；对于符合E_0要求的原有道路或岩石路基，应视需要设置整平层，厚度一般为6~10cm。

在水文状况不良的路段宜加设垫层，可采用低剂量石灰（或水泥）稳定土、炉渣或颗粒材料（砂、天然砂砾）等。垫层最小厚度为15cm。在季节性冰冻地区，路面结构总厚度应满足最小防冻层厚度要求（见表2-6-9），若不满足时，其差值可加厚垫层补足。

水泥混凝土面层下设置基层的目的有如下几个方面：

(1) 防唧泥：水泥混凝土面层如直接放在路基上，会由于路基土塑性变形量大，细料含量多和抗冲刷能力低而极易产生唧泥现象。铺设基层后，可减轻以至消除唧泥的产生。但未经处治的砂砾基层，其细料含量和塑性指数不能太高，否则仍会产生唧泥。

(2) 防冰冻：在季节性冰冻地区，用对冰冻不敏感的粒状多孔材料铺筑基层，可以减少路基的冰冻深度，从而减轻冰冻的危害作用。

(3) 减小路基顶面的压应力，并缓和路基不均匀变形对面层的影响。

(4) 防水：在湿软土基上，铺筑开级配粒料基层，可以排除从路表面渗入面层板下的水分，以及隔断地下毛细水上升。

(5) 为面层施工（如立侧模，运送混凝土混合料等）提供方便。

(6) 提高路面结构的承载能力，延长路面的使用寿命。

因此，除非土基本身就是有良好级配的砂砾类土，而且是良好排水条件的轻交通道路之外，都应设置基层。同时，基层应具有足够的抗冲刷能力和一定的刚度，且断面正确，表面平整。理论计算和实践都已证明，采用整体性好，具有较高的弹性模量（如贫混凝土、水泥稳定碎石、石灰粉煤灰稳定碎石、级配碎石等）的材料修筑基层，可以确保混凝土路面良好的使用特性和延长路面的使用寿命。

基层类型宜依照交通等级按表2-6-7选用。混凝土预制块面层应采用水泥稳定粒料基层。

适宜各交通等级的基层类型　　　　表2-6-7

交 通 等 级	基 层 类 型
特重交通	贫混凝土、碾压混凝土或沥青混凝土基层
重交通	水泥稳定粒料或沥青稳定碎石基层
中等或轻交通	水泥稳定粒料、石灰粉煤灰稳定粒料或级配粒料基层

研究资料表明，用厚基层来提高土基的支承力，或者说借以降低面层应力或减薄面层厚度一般是不经济的。但是随着稳定类基层厚度的减小，基层底面的弯拉应力随之增大，因此基层厚度不宜太薄。各类基层厚度的适宜范围见表2-6-8。

各类基层厚度的适宜范围　　　　表2-6-8

基 层 类 型	厚度适宜的范围(cm)	基 层 类 型	厚度适宜的范围(cm)
贫混凝土或碾压混凝土基层	12~20	级配粒料基层	15~20
水泥或石灰粉煤灰稳定粒料基层	15~25	多孔隙水泥稳定碎石排水基层	10~14
沥青混凝土基层	4~6	沥青稳定碎石排水基层	8~10
沥青稳定碎石基层	8~10		

基层宽度应比混凝土面层每侧至少宽出30cm（采用小型机具施工时）或50cm（轨模式摊铺机施工时）或65cm（滑模摊铺机施工时）。路肩采用混凝土面层，其厚度与行车道面层

相同时,基层宽度宜与路基同宽。级配粒料基层的宽度也宜与路基同宽。

在冰冻深度>0.5m的季节性冰冻地区,为防止路基可能产生的不均匀冻胀对混凝土面层的不利影响,路面结构应有足够的总厚度,以便将路基的冰冻深度约束在有限的范围内。路面结构的最小总厚度,随冰冻线深度、路基的潮湿状况和土质而异,其数值可参照表2-6-9选定。超出面层和基层厚度的总厚度部分可用基层下的垫层(防冻层)来补足。

在季节性冰冻地区,路面的总厚度不应小于表2-6-9规定的最小防冻厚度。

水泥混凝土路面最小防冻厚度(m) 表2-6-9

路基干湿类型	路基土质	设计年限内当地最大冰冻深度(m)			
		0.50~1.00	1.01~1.50	1.51~2.00	>2.00
中湿路基	低、中、高液限黏土	0.30~0.50	0.40~0.60	0.50~0.70	0.60~0.95
	粉土、粉质低、中液限黏土	0.40~0.60	0.50~0.70	0.60~0.85	0.70~1.10
潮湿路基	低、中、高液限黏土	0.40~0.60	0.50~0.70	0.60~0.90	0.75~1.20
	粉土、粉质低、中液限黏土	0.45~0.70	0.55~0.80	0.70~1.00	0.80~1.30

3. 路基

前已述及,水泥混凝土的弹性模量为$(25\sim40)\times10^3$ MPa。所以,混凝土面层板具有很高的刚度和扩散荷载的能力,通过面层板和基层传到路基顶面的荷载应力值很小,一般不超过0.05MPa。因此,对路基承载能力的要求并不高。然而,如果土基的稳定性不足,在水温变化的影响下出现较大的变形,特别是不均匀沉陷,则仍将给混凝土面板带来很不利的影响。实践证明,由于土基不均匀支承,使面板在受荷时底部产生过大的弯拉应力,会导致混凝土路面的断裂甚至破坏。因此,对路基的基本要求是提供均匀的支承,即路基在环境和荷载作用下产生的不均匀变形小。

三、路面排水和路肩

通过混凝土面层接缝、裂缝和外侧边缘下渗的水量(特别在降水量大而接缝填封料失效的情况下)比人们预料的要多。路面修建往往采用槽式结构,因而下渗到基层或底基层内的水常积滞在路槽内,从而侵蚀基层和路基,造成唧泥和错台的出现。

为迅速排除渗入路槽内的水分,应从路面排水和路肩制作等方面考虑如下几点:

(1)行车道路面应设置双向或单向横坡,坡度为1%~2%。路肩铺面的横向坡度值宜比行车道路面的横坡度值大1%~2%。

(2)行车道路面结构设置排水基层或垫层时,应在排水基层或垫层外侧边缘设置纵向集水沟和带孔集水管,并间隔5~10cm设置横向排水管。

(3)排水基层的纵向边缘集水沟,路肩采用水泥混凝土面层时,可设在路肩下或路肩外侧边缘内;路肩采用沥青面层时,可设在路肩内侧边缘内。排水垫层的纵向边缘集水沟设在路床边缘。

(4)路肩铺面结构应具有一定的承载能力,其结构层组合和材料选用应与行车道路面相协调,并保证将进入路面结构中的水的排除。

(5)路肩水泥混凝土面层的厚度通常采用与行车道面层等厚,其基层宜与行车道基层相同。选用薄层时,其厚度不宜小于15cm,基层应采用开级配粒料。

路肩沥青面层宜选用密实型沥青混合料。其基层可选用无机结合料稳定粒料或级配粒料。行车道路面结构不设内部排水设施时,沥青面层和不透水基层总厚度不宜超过行车道面层的厚度,基层下应选用透水性材料填筑。

四、水泥混凝土路面的接缝设计及同其他构造物相接时的处理

混凝土面层是由一定厚度的混凝土板所组成,它具有热胀冷缩的性质。由于一年四季气温均变化,混凝土板会产生不同程度的膨胀和收缩,从而引起板的轴向变形。而在一昼夜中,白天气温升高,混凝土板顶面温度较底面温度高,这种温度差会形成板的中部隆起的趋势;夜间气温降低,板顶面温度较底面温度低,会使板的周边和角隅发生翘起的趋势,发生翘曲变形,这些变形会受到板与基础之间的摩阻力和黏结力,以及板的自重、车轮荷载等的约束,致使板内产生过大的应力,造成板的断裂或拱胀等破坏。

由于翘曲而引起的裂缝,则在裂缝发生后被分割的两块板体尚不致完全分离,倘若板体温度均匀下降引起收缩,则将使两块板体被拉开从而失去荷载传递作用。为避免这些缺陷,混凝土路面不得不在纵横两个方向设置许多接缝,把整个路面分割成许多板块。在任何形式的接缝处板体都不可能是连续的,其传递荷载的能力一定不如非接缝处,而且任何形式的接缝都不免要漏水。因此,对各种形式的接缝,都必须为其提供相应的传荷与防水的设施。

水泥混凝土面层的接缝可分为:横向接缝(包括横向缩缝、胀缝、施工缝)和纵向接缝。

横向接缝是垂直于行车方向的接缝,共有3种:缩缝、胀缝和施工缝。缩缝保证板因温度和湿度的降低而收缩时沿该薄弱断面缩裂,从而避免产生不规则的裂缝;胀缝保证板在温度升高时能部分伸张,从而避免产生路面板在热天的拱胀和折断破坏,同时胀缝也能起到缩缝的作用;每日施工结束或因临时原因中断施工时,必须设置横向施工缝,其位置应尽可能选在缩缝或胀缝处。

路面因划块设置了许多纵、横缝,而接缝是水泥混凝土路面结构的薄弱部位,易产生挤碎、拱起、错台、唧泥等结构性破坏。因此,接缝设置得好与差,直接影响混凝土路面的使用性能和寿命。

1. 纵缝

纵缝是指平行于道路中线的接缝。它包括沿施工纵向缝边缘的施工缝和设在两条纵向施工缝间的纵向缩缝。

一次铺筑宽度小于路面宽度时,应设置纵向施工缝,形式上可采用加拉杆的平口缝或企口缝,如图2-6-20所示。

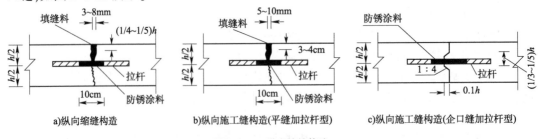

a) 纵向缩缝构造　　b) 纵向施工缝构造(平缝加拉杆型)　　c) 纵向施工缝构造(企口缝加拉杆型)

图2-6-20　纵向缩缝构造

纵向施工缝间距超过4.5m时,其间应增设纵向缩缝,以减小收缩应力和温度翘曲应力。纵向缩缝宜采用带拉杆的假缝形式,见图2-6-20a)。拉杆主要起拉紧相邻板块不让它们分离的作用,一般选用螺纹钢筋,设在板厚中央,其直径、长度和间距可根据板厚与板宽,参照表2-6-10选用。

拉杆尺寸及间距(mm)　　　　　　　　　表 2-6-10

面层厚度 (mm)	到自由边或未设拉杆纵缝的距离(m)					
	3.00	3.50	3.75	4.50	6.00	7.50
200~250	14×700×900	14×700×800	14×700×700	14×700×600	14×700×500	14×700×400
260~300	16×800×900	16×800×800	16×800×700	16×800×600	16×800×500	16×800×400

注:表中数字为拉杆直径×长度×间距。

2. 横缝

横缝是垂直于道路中线的接缝,也包括缩缝、胀缝和施工缝。

(1) 横向缩缝

设置横向缩缝的目的是减小收缩应力和温度翘曲应力。横向缩缝间距即为板长,一般采用等间距布置,相邻板的横缝应对齐。

横向缩缝采用假缝形式,见图 2-6-21a)。在交通繁重的道路上,为提高接缝传荷能力,减少错台现象,应在缩缝板厚中央处设置滑动式传力杆见图 2-6-21b)。传力杆采用光圆钢筋。一半以上长度涂以沥青或套上塑料套。传力杆的长度、直径及横向间距,可根据板厚参照表 2-6-11 选用。

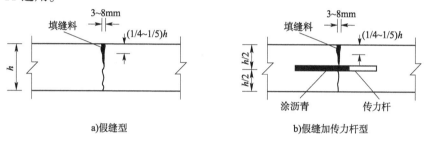

图 2-6-21　横向缩缝构造

传力杆尺寸和间距(mm)　　　　　　　　　表 2-6-11

面层厚度(mm)	传力杆直径	传力杆最小长度	传力杆最大间距
220	28	400	300
240	30	400	300
260	32	450	300
280	35	450	300
300	38	500	300

(2) 横向施工缝

因施工需要而中断混凝土浇筑时,应设置横向施工缝,一般采用加传力杆的平缝形式见图 2-6-21b)。传力杆的设置要求与缩缝内容相同,施工缝宜设在缩缝位置处。

3. 胀缝

设置胀缝的目的是为混凝土面层的膨胀提供伸长的余地,以避免产生过大的热压应力。除在夏季高温时施工且混凝土板厚超过 20cm 时可不设或少设胀缝外,其他季节施工或采用膨胀性大的集料时宜设胀缝,其间距应根据施工温度及混凝土集料膨胀性,并结合当地经验确定。邻近桥梁或其他固定结构物处,与沥青路面相接处,隧道口、小半径曲线和凹形竖曲线纵坡变换处,与水泥混凝土路面相交处,以及路面板厚度变化处,均应设置胀缝。邻近结构物或与沥青路面相接时,在混凝土路面端部的二或三条横缝均应设为胀缝。

隧道内的路面受温差影响较小,可不设胀缝,但在隧道洞口附近应予设置。

胀缝采用平缝形式,缝宽2~2.5cm,并在板厚中央处设置滑动传力杆,以提供传荷能力。传力杆用光圆钢筋,杆长一半加5cm范围涂以沥青,涂沥青的一端端头加一金属套,内留空隙(填以弹性材料),使板伸长时传力杆能位移。传力杆的尺寸的布置与缩缝的相同。同结构物交接处的胀缝无法设传力杆,可采用在6~10倍范围内加厚边部(约1/5板厚)的措施,或采用加设边缘钢筋,如图2-6-22所示。

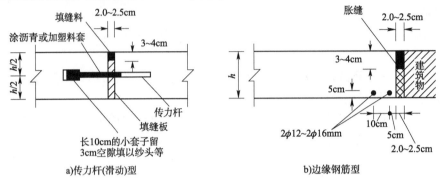

图2-6-22 胀缝构造

4. 填缝材料

接缝槽口超过3mm时,均需加以填缝,填缝材料有胀缝板和填缝料两种。

胀缝板应选用能适应混凝土板的膨胀收缩和耐久性良好的材料,如油浸或沥青浸制的杉木板、木丝板或甘蔗板、沥青纤维板、泡沫橡胶板或泡沫树脂板等。胀缝板的技术要求列于表2-6-12。

胀缝板的技术要求　　　　　　表2-6-12

试验项目	胀缝板种类		
	木材料	塑胶、橡胶泡沫类	纤维类
压缩应力(MPa)	5.0~20.0	0.2~0.6	2.0~10.0
弹性复原率(%)	≥55	≥90	≥65
挤出量(mm)	<5.5	<5.0	<3.0
弯曲荷载(N)	100~400	0~50	5~40

注:各类胀缝板吸水后的压缩应力不应小于不吸水的90%,木板应除去结疤,沥青浸泡后木板厚度应为(20~25)±1mm。

填缝料应富有弹性、可压缩性大、不透水、耐疲劳,并能同混凝土表面黏附牢。常用的填缝料有:沥青玛𫫇脂、沥青橡胶混合料、聚氯乙烯胶泥、聚氨酯及氯丁橡胶嵌缝条等。

填缝料应使用与混凝土板黏结力强、回弹性好、耐疲劳、不渗水和不溶于水、高温不溢、低温不脆裂的材料。常用的有沥青橡胶、聚乙烯胶泥和改性沥青玛𫫇脂等为加热施工型填缝料如果不加热而在常温施工,就可使用氯丁橡胶、沥青橡胶、聚(氨)酯、硅树脂类填缝料。常温施工式填缝料的技术要求列于表2-6-13。

施工式填缝料的技术要求　　　　　　表2-6-13

试验项目	低弹性型	高弹性型
失黏(固化)时间(h)	6~24	3~16
弹性复原率(%)	≥75	≥90

续上表

试 验 项 目	低弹性型	高弹性型
流动度(n%in)	0	0
-10℃拉伸量(mm)	≥15	≥25
与混凝土黏结强度(MPa)	≥0.2	≥0.4
黏结延伸率(%)	≥200	I>400

注:低弹性型适宜在气候寒冷、严寒地区使用;高弹性型适宜在炎热、温暖地区使用。

加热施工式填缝料技术要求列于表2-6-14。

加热施工式填缝料技术要求　　表2-6-14

试 验 项 目	低弹性型	高弹性型
针入度(0.01mm)	<50	<90
弹性复原率(%)	≥30	≥60
流动度(n%in)	<5	<2
-10℃拉伸量(mm)	≥10	≥15

5. 交叉口接缝的布置

相交道路均为水泥混凝土路面时,交叉口范围内的接缝布置(划块)会出现非矩形形状。梯形或多边形分块,如图2-6-23所示。若布置不当不仅影响观瞻、施工复杂,而且小锐角的板块容易折断,影响混凝土板的使用寿命。

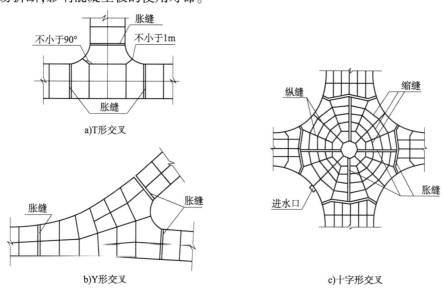

图2-6-23　交叉口范围内的接缝布置(划块)示意图

交叉口接缝布置的原则有如下几点:

(1)交叉口接缝的布置应与交通流向相适应,并易于排水,整齐美观,施工方便,尽量避免小锐角。

(2)接缝宜正交,尽量将锐角放在非主要行车部位,且在板角处加设补强钢筋网或角隅钢筋,如图2-6-24所示。

(3)分块不宜过小,接缝边长不应小于1m;接缝应对齐,一般不得错缝。图2-6-23所示为3种平面交叉口接缝布置示意。

6.补强钢筋

混凝土板纵、横自由边边缘下的基础,如有可能产生较大的塑性变形时,可沿板边缘加设补强钢筋,角隅处加设发针形钢筋或钢筋网。

(1)板边补强

混凝土板边缘部分的补强钢筋一般选用2根直径为12~16mm的螺纹钢筋,可根据经验确定。布置在板的下部,距板底为板厚的1/4,并不应小于5cm;间距为10cm,钢筋两端应向上弯起。钢筋保护层的最小厚度不小于5cm。其具体布置,可参见图2-6-24a)。

(2)角隅补强

角隅部分的补强,可选用2根直径12~14mm的螺纹钢筋,布置在板的上部,距板顶不应小于5cm,距板边为10cm,见图2-6-24b)。板呈锐角形时,也可采用双层钢筋网补强,钢筋可选用直径6mm,布置在板的上、下部,距板顶和板底5~10cm为宜。钢筋网保护层混凝土最小厚度不应小于5cm。

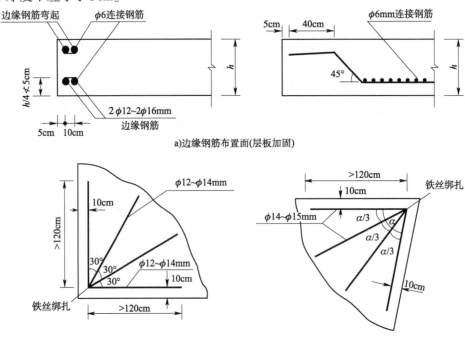

图2-6-24 边缘、角隅钢筋补强布置

(3)其他位置的补强

当水泥混凝土路面与桥头引道相接处、与柔性路面相接处、与构造物横穿道路处以及雨水口和各种市政设施检查井相接处,除边缘、角隅用上述方法补强外,其他位置均可用直径为6mm、间距为10cm×10cm的钢筋网补强。

水泥混凝土路面设计示例,可参见《公路设计手册——路面(第二版)》《公路水泥混凝土路面设计规范》(JTG D40—2011)等。

 思考题与习题

1.用嵌锁原则或级配原则做碎、砾石路面基层、底基层结构层有什么不同?

2. 试述无机结合料稳定土结构层的优点与缺点。
3. 试述石灰稳定土、水泥稳定土、石灰工业废渣稳定土的基本概念。
4. 试述水泥稳定土的强度形成原理。影响水泥稳定土强度的因素是什么?
5. 常用的公路路面面层有哪些?它们各自的适用范围是什么?
6. 就路面结构力学特性可将公路路面划分为哪几类?
7. 路面结构为什么要分层?从路基向上路面结构分层的顺序是什么?
8. 交叉口接缝布置的原则是什么?

第七章 路面施工及质量控制

第一节 沥青路面施工

一、沥青路面的基本特性

沥青路面是用沥青材料作结合料黏结矿料修筑面层与基层的路面结构。

沥青路面由于使用了沥青结合料,因而增强了集料间的黏结力,提高了混合料的强度和稳定性,使路面的使用质量和耐久性都得到提高。与水泥混凝土路面相比,沥青路面具有表面平整、无接缝、行车舒适、振动小、噪声低、施工期短、养护维修简便等优点,因而获得越来越广泛的应用。近几十年来,世界各国修建沥青路面的数量迅猛增长。我国公路和城市道路也修筑了相当数量的沥青路面,沥青路面已成为我国高速公路的主要路面形式。在城市,为了降低噪声污染和确保行车舒适,越来越多的水泥路面被沥青路面所替代。

沥青路面的强度和稳定性在很大程度上取决于土基和基层的特性。在柔性基层上铺筑的沥青面层称柔性基层沥青路面;在半刚性基层上铺筑的沥青混合料面层称为半刚性基层沥青路面。总的来说,沥青路面的抗弯拉强度较低,因而要求基层和土基应具有足够的强度和稳定性。因此,施工时必须掌握路基土的特性进行充分的压实。对软弱土基或翻浆路段必须预先加以处理。低温时,沥青路面的抗变形能力很低。在寒冷地区为了防止土基不均匀冻胀而使沥青路面开裂,需设置防冻层。沥青路面修筑后,由于透水性小,使土基和基层内的水分难以排出,在潮湿路段易使土基和基层湿度过大而变软,导致路面网裂、下沉而破坏。因此,宜尽量采用水稳定性较好的半刚性基层。对于交通量较大的路段,为使沥青路面具有一定的抗弯拉和抗疲劳开裂的能力,宜在沥青面层下设置沥青混合料的上基层。采用较薄的沥青面层时,特别是在旧路面上加铺面层补强时,要采取必要的措施加强面层与基层之间的黏结,以防止水平力作用而引起沥青面层的剥落、推挤、拥包等破坏。

二、沥青路面的分类

1. 按强度构成原理分类

按强度构成原理可将沥青路面分为密实型和嵌挤型两大类。密实类沥青路面的集料级配按最大密实原则设计,颗粒尺寸多样,其强度和稳定性主要取决于混合料的黏聚力和内摩阻力。密实类沥青路面按其空隙率的大小可分为开式和闭式两种:闭式混合料中含有较多的 0.5mm 和 0.074mm 的矿料颗粒,空隙率小于 6%,混合料致密而耐久,防水性能好,但热稳定性较差。开式混合料中小于 0.5mm 的矿料颗粒含量较少,空隙率大于 6%,热稳定性好于闭式混合料。

嵌挤类沥青路面采用的是颗粒尺寸较为均一的集料,路面的强度和稳定性主要依靠集料颗粒之间相互嵌挤所产生的内摩阻力,黏聚力较小,只起次要的作用。嵌挤类沥青路面比密实类路面的热稳定性要好,但因空隙率大,易渗水,因而耐久性较差。

2. 按施工工艺分类

按施工工艺,沥青路面可分为层铺法、路拌法和厂拌法。

(1)层铺法即将沥青和集料分层撒铺,并碾压成型的施工方法。其主要优点是工艺和设备简便、功效较高、施工进度快、造价较低;缺点是路面成型期较长,需要经过炎热季节行车碾压之后路面方能成型。用这种方法所修筑的沥青路面有沥青表面处治和沥青贯入式两种。

(2)路拌法是指在施工现场用人工或机械将矿料和沥青材料就地拌和摊铺、碾压密实而成的沥青面层。路拌沥青面层,通过就地拌和,沥青材料在矿料中分布比层铺法均匀,可以缩短路面的成型期。但因所用矿料为冷料,需使用黏稠度较低的沥青材料,故混合料的强度较低。

(3)厂拌法是将规定级配的矿料和沥青材料用工厂的专用设备加热拌和,并在一定的时间内运到工地用摊铺机摊铺,然后碾压而成的沥青路面。若混合料是拌和后立即趁热运到路上摊铺,称为热拌热铺;混合料加热拌和后储存一段时间后再在常温下运到路上摊铺压实,则称为热拌冷铺。厂拌法所用集料清洁、级配准确,且为热料拌和,沥青黏稠度高,用量准确,因而混合料质量高、寿命长,但修建费用也较高。若所用矿料为开级配,拌和后混合料的空隙率大于10%,混合料被称为厂拌沥青碎石;若矿料是按最佳密实级配原则配制,空隙率小于10%,则称为沥青混凝土。

3. 按沥青路面的技术特性分类

根据沥青路面的技术特性,沥青面层可分为沥青混凝土、热拌沥青碎石、乳化沥青碎石混合料、沥青贯入式、沥青表面处治五种类型。此外,沥青玛蹄脂碎石近年在许多国家也得到广泛应用。

沥青表面处治路面是指用沥青和集料按层铺法或拌和法铺筑而成的厚度不超过3cm的沥青路面。沥青表现处治的厚度一般为1.5~3.0cm。层铺法可分为单层、双层、三层。单层表处厚度为1.0~1.5cm,双层表处厚度为1.5~2.5cm,三层表处厚度为2.5~3.0cm。沥青表面处治适用于三级、四级公路的面层、旧沥青面层上加铺罩面或抗滑层、磨耗层等。

沥青贯入式路面是指用沥青贯入碎(砾)石做面层的路面。沥青贯入式路面的厚度一般为4.8cm。当沥青贯入式的上部加铺拌和的沥青混合料时,也称为上拌下贯,此时拌和层的厚度宜为3.4cm,其总厚度为7~10cm。沥青贯入式碎石路面用于二级及二级以下公路的沥青面层。

沥青碎石路面是指用沥青碎石做面层的路面,沥青碎石的配合比设计应根据实践经验和马歇尔实验的结果,并通过施工前的试拌和试铺确定。沥青碎石有时也用在连接层。

沥青混凝土路面是指用沥青混凝土做面层的路面,其面层可由单层或双层或三层沥青混合料组成;各层混合料的组成设计应根据其层厚和层位、气温和降雨量等气候条件、交通量和交通组成等因素确定,以满足对沥青面层使用功能的要求。沥青混凝土常用于高等级公路的面层。

乳化沥青碎石混合料适用于做三级、四级公路的沥青面层、二级公路养护罩面以及各级公路的调平层;国外也用于柔性基层。

沥青玛蹄脂碎石路面是指用沥青玛蹄脂碎石混合料做面层或抗滑层的路面。沥青玛蹄脂碎石混合料(简称SMA)是以间断级配为骨架,用改性沥青、矿粉及木质纤维素组成的沥青玛蹄脂为结合料,经拌和、摊铺、压实而形成的一种构造深度较大的抗滑面层。它具有抗滑耐磨、孔隙率小、抗疲劳、高温抗车辙、低温抗开裂的优点,是一种全面提高密级配沥青混凝土使用质量的新材料,适用于高速公路、一级公路和其他重要公路的表面层。

三、沥青路面类型的选择

采用不同的施工工艺和材料可以修筑成不同类型的沥青路面。因此,必须根据路面的使用要求和施工的具体条件,按照技术经济原则来综合考虑,选定最适当的路面类型(见表2-7-1)。

路面类型的选择　　　　表2-7-1

公路等级	面层类型	设计年限(年)	设计年限内累计标准轴次/(万次/一车道)
高速、一级公路	沥青混凝土沥青玛蹄脂碎石	15	>400
二级公路	沥青混凝土	12	<200
二级公路	热拌沥青碎石混合料、沥青贯入式	10	100~200
三级公路	乳化沥青碎石混合料、沥青表现处治	8	10~100
四级公路	水结碎石、泥结碎石、级配碎(砾)石、半整齐石块路面	5	≤10
四级公路	粒料改善土	5	≤10

选择沥青路面的类型,一方面要根据任务要求(道路的等级、交通量、使用年限、修建费用等)和工程特点(施工季节、施工期限、基层状况等);另一方面还应考虑材料供应情况、施工机具、劳力和施工技术条件等因素,见表2-7-1所列。

从施工季节来讲,沥青类路面一般都要求在温暖干燥的气候条件下施工,所用沥青材料在施工时具有较大的流动性,便于路面摊铺和压实成型。热拌热铺类的沥青碎石或沥青混凝土面层,气候对其影响较小,仅要求在晴朗天气和气温不低于5℃时施工。若施工气温较低,则应选用热拌冷铺法施工较为适宜。

沥青类路面一般不宜铺筑在纵坡大于6%的路段上。纵坡大于3%的路段,考虑抗滑的要求,宜采用粗粒式的沥青碎石或粗粒式的沥青表面处治。

第二节　沥青类路面对常用材料的要求

一、沥青材料

沥青路面所用的沥青材料有石油沥青、煤沥青、液体石油沥青和沥青乳液等。各类沥青路面所用沥青材料的强度等级,应根据路面的类型、施工条件、地区气候条件、施工季节和矿料性质与尺寸等因素而定。煤沥青不宜作沥青面层用,一般仅作为透层沥青使用。选用乳化沥青时,对于酸性石料、潮湿的石料,以及低温季节施工宜选用阳离子乳化沥青;对于碱性石料或与掺入的水泥、石灰、粉煤灰共同使用时,宜选用阴离子乳化沥青。

对于热拌热铺沥青路面,由于沥青材料和矿料均须加热拌和,并在热态下铺压,故可采用稠度较高的沥青材料。而热拌冷铺沥青路面,所用沥青材料的稠度可较低。对浇灌类沥青路面,若采用的沥青材料过稠,难以贯入碎石中,过稀又易流入路面底部。因此,这类路面宜采用中等稠度的沥青材料。当地气候寒冷、施工气温较低、矿料粒径偏细时,宜采用稠度较低的沥青材料。但炎热季节施工时,由于沥青材料的温度散失较慢,则可用稠度较高的沥青材料。对于路拌类沥青路面,一般仅采用稠度较低的沥青材料。适用于各类沥青路面的沥青材料强度等级见表2-7-2。

各类沥青路面选用的沥青强度等级 表2-7-2

气候分区	沥青种类	沥青路面类型			
		沥青表面处治	沥青贯入式及上拌下贯式	沥青碎石	沥青混凝土
寒区	石油沥青	A—14 A—180	A—180	AH—90 AH—110 AH—130 A—100	AH—90 AH—110 A—100
温区	石油沥青	A—100 A—140 A—180	A—140 A—180	AH—90 AH—110 A—100	AH—70 AH—90 A—60 A—100
热区	石油沥青	A—60 A—100 A—140	A—60 A—100 A—140	AH—50 AH—70 AH—90 A—100 A—60	AH—50 AH—70 A—60 A—100

注:①寒冷地区:年度内最低月平均气温低于-10℃;年内月平均气温25℃的日数少于215d。
②温和地区:年度内最低月平均气温0~10℃;年内月平均气温25℃的日数215~270d。
③较热地区:年度内最低月平均气温高于0℃;年内月平均气温25℃的日数多于270d。
④A——普通道路石油沥青;AH——重交通道路石油沥青。

二、粗集料

沥青路面所用的粗集料有碎石、筛选砾石、破碎砾石、矿渣等。

碎石系由各种坚硬岩石轧制而成。沥青路面所用的碎石应具有足够的强度和耐磨性能根据路面的类型和使用条件选定石料的等级。

碎石应是均质、洁净、坚硬、无风化的,并应不含过量小于0.075mm的颗粒(小于2%),吸水率小于2%~3%。颗粒形状接近立方体并有多棱角,细长或扁平的颗粒(长边与短边或长边与厚度比大于3)含量应小于15%,压碎值应不大于20%~30%。

碎石与沥青材料的黏附性大小,对沥青混合料的强度和耐久性有极大影响,应优先选用与沥青材料有良好黏附性的碱性碎石。碎石与沥青材料的黏附性用水煮法测定时,一般公路不小于3级,高等级公路应不小于4级。

筛选砾石由天然砾石筛选而得。由于天然砾石是各种岩石经自然风化而成不同尺寸的粒料,强度极不均匀,而且多是圆滑形状,因此,筛选砾石仅适用于交通量较小的路面面层下层、基层或连接层的沥青混合料中使用,不宜用于防滑面层。在交通量大的沥青路面面层,若使用砾石拌制沥青混合料,则在砾石中至少应掺有50%(按重量计算)大于5mm的碎石或经轧制的砾石。沥青贯入式路面用砾石时,主层矿料中亦应掺有30%~40%以上的碎石或轧制砾石。

轧制砾石系由天然砾石轧制并经筛选而得,要求大于5mm颗粒中40%(按重量计)以上至少有一个破碎面。用于沥青贯入式面层时,主层矿料中要有30%~40%(按重量计)以上颗粒至少有两个破碎面。

路面抗滑表层粗集料应选用坚硬、耐磨、抗冲击性好的碎石,不得使用筛选砾石、矿渣及软质集料。用于高速公路、一级公路沥青路面表面层及各类抗滑表层的粗集料应符合规定的石料磨光值要求。为了保证石料与沥青之间有较好的黏结性能,经检验属于酸性岩石的石料,用于高速公路、一级公路和城市快速路、主干路时,宜使用针入度较小的沥青,必要时可在沥青中掺加抗剥离剂,或用干燥的磨细消石灰或生石灰粉、水泥作为填料的一部分,其用量宜为矿料总量的1%~2%。将粗集料用石灰浆处理后使用也可以有效地提高石料与沥青之间的黏结力。各种沥青路面对石料等级的要求列于表2-7-3。

沥青面层粗集料质量技术要求 　　　　　　　　　　表2-7-3

指　　标	高速公路、一级公路	其他等级公路
石料压碎值　不大于(%)	28	30
洛杉矶磨耗损失　不大于(%)	30	40
视密度　不大于(%)	2.50	2.45
吸水率　不大于(%)	2.0	3.0
对沥青的黏附性　不大于	4级	3级
坚固性　不大于(%)	12	—
细长扁平颗粒含量　不大于(%)	15	20
水洗法小于0.075mm颗粒含量　不大于(%)	1	1
软石含量　不大于(%)	5	5
石料磨光值　不大于(BPN)	42	实测
石料冲击值　不大于(%)	28	实测
破碎砾石的破碎面积　不大于(%) 拌和的沥青混合料路面表面层、中下面层贯入式路面	90 50 —	40 40 40

三、细集料

粗细集料通常以2.36mm作为分界,沥青面层的细集料可采用天然砂、机制砂及石屑。表2-7-4所示是沥青面层用天然砂规格。细集料应洁净、干燥、无风化、无杂质,并由适当的颗粒组成。热拌沥青混合料的细集料宜采用优质的天然砂或机制砂,在缺砂地区也可以用石屑。但由于一般情况下石屑的含泥量高,强度不高,因此用于高速公路、一级公路沥青混凝土面层及抗滑表层的石屑用量不宜超过天然砂及机制砂的用量。细集料应与沥青有良好的黏结能力,与沥青黏结性能很差的天然砂及用花岗岩、石英岩等酸性石料破碎的机制砂或石屑不宜用于高速公路、一级公路沥青面层。必须使用时,应有抗剥落措施。

沥青面层用天然砂规格 　　　　　　　　　　表2-7-4

方孔筛 (mm)	圆孔筛 (mm)	通过各筛孔的重量		
		粗砂	中砂	细砂
9.5	10	100	100	100
4.75	5	90~100	90~100	90~100

续上表

方孔筛 (mm)	圆孔筛 (mm)	通过各筛孔的重量		
		粗砂	中砂	细砂
2.36	2.5	65~95	75~100	85~100
1.18	1.2	35~65	50~90	75~100
0.6	0.6	15~29	30~59	60~84
0.3	0.3	5~20	8~30	15~45
0.15	0.15	0~10	0~10	0~10
0.075	0.075	0~5	0~5	0~5
细度模数 M_X		3.7~3.1	3.0~2.3	2.2~1.6

四、填料

沥青混合料的填料宜采用石灰岩或岩浆岩中的强基性岩石等憎水性石料经磨细得到的矿粉，原石料中的泥土杂质应除净。矿粉要求干燥、洁净，其质量应符合表2-7-5所示的技术要求。当采用水泥、石灰、粉煤灰做填料时，其用量不宜超过矿料总量的2%。

沥青面层用矿粉质量技术要求 表2-7-5

指 标		高速公路、一级公路	其他等级公路
视密度不小于(t/m³)		2.50	2.45
含水率不大于(%)		1	1
粒度范围	小于0.6mm(%)	100	100
	小于0.15mm(%)	90~100	90~100
	小于0.075mm(%)	75~100	70~100
外观		无团粒结块	
亲水系数		<1	

第三节 沥青路面各种施工方法、程序和要点

一、沥青贯入式路面

沥青贯入式路面具有较高的强度和稳定性，其强度的构成，主要依靠矿料的嵌挤作用和沥青材料的黏结力。沥青贯入式路面适用于二级及二级以下的公路、城市道路的次干道及支路或缺乏大型施工机械的偏远山区。沥青贯入式结构层也可作为沥青混凝土路面的联结层。由于沥青贯入式路面是一种多孔隙结构，为了防止水的侵入和增强路面的水稳定性，其面层的最上层必须加铺封层。沥青贯入式路面宜在干燥和较热的季节施工，并宜在雨季及日最高温度低于15℃到来以前半个月结束，使贯入式结构层通过开放交通碾压成型。

沥青贯入式路面是在初步碾压的矿料层上洒布沥青，再分层铺撒嵌缝料、洒布沥青和碾压，并借行车压实而成的。其厚度一般为4~8cm。乳化沥青贯入式路面的厚度不宜超过5cm。当贯入式结构层上部加铺拌和的沥青混合料面层时，路面总厚度为7~10cm，其中拌和层的厚度宜为3~4cm。沥青贯入式路面所用的集料应选择有棱角、嵌挤性好的坚硬石

料,其规格和用量要求见表2-7-6。沥青贯入式面层的施工程序如下:

表面加铺拌和层时贯入层部分的材料规格和用量(方孔筛) 表2-7-6
(用量单位:集料:m³/1000m²,沥青及沥青乳液:kg/m²)

沥青品种	石油沥青					
贯入层厚度(cm)	4		5		6	
规格和用量	规格	用量	规格	用量	规格	用量
第二遍嵌缝料	S12	5~6	S12(S11)	7~9	S12(S11)	7~9
第二遍沥青		1.4~1.6		1.6~1.8		1.6~1.8
第一遍嵌缝料	S10(S9)	12~14	S8	16~18	S8(S7)	16~18
第一遍沥青		2.0~2.3		2.6~2.8		3.2~3.4
主层石料	S5	45~50	S4	55~60	S5	66~76
总沥青用量		3.4~3.9		4.2~4.6		4.8~5.2
沥青品种	石油沥青		乳化沥青			
厚度(cm)	7		4		5	
规格和用量	规格	用量	规格	用量	规格	用量
第四遍嵌缝料					S14	4~6
第四遍沥青						1.3~1.5
第三遍嵌缝料			S14	4~6	S12	8~10
第三遍沥青				1.4~1.6		1.4~1.6
第二遍嵌缝料	S10(S11)	8~10	S12	9~10	S9	8~12
第二遍沥青		1.7~1.9		1.8~2.0		1.5~1.7
第一遍嵌缝料	S6(S8)	18~20	S8	15~17	S6	24~26
第一遍沥青		4.0~4.2		2.5~2.7		2.4~2.6
主层石料	S2(S3)	80~90	S4	50~55	S4	50~55
总沥青用量		5.7~6.1		5.9~6.2		6.7~7.2

注:①煤沥青贯入的沥青用量可比石油沥青用量增加15%~20%。
②表中乳化沥青用量是指乳液的用量,并适用于乳液浓度约为60%的情况。
③在高寒地区及干旱风沙大的地区,可超出高限,再增加5%~10%。
④表面加铺拌和层部分的材料规格及沥青(或乳化沥青)用量按热拌沥青混合料(或常温沥青碎石混合料路面)的有关规定执行。

(1)整修和清扫基层;
(2)浇洒透层或黏层沥青;
(3)铺撒主层矿料;
(4)第一次碾压;
(5)洒布第一次沥青;
(6)铺撒第一次嵌缝料;
(7)第二次碾压;
(8)洒布第二次沥青;
(9)铺撒第二次嵌缝料;
(10)第三次碾压;

(11)洒布第三次沥青;

(12)铺撒封面矿料;

(13)最后碾压;

(14)初期养护。

对沥青贯入式路面施工要求与沥青表面处治基本相同,除注意施工各工序紧密衔接不要脱节之外,还应根据碾压机具,洒布沥青设备和数量来安排每一作业段的长度,力求当天施工的路段当天完成,以免因沥青冷却而不能裹覆矿料和产生尘土污染矿料等不良后果。

适度的碾压在贯入式路面施工中极为重要。碾压不足会影响矿料嵌挤稳定,且易使沥青流失,形成层次上、下部沥青分布不均。但过度的碾压,矿料易于压碎、破坏嵌锁原则,造成空隙减少,沥青难以下渗,形成泛油。因此,应根据矿料的等级、沥青材料的强度等级、施工气温等因素来确定各次碾压所使用的压路机重量和碾压遍数。

二、沥青混凝土路面

1. 概述

沥青混凝土路面采用优质黏稠沥青,并加入矿粉,形成均质的沥青胶泥,均匀分布在级配矿料中,使路面形成高强度的密实式整体结构。矿粉的掺入使黏稠沥青以薄膜形式分布,产生很大的黏结力。最佳薄膜厚度约为0.01~0.02mm,其黏结力可提高几十倍。因而沥青混凝土的强度构成主要是黏结力,摩阻力和嵌挤作用占第二位。

沥青混凝土路面分为粗粒式、中粒式及细粒式(见图2-7-1)。交通繁重道路可用双层式,下层为粗粒式或中粒式,上层为中粒式或细粒式;单层路面一般用细粒式且矿料最大粒径一般不宜大于20mm。一般下层厚4~5cm,上层厚3~4.5cm。下层要求集料有较大的粒径,以获得较高的强度和稳定性;上层集料粒径较小,空隙率也小,以达到耐久及防止渗水。刚度较大的底层,如水泥混凝土,石灰粉煤灰类基层可采用单层式沥青混凝土。如沥青混凝土路面表面出现粗、细粒离析,粒料脱落或渗水等情况可进行封面处治。

a)嵌挤类单一粒径矿料   b)密实类多种粒径混合料   c)粗粒式混合料

图 2-7-1

沥青混凝土路面要求有坚强的基层,因其容许拉应变较小。与沥青混凝土结合不良的基层,或者为了防止基层裂缝反射到面层,可设置联结层。联结层可采用沥青贯入式,沥青碎石等形式。

沥青混凝土有热拌热铺和热拌冷铺等两种施工方法。冷铺法施工方便,但强度较低,多用于粒径较小的沥青混凝土。

2. 材料及其用量

矿料的质量要求同贯入式路面,矿粉一般采用石灰石粉,要求小于0.074mm的成分不少于80%,也可用水泥、消石灰代替部分石粉。

沥青混凝土要求有良好的矿料级配,可根据供应材料进行矿料配合比设计,采用的矿料级配分为连续级配及间断级配两大类。间断级配的中间粒径较少,较多的粗颗粒起骨架作用,较多的细料起填充及提高黏结力作用。根据孔隙率不同,沥青混凝土又分为密级配(空隙率为 3～6%)和开级配(空隙率为 6%～10%)两种。密级配细料多,与沥青相互作用的面积大,沥青薄膜多,黏结力大,但粗集料少,内摩阻力降低,温度稳定性较差。开级配则相反,但空隙大而且有可能透水。良好性能的沥青材料可采用密级配。一般来说,现在国产沥青延度低,黏性差,热膨胀系数高,以采用开级配为宜。沥青混凝土路面要求用黏稠沥青材料,沥青用量的确定目前我国以马歇尔试验为主要依据,并根据地区的气候条件、交通量等因素进行调整,还要根据实际拌和的结果作最后确定。

3. 施工

沥青混凝土路面宜在较高气温情况下施工,气温低于 15℃ 须作低温施工处理。沥青混合料的拌和方法,一般均是采用厂拌(见图 2-7-2)。在集中厂拌有一定困难时,也可采用小型机拌。

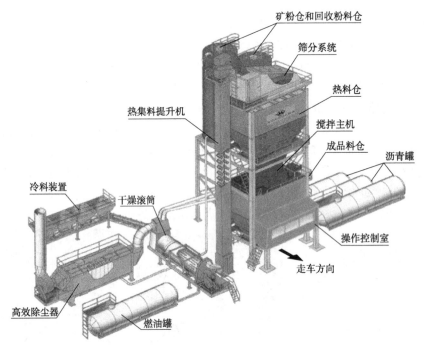

图 2-7-2 沥青混凝土拌和站模型

拌和时先将各种材料加热到规定温度,石油沥青为 130～160℃,煤沥青为 100～120℃;然后按规定的配合比在拌和机内拌和均匀,要求达到无花白,无粗细分离和无结团成块等现象。混合料的拌和温度,石油沥青为 130～160℃,煤沥青为 90～120℃。

施工前要做好基层的质量检查工作,摊铺混合料前清扫好基层,在沥青混凝土面层与基层间可根据要求洒黏层油或透层油。透层油用液体沥青,用量为 0.8～1.2kg/m²。在老油路或水泥混凝土等密实基础上可浇洒黏层油,用量为 0.8～1.0kg/m²。

摊铺沥青混合料时,要控制好摊铺温度。温度低不易摊铺,也不易压实,石油沥青应不低于 100～120℃,煤沥青不低于 70～90℃。摊铺厚度用压实系数控制,一般 LH-25 混合料压实系数为 1.25～1.30,LH-15 为 1.30～1.35。用机械摊铺质量较好,在受条件限制时,也可用人工摊铺。摊铺时尽量采用全幅摊铺,以求全幅无缝;半幅施工时,接缝要顺直平整(见图2-7-3)。摊铺时材料要均匀,松实一致,不得有粗细分离现象;经常注意检查厚度和平整度,不平整处要及时找平。施工时应根据施工温度、运输能力和碾压机械等条件决定摊铺段落长度。在一般施工情况下,工作路段可按50~100m考虑,低温时可按30~40m分段。碾压完成后,在纵向接头处要切成直茬齐缝,再涂以热沥青;下次摊铺时,先用热混合料温缝边,摊铺后用热夯夯实,烙铁熨平,并要趁热碾压(见图2-7-4)。

图2-7-3 路拌机(在现场将矿料和沥青材料就地拌和摊铺碾压成型)

图2-7-4 大型沥青混凝土路面摊铺机

沥青混凝土混合料的碾压要先用两轮轻型压路机碾压,碾压的开始温度用石油沥青时不高于100~120℃,用煤沥青时,不高于90℃。碾压时如果温度过高,就会出现推移和裂缝。这时要待温度降低后再继续碾压。轻型压路机碾压至无明显轮迹,再用三轮中型压路机碾压,碾压至无明显轮迹(约4~6遍),最后再用轻型压路机碾压2~3遍,以消除轮迹,使其达到要求的平整度。碾压温度低时不能压实,故要求碾压的最终温度为石油沥青不低于70℃,煤沥青不低于50℃。碾压的方式同贯入式路面的要求,一般用中型压路机速度为2~3km/h。碾压时注意不能在热混合料上起动、倒车或停车。为了防止黏轮,可在碾轮上涂以柴油和水的混合液(柴油与水比为1:2)。机械压实不到之处,应由人工夯实。

当混合料温度下降到一般气温,就可以开放交通。用煤沥青时,要求在12h以后才能开放交通。

思考题与习题

1. 沥青路面的特点有哪些？
2. 简述层铺法、路拌法和厂拌法的特点和适用性。
3. 简述沥青混凝土、热拌沥青碎石、乳化沥青碎石混合料、沥青贯入式、沥青表面处治各自的特点和适用性。
4. 摊铺沥青混合料时应做哪些准备工作？
5. 沥青路面在江南地区的主要破坏形式有哪些？成因如何？应如何防治？

第三篇 桥梁工程

第一章 概述

第一节 桥梁在交通运输领域的地位和作用

一、桥梁在交通运输业的地位和作用

桥梁工程是用木、砖、石、混凝土、钢筋混凝土和钢材建造的结构工程。在公路、铁路、城市和农村道路交通以及水利等建设中,为了跨越各种障碍,如河流、沟谷或其他线路等,必须修建各种类型的桥梁与涵洞,因此桥涵是陆路交通中的重要组成部分。

大力发展交通运输事业,建立四通八达的现代交通网络,对于加强全国各族人民的团结、发展国民经济、促进文化交流、缩小乃至消灭城乡差别和巩固国防等方面,都具有非常重要的作用。特别是我国实行改革开放政策以来,路、桥建设突飞猛进的发展,对创造良好的投资环境,促进地域性的经济腾飞,起到了关键性的作用。

桥梁工程不但在工程规模上约占公路总造价的 10% ~ 20%,而且往往也是整条线路的控制点,是保证全线早日通车的关键;在国防上,桥梁是交通运输线的咽喉,在需要高度快速、机动的现代化战争中具有非常重要的地位。

桥梁既是一种功能性的结构物,也往往是一座立体的造型艺术工程,是一处景观,具有时代的特征。现代高速公路上迂回交叉的各色立交桥,城市内环线建设的各种高架桥,长江、黄河等大江大河上的新颖大跨度桥梁等,如雨后春笋,频频建成。而且几十公里长的跨越海湾、海峡的特大桥梁的宏伟建设工程已经陆续建成。这些辉煌的建设成就无不体现出其磅礴的艺术价值和观赏价值。

我国幅员辽阔,大小山脉和江河湖泽纵横全国,并且随着社会主义工业、农业、国防和科学技术现代化的逐步实现,还迫切需要修建许多公路、铁路和桥梁。尤其是大量高速公路、高速铁路的建设,对桥梁建筑提出了更高的要求。为此,我们广大桥梁工程技术人员将不断面临着设计和建造新颖、复杂桥梁结构的挑战,肩负着光荣而艰巨的任务。

二、我国桥梁发展史简述

桥梁是人类在生活和生产活动中,为克服天然障碍而建造的建筑物,也是有史以来人类所建造的最古老、最壮观和最美丽的建筑工程,它体现了一个时代的文明与进步。

我国文化悠久,是世界文明发达最早的国家之一。在古代,我国有许多科学技术"往往远远超过同时代的欧洲,特别是在 15 世纪以前,更是如此"(英国人李约瑟在他所著《中国科学技术史》)。其中就桥梁而言,我们的祖先也在世界桥梁建筑史上写下了不少光辉灿烂的篇章。

根据史料记载,在距今约三千年的周文王时,我国就已在宽阔的渭河上架设过大型浮桥。鉴于浮桥的架设具有简便快速的特点,常被用于军事。汉唐以后,浮桥的运用日趋普遍。公元35年东汉光武帝时,在今宜昌和宜都之间,出现了架设在长江上的第一座浮桥。之后,往往因战事等需要,在黄河、长江上曾架设过浮桥不下数十余次。我国山多河多,自然条件错综复杂,古代桥梁不但数量惊人,而且类型也丰富多彩,几乎包含了所有近代桥梁中的最主要形式。1954年发掘出的西安半坡村为公元前4000年左右的新石器时代氏族村落遗址,是我国已发现的最早出现桥梁的地方。

(一) 石桥

古代造桥所用材料,多为木、石、藤、竹之类的天然材料。锻铁出现以后,开始建筑简单的铁链吊桥。由于当时的材料强度较低,人们力学知识的不足,故古代桥梁的跨度都很小。木、藤、竹类材料易腐烂,致使能保留至今的古代桥梁,多为石桥。天然石料是大自然赋予人类的最早的、取之不尽用之不竭的建筑材料。一旦人们创造了强有力的加工工具,石梁、石柱、石拱等结构构件无疑就普遍发展起来。又鉴于石料的耐久性,因此几千年来修建较多的古代桥梁要推石桥居首。富有民族风格的古代石拱桥技术,以其结构的精巧和造型的丰富多姿,长期以来一直驰名中外。举世闻名的河北省赵县的赵州桥(又称安济桥,建于公元605年),就是我国古代石拱桥的杰出代表(图3-1-1)。该桥净跨37.02m,宽9m,拱圈两肩各设两个跨度不等的腹拱,既减轻自重,又便于排洪、增加美观。该桥制作精良、结构独创,造型匀称美丽,雕刻细致生动,历代都予重视和保护,1991年列为世界文化遗产。像这样的敞肩拱桥,欧洲到19世纪中叶才出现,比我国晚了一千二百多年。除赵州桥外,还有其他著名的石拱桥如北京永定河上的卢

图 3-1-1 河北赵县赵州桥(公元605年)

沟桥、颐和园内的玉带桥和十七孔桥、苏州的枫桥等。我国石拱桥的建造技术在明朝时曾流传到日本国,促进了文化交流,并增进了友谊。

世界上现在尚保存着的最长最艰巨的石梁桥是我国福建泉州的万安桥(图3-1-2),因为桥位于惠安晋江两县交界的洛阳江入海口上,所以又称洛阳桥。该桥建于我国宋皇佑五年(1053年),完成于宋嘉佑四年(1059年)。桥址处原先是个渡口,由于海潮汹涌,每年要淹死不少人,郡人倡议修桥,郡守蔡襄督促完成。桥共有四十七孔石梁,每孔约20m,总长达1100m左右。用海生动物牡蛎养殖在筏形的条石桥墩基础上以胶固桥基,这也是世界上绝无仅有的造桥方法,是中外桥梁建筑史上一次勇敢地突破。

横搁石梁受材料强度的限制,跨度不能太大,一般只及十余米。为了加大桥的孔径,于是采用了几种方法,最简单的办法建筑上称之为"叠涩"。将石梁从桥墩上一层层地挑出叠置,然后在缩短了的桥孔上搁石梁。有人认为叠涩是拱的起源,事实上它是近代伸臂梁的鼻祖。叠涩不是拱,因为我们对拱的定义是在垂直力的作用下会产生水平推力,且拱石本身都承受压力,而叠涩出梁依然是梁的作用(图3-1-3)。有用石梁架成五边形的石桥,这样的石桥我国浙江省乡间仍有不少实物存在。五边形石桥可以说是介于梁和拱之间的桥式。如按

结构细节和受力情况来看,这种桥只有在两端自重很重,载重较轻,两侧桥台能承受水平推力的条件下才能维持稳定,极有可能由之而发展成为拱桥。

图3-1-2　福建泉州万安桥(洛阳桥)　　　　图3-1-3　叠涩出梁示意图

公元1240年建造的福建漳州虎渡桥,也是最令人惊奇的一座梁式石桥(图3-1-4)。此桥总长约335m,某些石梁长达23.7m,沿宽度用三根石梁组成,每根宽1.7m,高1.9m,重达200多吨,该桥一直保存至今。历史记载,这些巨大石梁桥是利用潮水涨落浮运架设的,足见我国古代建造桥梁的技术何等高超。

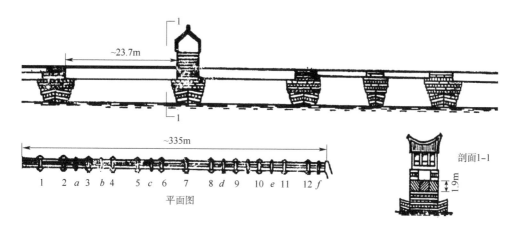

图3-1-4　福建漳州虎渡桥(公元1240年)

卢沟桥(公元1188—1192年),建于北京永定河(图3-1-5)。桥全长212.2m,共11孔,净跨不等。桥面上石栏杆共269间,各望柱头上雕刻有石狮。金代原物简单统一,自后历朝改换,制作精良,石狮形态各异,趣味横生。卢沟桥也铭记了1937年日军侵华的一段历史。

古罗马人和中国人在建造石拱桥方面具有辉煌的历史。公元前30年至公元476年的罗马帝国,在其全盛时期,修建过许多巨大的石拱桥。最著名的是今法国南部尼姆城(Nimes)的加尔德(Gard)石拱水道桥见图3-1-6a)。该桥建于公元前158～167年,顶层全长275m,下层最大

图3-1-5　卢沟桥(公元1188—1192年)

跨度24.4m。全桥共分3层:上层宽3m、高7m为输水槽;中层宽4m、高20m供行人通行;下层宽6m、高22m,并在一侧加宽以便车马通行(1743年扩建),如图3-1-6b)所示。

223

a)法国南部尼姆城的石拱桥前身(公元前18年)

b)扩建后的尼姆桥

图 3-1-6　尼姆桥

今意大利威尼斯的利亚托桥(Rialto)是 14～16 世纪文艺复兴时期桥梁的代表作,如图 3-1-7 和图 3-1-8 所示。罗马时代法勒利克桥(图 3-1-9)桥长 48.2m,宽 22.5m,跨度为 27m。全桥用大理石装饰,雕琢精美,线条流畅;桥上还建有 24 家店铺。

图 3-1-7　意大利威尼斯利亚托石拱桥(公元 1588 年)

图 3-1-8　西班牙恶魔桥

这些都充分反映了欧洲文艺复兴时期桥梁建筑技术与建筑艺术达到的水平。

(二) 木桥(藤、竹、吊桥)

全世界都承认我国是最早有吊桥的国家,距今约有 3000 年历史。在唐朝中期,我国已发展到用铁链建造吊桥,而西方在 16 世纪才开始建造铁链吊桥,比我国晚了近千年。我国保留至今的尚有跨长约 100m 的四川泸定县大渡河铁索桥(公元 1706 年)见图 3-1-10;此外,还有跨径约 61m、全长 340 余米,举世闻名的四川灌县安澜竹索桥(公元 1803 年),见图 3-1-11。在世界建桥史上,古代还有用藤萝和木材建造的桥梁,如图 3-1-12 和图 3-1-13 所示。

图 3-1-9　罗马时代法勒利克桥

图 3-1-10　大渡河铁索桥(公元 1706 年)

在我国古桥建筑中,尚值得一提的是建于公元1169年的广东潮安县横跨韩江的湘子桥（又名广济桥）。此桥全长517.95m,共19孔,上部结构有石拱、木梁、石梁等多种形式,还有用18条浮船组成长达97.30m的开合式浮梁。这样,既能适应大型商船和上游木排的通过,还可避免过多的桥墩阻塞河道。这座世界上最早的开合式桥,以其结构类型之多、施工条件之困难、工程历时之久,都是古代建桥史上所罕见。

图3-1-11 四川灌县安澜竹索桥(公元1803年)

图3-1-12 古代藤萝吊桥

四川木里自治区木伸臂桥(图3-1-14),是用木料一层层垒架起来,由两岸向河心挑出,中间一段搁上短梁,伸臂在两岸的上部以木笼架和大石块压住。

图3-1-13 柏拉第奥画木桥(公元前55年)

图3-1-14 四川木里自治区木伸臂桥

公元1824年,沙俄在当时建造了跨径38m的下克河桥(图3-1-15),为木拱桥。三百多年前日本仿造我国杭州西湖上的拱桥修建的岩国锦川河上的锦带桥,模仿石拱桥将木段拼夹起来,垒筑成拱桥。造桥时得到中国高僧戴曼公独立禅师的帮助。日本岩国人民把锦带桥(图3-1-16)看作是日中友好和文化交流的见证,在锦川河畔建立了一座纪念碑。

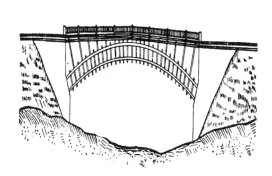
图3-1-15 沙俄姆下克河桥(公元1824年)跨径38m

图3-1-16 日本岩国锦川河上的锦带桥

公元1823年,沙俄彼得堡叶卡特林娜公园中的步道桥也是夹木木拱桥,跨径12.8m,桥宽8.5m,如图3-1-17所示。

木拱桥中,最新颖别致且在世界上绝无仅有的是宋朝首都汴京(今河南开封)的虹桥。该桥见于宋代名画家张择端所绘的清明上河图。据考证《神水燕谈录》和《宋史》都说此虹桥是公元1032年由一个"有巧思"的人始建于青州。如图3-1-18所示。

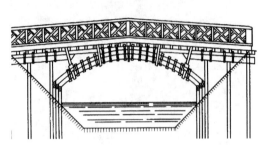 

图3-1-17　沙俄彼得堡叶卡特林娜公园木桥　　　图3-1-18　清明上河图汴水虹桥(公元1032)

(三)我国近代桥梁建筑的成就

近代的大跨径吊桥和斜拉桥也是由古代的藤、竹吊桥发展而来的。如前所述,中国的古代桥梁建筑,无论在其造型艺术、施工技巧、历史积淀、文化蕴涵还是人文景观等方面,都曾为世界桥梁建筑史谱写了光辉的篇章。

然而,封建制度的长期统治,大大束缚了生产力的发展,公元1840年鸦片战争后帝国主义列强的侵入和腐朽的社会制度,更使广大劳动人民处于水深火热之中,人民群众的无穷智慧被压抑和摧残。在现代桥梁建筑方面,大部分是外国投资、洋人设计、外商承包。新中国成立前,我国交通事业落后,可供通车的公路里程很少,质量低劣。公路桥梁绝大多数为木桥,年久失修,破烂不堪。纵使当时我国自己也修过一些公路钢桁架桥、吊桥和钢筋混凝土拱桥等,但与当时世界上桥梁建筑的技术水平相比,是处于很落后的状态。

中华人民共和国成立后,在建国初期修复并加固了大量旧桥,随后在第一、二个五年计划期间,修建了不少重要桥梁,取得了迅速发展。20世纪50~60年代,修订了桥梁设计规程,编制了桥梁标准设计图纸和设计计算手册,培养了一支强大的工程队伍。特别是1978年党的十一届三中全会把我国的工作重点转移到社会主义经济建设上来,不断深入贯彻实行改革、开放政策,使我国经济建设进一步获得突飞猛进的发展。在重点发展能源和交通两大战略目标的推动下,三十多年来我国的公路和桥梁建设事业也不断掀起了新的发展高潮,在不断学习、引进西方技术并结合国内具体实践的情况下,取得了空前的、举世瞩目的成就。现在已建成不少结构新颖、技术复杂、规模宏大的大跨径桥梁,进入世界桥梁工程的先进行列。

1. 钢桥

1957年,第一座长江大桥——武汉长江大桥的建成,既结束了我国万里长江无桥的状况,又标志着我国修建大跨度钢桥的技术水平达到了新的起点。大桥正桥为三联3×128m连续钢桁梁,公铁两用,包括引桥在内全长1670.4m。1969年又成功建成了南京长江大桥,这是我国自行设计、制造、施工,并使用国产高强钢材的现代大型桥梁。正桥除北岸第一孔为128m简支钢桁梁外,其余为三联3×160m的连续钢桁梁,公铁两用,包括引桥在内,铁路桥梁全长6772m,公路桥梁为4589m。此桥的建成,显示出我国钢桥建设已接近了世界先进水平。如图3-1-19所示。

1993年,作为第二京广线要隘的九江长江大桥又竣工通车,如图3-1-20所示。该桥铁路部分全长7675.4m,公路部分长4215.9m,主桥的通航主孔为180m+216m+180m的钢桁梁与钢拱组合体系,是一座结构新颖、施工复杂的公铁两用特大钢桥。

图3-1-19 南京长江公铁两用大桥(1969年)

图3-1-20 九江长江公铁两用大桥(1993年)

2000年建成通车的芜湖长江大桥(图3-1-21),是又一座规模宏大、结构更为新颖的公铁两用钢桥。该桥铁路部分长10497m和公路部分长5647m,大桥为主跨长达312m的矮塔斜拉体系,为目前我国大陆内公铁两用大桥跨径之最。

20世纪60年代以来,在地势险要、山多谷深的成昆铁路线上,修建了各种体系的大跨径钢桥。桥梁钢材已普遍采用优质低合金高强钢,构件连接已从早期的铆接过渡到栓、焊连接。同时,在公路上也修建了一些大跨度钢桥,如1966~1969年在四川省内建成的钢箱拱桥和钢桁拱桥,主孔跨径达180m。特别值得提到的是2003年在上海跨越浦江建成的卢浦大桥,该桥的主桥跨径为100m+550m+100m,是一座中承式无推力飞鸟形钢箱肋提篮拱桥,如图3-1-22所示。

图3-1-21 芜湖长江公铁两用大桥(2000年)

图3-1-22 上海卢浦公路大桥

论拱桥的跨径,它突破了美国1977年起一直保持世界纪录的新河桥(518m),无论在结构设计还是施工工艺等方面的卓越成就,都引起了全球桥梁界的瞩目和赞扬。

据统计,目前从湖北宜昌至入海口2600km的长江沿线上,已建和在建的长江大桥(包括预应力混凝土结构)共有56座,根据规划在2020年以前还将新建60座长江大桥。

至20世纪90年代初,我国已建成的公路悬索桥虽然已有40余座,其中除了桥宽仅4.2m的西藏达孜吊桥跨径达415m外,其余都是跨径约200m的桥梁。1995年在广东建成的汕头海湾大桥,跨径为452m,桥面为双向六车道,具有预应力混凝土加劲梁,为我国开创了建造现代公路悬索桥的先河。紧接着相继通车的有西陵长江大桥,主跨达900m,1996年建成;虎门珠江大桥主跨为888m,1997年建成;江阴长江大桥主跨达1385m,1999年建成(图3-1-23)。

图 3-1-23　江阴长江公路大桥

2005年"五一"前夕竣工的润扬长江公路大桥(图3-1-24),桥梁全长35.66km、双向六车道。主跨达1490m,当时排名中国第一、世界第三。它有着国内"第一大跨径、第一大锚碇、第一大特深基坑、第一高塔、第一长缆、第一重钢梁、第一大面积钢桥面"等称号,无论在设计还是在施工技术上都达到了世界先进水平。润扬长江公路大桥,刷新了中国桥梁多项纪录,世界桥梁的位次也将重新排列。

a)润扬大桥斜拉桥

b)润扬大桥悬索桥

图 3-1-24　润扬长江公路大桥

2. 预应力混凝土梁桥

20世纪50年代,我国在修建大量小跨径钢筋混凝土桥梁的同时,开始对预应力混凝土桥梁进行了研究与试验。于1956年在公路上建成了第一座跨径为20m的预应力混凝土简支梁桥之后,这种桥梁得到了广泛推广,并提出了装配式预应力混凝土简支梁桥的系列标准设计,最大跨径达40m。1976年建成洛阳黄河公路大桥,之后又相继建成郑州黄河大桥和开封黄河大桥,跨径达到50m,全长都在3km以上。目前我国已建成跨径最大的预应力混凝土简支梁桥是浙江飞云江桥(1985年),跨径达62m。图3-1-25所示为黄河上第一座特大型桥梁——洛阳黄河公路大桥的雄姿。该桥为67孔跨径达50m的预应力混凝土T形简支梁桥,全长3429m。

20世纪60年代,我国首次采用平衡悬臂施工法建成一座T形钢构桥。之后于1971年用此法建成的福建乌龙江大桥,主孔为3×144m的T形钢构桥,为我国修建大跨径预应力桥梁迈出一大步。目前我国最大跨径的同类桥梁是1980年建成的重庆长江公路大桥(图3-1-26),位于渝中区石板坡和南岸区梨子园之间,桥型为预应力钢筋混凝土T形刚构梁桥。该桥共8孔,跨径布置为86.5m+4×138m+156m+174m+104.5m,总长1120m。该桥桥头饰有春、夏、秋、冬大型铝合金雕塑,大桥毗邻山城重庆,飞越长江,十分宏伟壮观。如图3-1-26所示。

由于该桥原为双向四车道,至2000年后,迅速膨胀的交通量使得该桥严重堵车。2006年9月25日建成通车的复线桥,采用主跨为330m的7跨连续箱梁结构,此桥的一个独特处是主跨跨中部分为一段108m的钢箱梁段(当时的世界纪录)。大桥的改造采用上游单侧拓宽,劈山平地的方案。桥梁单侧加宽,形成双向8车道的双桥,大大缓解了重庆长江大桥的交通压力,承载着渝中进入南岸的出城功能。双桥过江,共同构成了世界上第一座"姊妹桥"。南桥头由于地形限制,必须开挖山体,经过对挖方边坡进行的绿化处理,形成了集休闲、娱乐为一体的斜坡绿化广场。同时也拓宽了视野,使南岸与主城区构成一个整体,扩建后的效果图,如图3-1-27所示。

图3-1-25 洛阳黄河公路大桥(1976年)

图3-1-26 重庆石板坡长江公路大桥(1980年)

我国修建预应力混凝土连续梁桥的起步较晚,十多年来,已修建了几十座连续梁桥。用顶推法施工的有湖南望城县沩水河桥(3联4×38m)、包头黄河大桥(3联3×65m)、柳州第二公路大桥(9×60m)、广东省东莞市的中堂大桥(6×45m)等。

进入20世纪80年代,用平衡悬臂法施工的大跨度预应力混凝土箱形连续梁桥也获得了迅速发展。跨径在100m以上的就有:1985年建成的湖北沙洋汉江桥,主桥跨径为63m+6×111m+63m,全长1819m,该桥首次采用20000kN级盆式橡胶支座;1986年建成的湖南常德沅水大桥,主桥跨径为84m+3×120+84m,全长1408m;1991年建成的云南省六库怒江大桥,主桥跨径为85m+154m+85m,如图3-1-28所示。

图3-1-27 改造后的石板坡大桥(2007年)

图3-1-28 云南六库怒江大桥(1991年)

1996年通车的广东南海九江公路大桥,主桥跨度为50m+100m+2×160m+100m+50m,该桥原设计为悬臂浇筑法施工,为了缩短工期,后改用悬臂拼装法施工。如此跨径的连续梁用悬臂拼装法施工,在世界建桥史上也属罕见。2001年建成的南京长江二桥(图3-1-29),其北汊航道的主桥跨径为90m+3×165m+90m,是目前我国跨度最大的预应力混凝土连续梁桥。

用平衡悬臂法施工的大跨度预应力混凝土箱形连续刚构体系桥梁在国内也得到了迅速发展。1988年建成的广东省番禺洛溪大桥,主桥为4跨(65m+125m+180m+110m),具有双壁墩的不对称连续刚构桥,其最大跨径180m,居当时亚洲同类梁桥之冠。1996年又建成的湖北黄石长江大桥,主跨为245m,主桥全长达1060m,连续长度居世界首位。迄今为止,我国已建成主跨跨径≥240m 的混凝土连续刚构桥共 13 座。特别值得提到的是,1997 年建成的广东虎门辅航道桥,主跨达到 270m,已跃居当时世界同类桥梁的首位(图 3-1-30)。

图 3-1-29 南京长江二桥(2001 年)

图 3-1-30 广东虎门辅航道桥(1997 年)

3. 斜拉桥

在世界桥梁建筑中,1955 年建成了第一座现代钢斜拉桥以后,由于结构合理,跨越能力大,用材指标低和外形美观,这种桥型已如异军突起,发展迅速。我国桥梁工作者们也勤于实践,勇攀新的技术高峰,从 1975 年开始修建两座试验桥以来,修建斜拉桥的高潮迭起。20 世纪 80 年代已修建了 20 余座预应力混凝土斜拉桥,其中跨度超过 200m 的有 8 座,如济南黄河公路大桥(主跨 220m,1982 年),主跨跨径为 40m+94m+220m+94m+40m,大桥全长 2023.4m。还有天津永定河桥(主跨 260m,1987 年)、山东省东营黄河桥(主跨 288m,1987 年)等。

从 20 世纪 90 年代起,我国斜拉桥的建设,跨径突破 400m,开始步入世界先进行列。据已有资料的不完全统计,全球已建成或在建的各类斜拉桥总数近 400 座,而我国已有 100 多座斜拉桥,其中跨径达 400m 或以上的有 20 多座,总数占世界首位,已成为世界上建造斜拉桥最多的国家。

我国已建成 400m 以上的斜拉桥:如上海从 1991～1997 年,相继建成的主跨为结合梁的南浦、杨浦和徐浦三座大桥,主桥的主跨跨径分别为 423m、602m、590m;之后于 2001 年建成的福州清州闽江大桥主跨达 605m,为当时世界同类型桥梁之最.如图 3-1-31 所示。

重庆长江二桥(混凝土主梁,主跨 444m,1995 年);铜陵长江大桥(混凝土主梁,主跨 432m,1995 年)等。此外,2001 年建成的南京长江二桥,跨径达到 628m(前已述及);南京长江三桥跨径 648m、香港昂船洲大桥跨径 1018m。

苏通大桥位于江苏省苏州市和南通市之间,是交通运输部规划的国家高速公路沈阳至海口通道的跨江枢纽工程,总投资约 64.5 亿元。跨江大桥长约 8.2km,全线采用双向六车道高速公路标准,其主桥采用主跨 1088m(世界纪录日本多多罗大桥斜拉桥主跨 890m)双塔斜拉桥,桥塔高度达 300.4m。

规模巨大的苏通大桥是一项拥有自主知识产权的工程,工程人员在建设过程中攻克一系列世界性技术难题,并创造最大主跨、最深基础、最高桥塔、最长拉索 4 个世界之最,是中国建桥史上科技含量最高、综合环境最复杂、建设标准最高的标志性桥梁。苏通大桥,如图 3-1-32 所示。苏通大桥创造了如下 4 项世界纪录:

①斜拉桥主跨1088m；
②最长的斜拉索577m，重达59t；
③斜拉桥主塔高300.4m，基础面积相当于两个足球场；
④主塔下131根桩基深120m。

图3-1-31　福州清州闽江大桥(2001年)

图3-1-32　苏通大桥(2007年)

2008年"五一"竣工通车的杭州湾跨海大桥(图3-1-33)，向世界宣告：在北京奥运圣火点燃前夕，中国建成了世界上跨度最长的跨海大桥。这是浙江乃至全国人民社会生活中的一件大事。杭州湾跨海大桥全长36km，其中桥长35.7km，最大跨度448m，双向六车道高速公路，设计时速100km。总投资约107亿元。大桥共有各类桩基7000余根，是国内特大桥梁之最。杭州湾跨海大桥超过了美国切萨皮克海湾桥和沙特阿拉伯的巴林道堤桥。据了解，该桥还创造了多个世界第一。比如：世界第一长度；世界第一"架"；世界第一个采用"放气"施工工艺；世界第一"定海神针"；护栏每5km左右换一种颜色，"赤橙黄绿蓝紫"俱全；大桥为过往船舶提供两个航道。该桥的修建，将影响、重构整个长三角区域格局，带动长江三角洲地区经济的快速发展。杭州湾跨海大桥工程量浩大，据初步核定，大桥共使用钢材80万t，水泥129.1万t，石油沥青1.16万t，木材1.91万m^3，混凝土240万m^3，水中区钢管桩直径1.5~1.6m、桩长约70~89.5m，总数5513根，钻孔桩3550根，承台1272个，墩身1428个，为国内特大型桥梁之最。美国DISCOVERY频道在最近播放的《中国8大建筑奇观》中，杭州湾跨海大桥已与长城、秦始皇陵、奥运鸟巢运动场等并列。

夜幕渐渐笼罩海面，杭州湾大桥上灯光璀璨。1844盏路灯形成的两条灯笼和银光映衬下的南北航道桥浑然一体，如银龙探海，好一幅壮美图画。这是除白天大桥护栏每5km变换颜色形成的"七彩长虹"美景外，大桥展现的另一种美。

4. 拱桥

我国修建拱桥有悠久历史。除至今还保存完好的古代桥梁如：河北省赵县的赵州桥、北京永定河上的卢沟桥、颐和园内的玉带桥和十七孔桥、苏州的枫桥等外，新中国建立初期，由于经济条件的限制，钢材、水泥较缺乏，广大建桥职工继承和发扬了我国建造石拱桥的优良传统，因地制宜，就地取材，修建了大量经济美观的石拱桥。20世纪60年代就建成了云南南盘江长虹桥，跨径112.5m；1972年又建成四川丰都县的九溪沟大桥跨径116m。图3-1-34所示为位于我国著名的龙门石窟附近、1962年建成跨越伊河的洛阳龙门桥，此桥主孔90m，两边各60m，全长295m。龙门桥拱圈薄而坦，造型美观，建筑精良。1991年在湖南省凤凰县又建成了乌巢河桥，跨径达120m。目前世界上跨径最大的石拱桥是我国于2001年建成的山西晋城晋焦高速公路上的丹河大桥，跨径达146m，如图3-1-35所示。

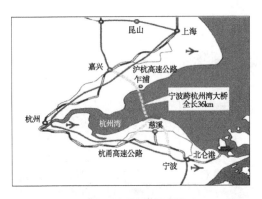

a) 杭州湾大桥桥址平面图

b) 南航道A形独塔斜拉桥

c) 杭州湾大桥主体景观图

d) 杭州湾大桥夜景图

图 3-1-33　杭州湾跨海大桥

图 3-1-34　河南省洛阳龙门桥(1962 年)

图 3-1-35　山西晋城丹河大桥(2001 年)

图 3-1-36　辽宁省桓仁北江桥(1969 年)

至今我国已建成跨径在 100m 以上的除石拱桥外,我国还创造和推广了不少结构新颖的拱桥。

1964 年,由无锡市交通局发明创建的双曲拱桥,具有材料省、造价低、施工不需大型吊装设备和外形美观等优点,很快在全国公路上得到应用和推广,对加快我国公路桥梁的建设速度,曾起了很大的作用。目前这种拱桥跨径在 100m 以上的共有 16 座,最大跨径达 150m 的是河南前河大桥(1969 年)。如图 3-1-36 所示为 1969 年建成的辽宁省桓仁北江桥,此桥是5孔跨径50m双曲拱桥,全长250m。

此外,全国各地还因地制宜创建了各具特色的拱式桥型。其中江苏、浙江等沿海地区推广较快的有结构自重小、适合于软土地基修建的钢筋混凝土桁架拱桥(如图3-1-37所示的嵩县伊河桥)和刚架拱桥(如图3-1-38所示的清远北江桥)。河南的双曲扁拱、广东的悬砌拱、湖南的石砌肋板拱等,这些结构各具特色,曾为探索经济合理的中、小跨径拱桥建筑做出了贡献。

图3-1-37 嵩县伊河钢筋混凝土桁架拱桥(1977年)　　图3-1-38 清远北江钢筋混凝土刚架拱桥(1984年)

经过多年来的实践发现,双曲拱桥和刚架拱桥等比较新颖的组装式结构,由于其整体性较差,结构方面也存在一定的问题,与承受重载的现代公路建设不相适应,因此目前已较少采用。

如果以钢管混凝土作为劲性骨架,再外包混凝土修建成箱形拱桥,则可加大拱桥的跨径,并且能免除钢管的防腐养护工作。我国已建成的此类拱桥有广西邕宁区邕江大桥跨径312m(1996年)和四川重庆万县长江大桥跨径420m(1997年),如图3-1-39所示。该桥的跨径已为钢筋混凝土箱形截面拱桥创造了20世纪世界之最的纪录。此外,我国还成功地用悬臂施工法建成了多座钢筋混凝土桁式组合拱桥,其中跨度最大的是贵州江界河桥,桥全长461m、宽13.4m、高263m、跨度达330m,桥削岩成基,主孔分108个桁片预制。该桥是同类桥型单孔跨度居世界第一、高度居亚洲第一和世界第二。如图3-1-40所示。

图3-1-39 重庆万县长江大桥(1997年)　　图3-1-40 贵州江界河桥(1995年)

在拱桥的施工技术方面,除了有支架施工外,对于大跨径拱桥,目前已广泛采用无支架施工。从20世纪70年代中期起,随着缆索吊装技术和转体施工法的发展,为了提高拱桥施工中构件的稳定性和加强主拱的整体性,对于较大跨径的拱桥采用薄壁箱形拱桥来取代双曲拱桥。1982年建成了跨度达170m的四川攀枝花市7号桥。1988年又成功地用无平衡重转体法建成了四川涪陵乌江桥,跨度达 200m,如图 3-1-41 所示。

1990 年建成的用劲性钢骨架代替钢拱架的四川宜宾金沙江桥,跨度 240m。20 世纪 90 年代开始兴起的钢管混凝土拱桥,又使大跨径拱桥的建造得到了进一步的发展。先利用钢管作为施工拱架,具有自重轻、易于架设安装的特点;内注混凝土后,又利用钢管混凝土作为主拱,钢管对混凝土的紧箍作用又能提高主拱的强度。1995 年用此法建成的广东南海三山西桥跨径 200m、广西三岸邕江桥跨径 270m(1998 年)。广州丫髻沙珠江大桥孔跨布置为 76m + 360m + 76m,此桥为三孔系杆自锚式无推力钢管混凝土中承式拱桥,如图 3-1-42 所示。

图 3-1-41 四川涪陵乌江桥(1988 年)

图 3-1-42 广州丫髻沙珠江大桥(2000 年)

2001 年 12 月 28 日开工建设,2005 年 1 月 8 日正式竣工通车的巫峡长江大桥(图 3-1-43),是目前已建成跨径最大的钢管混凝土拱桥。该桥项目总投资 1.96 亿元;大桥全长 612.2m,桥面净宽 19m,双向 4 车道,主跨 492m,中承式无铰拱桥。它被称为"渝东门户桥""渝东第一桥"。

巫峡长江大桥在建设中创造了当时桥梁建设的 5 项世界第一:巫峡大桥属中承式钢管拱桥,主跨跨径 492m,居同类型桥梁世界第一;大桥创下组合跨径、每节段绳索吊装重量、吊塔距离、拱圈管道直径和吊装高度 5 个世界第一。该桥已被列为世界百座名桥。2005 年竣工通车的辽宁省朝阳凌凤大桥,主桥为带系杆和双飞燕(又称飞鸟桥)的中承式钢管混凝土拱桥,如图 3-1-44 所示。

图 3-1-43 巫峡长江大桥远景(2005 年)

图 3-1-44 辽宁省朝阳凌凤大桥(2005 年)

2008 年竣工通车的重庆朝天门大桥(图 3-1-45),分为上下两层。其上层为双向六车道,行人可经两侧人行道上桥;下层则是双向轻轨轨道,并在两侧预留了 2 个车行道,可保证今后大桥车流量增大时的需求。大桥全长 4.158km,主跨达 552m,比世界著名拱桥——澳大利亚悉尼大桥的主跨还要长,成为"世界第一拱桥"！如图3-1-46、图3-1-47所示。

图3-1-45　重庆朝天门大桥("世界第一拱桥"正面)

图3-1-46　朝天门大桥拱肋合龙施工图

图3-1-47　朝天门大桥全景图

据不完全统计,我国目前已建成单跨在100m以上的拱桥约150余座,而单跨百米以上的所有其他类型桥梁总计也不过100多座。另外,至今为止,国外所有已建单跨百米以上的拱桥也只有100多座,比中国的还少。可以说拱桥在我国建桥史上占有主要地位。从20世纪90年代起,我国的拱桥技术已跃居世界先进行列。

三、国外桥梁建设现状

纵观世界桥梁建筑发展的历史,与社会生产力的发展、工业水平的提高、施工技术的进步、力学理论的进展、计算能力的提高等方面都有关系,但其中,与建筑材料的革新最为密切。

19世纪中期钢材的出现,开始了土木工程的第一次飞跃。随后又产生了高强度钢材、钢丝,于是钢结构得到蓬勃发展。结构的跨度也不断扩大,以至能修建几百米到千米以上特大跨度的跨海大桥。

20世纪初,钢筋混凝土的广泛应用,以及至30年代开始兴起的预应力混凝土技术,这就大大提高了混凝土结构的刚度、承载能力和抗裂性能,使土木工程发生了又一次飞跃。实践证明,预应力混凝土桥梁已经能与200~300m甚至更大跨径的钢桥相抗衡。事实上,世界各国的桥梁工作者始终在寻求结构更合理、造价更经济、跨越能力更大的桥梁形式,推动桥梁工程的发展。

19世纪后期,预应力混凝土桥梁迅速发展之前,在资本主义发达国家内曾风行修建钢桥,并已达到相当高的技术水平。目前世界上跨度最大的铁路简支桁架桥,是美国1917年建造的都会桥,跨度220m。1917年加拿大修建的魁北克公铁两用桥,跨径549m,至今仍是钢悬臂梁桥的世界之最,如图3-1-48所示。

最大跨径的钢连续梁桥是日本1988年建成的与岛公铁两用桥跨径245m和1992年建成的生月大桥跨径400m。日本1974年修建的港大桥是公路钢桁架悬臂梁桥,跨度也达510m,如图3-1-49所示。国外钢拱桥也发展较早,澳大利亚在1932年修建的公铁两用钢桁架拱桥跨径503m,如图3-1-50所示。直至1977年钢拱桥跨度纪录才被美国的新河桥所突破(跨径518m)。中国2003年建成的上海卢浦大桥又刷新了世界纪录(主跨550m)。

图3-1-48 加拿大魁北克公铁两用桥(1917年)

图3-1-49 日本港大桥(1974年)

悬索桥是能充分发挥高强钢材优越性的独特桥型,在国外发展甚早。美国在19世纪中期从法国引进了近代吊桥技术后,于19世纪70年代就发明了"空中架线法"编纺桥缆。1937年建成的旧金山金门大桥,主跨达1280m,一直保持了27年的世界纪录,如图3-1-51所示。该桥至今仍是一座举世闻名的集工程技艺和建筑艺术于一体的宏伟美观的桥梁建筑。

图3-1-50 澳大利亚悉尼港桥(1932年)

图3-1-51 美国旧金山金门大桥(1937年)

目前世界上已建成跨度最大的悬索桥是日本明石海峡公铁两用桥,跨径1991m(1999年),此桥的问世,可誉为当今世界桥梁之王,如图3-1-52所示。其他比较著名的悬索桥有英国1974年建成主跨为1410m的亨伯大桥(图3-1-53),丹麦的大贝尔特公路桥,跨径1642m(1998年)等。

世界上第一座现代公路斜拉桥是1955年在瑞典建成的斯特罗姆海峡钢斜拉桥(图3-1-54),主跨为182.6m。之后,1962年在委内瑞拉马拉开波湖上建成了主跨跨度为160m+5×235m+160m的大跨度预应力混凝土斜拉桥,如图3-1-55所示。

经过40多年来的建桥实践,充分证明这种桥型(包括各种混凝土与钢结合形式的斜拉桥)对于大跨度桥梁有很大的适应性。可以相信,在设置锚碇比较困难的情况下,在1000m左右的跨度范围,将能与常用的悬索桥相竞争。

图 3-1-52　日本明石海峡公铁两用桥(1999 年)

图 3-1-53　英国亨伯大桥(1974 年)

图 3-1-54　世界上第一座公路斜拉桥——瑞典斯特
罗姆海峡钢斜拉桥(1955 年)

图 3-1-55　委内瑞拉马拉开波预应力
混凝土斜拉桥(1962 年)

如图 3-1-56 所示,为 1987 年在美国佛罗里达州坦帕海湾上建成的阳光大桥。此桥为主桥跨径 164.6m + 365.8m + 164.6m 的单索面混凝土斜拉桥,桥面总宽度 29m。1999 年建成的日本多多罗钢斜拉桥,跨径 890m,成为当时世界上跨度最大的斜拉桥。此桥为主跨用钢箱边跨为混凝土结构的混合式斜拉桥,如图 3-1-57 所示。此外,法国在 1995 年建成的诺曼底大桥,跨度也达到 856m,无论在构造处理还是施工工艺方面都是当代杰出的著名大桥。

另外值得一提的是,土耳其在马尔马拉海东部曾做过跨径为 600m + 2000m + 600m 的伊兹米特海湾桥的设计方案(因故未建造),其中孔跨中 800m 范围内全部由悬索承重。这种将自锚式的斜拉桥与地锚式的悬索桥两种体系结合在一起的方法,是进一步扩大斜拉桥跨度的一种很有前途的方法。

图 3-1-56　美国佛罗里达州坦帕海湾阳光大桥
(单索面混凝土斜拉桥,1987 年)

图 3-1-57　日本多多罗钢斜拉桥(1998 年)

圬工拱桥在国外也有较早的发展历史。1855 年起法国建造了第一批应用水泥砂浆砌筑的石拱桥。大约在1870年时,德国建造了第一批采用硅酸盐水泥的混凝土拱桥。目前世界上跨度最大的用石料镶面的混凝土拱桥是1946年瑞典建成的绥依纳松特桥,跨度达155m。由于石料开采、加工、砌筑所费劳动力巨大,以致几十年来国外很少修建大跨度的石拱桥。

自从钢筋混凝土材料的兴起,鉴于其优良的抗压性能,又促进了大跨度拱桥的发展。从19世纪末到20世纪50年代间,钢筋混凝土拱桥无论跨越能力、结构体系和主拱截面形式均有很大的进展。法国于1930年建成的三孔186m博浪加斯脱桥;瑞典于1940年建造的跨径264m的桑独桥(图3-1-58),均达到了很高的技术水平。后者的跨度纪录一直保持到1964年澳大利亚悉尼港柏拉马塔河桥的问世,该桥跨径305m,采用有支架施工。

图3-1-58　瑞典桑独桥(1940年)

鉴于修建钢筋混凝土拱桥的支架、模板的复杂性,加之耗费劳动力过大,故在以后10多年中,国外已较少采用。直至1979年,原南斯拉夫用无支架悬臂施工方法建成了跨度达到390m的克尔克大桥(图3-1-59),又重新突破了当时保持达15年之久的世界纪录。

钢筋混凝土梁式桥,限于材料本身所固有的特性,其跨径远逊色于拱桥。直到19世纪中期,预应力技术的渐趋成熟,又促进了预应力混凝土梁式桥的迅速发展。1977年奥地利建成了一座简支梁跨径达76m的阿尔姆桥。1950年在德国建成的内卡运河桥,跨径90m,看上去像座刚构桥,但实际上是座三跨连续梁桥,两边跨19m藏在两端的翼墙后面,如3-1-60所示。

图3-1-59　南斯拉夫克尔克桥(1979年)

图3-1-60　德国内卡运河桥(1950年)

前联邦德国最早用平衡悬臂法建造预应力混凝土桥梁,特别是1952年成功地建成了莱茵河上的沃伦姆斯桥,跨度为101.65m+114.20m+104.20m,具有跨中剪力铰的连续刚架桥后,这种方法就传播到全世界。1956年莱茵河另一座本道尔夫桥的问世,将这类桥的跨度推进到208m,如图3-1-61所示,悬臂施工技术也更臻完善。之后,日本于1976年建成了跨度达240m的浜名大桥,1980年在美国太平洋托管区的帕洛岛建成了主跨240.8m的斜勒—巴贝尔塞浦桥。目前在国外跨度最大的预应力混凝土连续梁桥是瑞士的莫塞尔桥,跨径192m(1974年)。悬臂梁桥是英北爱尔兰的马丹桥,跨径252m;T形刚架桥是巴拉圭的亚松森桥,跨径270m(1978年);1986年澳大利亚建成的门道桥跨度达260m,是当时国外跨度最大的连续刚架桥。至1998年在挪威建成的斯道尔玛桥,跨径301m和拉夫特松德桥跨径298m,又重新刷新了连续刚架桥的世界纪录。目前跨度最大的预应力混凝土斜腿刚架桥是法国于1974年建成的博诺姆桥,跨径达186.3m。荷兰于1969年建成的造型特别美观的V形墩三跨连续刚架桥,跨度为80.5m+112.5m+80.5m,如图3-1-62所示。

图3-1-61 德国莱茵河本道尔夫桥(1956年)

图3-1-62 荷兰V形墩三跨连续刚架桥(1969年)

第二节 桥梁工程的发展趋势

从国内外典型桥例可以看到,近百年来桥梁的发展趋势:结构在向轻巧、纤细方面发展,而载重和跨度却不断在增长。为了适应这种发展需要,就要对建筑材料、结构构造、设计计算理论、施工方法等方面提出新的要求,特别是要在创造新桥型方案的构思方面努力探索。

一、新材料的应用和发展

新材料对桥梁工程的发展具有关键性作用。没有材料科学的发展,就不会有大跨度及新桥型的诞生。

目前,各类桥形体系中最大跨径者均离不开钢材和混凝土。对于桥梁用钢,不但要提高其强度,还要提高其韧性、耐腐性、耐疲劳性、可焊性。我国目前常用桥钢为 A3、16Mnq、Q235、Q345 和 Q460 低合金钢,屈服点相应为 240~460MPa,极限强度相应为 380~520MPa。九江长江大桥由于采用15MnVNq钢,强度提高,比采用16Mnq钢节省钢材14%左右。1991年我国第一座耐候钢桥采用 NH35q 耐候钢,节约了大量养护费用。但与美国、日本、俄罗斯等国家相比,差距仍很大。美国在20世纪50年代就发展了低碳合金的Tl钢,日本在1974年修建港大桥时某些重要杆件所采用的 HT70、HT80 钢,以及苏联在桥梁上所用的 C-60、C-80 钢都是屈服点为 600~800MPa,极限强度达 700~900MPa 的低合金高强钢。

预应力钢筋也在向高强度、低松弛、耐腐蚀、强黏结和便于拼接等方面发展。我国现有高强度钢筋直径为 $\phi18 \sim \phi40mm$,抗拉强度为 540~930MPa。世界各国都在大力发展大直径预应力高强钢筋,德国、美国、英国、日本等国目前已发展到直径 $\phi26 \sim \phi44mm$,抗拉强度等级为 800~1350MPa。

高强钢丝和钢绞线已在大跨桥梁中广泛使用,我国目前常用的此种钢材的极限强度相应为 1600MPa 和 1860MPa。将 7 股钢绞线通过硬钢模拔出,使之挤紧,以减少钢丝间空隙,这样不但在外径相同之下使有效面积增大20%,而且强度可提高10%。目前美、英、日已开发了 $\phi4 \sim \phi9mm$ 的高强镀锌钢丝,强度提高到 1550~1800MPa。日本已为明石海峡大桥研制出镀锌后强度可达 1800~2000MPa 的低合金钢丝。

我国一般把强度等级大于 C60 的混凝土称为高强混凝土,大于 C100 的称为超高强混凝土。高强混凝土不但强度要高,而且抗冲击性能和耐久性也要好。据统计,预应力钢筋混凝土桥梁采用高强混凝土可提高经济效益30%~40%。目前,在实验室条件下,我国已能制成C100混凝土,罗马尼亚能制成C170,而美国已制成C200混凝土。我国在桥梁中已开始用C60混凝土,而在铁路桥工程中现浇已达C60~C70,预制达C80。国外高强混凝土的使用比我国要早,而且强度也略高些。

开展使用轻质混凝土,也是使预应力混凝土桥梁向大跨度发展并取得经济效益的一种方法。目前用于工程结构的轻质混凝土重度为16~19kN/m,强度为C30~C70。粗集料过去用陶粒,为降低成本,现在趋于采用工业废渣。1970年在前联邦德国修建了三座同类型的轻、重混凝土混合的连续梁桥(跨径为37.6m+112.2m+37.6m),由于中跨长105.4m部分采用了重度19kN/m^{3}的轻质混凝土,使混凝土节约了12%,预应力筋节省了17%。1998年在挪威利用轻质高性能混凝土建成的两座轻、重混凝土的连续刚构桥,拉夫特松德桥跨径为198m,斯道尔玛桥跨径达301m。

近年来国外在混凝土强度的取值方面,还考虑超龄期的强度提高系数。欧洲混凝土协会建议:对波特兰水泥的重混凝土,龄期为40d时,系数为1.2;龄期为360d时,系数为1.35。新型非金属纤维强化复合材料的开发研究,已得到世界各国的重视。包括玻璃纤维、阿拉米特纤维和碳素纤维同聚合物强化合成的超高强材料,它们不仅具有强度高、重量轻的重要特性,而且具有耐疲劳、抗腐蚀、热传导率低、非磁性、在制造和使用中的耗能低等优异性能。有分析表明,若用碳纤维强化复合材料来修建悬索桥,其极限跨长可比钢悬索桥提高一倍以上。据报道,加拿大即将研究完成无钢筋的配筋混凝土桥梁。美国曾投巨资修建了跨度达140m、宽18m的全塑公路桥梁。

二、设计理论和CAD技术的应用

目前,世界各国桥梁设计理论,都由容许应力状态理论向极限状态理论过渡。我国公路和铁路部门已开始了可靠度理论的研究,正在积极创造条件迈入国外先进的基于可靠度理论的极限状态法设计时代,以期充分发挥结构潜在的承载能力,充分利用材料强度,使桥梁结构安全度的确定更加科学和可靠。对于大跨度桥梁的设计,愈来愈重视空气动力学、振动、稳定、疲劳、非线性等影响因素的研究。

CAD技术已在各工程领域迅速发展。桥梁CAD技术主要有以下5部分内容:结构分析、图形绘制、结构优化、工程数据库、专家系统。目前使用最多的是前三部分,后两部分有待不断积累数据和知识,才能达到实际运用。目前,国外桥梁CAD技术水平最高的是美国。在结构分析方面的ADINA、SAP、ANSYS等两个著名的商业化通用程序,已遍布全球。我国桥梁工作者虽然近10多年来也已开发了各种类型的专项应用程序,但高质量者不多,且开发后的推广和维护工作不很完善。如果我们能集中力量、统筹规划,经过十几年的认真开发,定能使CAD技术赶超世界水平。

三、施工技术的发展

桥梁工程的施工技术水平,取决于国家的整体科学水平和工业发展水平。我国通过近30年来的引进和发展,已逐步达到或接近国际水平,但与发达国家比,还有一定差距。如在钢桥制造方面,国外已较普遍应用电子计算机放样、画线和管理,采用数控坐标精密切割代替刨铣机械加工,采用光电跟踪焊接技术等。

在混凝土桥梁的预应力体系方面，国外早在20世纪60~70年代已开发完善了，如瑞士VSL体系、法国弗莱西奈体系、德国迪维达克体系等一系列适用于平行钢绞线、钢丝束、粗钢筋等的预应力筋锚固体系和相应的连接器及张拉设备。我国近10多年来基本上是在引进这些技术的基础上研制成功一些自己的锚具和设备。在张拉吨位方面，国内最大为6000~12000kN，而国外已达18000~15000kN。为了进一步发展预应力混凝土桥梁，研制更大吨位、适应性更强、更安全可靠而施工又方便的预应力体系，仍是当前桥梁界的重要课题。

在桥跨结构施工和架设方面，无论是平衡悬臂施工法、顶推法、转体法等，我国已积累了许多经验，接近世界先进水平。特别是转体法修建大跨度拱桥的技术，我国已居领先地位。而在逐节预制拼装、逐孔无支架施工特别是在整孔预制安装技术方面，也已接近世界先进水平。如2008年"五一节"前竣工的杭州湾跨海大桥，就成功地采用了逐孔无支架施工、整孔预制安装技术。但在起吊能力方面还有一些差距。如日本曾利用1万吨的驳船将跨径175m、重3200t的整孔单肋钢拱桥拖运就位后，用两艘3000t的浮吊吊装成功。目前世界上起吊能力最大的浮式吊机是首先在丹麦大贝尔特海峡西桥上使用的"天鹅"浮吊。桥为51孔、跨径为110m和12孔、跨径为82m的预应力混凝土连续梁桥，重达7000t的51个预制沉井和重达5500t的箱梁都用该浮吊整孔吊装架设。1996年该浮吊再经接高和加强后运往加拿大进行诺森伯兰海峡大桥的吊装施工。此桥由44孔250m跨度的预应力混凝土连续箱梁组成，从墩身（包括基础）到梁体都是预制装配的。墩身节段的最大吊重为5500t，梁段最长192m、吊重达8200t，主梁最高处高于海面40~60m。据调查，我国目前已有适用于海上桥梁施工的吊机，其最大吊重为3000t左右。如在2008年7月即将竣工的厦门集美大桥的建设施工中，创下中国桥梁建设的两项全国纪录：集美大桥运用"短线匹配预制悬拼"这一世界最先进的桥梁建设技术，创造国内同类型大桥建设最快纪录。这项技术今年初获"国家工法"，并向全国推广。同类型桥梁，传统工艺最少需要两年半时间，而集美大桥采用了这一工艺，大大缩短工期，一年半即完成了施工任务。由"小天鹅号"运架船可以起吊70m预制梁、宽15.8m、重2200t的整段桥面架设到位。但是同国外的起吊能力相比，我们还是有较大差距的。对于即将实施的从几公里到几十公里长的跨海大桥工程项目，看来迅速研制大型的吊装机具设备，采用逐段逐孔的预制安装技术，将是我国桥梁施工技术的发展方向之一。

在深水基础施工方面，我国在修建长江上多座大桥中（水深达30多米）已取得了不少经验。但是要在水深更深的河海上建桥，目前在技术上尚会面临种种困难。日本在修建明石海峡大桥的2号塔基时，采用了直径80m、高达70m、入水深度将近60m的大型浮运沉井。在修建东京虹桥的基础时，采用尺寸为70m×45m×51m的无人沉箱，施工中采用遥控自动挖掘机、自动装渣排渣机和先进的测试系统，使深水基础的施工高度机械化和自动化。钻孔技术也是目前桥梁基础施工的重要手段之一。我国生产的钻机一般能在强度70~100MPa的岩石内钻直径2~3m、深40~80m的钻孔。近期在修建铜陵长江大桥时试制成功的KPY—4000型钻孔机，可在强度80MPa岩石内钻直径4.0m、深120m的孔。而日本早在1965年就已制成在强度50~100MPa岩石内钻直径3.6m的旋转钻机。此后又发展到可钻直径6m、钻深达200~650m的钻机。近期，国外又研制了可在卵石层和极硬岩层（300MPa）中钻孔的冲击式和循环式旋转钻机。

因基础尺寸不断增大，对大体积水下混凝土的灌注技术（质量、速度等）提出了更高的要求。如日本明石海峡大桥2、3号塔基混凝土为50.3万m^3，全部采用加特殊抗分散外加剂（1974年前联邦德国首次研制成功）的水下不离析混凝土（也称絮凝混凝土）。混凝土工厂还设有先进的水冷却设备和海水淡化设备。目前,日本已有10余种抗分散外加剂投放市场,美国、法国等也都在开发此类产品。

总之,近30年以来,我国桥梁工程的技术水平已有很大提高,而且在某些领域已居世界领先地位,但在总体上与发达国家相比还有一定差距。特别在桥型构思创新方面,以及在新型材料、施工技术、项目组织管理等方面,都有待我国广大的桥梁工程技术人员在桥梁施工中努力实践,不断创新,进一步提高技术水平。

四、中国迈向世界桥梁强国——中国的世界之最桥

纵观世界桥梁建设史,20世纪70年代前要看欧美,90年代看日本,而到了21世纪,则要看中国。进入21世纪以来,我国桥梁建设者和科研人员紧跟国际前沿技术,在桥梁结构体系设计、核心材料研发、关键施工工艺、施工装备创新上刻苦攻关,使中国桥梁的技术高度不断攀升、难度不断刷新,由我国建设、震撼世界的奇迹工程不断诞生。

1. 世界最高桥——湖北四渡河特大桥(图3-1-63)

四渡河特大桥是主跨为900m单跨双铰钢桁架加劲梁悬索桥,桥面宽24.5m,设计2.41%单向坡居悬索桥世界第一,桥面至峡谷底高差达560m,被誉为"天路中的天桥"。

图3-1-63 世界最高桥——湖北四渡河特大桥(2015年)

2. 世界最长跨峡谷悬索桥——矮寨特大悬索桥(图3-1-64)

矮寨特大悬索桥,跨越矮寨大峡谷,德夯河流经谷底。位于湖南湘西矮寨镇境内。桥型方案为钢桁加劲梁单跨悬索桥,全长1273.65m,悬索桥的主跨为1176m。2012年3月底,创4项世界第一的湖南矮寨特大悬索桥正式通车。

图3-1-64 世界最长跨峡谷悬索桥——矮寨特大悬索桥(2012年)

3. 世界最长高原冻土铁路桥——清水河大桥(图3-1-65)

清水河大桥是青藏铁路线上最长的桥梁,全长11.4km,是世界上最长的高原冻土铁路桥。清水河大桥位平均海拔4600m以上的可可西里自然保护区,是青藏线上最长的以桥代路的特大桥,修筑此桥的一个主要目的是为野生动物穿越青藏铁路提供通道,被誉为是"环保桥"。春夏季,成群迁徙的藏羚羊便可以通过此桥。

4. 世界上承载能力最大的桥——南京大胜关长江大桥(图3-1-66)

南京大胜关长江大桥是京沪高速铁路和沪汉蓉铁路越江通道,同时预留南京地铁S3号线双线地铁,是六线铁路大桥,全长9.273km,跨水面正桥长1.615km,通航净空32m,可以确保万吨级巨轮通过。

图3-1-65　世界最长高原冻土铁路桥——清水河大桥(2008年)

大胜关长江大桥代表了中国当前桥梁建造的最高水平,被誉为"世界铁路桥之最",是世界首座六线铁路大桥。双跨连拱为世界同类级别高速铁路大桥中跨度最大;是目前世界上设计荷载最大的高速铁路大桥;设计时速300km,处于高速铁路大跨度桥梁世界领先水平。

图3-1-66　世界上承载能力最大的桥——南京大胜关长江大桥(2014年)

世界最长的桥:京沪高铁丹昆特大桥,全长164.851km。
世界最长跨海大桥:青岛胶州湾跨海大桥,全长41.58km。
世界跨径最长的斜拉桥:苏通大桥主跨1088m。
世界最长拱桥:重庆朝天门长江大桥,主跨552m。
世界最长跨河大桥:润扬长江大桥,全长35.66km。
世界最长跨峡谷悬索桥:湘西矮寨大桥,主跨1176m。
世界最长公路铁路两用悬索桥:香港青马大桥,主跨1377m。
世界最长高原冻土铁路桥:清水河大桥,全长11.4km。

 思考题与习题

1. 何人修建了赵州桥?修建于何年代?其特点如何?
2. 对于桥梁用钢有何要求?
3. 我国桥梁建设所使用的混凝土有哪些种类?其特点和发展趋势如何?
4. 我国在桥梁施工技术方面近年来主要取得哪些成就?

第二章 桥梁的基本组成和分类

道路路线在跨越江河湖泊、山谷深沟以及其他线路(铁路或公路)等障碍时,为了保持道路的连续性,就需要建造专门的人工构造物——桥梁来跨越障碍。本章主要介绍桥梁的基本组成以及分类情况。

第一节 桥梁的基本组成

如图 3-2-1 和图 3-2-2 所示,为梁式桥和拱式桥的基本组成。桥梁一般由以下几部分组成:

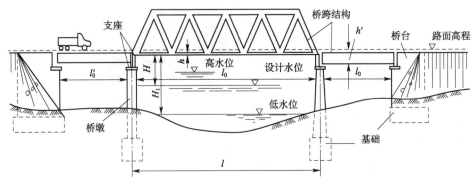

图 3-2-1 梁式桥的基本组成

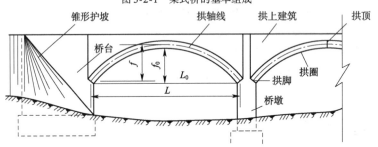

图 3-2-2 拱式桥的基本组成

桥跨结构是在线路中断时跨越障碍的主要承重结构。当需要跨越幅度比较大,并且除恒载外要求安全地承受很大车辆荷载的情况下,桥跨结构的构造就比较复杂,施工也相当困难。

桥墩和桥台是支承桥跨结构并将恒载和车辆等活载传至地基的建筑物。通常设置在桥两端的称为桥台,它除了上述作用外,还与路堤相衔接,以抵御路堤土压力,防止路堤填土的滑坡和坍落。单孔桥没有中间桥墩。桥墩和桥台中使全部荷载传至地基的底部奠基部分,通常称为基础。它是确保桥梁能安全使用的关键。由于基础往往深埋于土层之中,并且需在水下施工,故也是桥梁建筑中比较困难的一个部分。

通常人们还习惯地称桥跨结构为桥梁上部结构,称桥墩或桥台(包括基础)为桥梁的下部结构。

一座桥梁中在桥跨结构与桥墩或桥台的支承处所设置的传力装置,称为支座,它不仅要传递很大的荷载,并且要保证桥跨结构能产生依照设计意图的变位(变形)。

在路堤与桥台衔接处,一般还在桥台两侧设置石砌的锥形护坡,以保证迎水部分路堤边坡的稳定。

在桥梁建筑工程中,除了上述基本结构外,根据需要还常常修筑护岸、导流结构物等附属工程。河流中的水位是变动的,在枯水季节的最低水位称为低水位;洪峰季节河流中的最高水位称为高水位。桥梁设计中按规定的设计洪水频率计算所得的高水位,称为设计洪水位。

下面介绍一些与桥梁布置和结构有关的主要尺寸和术语名称。

(1)净跨径:对于梁式桥是设计洪水位上相邻两个桥墩(或桥台)之间的净距,用 l_0 表示(图3-2-1);对于拱式桥是每孔拱跨两个拱脚截面最低点之间的水平距离(图3-2-2所示 l_0)。

(2)总跨径:是多孔桥梁中各孔净跨径的总和,也称桥梁孔径($\sum l_0$),它反映了桥下宣泄洪水的能力。

(3)计算跨径:对于具有支座的桥梁,是指桥跨结构相邻两个支座中心之间的距离,用 l 表示。对于图3-2-2所示的拱式桥,是两相邻拱脚截面形心点之间的水平距离。桥跨结构的力学计算是以 l 为基准的。

(4)桥梁全长:简称桥长,是桥梁两端两个桥台的侧墙或八字墙后端点之间的距离,以 L 表示。

(5)桥梁高度:简称桥高,是指桥面与低水位之间的高差(见图3-2-1中的 h_1)或为桥面与桥下线路路面之间的距离。桥高在某种程度上反映了桥梁施工的难易性。

(6)桥下净空高度:是设计洪水位或计算通航水位至桥跨结构最下缘之间的距离,以 H 表示,它应保证桥梁能安全排洪,并不得小于对该河流通航所规定的净空高度。

(7)建筑高度:是桥上行车路面(或轨顶)至桥跨结构最下缘之间的距离(图3-2-1中的 h 及 h'),它不仅与桥跨结构的体系和跨径大小有关,而且还随行车部分在桥上布置的高度位置而异。公路(或铁路)定线中所确定的桥面(或轨顶)高程,对通航净空顶部高程之差,又称为容许建筑高度。显然,桥梁的建筑高度不得大于其容许建筑高度,否则就不能保证桥下的通航要求。

(8)净矢高:从拱顶截面下缘至相邻两拱脚截面下缘最低点之连线的垂直距离,以 f_0 表示(图3-2-2)。

(9)计算矢高:从拱顶截面形心至相邻两拱脚截面形心之连线的垂直距离,以 f 表示(图3-2-2)。

(10)矢跨比:是拱桥中拱圈(或拱肋)的计算矢高 f 与计算跨径 l 之比(f/l),也称矢拱度,它是反映拱桥受力特性的一个重要指标。

(11)标准跨径 l_b:对于梁式桥,它是指两相邻桥墩中线之间的距离,或墩中线至桥台台背前缘之间的距离;对于拱式桥,则是指净跨径。我国《公路工程技术标准》(JTG B01—2014)中规定,对标准设计或新建桥涵跨径在60m以下时,一般均应尽量采用标准跨径(l_b)。

第二节 桥梁的主要类型

桥梁的种类繁多。人们在长期的生产活动中,通过反复实践和不断总结,逐步创造发明出各种各样的桥梁。

一、按桥梁工程的使用功能分类

按桥梁工程的使用功能,可划分为公路桥梁、铁路桥梁、立体交叉桥梁、水渠桥梁、厂(场)内运输桥梁、管线桥梁等。

二、按桥梁受力的基本体系分类

结构工程上的受力构件,总离不开拉、压和弯3种基本受力方式。由基本构件所组成的各种结构物,在力学上也可归结为梁式、拱式和悬吊式3种基本体系以及它们之间的各种组合。现代的桥梁结构也一样,不过其内容更丰富,形式更多样,材料更坚固,技术更先进。

按桥梁受力的基本体系,可分为梁式桥、拱式桥、刚架桥、吊桥、斜拉桥及组合体系桥梁。

1. 梁式桥

(1) 梁式桥的特点:

梁式桥是一种在竖向荷载作用下无水平反力的结构见图3-2-3a)和b)。由于外力(永久作用和可变作用)的作用方向与承重结构的轴线接近垂直,故与同样跨径的其他结构体系相比,梁内产生的弯矩最大,通常需用抗弯能力强的材料(钢、木、钢筋混凝土等)来建造。为了节约钢材和木料(木桥使用寿命短),除临时性桥梁如施工便桥、战备、抢险需要外,一般不宜采用。

(2) 梁式桥的结构形式(图3-2-3):

目前公路桥常采用的梁式桥有简支梁桥、悬臂梁桥和连续梁桥3种。

应用最广泛的是预制装配式的钢筋混凝土简支梁桥。这种梁桥的结构简单,施工方便,对地基承载能力的要求也不高,但其常用跨径在25m以下,如图3-2-3a)所示。当跨度较大时,需要采用预应力混凝土简支梁桥,但跨度一般也不超过50m。为了达到经济、省料的目的,可根据地质条件等因素修建悬臂式或连续式的梁桥,如图3-2-3c)和d)所示。对于很大跨径及承受很大外力的特大桥梁,一般使用高强度材料(如高强度钢筋、高强度等级混凝土)及预应力工艺,制作成预应力混凝土梁桥,也可建造钢桥,如图3-2-3e)所示。

(3) 梁式桥主梁横截面形式:

公路梁式桥常用的主梁横截面形式,如图3-2-4所示。其中a)~f)的横截面常用于仅承受正弯矩的简支梁桥;实心板梁和矮肋板梁一般用于小跨径6~16m的现浇结构;空心板梁用于跨径12~30m、T形梁用于跨径20~50m的预制装配式结构。图3-2-4中g)~k)则常用于受正、负弯矩作用的悬臂式或连续式的梁桥。随着建桥材料和预应力工艺等施工技术的发展,目前已广泛采用具有大挑臂的箱形梁桥见图3-2-4中的h)和i),以达到既用材经济,又轻盈美观。改用金属腹板如图3-2-4中的i)或桁架式的腹板构件如图3-2-4中的k)来代替箱梁的混凝土实体腹板,可显著减轻大跨度梁桥的自重,这是近年来国内、外在探索研究的梁桥发展新动向。

2. 拱式桥

(1) 拱式桥的特点:

拱式桥的主要承重结构是拱圈或拱肋,如图3-2-5所示。这种结构在竖向荷载作用下,桥墩或桥台将承受水平推力,如图3-2-6所示。同时,这种水平推力将显著抵消作用(荷载)所引起在拱圈(或拱肋)内的弯矩。因此,与同跨径的梁相比,拱的弯矩和变形要小得多。鉴于拱桥的承重结构以受压为主,通常就可用抗压能力强的圬工材料(如砖、石、混凝土)和钢筋混凝土等来建造。

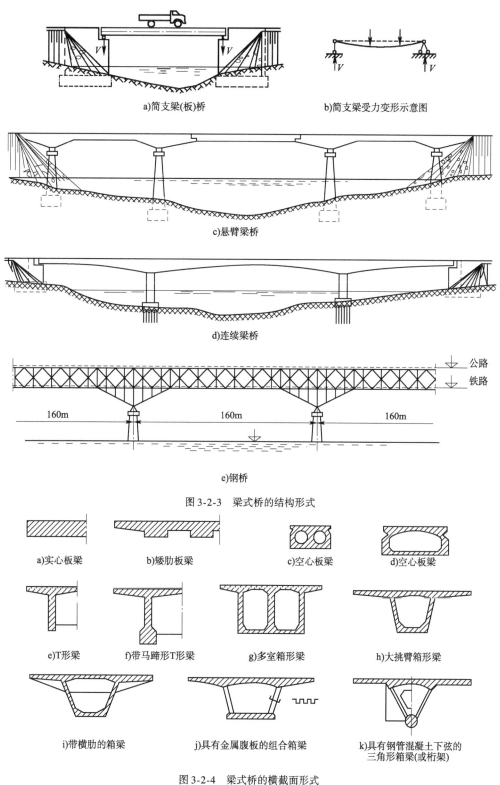

图 3-2-3　梁式桥的结构形式

图 3-2-4　梁式桥的横截面形式

拱桥的跨越能力很大，外形也较美观，在一定条件下（如在深峡谷、有通航要求的深水河道，采用拱桥可以避免高桥墩和深水下作业），修建拱桥往往是经济合理的。同时应当注意，为了确保拱桥能安全使用，下部结构和地基必须能经受住很大的水平推力的不利作用。此外，拱桥的施工一般要比梁桥困难些。对于很大跨度的桥梁，也可建造钢拱桥。

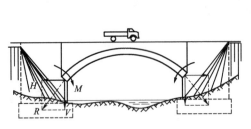 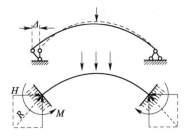

图 3-2-5　拱式桥（上承式）　　　　　图 3-2-6　拱式桥受力及变形示意图

在地基条件不适于修建具有强大水平推力的拱桥的情况下，必要时也可建造水平推力由钢或预应力筋做成抗拉系杆来承受的系杆拱桥。近年来还发展了一种所谓"飞鸟式"三跨无推力拱桥，如图 3-2-7 所示。即在拱桥边跨的两端施加强大的预加力，传至拱脚，以抵消主跨拱脚永久作用产生的巨大水平推力。

（2）拱式桥的分类：

①按车辆在主要承重结构物的位置，拱桥分为上承式、中承式、下承式 3 种不同承式的桥梁。如图 3-2-5 所示，通常称车辆在主要承重结构（拱或梁）之上行驶者为上承式桥梁；车辆在主要承重结构之下行驶者为下承式桥梁，如图 3-2-8 所示；图 3-2-9 所示则称为中承式桥梁。

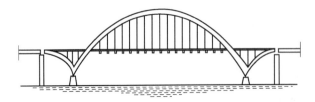

图 3-2-7　"飞鸟式"三跨无推力拱桥　　　　　图 3-2-8　下承式拱式桥

上承式桥的构造较简单，施工方便，而且其主梁或拱肋等的间距可按需要调整，以求得经济合理的布置。一般说来，上承式桥梁的承重结构宽度可做得小些，因而可节约墩台圬工数量。此外，在上承式桥上行车时，视野开阔、感觉舒适也是其重要优点。所以，公路桥梁一般尽可能采用上承式桥。上承式桥的不足之处是桥梁的建筑高度较大。因此，在建筑高度受严格限制的情况下，就应采用下承式桥或中承式桥。

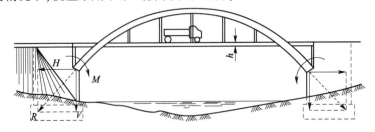

图 3-2-9　中承式拱式桥

②按建筑材料分为砖、石、混凝土、钢筋混凝土、钢管混凝土、钢拱等。

③按拱圈截面形式分为实腹式拱桥和空腹式拱桥。
④按拱轴线形式分为圆弧拱、悬链线拱、抛物线拱。
⑤按受力体系分为无铰拱、二铰拱、三铰拱。

(3)拱式桥主拱圈的横截面形式：

图 3-2-10 所示，是拱式桥梁常用的拱圈或拱肋横截面形式。实心的板拱圈常用于圬工拱桥。图 3-2-10 中的 c)所示为我国在 20 世纪 60～70 年代曾经广泛推广采用的双曲拱桥横截面，由于使拱圈截面"化整为零"采用装配—整体法施工，这样就可简化施工支架或减轻拱圈构件的吊装重量。但实践表明，这种结构的整体性较差，易于产生裂缝，且施工中风险性也较大，随着施工技术的不断发展，这种拱桥已被图 3-2-10 中 d)所示的钢筋混凝土箱形拱桥所替代。图 3-2-10 中 e)～i)均为采用拱肋的横截面形式。图 3-2-10 中的 e)～g)是常用钢筋混凝土拱肋截面。近年来经研究并不断实践成功的钢管混凝土结构如图 3-2-10 中 h)～k)，具有在强度上和施工性能上的很多优点，因此，已在许多大跨度拱桥上得到应用。如果利用钢管混凝土作为拱桥施工过程中的劲性骨架，再外包混凝土构成箱形截面，如图 3-2-10 中 i)所示，这样又可显著加大钢筋混凝土拱桥的跨越能力。

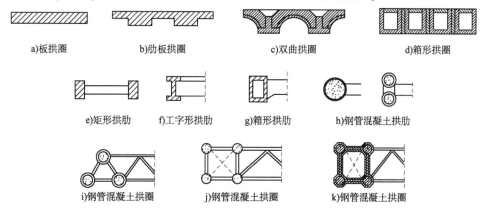

图 3-2-10 拱式桥主拱圈的横截面形式

3. 刚架桥(也称为刚构桥)

刚架桥的主要承重结构是梁或板和立柱或竖墙整体结合在一起的刚架结构，梁和柱的连接处具有很大的刚性，如图 3-2-11a)所示。在竖向荷载作用下，梁部主要受弯，而在柱脚处也具有水平反力，见图 3-2-11b)，其受力状态介于梁桥与拱桥之间。刚架桥跨中的建筑高度可以做得较小。当遇到线路立体交叉或需要跨越通航江河时，采用这种桥型能尽量降低线路高程，以改善纵坡并能减少路堤土方量。但普通钢筋混凝土修建的刚架桥施工比较困难，梁柱钢结构处较易裂缝。

图 3-2-11c)所示的 T 形刚构是修建较大跨径钢筋混凝土桥曾采用的桥型，它是结合了刚架桥和多孔静定悬臂梁桥的特点发展起来的一种多跨结构。对于普通钢筋混凝土 T 形刚构桥，由于悬臂根部的负弯矩很大，修建时不仅钢材用量大，而且控制混凝土裂缝的开展成为关键，因此，跨径就不能做得太大(通常 40～50m)，目前已很少修建。

预应力混凝土工艺的发展，使得 T 形刚构桥和连续刚构桥得到了进一步的推广。特别是由于采用了悬臂安装或悬臂浇筑的分段施工方法，不但加速了修建大跨度桥梁的施工速度，而且也克服了要在江河或深谷中搭设支架的困难。

图 3-2-11d)所示的多跨连续刚构桥，属多次超静定结构，在设计中一般应减小墩柱的抗

弯刚度,否则会在结构内引起较大的附加内力。对大跨度的桥,为了降低这种附加内力,往往将两侧的边跨设置活动铰支座,甚至将主跨的墩柱做成双壁式结构。

当跨越陡峭河岸和深邃峡谷时,修建斜腿式的刚构桥往往既经济合理,又造型轻巧美观,如图 3-2-11e)所示。由于斜腿墩柱置于岸坡上,有较大斜角,在主梁跨度相同的条件下,斜腿刚构桥的桥梁跨度比门式刚构桥要大得多。

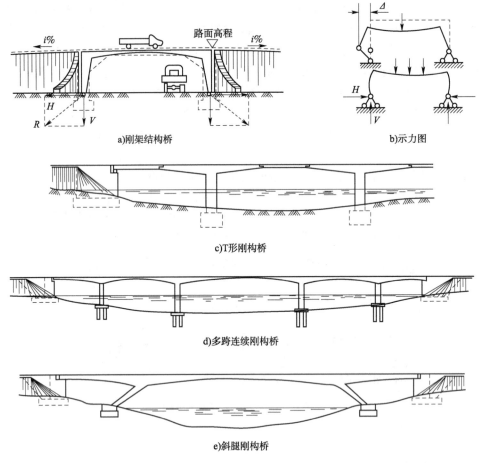

图 3-2-11　刚架桥

T 形刚构桥的悬臂主梁,主要承受负弯矩,因此,横截面宜用箱形截面。连续刚构桥和斜腿刚构桥的主梁受力与连续梁相近,通常也采用如图 3-2-4g)~i)所示的各式横截面。

4. 吊桥

传统的吊桥(也称悬索桥)均用悬挂在两边塔架上的强大缆索作为主要承重结构,如图 3-2-12 所示。在竖向荷载作用下,通过吊杆使缆索承受很大的拉力,通常就需要在两岸桥台的后方修筑非常巨大的锚碇结构。吊桥也是具有水平反力(拉力)的结构。现代的吊桥上,广泛采用高强度的钢丝编制的钢缆,以充分发挥其优异的抗拉性能,因此结构自重较轻,就能以较小的建筑高度跨越其他任何桥型无与伦比的特大跨度。吊桥的另一特点是:成卷的钢缆易于运输,结构的组成构件较轻,便于无支架悬吊拼装施工。我国在西南山岭地区和在遭受山洪泥石流冲击等威胁的山区河流上,以及对于大跨径桥梁,当修建其他桥梁有困难的情况下,往往采用吊桥。图 3-2-12a)所示为在山区跨越深沟或河谷的单跨式吊桥。图 3-2-12b)所示则是在大江或湖海上跨越深水区的三跨式吊桥。

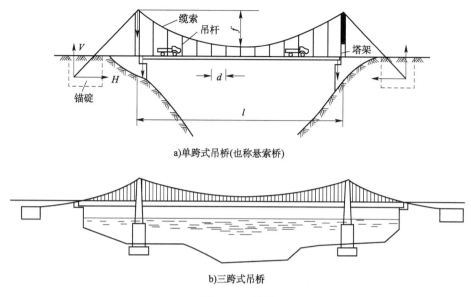

a) 单跨式吊桥(也称悬索桥)

b) 三跨式吊桥

图 3-2-12 吊桥

图3-2-13 示出两种较典型的吊桥加劲梁横截面。图3-2-13a)所示是现代大跨度公路悬索桥最常采用的钢制扁箱梁结构;而图3-2-13b)所示是顶层行驶汽车(公路)和下层铺设铁轨(铁路)的公铁两用吊桥的横截面构造。

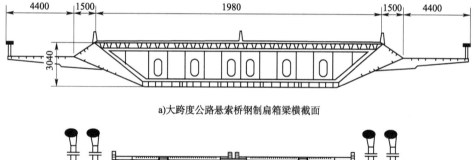

a) 大跨度公路悬索桥钢制扁箱梁横截面

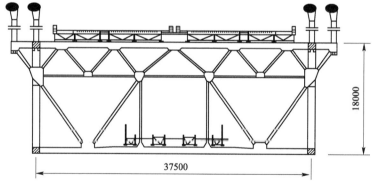

b) 公铁两用吊桥的横截面构造

图 3-2-13 典型吊桥(尺寸单位:mm)

事实上,相对于其他体系的桥梁而言,吊桥的自重轻,结构的刚度差,在车辆动荷载和风荷载作用下,桥有较大的变形和振动。所以,控制吊桥的变形与振动是设计的关键问题。

5. 斜拉桥

斜拉桥由斜索、塔柱和主梁所组成,如图 3-2-14 所示。用高强钢材制成的斜索将主梁多点吊起,并将主梁的永久作用和车辆的可变作用荷载传至塔柱,再通过塔柱基础传至

251

地基。这样,跨度较大的主梁就像一根多点弹性支承(吊起)的连续梁一样工作,从而可使主梁尺寸大大减小,结构自重显著减轻,既节省了结构材料,又大幅度地增大桥梁的跨越能力。此外,与悬索桥相比,斜拉桥的结构刚度大,即在荷载作用下的结构变形小得多,且其抵抗风振的能力也比悬索桥好,这也是在斜拉桥可能达到的大跨度情况下使悬索桥逊色的重要因素。

斜拉桥由斜索、塔柱(相当于桥墩)、主梁、桥台组成。斜拉桥的斜索组成和布置、塔柱形式以及主梁的截面形状是多种多样的。我国常用平行高强钢丝束、平行钢绞线束等制作斜索,并用热挤法在钢丝束上包一层高密度的黑色聚乙烯(PE)外套进行防护。斜索在立面上也可布置成不同形式。各种索形在构造上和力学上各有特点,在外形美观上也各具特色。常用的索形布置为竖琴形如图 3-2-14b)和扇形如图 3-2-14c)两种。另一种是斜索集中锚固在塔顶的辐射形布置如图 3-2-14a)所示,因其塔顶锚固结构复杂而较少采用。

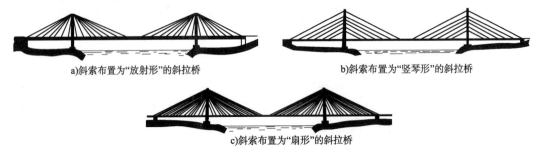

图 3-2-14 斜拉桥

常用的斜拉桥是三跨双塔式结构,但在实践中也往往根据河流、地形、通航要求等情况而采用对称与不对称的双跨独塔式斜拉桥,如图 3-2-15 所示。

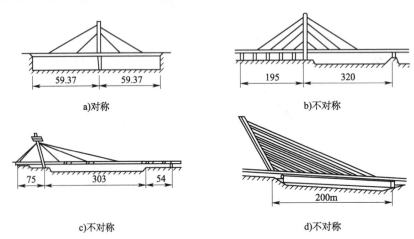

图 3-2-15 独塔式斜拉桥(尺寸单位:m)

在横向,除了常用双索面布置的斜拉桥外,还采用中间布置单索面的结构。对于特别宽(8 车道或以上)的桥梁,采用三索面或四索面的结构可能更趋经济合理。

斜拉桥的塔柱除了其支撑斜索的功能外,因其雄伟高大,其造型、颜色往往更起到景观作用,所以在设计时更是要从审美的角度出发,与周围环境、文化氛围相协调,形式丰富,多姿多彩。从桥的立面来看,塔柱有独柱型、A 形和倒 Y 形 3 种。从桥梁行车方面看,可做成独柱型、双柱形、门形、H 形、A 形、宝石形和倒 Y 形等,如图 3-2-16 所示。

| a)独柱型 | b)双柱形 | c)门形 | d)H形 | e)A形 | f)宝石形 | g)宝石形 | h)倒Y形 |

图 3-2-16　塔柱在行车方向的立面视图

斜拉桥主梁的截面形式，视采用材料、索面布置、施工工艺等的不同而异。从力学体系上说，主梁在纵向可以做成连续的、带悬臂的和既连续又与桥墩固结的等。常用钢斜拉桥的主梁截面形式与悬索桥的雷同。图 3-2-17 所示为采用接合梁主梁的横截面构造图。

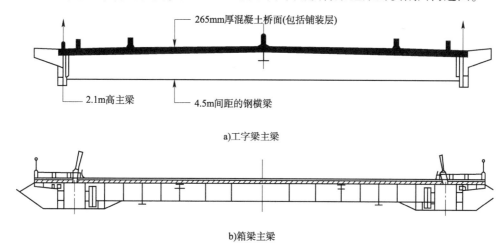

图 3-2-17　斜拉桥主梁形式

图 3-2-18 所示为采用各种混凝土主梁的横截面构造，其中 d)、e)、h) 是单索面布置在桥面中央分隔带内和塔、梁、墩固结的截面构造；g) 是双索面靠近布置在桥面中央而具有大挑臂的截面构造。

斜拉桥是半个多世纪来最富于想象力和构思内涵最丰富而引人注目的桥型，它具有广泛的适应性。一般说来，对于跨度从 200m 至 700m 的桥梁，斜拉桥在技术上和经济上都具有相当优越的竞争能力。诚然，随着斜拉桥跨度的增大，将会面临桥塔过高和斜索过长等一系列技术难点（前面曾提到，在我国的苏通大桥创造的 4 个世界之最"最大主跨、最深基础、最高桥塔、最长拉索"中，即包括高桥塔和长斜索），这不仅涉及高耸塔柱抗震和抗风等动力稳定方面的问题，而且还有主梁受压力过大以及长斜索因自重垂度增大而引起的种种技术问题。另外，必须提到的是，斜拉桥的斜索可以说是这种桥梁的生命线，至今国内外已发生过几起通车仅几年就因斜索腐蚀严重而导致全部换索的不幸工程实例。因此，如何做好斜索的防腐工作，确保其使用寿命，仍是当今桥梁界十分关切和重视的重要课题。可以相信，随着高性能新材料的开发、计算理论的进一步完善、施工方法的改进、特别是设计构思的不断创新，斜拉桥还在向更大跨度和更新的结构形式发展。

6. 组合体系桥梁

除了以上 5 种桥梁的基本体系以外，根据结构的受力特点，由几种不同体系的结构组合而成的桥梁称为组合体系桥梁。图 3-2-19a) 所示为一种梁和拱的组合体系，其中梁和拱都是主要承重结构，两者相互配合共同受力。由于吊杆将梁向上（与荷载作用的挠度方向相反)吊住,这样就显著减小了梁中的弯矩。同时由于拱与梁连接在一起,拱的水平推力就传给梁来承受,这样梁除了受弯以外尚且受拉。这种组合体系桥能跨越较一般简支梁桥更大的跨度,而对墩台没有推力作用,因此,对地基的要求就与一般简支梁桥一样。图 3-2-19b)所示为拱置于梁的下方、通过立柱对梁起辅助支承作用的组合体系桥。图 3-2-20 ~ 图 3-2-23 为几座大跨度组合体系钢桥的实例(尺寸单位:m)。

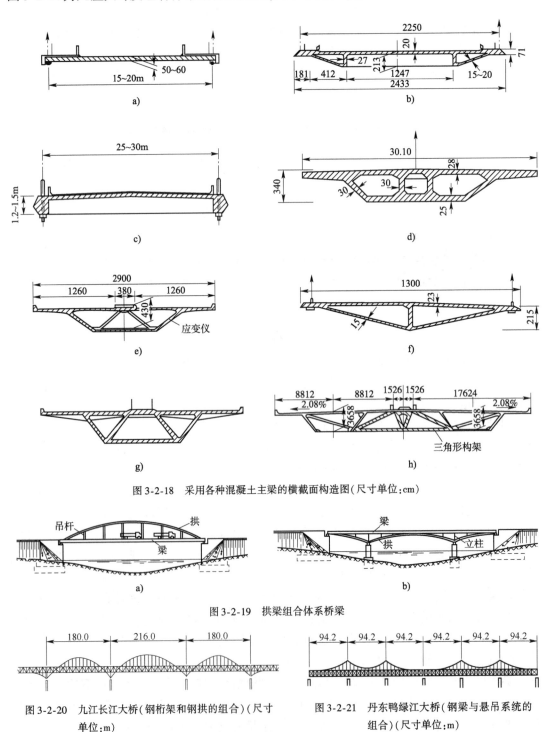

图 3-2-18　采用各种混凝土主梁的横截面构造图(尺寸单位:cm)

图 3-2-19　拱梁组合体系桥梁

图 3-2-20　九江长江大桥(钢桁架和钢拱的组合)(尺寸单位:m)

图 3-2-21　丹东鸭绿江大桥(钢梁与悬吊系统的组合)(尺寸单位:m)

254

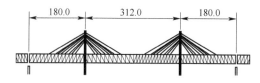

图 3-2-22 芜湖长江大桥(钢梁与斜拉索的组合)(尺寸单位:m)　　图 3-2-23 纽约布鲁克林大桥(斜拉索与悬索的组合)(尺寸单位:m)

三、桥梁的其他分类简述

除了上述按受力特点分成不同的结构体系外,人们还习惯地按桥梁的用途、大小规模和建桥材料等其他方面来进行分类:

(1)按用途来划分:有公路桥、铁路桥、公路铁路两用桥、农桥、人行桥、运水桥(渡槽)及其他专用桥梁(如通过管路电缆等)。

(2)按桥梁全长和跨径的不同:分为特大桥、大桥、中桥、小桥和涵洞。《公路工程技术标准》(JTG B01—2014)第6.0.2条规定的划分标准,如表3-2-1所示。

桥涵分类　　表3-2-1

桥涵分类	多孔跨径总长 L(m)	单孔跨径 L_k(m)
特大桥	$L > 1000$	$L_k > 150$
大桥	$100 \leqslant L \leqslant 1000$	$40 \leqslant L_k \leqslant 150$
中桥	$30 < L < 100$	$20 \leqslant L_k < 40$
小桥	$8 \leqslant L \leqslant 30$	$5 \leqslant L_k < 20$
涵洞	—	$L_k < 5$

注:①单孔跨径系指标准跨径。
②梁式桥、板式桥的多孔跨径总长为多孔标准跨径的总长;拱式桥为两岸桥台内起拱线间的距离;其他形式桥梁为桥面系行车道长度。
③管涵及箱涵不论管径或跨径大小、孔数多少,均称为涵洞。

(3)按主要承重结构所用的材料划分,有圬工桥(包括砖、石、混凝土桥)、钢筋混凝土桥、预应力混凝土桥、钢桥和木桥等。木材易腐,而且资源有限,因此,除了少数临时性桥梁外,一般不采用。

(4)按跨越障碍的性质,可分为跨河桥、跨线桥(立体交叉)、高架桥和栈桥。高架桥一般指跨越深沟峡谷以代替高路堤的桥梁。为将车道升高至周围地面以上并使其下面的空间可以通行车辆或作其他用途(如堆栈、店铺等)而修建的桥梁,称为栈桥。而在现代大城市,为了满足日益增长的交通量的需求,或开通快速路,把较长路段(数十至几十公里)全部由栈桥连接,形成独立的专用道路,通常称为高架路。

(5)标准跨径和计算跨径。

①标准跨径

《标准》第6.0.2条规定梁式桥、板式桥以两桥墩中线间距离或桥墩中线与台背前缘间距为准;拱式桥和涵洞以净跨径为准。《标准》第6.0.4条规定的桥涵标准化跨径如下:

0.75m、1.0m、1.25m、1.5m、2.0m、2.5m、3.0m、4.0m、5.0m、6.0m、8.0m、10m、13m、16m、20m、25m、30m、35m、40m、45m、50m。

②计算跨径

《标准》第7.0.3条规定,桥梁计算跨径:设支座的为相邻两支座中心间的水平距离;不设支座的为上、下部结构相交面中心间的水平距离。

(6)桥梁全长。

《标准》第 6.0.3 条规定,有桥台的桥梁,桥梁全长应为两岸桥台侧墙或八字墙尾端间的距离;无桥台的桥梁,桥梁全长应为桥面系的长度。

(7)桥涵设计洪水频率。

《标准》第 6.0.5 条规定,桥涵设计洪水频率应符合表 3-2-2 的规定:

桥涵设计洪水频率 表 3-2-2

公路等级	设计洪水频率				
	特大桥	大桥	中桥	小桥	涵洞及小型排水构造物
高速公路	1/300	1/100	1/100	1/100	1/100
一级公路	1/300	1/100	1/100	1/100	1/100
二级公路	1/100	1/100	1/100	1/50	1/50
三级公路	1/100	1/50	1/50	1/25	1/25
四级公路	1/100	1/50	1/50	1/25	不作规定

(8)桥涵设计使用年限

《标准》第 6.0.11 条规定,桥涵主体结构和可更换部件的设计使用年限如表 3-2-3 的规定。

桥涵设计使用年限 表 3-2-3

公路等级	主体结构			可更换部件	
	特大桥、大桥	中桥	小桥、涵洞	斜拉索、吊索、系杆等	栏杆、伸缩缝、支座等
高速公路、一级公路	100	100	50	20	15
二级公路、三级公路	100	50	30		
四级公路	100	50	30		

思考题与习题

1. 梁式桥是由哪几部分组成的?
2. 何谓桥梁的净跨径、总跨径、标准跨径、计算跨径、桥梁全长?
3. 何谓桥下净空?为什么要设置桥下净空?
4. 何谓桥梁的建筑高度?建筑高度的大小对桥梁设计有何影响?
5. 何谓拱桥净矢高、计算矢高、矢跨比?
6. 简述梁式桥的特点及适用范围。
7. 简述拱式桥的特点及适用范围。
8. 简述斜拉桥的特点及适用范围。

第三章 桥梁的设计荷载

第一节 规范中有关设计荷载的规定

根据使用任务,桥梁结构除了承受本身自重和各种附加恒载以外,主要是承受桥上各种交通荷载,例如各种汽车、平板挂车、履带车、电车以及各种非机动车和人群荷载。而且,桥梁结构处在自然环境之中,还要经受气候、水文等种种复杂因素(外力)的影响。

通常可以将作用在公路桥梁上的各种荷载和外力[《公路桥涵设计通用规范》(JTG D60—2015)将其统称为"作用"]归纳成 3 类:永久作用、可变作用、偶然作用和地震作用。我国《公路桥涵设计通用规范》(JTG D60—2015)(以下简称《桥规》)中,还根据结构上可能同时出现的作用,按承载能力极限状态和正常使用极限状态进行作用效应组合,取其最不利效应组合进行设计。下面分别介绍规范中有关不同作用的一些规定。

一、永久作用

永久作用亦称恒载,它是在设计使用期内,其作用位置和大小、方向不随时间变化,或其变化与平均值相比可忽略不计。永久作用包括结构物自重、桥面铺装及附属设备的重量、作用于结构上的土重及土侧压力、基础变位作用、水浮力,长期作用于结构上的人工预应力以及混凝土收缩和徐变作用。

结构自重及桥面铺装、附属设备等附加重力均属结构重力。结构重力标准值可按常用材料的重力密度计算(见《桥规》第4.2.1条)。

对于公路桥梁,结构物的自重往往占全部设计荷载的很大部分,例如当跨径为 20～150m 时,结构自重约占 30%～60%,跨径愈大所占比例愈高。对于特大跨度的圬工桥、钢筋混凝土桥或预应力混凝土桥,活载的影响往往降至次要地位。在此情况下,宜采用轻质、高强材料来减小桥梁结构的自重。

二、可变作用

可变作用为在设计使用期内,其作用位置和大小、方向随时间变化,且其变化与平均值相比不可忽略的作用。

桥梁设计中考虑的可变作用有汽车荷载和人群荷载。同时,对于汽车荷载应计算其冲击力、制动力和离心力。对于所有车辆荷载尚应计算其所引起的土侧压力。

此外,可变作用尚包括支座摩阻力、温度(均匀温度和梯度温度)作用、风荷载、流水压力和冰压力等。

众所周知,每一种车辆都有许多不同的型号和载重等级,而且随着交通运输事业的发展,车辆的载重量也将不断增大。这就需要拟定一种既满足目前车辆情况和将来发展需要,又能便于在设计中应用的简明统一的荷载标准。我国在对现有车型、行车规律等进行大量实地观测和调查研究的基础上,根据汽车工业的发展和国防建设的需要,制定了设计公路桥涵或其他受车辆影响的构造物所用的荷载标准。

以下简要介绍桥梁设计中常用的汽车荷载及其影响力和人群荷载。有关其他可变作用的详细计算方法,可查阅《桥规》的相应条文。

1. 汽车荷载

公路桥涵设计时,汽车荷载的计算图式、荷载等级及其标准值、加载方法和纵横向折减等应符合下列规定:

(1)汽车荷载分为公路—Ⅰ级和公路—Ⅱ级两个等级。

(2)汽车荷载由车道荷载和车辆荷载组成。车道荷载由均布荷载和集中荷载组成。桥梁结构的整体计算采用车道荷载;桥梁结构的局部加载、涵洞、桥台和挡土墙土压力等的计算采用车辆荷载。车辆荷载与车道荷载的作用不得叠加。

(3)各级公路桥涵设计的汽车荷载等级,应符合表3-3-1的规定。

各级公路桥涵的汽车荷载等级　　　　　　　　　　　　表3-3-1

公路等级	高速公路	一级公路	二级公路	三级公路	四级公路
汽车荷载等级	公路—Ⅰ级	公路—Ⅰ级	公路—Ⅰ级	公路—Ⅱ级	公路—Ⅱ级

二级公路为干线公路且重型车辆多时,其桥涵的设计可采用公路—Ⅰ级汽车荷载。四级公路上重型车辆少时,其桥涵设计所采用的公路—Ⅱ级车道荷载的效应可乘以0.8的折减系数,车辆荷载的效应可乘以0.7的折减系数。

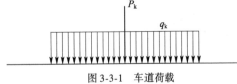

图 3-3-1　车道荷载

(4)车道荷载的计算图式,如图3-3-1所示。

①公路—Ⅰ级车道荷载的均布荷载标准值为 $q_k = 10.5 \text{kN/m}$;集中荷载标准值按以下规定选取:

桥梁计算跨径小于或等于5m时, $P_k = 180 \text{kN}$;桥梁计算跨径大于或等于50m时, $P_k = 360 \text{kN}$;桥梁计算跨径在5~50m之间时, P_k 值采用直线内插求得。计算剪力效应时,上述集中荷载标准值 P_k 应乘以1.2的系数。

②公路—Ⅱ级车道荷载的均布荷载标准值 q_k 和集中荷载标准值 P_k 按公路—Ⅰ级车道荷载的0.75倍采用。

③车道荷载的均布荷载标准值应满布于使结构产生最不利效应的同号影响线上;集中荷载标准值只作用于相应影响线中一个最大影响线峰值处。

(5)车辆荷载的立面布置、平面尺寸如图3-3-2所示;其主要技术指标规定见表3-3-2中。

车辆荷载的主要技术指标　　　　　　　　　　　　表3-3-2

项目	单位	技术指标	项目	单位	技术指标
车辆重力标准值	kN	550	轮距	m	1.8
前轴重力标准值	kN	30	前轮着地宽度及长度	m	0.3×0.2
中轴重力标准值	kN	2×120	中、后轮着地宽度及长度	m	0.6×0.2
后轴重力标准值	kN	2×140	车辆外形尺寸(长×宽)	m	15×2.5
轴距	m	3+1.4+7+1.4			

公路—Ⅰ级和公路—Ⅱ级汽车荷载采用相同的车辆荷载标准值。

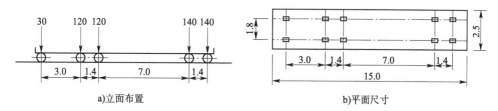

a)立面布置   b)平面尺寸

图 3-3-2 车辆荷载的立面布置、平面尺寸(尺寸单位:m,荷载单位:kN)

(6)车道荷载横向分布系数应按设计车道数如图 3-3-3 布置车辆荷载进行计算。

(7)桥涵设计车道数,应符合表 3-3-3 的规定。多车道桥梁上的汽车荷载应考虑多车道折减。当桥涵设计车道数大于或等于 2 时,由汽车荷载产生的效应应按表 3-3-4 规定的多车道折减系数进行折减,但折减后的效应不得小于两设计车道的荷载效应。

(8)大跨径桥梁上的汽车荷载应考虑纵向折减。当桥梁计算跨径大于 150m 时,应按表 3-3-5 规定的纵向折减系数进行折减。当为多跨连续结构时,整个结构应按最大的计算跨径考虑汽车荷载效应的纵向折减。

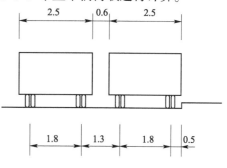

图 3-3-3 车辆荷载横向布置(尺寸单位:m)

桥涵设计车道数　　　　　　　　　表 3-3-3

桥面宽度 W(m)		桥涵设计车道数
车辆单向行驶时	车辆双向行驶时	
$W_0 < 7.0$		1
$7.0 \leq W_0 < 10.5$	$6.0 \leq W_0 < 14.0$	2
$10.5 \leq W_0 < 14.0$		3
$14.0 \leq W_0 < 17.5$	$14.0 \leq W_0 < 21.0$	4
$17.0 \leq W_0 < 21.0$		5
$21.0 \leq W_0 < 24.5$	$21.0 \leq W_0 < 28.0$	6
$24.5 \leq W_0 < 28.0$		7
$28.0 \leq W_0 < 31.5$	$28.0 \leq W_0 < 35.0$	8

横向车道布载系数　　　　　　　　　表 3-3-4

横向布载车道数(条)	1	2	3	4	5	6	7	8
横向车道布载系数	1.2	1.00	0.78	0.67	0.60	0.55	0.52	0.50

纵向折减系数　　　　　　　　　表 3-3-5

计算跨径 L_0(m)	纵向折减系数	计算跨径 L_0(m)	纵向折减系数
$150 < L_0 < 400$	0.97	$800 \leq L_0 < 1000$	0.94
$400 \leq L_0 < 600$	0.96	$L_0 \geq 1000$	0.93
$600 \leq L_0 < 800$	0.95		

2.汽车荷载冲击力

汽车荷载冲击力应按下列规定计算：

(1)钢桥、钢筋混凝土及预应力混凝土桥、圬工拱桥等上部构造和钢支座、板式橡胶支座、盆式橡胶支座及钢筋混凝土柱式墩台，应计算汽车的冲击作用。

(2)填料厚度(包括路面厚度)大于或等于0.5m的拱桥、涵洞以及重力式墩台不计冲击力。

(3)支座的冲击力，按相应的桥梁取用。

(4)汽车荷载的冲击力标准值为汽车荷载标准值乘以冲击系数μ。

(5)冲击系数μ可按下式计算：

当$f<1.5$Hz时， $\mu=0.05$

当1.5Hz$\leqslant f\leqslant 14$Hz时， $\mu=0.1767\ln f-0.0157$

当$f>14$Hz时， $\mu=0.45$

式中：f——结构基频，Hz。

(6)汽车荷载的局部加载及在T梁、箱梁悬臂板上的冲击系数采用1.3。

3.汽车荷载离心力

汽车荷载离心力可按下列规定计算：

(1)当弯道桥的曲线半径$\leqslant 250$m时，应计算汽车荷载引起的离心力。汽车荷载离心力标准值为按规定的车辆荷载(不计冲击力)标准值乘以离心力系数C计算。离心力系数可按下式计算：

$$C=\frac{v^2}{127R} \quad (3\text{-}3\text{-}1)$$

式中：v——设计速度，km/h，应按桥梁所在路线设计速度采用；

R——曲线半径，m。

(2)计算多车道桥梁的汽车荷载离心力时，车辆荷载标准值应乘以多车道作用的横向折减系数。

(3)离心力的着力点在桥面以上1.2m处(为计算简便也可移至桥面上，不计由此引起的作用效应)。

4.汽车荷载引起的土压力

汽车荷载引起的土压力采用车辆荷载加载，并可按下列规定计算：

(1)车辆荷载在桥台或挡土墙后填土的破坏棱体上引起的土侧压力，可按下式换算成等代均布土层厚度h(m)计算：

$$h=\frac{\sum G}{Bl_0\gamma} \quad (3\text{-}3\text{-}2)$$

式中：γ——土的重力密度，kN/m³；

$\sum G$——布置在$B\times l_0$面积内的车轮的总重力，kN，计算挡土墙的土压力时，车辆荷载应按图3-3-3规定作横向布置，车辆外侧车轮中线距路面边缘0.5m，计算中当涉及多车道加载时，车轮总重力应按表3-3-4规定进行折减；

l_0——桥台或挡土墙后填土的破坏棱体长度，m，对于墙顶以上有填土的路堤式挡土墙，l_0为破坏棱体范围内的路基宽度部分；

B——桥台横向全宽或挡土墙的计算长度，m。

挡土墙的计算长度可按下列公式计算,但不应超过挡土墙分段长度:
$$B = 13 + H\tan30° \qquad (3-3-3)$$
当挡土墙分段长度小于 13m 时,B 取分段长度,并在该长度内按不利情况布置轮重式中,H 为挡土墙高度(m),对墙顶以上有填土的挡土墙,为两倍墙顶填土厚度加墙高。

(2)计算涵洞顶上车辆荷载引起的竖向土压力时,车轮按其着地面积的边缘向下作 30°角分布。当几个车轮的压力扩散相重叠时,扩散面积以最外边的扩散线为准。

5. 人群荷载标准值

人群荷载标准值应按下列规定采用:

(1)当桥梁计算跨径≤50m 时,人群荷载标准值为 $3.0kN/m^2$,当桥梁计算跨径≥150m 时,人群荷载标准值为 $2.5kN/m^2$;当桥梁计算跨径在 50~150m 之间时,可由线性内插得到人群荷载标准值。对跨径不等的连续结构,以最大跨径为准。

城镇郊区行人密集地区的公路桥梁,人群荷载标准值取上述规定值的 1.15 倍。专用人行桥梁,人群荷载标准值为 $3.5kN/m^2$。

(2)人群荷载在横向应布置在人行道的净宽度内,在纵向施加于使结构产生最不利荷载效应的区段内。

(3)人行道板(局部构件)可以一块板为单元,按标准值 $4.0kN/m^2$ 的均布荷载计算。

(4)计算人行道栏杆时,作用在栏杆立柱顶上的水平推力标准值取 $0.75kN/m$;作用在栏杆扶手上的竖向力标准值取 $1.0kN/m$。

6. 汽车荷载制动力

汽车荷载制动力可按下列规定计算和分配:

(1)汽车荷载制动力按同向行驶的汽车荷载(不计冲击力)计算,并应按表 3-3-5 的规定,以使桥梁墩台产生最不利纵向力的加载长度进行纵向折减。

一个设计车道上由汽车荷载产生的制动力标准值,按规定的车道荷载标准值在加载长度上计算的总重力的 10% 计算,但公路—Ⅰ级汽车荷载的制动力标准值不得小于 165kN;公路—Ⅱ级汽车荷载的制动力标准值不得小于 90kN。同向行驶双车道的汽车荷载制动力标准值为一个设计车道制动力标准值的 2 倍;同向行驶三车道为一个设计车道的 2.34 倍;同向行驶四车道为一个设计车道的 2.68 倍。

(2)制动力的着力点在桥面以上 1.2m 处,计算墩台时,可移至支座铰中心或支座底座面上。计算刚构桥、拱桥时,制动力的着力点可移至桥面上,但不计因此而产生的竖向力和力矩。

(3)安装板式橡胶支座的简支梁、连续桥面简支梁或连续梁排架式柔性墩台,应根据支座与墩台的抗推刚度的刚度集成情况分配和传递制动力 n。

安装有板式橡胶支座的简支梁刚性墩台,按单跨两端的板式橡胶支座的抗推刚度分配制动力。

(4)有固定支座、活动支座(如滚动或摆动支座、聚四氟乙烯板支座)的刚性墩台传递的制动力,按表 3-3-6 的规定采用。每个活动支座传递的制动力,其值不应大于其摩阻力,当大于摩阻力时,按摩阻力计算。

刚性墩台各种支座传递的动力　　　　　表 3-3-6

桥梁墩台及支座类型		应计的制动力	符号说明
简支梁桥台	固定支座	T_1	
	聚四氟乙烯板支座	$0.30T_1$	
	滚动(或摆动)支座	$0.25T_1$	T_1——加载长度为计算跨径时的制动力;
简支梁桥墩	两个固定支座	T_2	T_2——加载长度为相邻两跨计算跨径之和时的制动力;
	一个固定支座,一个活动支座	*	
	两个聚四氟乙烯板支座	$0.30T_2$	T_3——加载长度为一联长度的制动力
	两个滚动(或摆动)支座	$0.25T_2$	
连续梁桥墩	固定支座	T_3	
	聚四氟乙烯板支座	$0.30T_3$	
	滚动(或摆动)支座	$0.25T_3$	

注：* 固定支座按 T_4 计算,活动支座按 $0.30T_1$(聚四氟乙烯板支座)计算或 $0.25T_3$(滚动或摆动支座)计算,T_4 和 T_5 分别为与固定支座或活动支座相应的单跨跨径的制动力,桥墩承受的制动力为上述固定支座与活动支座传递的制动力之和。

三、偶然作用和地震作用

偶然作用包括地震力作用和船舶或漂流物的撞击作用。这种荷载在设计使用期内不一定出现,但一旦出现,其持续时间较短而数值很大。

《桥规》对抗震设计作如下规定：

地震动峰值加速度等于 $0.10g$、$0.15g$、$0.20g$、$0.30g$ 地区的公路桥涵,应进行抗震设计。地震动峰值加速度大于或等于 $0.40g$ 地区的公路桥涵,应进行专门的抗震研究和设计。地震动峰值加速度小于或等于 $0.05g$ 地区的公路桥涵,除有特殊要求者外,可采用简易设防。作过地震小区划的地区,应按主管部门审批后的地震动参数进行抗震设计。

公路桥梁地震作用的计算及结构的设计,应符合现行《公路工程抗震设计规范》的规定。位于通航河流或有漂流物的河流中的桥梁墩台,在设计时应考虑船只或漂流物的撞击作用。取用撞击作用的数值一般可根据实测资料或与有关部门研究确定。当无资料作为依据时,可参照《桥规》中有关的规定计算。

桥梁结构必要时可考虑汽车的撞击作用。汽车撞击力标准值在车辆行驶方向取 1000kN,在车辆行驶垂直方向取 500kN,两个方向的撞击力不同时考虑,撞击力作用于行车道以上 1.2m 处,直接分布于撞击涉及的构件上。

对于设有防撞设施的结构构件,可视防撞设施的防撞能力,对汽车撞击力标准值予以折减。但折减后的汽车撞击力标准值不应低于上述规定值的 1/6。

第二节　荷载组合

上节中所述及的各种可能出现的荷载和外力,显然这些荷载并非都同时作用于桥梁上。因此,在设计中应分清哪些荷载和外力是恒久存在的、经常出现的,哪些是偶尔出现的或者只在特殊情况下才发生。根据各种荷载重要性的不同和同时出现的可能性,《桥规》规定了按承载能力极限状态和正常使用极限状态进行作用效应的组合,并取其最不利效应的组合进行设计。《桥规》中并规定了可变作用中不同时参与组合的各种作用(见《桥规》表 4.1.5)。

一、按承载能力极限状态设计时作用效应的组合

1. 基本组合

永久作用的设计值效应与可变作用设计值效应相组合,其效应组合表达式为:

$$\gamma_0 S_{ud} = \gamma_0 \left(\sum_{i=1}^{m} \gamma_{Gi} S_{Gik} + \gamma_{Q1} S_{Q1k} + \psi_c \sum_{j=2}^{n} \gamma_{Qj} S_{Qjk} \right) \tag{3-3-4}$$

或

$$\gamma_0 S_{ud} = \gamma_0 \left(\sum_{i=1}^{m} \gamma_{Gid} + S_{Q1d} + \psi_c \sum_{j=2}^{n} S_{Qjd} \right) \tag{3-3-5}$$

式中：S_{ud}——承载能力极限状态下作用基本组合的效应组合设计值;

γ_0——结构重要性系数,按《桥规》表 1.0.9 规定的结构设计安全等级采用,对应于设计安全等级一级、二级和三级分别取 1.1、1.0 和 0.9;

γ_{Gi}——第 i 个永久作用效应的分项系数,应按《桥规》表 4.1.6 的规定采用;

S_{Gik}、S_{Gid}——第 i 个永久作用效应的标准值和设计值;

γ_{Q1}——汽车荷载效应(含汽车冲击力、离心力)的分项系数,取 $\gamma_{Q1} = 1.4$。当某个可变作用在效应组合中其值超过汽车荷载效应时,则该作用取代汽车荷载,其分项系数应采用汽车荷载的分项系数;对专为承受某作用而设置的结构或装置,设计时该作用的分项系数取与汽车荷载同值;计算人行道板和人行道栏杆的局部荷载,其分项系数也与汽车荷载取同值;

S_{Q1k}、S_{Q1d}——汽车荷载效应(含汽车冲击力、离心力)的标准值和设计值;

γ_{Qj}——在作用效应组合中除汽车荷载效应(含汽车冲击力、离心力)、风荷载外的其他第 j 个可变作用效应的分项系数,取 $\gamma_{Qj} = 1.4$,但风荷载的分项系数取 $\gamma_{Qj} = 1.1$;

S_{Qjk}、S_{Qjd}——在作用效应组合中除汽车荷载效应(含汽车冲击力、离心力)外的其他第 j 个可变作用效应的标准值和设计值;

ψ_c——在作用效应组合中除汽车荷载效应(含汽车冲击力、离心力)外的其他可变作用效应的组合系数,当永久作用与汽车荷载和人群荷载(或其他一种可变作用)组合时,人群荷载(或其他一种可变作用)的组合系数取 $\psi_c = 0.80$;当除汽车荷载(含汽车冲击力、离心力)外尚有两种其他可变作用参与组合时,其组合系数取 $\psi_c = 0.70$;尚有 3 种可变作用参与组合时,其组合系数取 $\psi_c = 0.60$;尚有 4 种及多于 4 种的可变作用参与组合时,取 $\psi_c = 0.50$。

设计弯桥时,当离心力与制动力同时参与组合时,制动力标准值或设计值按 70% 取用。

2. 偶然组合

永久作用标准值效应与可变作用某种代表值效应、一种偶然作用标准值效应相组合。偶然作用的效应分项系数取 1.0;与偶然作用同时出现的可变作用,可根据观测资料和工程经验取用适当的代表值。地震作用标准值及其表达式按现行《公路工程抗震设计规范》规定采用。

二、按正常使用极限状态设计时作用效应的组合

按正常使用极限状态设计时,应根据不同的设计要求,采用以下两种效应组合:

1. 作用短期效应组合

永久作用标准值效应与可变作用频遇值效应值相组合,其效应组合表达式为:

$$S_{sd} = \sum_{i=1}^{m} S_{Gik} + \sum_{j=1}^{n} \psi_{1j} S_{Qjk} \tag{3-3-6}$$

式中:S_{sd}——作用短期效应组合设计值;

ψ_{1j}——第 j 个可变作用效应的频遇值系数,汽车荷载(不计冲击力)$\psi_1 = 0.7$,人群荷载 $\psi_1 = 1.0$,风荷载 $\psi_1 = 0.75$,温度梯度作用 $\psi_1 = 0.8$,其他作用 $\psi_1 = 1.0$;

$\psi_{1j} S_{Qjk}$——第 j 个可变作用效应的频遇值。

2. 作用长期效应组合

永久作用标准值效应与可变作用准永久值效应相组合,其效应组合表达式为:

$$S_{1d} = \sum_{i=1}^{m} S_{Gik} + \sum_{j=1}^{n} \psi_{2j} S_{Qjk} \tag{3-3-7}$$

式中:S_{1d}——作用长期效应组合设计值;

ψ_{2j}——第 j 个可变作用效应的准永久值系数,汽车荷载(不计冲击力)$\psi_2 = 0.4$,人群荷载 $\psi_2 = 0.4$,风荷载 $\psi_2 = 0.75$,温度梯度作用 $\psi_2 = 0.8$,其他作用 $\psi_2 = 1.0$;

$\psi_{2j} S_{Qjk}$——第 j 个可变作用效应的准永久值。

结构构件当需进行弹性阶段截面应力计算时,除特别指明外,各作用效应的分项系数及组合系数应取为1.0,各项应力限值应按各设计规范规定采用。

验算结构的抗倾覆、抗滑动稳定性时,稳定系数、各作用的分项系数及摩擦系数,应根据不同结构按各有关桥涵设计规范的规定确定;支座的摩擦系数可按《桥规》表4.3.11规定采用。

构件在吊装、运输时,构件重力应乘以动力系数1.2或0.85,并可视构件具体情况作适当增减。

必须指出,如按以上两种极限状态的效应组合表达式进行详细、全面的组合比较,会使设计工作显得非常烦冗复杂,通常有经验的设计者可选几种重要的、起控制作用的效应组合进行设计。

思考题与习题

1. 作用在公路桥梁上的荷载分为哪几种?
2. 为什么要进行荷载组合?分为哪几种?

第四章　桥梁总体设计要点

第一节　桥梁总体设计的基本要求

建设一座桥梁,不但对当地的经济、文化和人民生活有着密切关系,而且一座重要的桥梁还对国家发展交通运输事业,对发展国民经济,促进文化交流和巩固国防等方面,都具有非常重要的意义。公路桥梁的设计,根据其使用任务、性质和所在线路的远景发展需要,应符合技术先进、安全可靠、适用耐久、经济合理的要求外,还应考虑造型美观和有利于环保的原则。同时还应考虑因地制宜、就地取材、便于施工和养护等因素。在靠近村镇、城市、铁路及水利设施的桥梁,应结合各有关方面的要求,综合考虑利用。我国公路桥涵结构的设计基准期为100年。设计人员在工作中要广泛吸取建桥实践中创造的先进经验,推广各种经济效益好的技术成果,积极采用新结构、新技术、新设备、新工艺和新材料。设计中应结合我国的实际,学习和引进国外的最新科学成就,把学习外国经验和自己的创新结合起来,把桥梁设计同"两型"社会的建设结合起来。

一、桥梁设计的基本要求

1. 使用上的要求

桥梁设计必须满足车辆畅通无阻、安全和舒适的要求;既满足当前的要求,又照顾到将来的发展要求;既满足运输的要求,又能满足农田排灌的要求;在通航或通车的桥位,桥型、跨度大小和桥下净空应满足泄洪、安全通航或通车等要求;还要考虑桥梁建成后养护、维修和检查等方面的要求。

2. 设计上的要求

桥梁设计应积极采用新结构、新技术、新材料和新工艺。要使整个桥梁结构及其各部分构件,在制造、运输、安装和使用过程中应具有足够的强度、刚度、稳定性和耐久性。桥梁结构的强度应使全部构件及其连接构造的材料抗力或承载能力具有足够的安全储备。对于刚度的要求,应使桥梁在荷载等作用下的变形不超过规定的容许值。过度的变形会使结构的连接松弛,而且挠度过大会导致高速行车困难,引起桥梁剧烈振动,使人体感觉不适,严重者会危及桥梁结构的安全。结构的稳定性,是要使桥梁结构在各种外力作用下,具有能保持原来形状和位置的能力。例如,桥梁结构和墩台的整体不致倾倒或滑移,受压构件不致引起纵向屈曲变形等。在地震多发区修建桥梁时,在计算和构造上,大、中桥还要满足能够抵御烈度为7度的地震破坏力的要求。

3. 施工上的要求

桥梁的结构应便于制造和安装,应尽量采用先进的施工工艺和施工机械,以利于加快施工进度,保证工程质量和施工安全。

4. 经济上的要求

桥梁设计应体现经济上的合理性,设计方案必须进行技术经济比较,一般地说,应使桥梁的造价最低,材料消耗最少。因此,设计应按照因地制宜、就地取材、方便施工的原则,合理选用适当的桥型。此外,能满足快速施工要求以达到缩短工期的桥梁设计,不仅能降低造价,而且提早通车在运输上将带来很大的经济效益。

然而,要全面而精确地考虑到所有的经济因素往往是困难的,在技术经济比较中,不能只按建筑造价作为全面衡量桥梁经济性的指标,还要考虑到桥梁的使用年限、养护和维修费用等因素。

5. 美观上的要求

在满足上述要求的前提下,尽可能使桥梁具有优美的建筑外形,并与周围的景物相协调。城市桥梁和游览地区的桥梁,应较多地考虑建筑艺术上的要求。公路上的特殊大桥宜进行景观设计;上跨高速公路、一级公路的桥梁应与自然环境和景观相协调。合理的结构布局和轮廓造型是桥梁美观的主要因素,决不应把美观片面地理解为豪华的细部装饰。

此外,优秀的、结构上既有特色且又美观的桥型方案,应使结构的造型与力学行为和谐协调。如果结构外形虽有特色、与众不同,但其力学行为甚不合理的桥型方案,往往会显著提高经济造价和增加施工难度。

6. 环保上的要求

随着我国经济的不断增长和综合国力的提高,道路、桥梁建设在环境保护方面的问题也日益凸显出来:突出的问题是高填方路堤及深挖方路堑对自然环境和植被的破坏,一方面是大规模的高速公路建设的迅猛发展,另一方面是大量的自然植被和自然环境被破坏。近年来,尽管国家和地方的道路建设主管部门逐年加大道路绿化及环保防护方面的投入,但收效甚微。特别是高路堤及深路堑的护坡部分,由于其土质、道路所在地区的降水量等因素,使得人工绿化的植被成活率很低,造成大量护坡裸露。同时,深挖方路堑又是造成泥石流、山体滑坡的主要诱因,一旦遇到暴雨、地震等作用,便会引发大规模的泥石流、山体滑坡,造成更大的环境破坏和生命财产损失。据统计,我国每年都要发生几十起规模较大的泥石流和山体滑坡,造成生命财产损失是巨大的(图3-4-1和图3-4-2)。此次汶川大地震,几乎80%的深挖方路堑段都发生了坍塌或山体滑坡。以至大灾过后月余,有些地区交通还没有恢复!

图3-4-1 2007年发生在湖北的道路岩崩现场　　图3-4-2 2007年发生在巴东野三关镇境内的岩崩

作为道路、桥梁的设计者,一定要提高环保意识,一方面要注重建筑材料的再生利用,另一方面要从长远利益考虑,从经济的可持续发展考虑,注重对自然环境的保护,尽量避免采用高填方路堤及深挖方路堑。图3-4-3所示为某高速公路隧道。从此图上可以看出,路堑开挖深度并不很高,采用隧道方案要增加数倍的投资,但很好地保护了环境,由此而带来的长期经济效益和影响是无法估量的。图 3-4-4 所示,像这样的石质高路堤,其护坡是难以绿化的。图 3-4-5 所示,是 2007 年,发生在福建罗长高速公路坍塌的现场。如图 3-4-6 所示,较长的高填方路堤采用高架桥来过渡,这样既可避免大量借方产生的取土坑,又可避免形成难以绿化的高路堤。

图 3-4-3　某高速公路环保型隧道　　　　　　　图 3-4-4　难以绿化的石质高路堤

为避免深挖方路堑对环境的破坏,对于深挖方路堑段尽量采用隧道过渡,这样既缩短里程,又提高线形标准,同时又最大限度地避免了深挖方和大量的弃方占地,很好地保护了自然植被。

图 3-4-5　2007 年,发生在福建罗长高速公路坍塌　　　图 3-4-6　某高架旱桥(避免了大量借方的高路堤)

二、桥梁设计程序

我国桥梁的设计程序,大、中桥要求采用两阶段设计,小桥一般采用一阶段设计。

桥梁设计的第一阶段是编制设计文件。在这一阶段设计中,主要是选择桥位,拟定桥梁结构型式和初步尺寸,进行方案比较,编制最佳方案的材料用量和造价,然后报请上级单位审批。在初步设计的技术文件中,应提供必要的文字说明,图表资料,设计和施工方案,工程数量,主要建筑材料指标以及设计概算。这些资料可作为控制建设项目投资和以后编制施工预算的依据。

桥梁设计的第二阶段是编制施工图。它主要是根据已批准的初步设计中所规定的修建原则、技术方案、总投资额等进一步进行具体的技术设计。在施工图设计中应提出必要的说明和适应施工需要的图表,并编制施工组织设计文件和施工预算。在施工图的设计中,必须对桥梁各部分构件进行强度、刚度和稳定性等方面的必要计算,并绘出详细的结构构造图纸。

1. **桥位勘测及设计资料调查**

合理的桥位选择常常是影响桥梁设计、施工和使用的全局问题。对于所选定的桥位，必须进一步调查研究，详细分析建桥的具体情况，才能做出合理的设计方案。现将一般桥梁设计中需要进行的资料调查工作分述于下：

(1) 调查桥梁的使用任务。即根据桥梁所在的路线类别调查桥上的交通种类和行车、行人的往来密度，借以确定桥梁的荷载等级和行车道、人行道宽度等。调查桥上有否需要通过的各类管线（如电力、电话线和水管、输油管、输气管等），为此需设置专门的构造装置。

(2) 测量桥位附近的地形，绘制桥位平面图供设计和施工使用。

(3) 探测桥位的地质情况，包括土壤的分层高程、物理力学性能、地下水位等，并将钻探所得资料绘成地质剖面图。对于所遇到的地质不良现象，如滑坡、断层、溶洞、裂隙等，应详加注明。

(4) 调查和测量河流的水文情况，包括调查河道性质（如河床及两岸的冲刷和淤积、河道的自然变迁等），收集和分析历年的洪水资料，测量河床断面图，调查河槽各部分的形态标志、粗糙率等，通过计算确定各种特征水位、流速、流量等。了解河流上有关水利设施对新建桥梁的影响，与有关水利和航道部门协商确定通航水位和通航净空标准。

(5) 调查当地建筑材料（砂、石料等）的来源，水泥、钢材的供应情况以及水陆交通的运输情况。

(6) 调查了解施工单位的技术水平、施工机械等装备情况，以及施工现场的动力设备和电力供应情况。

(7) 调查和收集有关气象资料，包括气温、雨量及风速（或台风影响）等情况。

(8) 调查新建桥位上、下游有无老桥，其桥型布置、采用的基础类型及使用情况等。

很明显，为选择桥位就需要一定的地形、地质和水文等资料，而对于所选定的桥位，又需要进一步为桥梁设计提供更为详尽的数据资料，因此以上各项工作往往是互相渗透，交错进行的。

2. **设计程序**

设计工作是一座桥梁建设的灵魂。对于工程复杂的大、中桥梁的设计，为了能从错综复杂的客观情况中得出既经济又合理的设计，就需要循序渐进、逐步深入，科学地进行工作。一般大型桥梁的正规设计工作，分前期工作阶段和设计工作阶段进行。前者又分为工程预可行性研究（简称"预可研"）报告阶段和工程可行性研究（简称"工可研"）报告阶段。后者则又分为初步设计、技术设计和施工图设计3个阶段。各个阶段所包含的内容和深度、目的、解决的问题是不相同的。设计招标一般应在初步设计阶段进行。

(1) "预可研"和"工可研"研究阶段

两者所包含的内容基本一致，但研究的深度不同。"预可研"阶段要在工程可行的基础上，着重研究建桥的必要性和宏观经济上的合理性。"工可研"阶段则要在"预可研"被审批确认后，进一步研究工程技术上的可行性和投资上的可行性。

对于一座大型桥梁的"预可研"报告，应从经济、政治、国防等方面，详细阐明工程建设的重要性和必要性。同时初步探讨技术上的可行性。对于区域性线路上的桥梁，应以桥位处的交通量调查（计及国民经济逐年增长率）为立论依据。

在"预可研"阶段的另一重点是：通过多个桥位的综合比较后，选定桥位和确定建设规模。

"预可研"阶段工作的主要目标是解决建设工程的上报立项问题。在"工可研"阶段,则要在"预可研"的基础上着重研究和制定桥梁设计的技术标准,包括设计荷载标准、桥面宽度、通航标准(通航净宽和净高)、设计车速、桥面纵向和横向坡度、竖曲线与平曲线半径等。在这一阶段,要与河道、航运、城市规划等部门共同研究,处理好所有"外部条件"的关系。

在可行性研究阶段,尚不可能对桥式方案作深入比选,故不需要明确提出推荐方案。对工程量的估算亦不宜偏紧。

在此两阶段内,对经济分析方面,主要涉及造价估算、投资回报以及资金来源及其偿还等问题。一般来说,"预可研"中要有设想,"工可研"中要基本落实。

(2)初步设计

根据所批准的"工可研"报告而编制的"设计任务书",是进行初步设计的依据。在进一步的水文、地质"初勘"后,如发现原可行性研究阶段建议的桥位有问题,尚可适当挪动桥位轴线,推荐新桥位。

初步设计阶段的工作重点是:通过多个桥式方案的比选,推荐最优方案,报上级单位审批。在编制各个桥型方案时,要提供桥式布置图、主桥和引桥的横断面图,标明主要结构尺寸(包括重要的细节构造和尺寸),并估算工程数量,提供主要材料的用量,根据施工组织设计和概算定额编制出工程概算。初步设计的概算造价是作为控制建设项目投资和以后编制施工预算的依据。对所做的工程概算加以适当调整,可以作为招标的"标底"。

(3)技术设计

技术设计本阶段的工作是对初步设计的补充修改、深化和完善。技术设计中所进行的补充勘探工作,称为"技勘",对水中基础每墩要有必要数量的地质钻孔。进一步研究解决所批准桥式方案的总体和细部的技术问题,并提交详细的结构设计图纸和工程数量,修正工程概算。如果初步设计中有批准下达的科研项目,也要在这阶段予以实施解决。

(4)施工图设计

施工图设计阶段的工作是根据前面所批准核定的修建原则、技术方案、技术决定和总投资额等加以具体化。在施工图设计阶段,必要时需对重要的桥梁基础进行"施工钻探",但此时一般不钻深孔。在此阶段中,必须对桥梁各部分构件进行详细的结构计算,绘制出施工详图,提供给施工单位,或进行施工招标。再由施工单位编制详细的施工组织设计和工程预算。施工图设计可由原编制技术设计的单位继续进行编制,或可由中标施工单位编制,但要对技术设计有所改变的部分负责。

国内一般的公路大桥常把技术设计和施工图设计合并为一个阶段进行。对于一般小桥和较简单的中桥,也可以采用一阶段设计,即以扩大的初步设计来包含各阶段设计的主要内容。

第二节 桥梁纵、横断面设计和平面布置

一、桥梁纵断面设计

桥梁纵断面设计包括确定桥梁的总跨径、桥梁的分孔、桥面的高程、桥上和桥头引道的纵坡以及基础的埋置深度(这部分在《地基与基础》课程中介绍)等。

1. 桥梁总跨径的确定

对于一般跨河桥梁,总跨径可参照水文计算来确定。桥梁的总跨径必须保证桥下有足够的排洪面积,使河床不致遭受过大的冲刷。另一方面,根据河床土壤的性质和基础的埋置情况,设计者应视河床的允许冲刷深度,适当缩短桥梁的总长度,以节约总投资。由此可见,桥梁的总跨径应根据具体情况经过全面分析后加以确定。例如,对于在非坚硬岩层上修筑的浅基础桥梁,总跨径应该大一些而不使路堤压缩河床;对于深埋基础,一般允许较大的冲刷,总跨径就可适当减小。山区河流一般河床流速本来已经很大,则应尽可能少压缩或不压缩河床;而对于平原区的宽滩河流虽然可允许较大的压缩,但必须注意壅水对河滩路堤以及附近农田和建筑物可能造成的危害。

2. 桥梁的分孔

对于一座较长的桥梁,应当分成几孔,各孔的跨径设置为多大,这不仅影响到使用效果、施工难易等,并且在很大程度上关系到桥梁的总造价。跨径愈大、孔数愈少,上部结构的造价就很高,墩台的造价就减少;反之,则上部结构的造价降低,而墩台造价将提高。这与桥墩的高度以及基础工程的难易程度有密切关系。最经济的分孔方式就是使上、下部结构的总造价趋于最低。

对于通航河流,在分孔时首先应考虑桥下通航的要求。桥梁的通航孔应布置在航行最方便的河域。对于变迁性河流,鉴于航道位置可能发生变化,就需要多设几个通航孔。

在平原地区的宽阔河流上修建多孔桥时,通常在主槽部分按需要布置跨径较大的通航孔,而在两旁浅滩部分则按经济跨径进行分孔。如果经济跨径较通航要求还大,则通航孔也应取用较大跨径。

在山区的深谷上、在水深流急的江河上或需在水库上修桥时,为了减少中间桥墩,应加大跨径。条件允许的话,甚至可采用特大跨径单孔跨越。

在布置桥孔时,有时为了避开不利的地质段(如岩石破碎带、裂隙、溶洞等),也要将桥基位置移开,或适当加大跨径。

对于某些体系的多孔桥梁,为了合理地使用材料,各孔跨径应有合适的比例关系。例如,为了使钢筋混凝土连续梁桥的中跨和相邻边跨的跨中最大弯矩接近相等,其中跨与相邻边跨的跨径比值,对于三跨连续者约为 1:00:0.80,对于五跨连续者约为 11.00:0.90:0.65。对于悬臂施工的预应力混凝土梁桥,为了简化边孔的施工,往往将边跨做得更小些,例如 1.00:0.65(0.55)。为了使多孔悬臂梁桥的结构对称,最好布置成奇数跨。

从战备方面考虑,应尽量使全桥的跨径做得一样,并且跨径不宜太大,以便于战时抢通和修复。

跨径的选择还与施工能力有关,有时选用较大跨径虽然在经济上是合理的,但限于当时的施工技术能力和设备条件,也不得不将跨径减小。对于大桥施工,基础工程往往对工期起控制作用,在此情况下,从缩短工期出发,就应减少基础数量而修建较大跨径的桥梁。

一座桥梁既是交通工程结构物,又是自然环境的美化者,对于一些特别重要的桥梁,在整体规划桥梁分孔时必须重视美观上的要求。总之,对于大、中桥梁的分孔是一个相当复杂的问题,必须根据使用任务,桥位处的地形和环境,河床地质、水文等具体情况,通过技术经济等方面的分析比较,才能做出比较完美的设计方案。

桥梁的分孔布局要适应河床、地质等长期稳定的自然条件,人为地改变自然条件,如通过挖掘河床改变航道位置等的做法,是不可取的。

3.桥面高程的确定

对于跨河桥梁,桥面高程应保证桥下排洪和通航的需要;对于跨线桥,则应确保桥下安全行车。在平原区建桥时,桥面高程抬高往往伴随着桥头引道路堤土方量的显著增加。在修建城市桥梁时,桥高了使两端引道的延伸会影响市容,或者需要设置立体交叉或高架栈桥,将导致提高造价。因此必须根据设计洪水位、桥下通航(或通车)净空等需要,结合桥型、跨径等一起考虑,以确定合理的桥面高程。在有些情况下,桥面高程在路线纵断面设计中已作规定。

确定桥面高程应注意如下几个问题:

(1)为了保证桥下流水净空,对于梁式桥,梁底一般应高出设计洪水位(包括壅水和浪高)不小于50cm,高出最高流冰水位75cm;支座底面应高出设计洪水位不小于25cm,高出最高流冰水位不小于50cm,但如果支座部分有围护隔水者可不受此限制。

对于无铰拱桥,拱脚允许被设计洪水位淹没,但淹没深度一般不超过拱圈矢高的2/3(如图3-4-7)。并且在任何情况下,拱顶底面应高出设计洪水位1.0m,即$\Delta f_0 \geq 1.0$m。拱脚的起拱线应高出最高流冰水位不小于0.25m。

图3-4-7 梁式桥纵断面规划图

在河流中有形成流冰阻塞的危险或有漂浮物通过时,桥下净空应按当地具体情况确定。对于有淤积的河床,桥下净空应适当加高(图3-4-8)。

(2)在通航及通行木筏的河流上,必须设置保证桥下安全通航的通航孔。在此情况下,桥跨结构下缘的高程应高出自设计通航水位算起的通航净空高度。所谓通航净空,就是在桥孔中垂直于流水方向所规定的空间界限,如图3-4-9所示。任何结构构件或航运设施均不得伸入其内。我国对于内河通航净空的尺寸规定见表3-4-1所列[《内河通航标准》(GB 50139—2004)]。

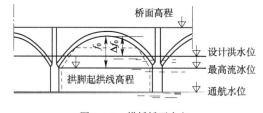

图3-4-8 拱桥桥下净空

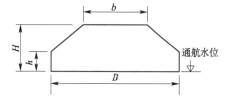

图3-4-9 桥下通航净空示意图
H-净高;h-侧高;B-净宽;b-上底宽

天然和渠化河流水上过河建筑物通航净空尺度(m) 表3-4-1

航道等级	代表船舶、船队	净高 H	单向通航孔			双向通航孔		
			净宽 B	上底宽 b	侧高 h	净宽 B	上底宽 b	侧高 h
I	(1)4排4列	24.0	200	150	7.0	400	350	7.0
	(2)3排3列	18.0	160	120	7.0	320	280	7.0
	(3)2排2列		110	82	8.0	220	192	8.0

续上表

航道等级	代表船舶、船队	净高 H	单向通航孔			双向通航孔		
			净宽 B	上底宽 b	侧高 h	净宽 B	上底宽 b	侧高 h
Ⅱ	(1)3排3列	18.0	145	108	6.0	290	253	6.0
	(2)2排2列		105	78	8.0	210	183	8.0
	(3)2排1列	10.0	75	56	6.0	150	131	6.0
Ⅲ	(1)3排2列	18.0☆	100	75	6.0	200	175	6.0
		10.0						
	(2)2排2列	10.0	75	56	6.0	150	131	6.0
	(3)2排1列		55	41	6.0	110	96	6.0
Ⅳ	(1)3排2列	8.0	75	61	4.0	150	136	4.0
	(2)2排2列		60	49	4.0	120	109	4.0
	(3)2排1列		45	36	5.0	90	81	5.0
	(4)货船							
Ⅴ	(1)2排2列	8.0	55	44	4.5	110	99	4.5
	(2)2排1列	8.0 或 5.0▲	40	32	5.5 或 3.5▲	80	72	5.5 或 3.5▲
	(3)货船							
Ⅵ	(1)1拖5	4.5	25	18	3.4	40	33	3.4
	(2)货船	6.0			4.0			4.0
Ⅶ	(1)1拖5	3.5	20	15	2.8	32	27	2.8
	(2)货船	4.5						

注:①☆的尺度仅适用于长江。

②▲的尺度仅适用于通航拖带船队的河流。

(3)在设计跨越线路(铁路或公路)的立体交叉时,桥跨结构底缘的高程应高出规定的车辆净空高度。对于公路所需的净空尺寸,见以下桥梁横断面设计部分,铁路的净空尺寸可查阅铁路桥涵设计规范。桥面高程确定后,就可根据两端桥头的地形和线路要求来设计桥梁的纵断面线形。一般小桥通常做成平坡桥。对于大、中桥梁,为了利于桥面排水和降低引道路堤高度,往往设置从中间向两端倾斜的双向纵坡。桥上纵坡不宜大于4%;桥头引道纵坡不宜大于5%。对位于市镇混合交通繁忙处的桥梁,桥上纵坡和桥头引道纵坡均不得大于3%。桥上或引道处纵坡发生变更的地方均应按规定设置竖曲线。

二、桥梁横断面设计

桥梁横断面的设计,主要是决定桥面的宽度和桥跨结构横截面的布置。桥面宽度决定于行车和行人的交通需要。我国公路桥面每条行车道的净宽标准与设计行车速度有关,当行车速度在80km/h 或以上时为3.75m;20~60km/h 时为3.50~3.00m[《公路桥涵设计通用规范》(JTG D60—2015),以下简称《通用规范》]中第3.3.1条规定。我国公路净空界限的一般规定见《通用规范》第3.3.1条。在规定界限内,不得有任何结构部件等侵入。

桥上人行道和自行车道的设置应根据实际需要而定。人行道的宽度为0.75m 或1m,大于1m 时按0.5m 的级差增加。一条自行车道的宽度为1m,当单独设置自行车道时,一般不应少于两条自行车道的宽度。高速公路上的桥梁,应设检修道,不设人行道。与路基同宽的小桥和涵洞可仅设缘石或栏杆。漫水桥不设人行道,但需设置护栏。

城市桥梁以及位于大、中城市近郊的公路桥梁的桥面净空尺寸,应结合城市实际交通量和今后发展的要求来确定。在弯道上的桥梁应按路线要求予以加宽。

与行车道平设的人行道,两者间应有安全隔离设施,不然人行道和路缘石最好应高出行车道面 0.25～0.35m,以确保行人和行车的安全。

图 3-4-10 所示为对于相同桥面净宽的上承式桥和下承式桥的横截面布置。显然,由于结构布置上的需要,下承式桥承重结构的宽度 B 要比上承式桥的大,而其建筑高度 h 却比上承式桥的为小。

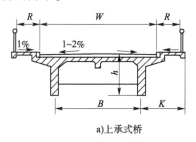
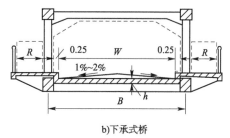

a) 上承式桥　　　　　　　　　　　　b) 下承式桥

图 3-4-10　桥的横截面布置图(尺寸单位:m)

公路和城市桥梁,为了利于桥面排水,应根据不同类型的桥面铺装,设置从桥面中央倾向两侧 1.5%～3% 的横向坡度。

三、平面布置

桥梁的线形及桥头引道要保持平顺,使车辆能平稳地通过。高速公路和一级公路上的大中桥,以及各级公路上的小桥的线形及其与公路的衔接,应符合路线布设的规定。

二、三、四级公路上的大、中桥线形一般为直线,如必须设成曲线时,其各项指标应符合路线布设规定。

从桥梁本身的经济性和施工方便来说,应尽可能避免桥梁与河流或桥下路线斜交;但对于一般小桥,为了改善路线线形,或城市桥梁受原有街道的制约时,也允许修建斜交桥,斜度通常不宜大于 45°。在通航河流上斜交不能避免时,交角不宜大于 5°;当交角大于 5° 时,宜增加通航孔净宽。

第三节　桥梁设计的方案比较

为了获得经济、实用和美观的桥梁设计,设计者需要运用丰富的桥梁建筑理论和实践知识,按照本章所述的方法与步骤,进行深入细致的分析研究工作。对于一定的建桥条件,尽可能做出基本满足要求的多种不同的设计方案,只有通过技术经济等方面的综合比较,才能科学地得出完美的最优设计。

一、拟定桥梁图式

编制设计方案,通常是从桥梁分孔和拟定桥梁图式开始。根据上节所述分孔原则初步做出分孔规划后,就可对所设计的桥梁拟出一系列各具特点而可能实现的桥型图式。拟定桥型图式时,思路要宽广,宁可多画几个图式,也不要遗漏可能的桥型和布置。每一桥型图式可在跨度、高度、矢度等方面大致按比例画在同样大小的桥址断面图上。

下一步工作就是经过综合分析和判断,剔除一些在技术经济上明显相形见绌的图式,并从中选出几个(通常2~4个)构思好、各具优点,但一时还难于判定孰优孰劣的图式,作为进一步详细研究而进行比较的桥型方案。

二、编制方案

编制方案的目的在于提供各个中选图式的技术经济指标,以便经过相互比较,科学地从中选定最佳方案。这些指标包括:主要材料(钢、木、水泥)用量、全桥总造价(分上、下部结构列出)、工期、养护费用、运营条件、有无困难工程、是否特种机具等。对于对桥型美观有特殊要求的桥梁,则应突出景观因素。为了获得上述的前两项指标,通常可充分利用已有资料或通过一些简便的近似验算,对每一方案拟定结构主要尺寸,并计算主要工程数量。有了工程数量,乘以相应的材料定额以及扩大单价,就不难得出每个方案所需的材料数量,并估算全桥造价,其他的一些问题,虽难得到数量指标,也应进行适当的概略评价。每一桥梁设计方案图中应绘出附有河床断面及地质分层的立面图和横断面图。

三、技术经济比较和最优方案的选定

设计方案的评价和比较要全面考虑上述各项指标,综合分析每一方案的优缺点,最后选定一个符合当前条件的最佳推荐方案。有时,占优势的方案还可吸取其他方案的优点进一步加以改善,如果改动较多时,甚至最后中选的方案可能是集聚各方案长处的另一个新方案。

一般说来,造价低、材料省、劳动力少、工期短的应是优秀方案,但实际上并不尽然,因为有时当其他技术因素或使用要求(如对美观有特殊要求)上升成为设计的主要矛盾时,就不得不放弃较为经济的方案。所以在比较时必须从任务书提出的要求、所给的原始资料以及施工等条件中,找出所面临问题的关键所在,分清主次,才能探索出适合于各具体情况的最佳方案。

在方案比较中,除了绘制桥型方案图以外,还应编写桥型方案比较的说明书,即技术文件。其中应阐明编制方案的主要原则、拟定桥型图式和从中选出几个作为桥型方案比较的理由、方案比较的综合性评述、对于推荐方案的较详细的说明等。有关为拟定结构主要尺寸所做的各种计算资料,以及为估算三材指标和概算造价等所依据的文件名称(如概算定额、各种费率标准)等,均应作为附录载入。

 思考题与习题

1. 桥梁总体设计的基本要求是什么?
2. 在桥梁设计中,环保上的要求如何保证?请提出你的设想和建议。
3. 预可研、工可研分别指的是什么?有何区别?
4. 简述桥梁纵断面设计的内容。
5. 简述桥梁设计方案比较的内容。

参 考 文 献

[1] 杨少伟.公路勘测设计[M].北京:人民交通出版社,2009.
[2] 何景华.公路勘测设计[M].北京:人民交通出版社,1985.
[3] 张雨化.公路勘测设计[M].2版.北京:人民交通出版社,1986.
[4] 周荣沾.城市道路设计[M].北京:人民交通出版社,1988.
[5] 李宇峙.公路工程概论[M].北京:人民交通出版社,1995.
[6] 张雨化.高速公路规划与设计[M].北京:人民交通出版社,1992.
[7] 姚玲森.桥梁工程[M].北京:人民交通出版社,1995.
[8] 何修美,程英华,等.中国公路[M].北京:中国画报出版社,1992.
[9] 万明坤,程庆国,项海帆,陈新.桥梁漫笔[M].北京:中国铁道出版社,1997.
[10] 姚玲森,林长川译.缆索承重桥梁[M].北京:人民交通出版社,1992.